你一定爱读的中国战争史

一定爱读的

元朝

猴格 著

民主与建设出版社
·北京·

© 民主与建设出版社，2022

图书在版编目（CIP）数据

你一定爱读的中国战争史 . 元朝 / 猴格著 . -- 北京 : 民主与建设出版社 , 2022.5
ISBN 978-7-5139-3806-8

Ⅰ . ①你… Ⅱ . ①猴… Ⅲ . ①战争史 – 中国 – 元代 – 通俗读物 Ⅳ . ① E291-49

中国版本图书馆 CIP 数据核字 (2022) 第 062175 号

你一定爱读的中国战争史：元朝

NI YIDING AI DU DE ZHONGGUO ZHANZHENGSHI YUANCHAO

著　　者	猴　格	
责任编辑	彭　现	
封面设计	周　杰	
出版发行	民主与建设出版社有限责任公司	
电　　话	（010）59417747　59419778	
社　　址	北京市海淀区西三环中路 10 号望海楼 E 座 7 层	
邮　　编	100142	
印　　刷	重庆市联谊印务有限公司	
版　　次	2022 年 5 月第 1 版	
印　　次	2022 年 5 月第 1 次印刷	
开　　本	787 毫米 ×1092 毫米　1/16	
印　　张	31	
字　　数	425 千字	
书　　号	ISBN 978-7-5139-3806-8	
定　　价	129.80 元	

注：如有印、装质量问题，请与出版社联系。

目录

目录

第四章 | 西征 177

目录

第一章

蒙古高原上的

部落统一战争

桑丹之战

十二世纪下半叶，在今东起大兴安岭，西至阿尔泰山，南及阴山，北抵贝加尔湖的广大蒙古高原上，分布着许多大小不一、不相统属的部落。这些部落相互劫掠，进行着无休止的战争。其中，最强大的部族有五个，分别是塔塔儿部、克烈部、蔑儿乞部、乃蛮部和蒙古部。原本，塔塔儿部和蒙古部之间并没有仇恨，但因为一起"医疗纠纷"，双方结下了仇怨。

众汗争霸

蒙古高原的五大部族中，位置最靠西的是乃蛮部，其东是克烈部，克烈部之东是塔塔儿部，克烈部北边是蔑儿乞部，塔塔儿北边、蔑儿乞东边的就是蒙古部。

乃蛮有六部，分别是古出兀惕部、别帖乞部、答鲁部、豁里部、兀惕撒兀惕部和康里部。乃蛮最初由别帖乞部统治，该部衰落后，由太阳汗家族的古出兀惕部统治。

克烈也有六部，包括克烈部、只儿斤部、董合亦惕部、撒合亦惕部、秃别干部、阿勒巴惕部，而王统始终在王罕（"罕"又作"汗"，王罕本名脱斡邻勒）的家族中传承。

塔塔儿同样分为秃秃黑里兀惕、阿勒赤、察罕、阔亦坛、迪列土、阿鲁孩六部，各部之间经常相互攻战。

蔑儿乞分为三大部，号称"三姓蔑儿乞"，包括兀都亦惕部、兀洼思部、合阿惕部，其中最大的兀都亦惕部又分为四小支。

蒙古分为两大部，一部称为"尼鲁温蒙古"，一部称为"迭列列斤蒙古"。尼鲁温蒙古指的是出身纯洁的蒙古人（即黄金家族），有三十余部，包括乞颜部、泰赤乌部、合答斤部、札答阑部、兀鲁兀惕部、朵儿边部、山只昆部、忙兀部、阿鲁剌惕部、八邻部、别速惕部等。迭列列斤蒙古指的是一般的蒙古人，包括兀良合惕部、弘吉剌部、斡勒忽讷惕部、火鲁剌思部、亦乞列思部、许慎部、速勒都思部、巴牙兀剔部等。

合不勒汗统治时期，尼鲁温蒙古的一部分部族联合在一起，形成了乞牙惕联盟。乞牙惕联盟中，实力最强大的是乞颜部和泰赤乌部。

尼鲁温蒙古的姻亲弘吉剌部，在塔塔儿部的东边。弘吉剌部的东边则分布着兀良合惕部，以及乞牙惕联盟的近亲札答阑部、合答斤部和山只昆部。

塔塔儿部的南边，便是金朝。强大的金朝震慑着高原上的诸部落。女真人为了防备高原上出现一个大一统的部落，影响他们对草原的控制，就效仿辽朝契丹人的老政策，对诸部施行挑拨离间、分化瓦解的手段，让他们相互猜忌攻击，自己坐收渔翁之利。必要时，女真人还会出面劫掠、镇压刺头部落。

塔塔儿部因和金朝接壤，常常被女真人骚扰。但另一方面，他们接受女真人的羁縻，在高原上充当女真人的鹰犬，去镇压反抗金朝的同族，顺便壮大自己的势力。

蒙古部和金朝中间隔着塔塔儿部，双方冲突相对较少。宋人记载的那位在绍兴十六年（1146年）或绍兴十七年（1147年）自称祖元皇帝的鄂罗贝勒（金人称为"熬罗孛极烈"），疑似铁木真的曾祖父合不勒汗，但目前并没有证据来支撑这一说法。有学者认为鄂罗贝勒是合不勒汗的儿子忽图剌汗，但这同样只是猜测。

"医闹"引发的桑丹之战

乃蛮部雄霸西部，很少东去。和塔塔儿部竞争东部霸主地位的，主要就是克烈部。在诞生于合不勒汗时代的乞牙惕联盟形成之前，蒙古部没有和塔塔儿部发生过冲突，他们的仇恨源自一场医疗纠纷。

蒙古部合不勒汗的妻子叫豁阿古鲁古（一作合剌里忽），出自部属众多的弘吉剌部，她的弟弟叫赛因的斤。赛因的斤病得厉害，家人帮他请了一位塔塔儿部的萨满察儿乞勒讷都亦来给他看病。结果病没有治好，赛因的斤还是死了。弘吉剌部的人觉得是察儿乞勒讷都亦萨满没有尽心，把他揍了一顿打发回家。然而事情并没有结束，没多久赛因的斤的兄弟们又去把那个倒霉的萨满杀死了。这下事情闹大了。

从医患角度来看，弘吉剌部有点儿理亏。人死之后，他们不抬着死人找萨满理论，而是把萨满痛打一顿放回家，过后又去行凶杀人，怎么也说不过去！典型的恶性医闹。

塔塔儿人又不是软柿子，对弘吉剌人上门杀人的行为当然不能忍受，他们坚决地揍了回去！面对塔塔儿人的反击，弘吉剌人并没有坐以待毙，他们呼朋唤友找人助拳。蒙古部乞牙惕联盟的盟主合不勒汗身为弘吉剌人的女婿，当然不能置身事外，他把七个儿子派去帮娘舅姥姥家战斗。

战斗在一处名叫"桑丹"的地方进行。战况非常激烈，合不勒汗的六儿子合丹把阿秃儿（把阿秃儿是蒙古语，意为"勇士"），也就是铁木真的六叔祖，表现得最勇敢，他和塔塔儿人蔑年把阿秃儿面对面单挑。合丹用长矛把蔑年连人带马一起刺穿，蔑年和马双双倒在地上，失去了战斗力。蔑年回家养了整整一年才将伤养好。养好伤后，蔑年又和合丹交战。这次，合丹用长矛刺穿了蔑年的肚子，杀死了他。

尼鲁温蒙古人原本是来给弘吉剌人助拳的，结果打到最后，战斗双方却变成了尼鲁温蒙古和塔塔儿部。这样的发展，实在让人有些哭笑不得。就因为这次帮忙打架，尼鲁温蒙古和塔塔儿部彻底结仇，双方隔三岔五就打一场，矛盾和仇恨越积越深。

俺巴孩汗叔侄遇害

合不勒汗死后，蒙古部的首领由他的堂弟俺巴孩汗接任。合不勒汗的祖父伯升豁儿和俺巴孩汗的祖父察剌合领昆是亲兄弟，分属乞颜部和泰赤乌部。

俺巴孩汗就任乞牙惕联盟盟主后，认为联盟和塔塔儿人持续不休的斗殴对部落的良性发展很不利，冤冤相报何时了，就想通过联姻的方式解开蒙古部和塔塔儿部的仇恨。

关于俺巴孩汗和塔塔儿人结亲一事，有三种说法。《蒙古秘史》记载，俺巴孩汗将女儿许配给塔塔儿部，并亲自送女儿前往。《史集》记载，俺巴孩汗替自己的三儿子帖木儿余刺乞，求娶塔塔儿六部之一的察罕部首领海里忽惕不亦鲁忽惕的女儿为妻，俺巴孩汗带着那可儿（蒙古领主和贵族的亲兵）亲自去塔塔儿部迎接儿媳妇和嫁妆。《多桑蒙古史》则说俺巴孩汗求妻于塔塔儿部。无论哪一种说法是正确的，前去求亲的俺巴孩汗最后都被塔塔儿人抓起来送到了金朝。金朝皇帝把俺巴孩汗钉在木驴上处死了。

在这件事上，俺巴孩汗的确无辜，仇是合不勒汗的儿子们结下的，他只是想解开仇恨，却被满怀恨意的塔塔儿人欺骗。塔塔儿人的表现则十分卑劣，明明都答应联姻了却翻脸不认人，实在太不讲江湖规矩了！当然，俺巴孩汗也太天真了。

被处死前，悔恨不已的俺巴孩汗让那可儿巴拉合赤回到部落替自己送信，他交代合不勒汗儿子中最厉害的忽图剌和自己儿子中最勇敢的合丹（《蒙古秘史》作合答安）："我身为乞牙惕联盟的盟主，居然被塔塔儿人擒拿，实在是太丢人了！你们要向塔塔儿人复仇，哪怕是把五个指头的指甲全磨秃了，十个指头都磨尽了，也要一雪耻辱！"

蒙古部与塔塔儿部的十三次战争

忽图剌和合丹是蒙古贵族中的佼佼者，也是未来首领的候选人。由于合丹突然死去（据说是被克烈部的古儿汗毒死的），忽图剌成了蒙古乞牙惕联盟的新首领和最后一任可汗。

为了报仇雪耻，忽图剌汗率领部落和塔塔儿人交战十三次。合不勒汗次子把儿坛的儿子也速该在频繁的战争中脱颖而出。

塔塔儿人也不是吃素的，他们在一次战争中抓获了忽图剌汗的大哥斡勤巴儿合黑（主儿勤部的始祖）。他被塔塔儿人献给金朝，结果也被钉在木驴上处死。

在金世宗大定二年（1162 年）爆发的另一场战争中，也速该击败了塔塔儿人铁木真斡怯和忽鲁不花，洗劫了他们的马群和财产。

也速该回到家中时，他的妻子诃额仑刚好生下长子。也速该认为，战胜塔塔儿人后喜获长子是吉兆，就给长子起名铁木真，意为"铁之最精者"。

一场医疗纠纷，让蒙古部和塔塔儿部、金朝彻底结了仇。随着忽图剌汗频繁发动复仇战争，双方的仇恨进一步加深。后来，铁木真更是以此为由，征讨塔塔儿部，反叛金朝。

不兀剌川之战

铁木真的妻子孛儿帖被三姓蔑儿乞人掳走了！躲避蔑儿乞追兵的铁木真面对不儿罕山（今蒙古国肯特山）捶胸顿足，发誓一定要救回妻子孛儿帖！

也速该之死

铁木真的父亲也速该，年轻的时候在斡难河（今鄂嫩河）畔放鹰捕猎时，遇见了从斡勒忽讷惕部迎亲的蔑儿乞人也客赤列都。

也客赤列都是三姓蔑儿乞人，他的哥哥是蔑儿乞部最大分支兀都亦惕部的大领主脱黑脱阿（一作脱黑台），他们的部族生活在尼鲁温蒙古以西的不兀剌川（今色楞格河支流布拉河流域的草原）上。

也客赤列都迎娶新娘路过尼鲁温蒙古的地盘，他美貌的新娘诃额仑就被也速该看上了。

心动不如行动，也速该策马飞奔回家，叫上二哥捏坤和小弟答里台斡惕赤斤（斡惕赤斤指幼子）就去抢人。新郎官也客赤列都被突如其来的状况弄蒙了。诃额仑担心抢亲的人伤害丈夫，就劝他赶快逃走。也客赤列都便骑上快马沿着斡难河跑了。

也速该兄弟仨追着也客赤列都跑了七个山岗，才返回去把新娘带回家。也速该很喜爱这位抢来的妻子，两人生了四子一女。大儿子铁木真长大后，也速该准备让他也去迎娶斡勒忽讷惕部的姑娘做妻子。

金大定十年（1170 年），在也速该带儿子求亲的路上，九岁（古人以虚岁计龄，文中所提年龄皆为虚岁）的铁木真被弘吉剌部的德薛禅看上，他请求和也速该结为亲家。也速该对德薛禅的闺女孛儿帖颇为满意，就同意了儿子的婚事，他把铁木真留在丈人家，自己返回家中。

归途中，也速该路过塔塔儿部的营地，前去讨水喝。塔塔儿人正在聚会，有人认出了他，便在盛情款待他的饮食中下了毒。

走在路上的也速该身体不适，他强撑着回到家，让那可儿晃豁坛人察剌合的儿子蒙力克去弘吉剌部把大儿子铁木真带回来。

按照蒙古部的旧俗，长子是要被分出去的，家产的大头要留给小儿子。但是也速该的小儿子铁木哥斡惕赤斤才三岁，没法撑起家业，他只能将家产交给长子铁木真。

铁木真的妻子被抢

也速该的死亡让这个蒸蒸日上的贵族之家迅速走向衰落。没有强壮的首领，谁还依附你，跟着你混呢？很快，也速该的属民就跟着其他强部离去。铁木真兄弟几人从衣食无忧的首领之子沦落为穷光蛋，不但生活日趋艰难，还备受亲戚欺凌。

铁木真是在逃亡迁徙中长大的。几兄弟用积攒的鼠皮和克烈人换了九匹马，才慢慢改善生活，攒了点家业。金大定十八年（1178年），十七岁的铁木真迎娶了孛儿帖。

稳定的日子并没有过多久。蔑儿乞人为了报复也速该的抢亲之仇，袭击了铁木真的家园。在仓促的逃亡中，因怀孕不能骑马只能坐车的孛儿帖被蔑儿乞人抢走。

环绕不儿罕山追捕了三圈也没有抓到铁木真的蔑儿乞人带着孛儿帖回去了。愤恨的铁木真对着不儿罕山和太阳发誓，一定要找蔑儿乞人报仇，夺回妻子。

这个时候的铁木真已经不像年少时那么冲动了。年少时，盗马贼偷走他家的九匹马，铁木真就敢单枪匹马去追。幸亏得到博尔术的帮助，两个少年竟然从盗马贼的营地顺利抢回了丢失的马匹。

曾经只会逞匹夫之勇的铁木真，经历了少年时的磨难，已经飞速成长，开始懂得运用谋略和借势，通过外力营救妻子。铁木真求助的目标是义父王罕和结拜兄弟札木合。

克烈部的首领王罕曾是也速该的拜把子兄弟，为人重利好名。铁木真娶妻后，在妻子孛儿帖的劝告下，把黑貂皮袄献给王罕，用几声"干爹"换得了王罕的欢心和资助。王罕为铁木真召集旧属，重新恢复了孛儿只斤部落。

札木合是札答阑部的首领，幼年时两次和铁木真结拜，曾和铁木真一起依附王罕。他为人豪侠尚义，身边很快聚集起了大批蒙古部众，其中有不少曾是也速该的属民。人们零零散散地前来投靠他，俨然把他当作尼鲁温蒙古新一代的代言人。他的崛起引起了王罕的警惕。

空手套白狼

铁木真并没有能够和蔑儿乞人抗衡的力量，他只能借势。他亲自带着弟弟合撒儿（一作拙赤合撒儿）和别勒古台去哭求干爹王罕替他救出妻子，还表示要向安答（蒙古族对结拜兄弟的称呼）札木合求助。

王罕觉得这是一个打击蔑儿乞部的好机会。属民和财富本就是通过对外战争获得的，对蔑儿乞人，王罕当然是能咬一口就去咬一口。再说，如果他不出兵，札木合就要出兵。王罕对札木合满怀戒心，为了避免札木合坐大，他决定扶持同样出身尼鲁温蒙古的铁木真。

王罕当即许诺铁木真，会出兵两万协助他。至于出兵日期和会合地点，就交给札木合决定。铁木真派两个弟弟去见札木合，告诉他王罕答应出兵两万帮助自己。铁木真请求札木合也出兵两万帮助自己，并恳请他担任联军统帅，出兵日期和会合地点都由札木合决定。

札木合一听王罕都出兵了，心想："若是不出兵，岂不是让对方独占好处？况且我和铁木真是结拜兄弟，我的百姓中有一部分以前是他父亲的属民，出兵帮助好安答是应该的。"

于是，札木合就让合撒儿和别勒古台兄弟给王罕、铁木真带话：请王罕出兵，从不儿罕山前往铁木真那里，之后一同赶去斡难河源头的孛脱罕孛斡儿只，他会沿着斡难河过去会师。

就这样，势单力薄的铁木真空手套白狼，得到了四万人马的帮助。

王罕与弟弟札合敢不和铁木真会合后，前往孛脱罕孛斡儿只。札木合已于三天前到达，作为联军统帅，札木合狠狠地把迟到的王罕、铁木真批评了一顿。

不兀剌川之战

札木合并没有率领联军从斡难河河畔正面进攻蔑儿乞部，而是绕道东北，从背面的勤勒豁河（今俄罗斯西伯利亚的希洛克河）结筏而渡，在夜里袭击了不兀剌川上的蔑儿乞人。

睡梦中的蔑儿乞人被王罕、札木合联军打得措手不及，如果不是在勤勒豁河捕鱼、捕貂的人们前来报信，领主脱黑脱阿也会被联军堵在被窝里擒获。

脱黑脱阿无力迎战，蔑儿乞部分支兀洼思部领主答亦儿兀孙带着部分随从、那可儿，顺着薛灵哥河（今色楞格河，流经蒙古国和俄罗斯）仓皇逃走，跑到八儿忽真隘（今俄罗斯贝加尔湖东面的巴尔古津河下游谷地）去了。

蔑儿乞部的百姓四处逃窜。黑夜中，王罕、札木合的联军紧紧追捕惊慌的蔑儿乞人。他们抓到了蔑儿乞部分支合阿惕部领主合阿台答儿麻剌，找到了铁木真的妻子孛儿帖，还捡到一个衣饰华贵的五岁男孩曲出（铁木真母亲诃额仑收养的四个养子之一）。

铁木真派人告诉王罕和札木合，他要找的人已经找到，大家不用在夜间行动了，可以安营扎寨就地休整。别勒古台下令把当初参与围困不儿罕山、追捕铁木真兄弟的三百蔑儿乞人赶尽杀绝、挫骨扬灰，女人、孩子全部掳走做奴隶。

身为"高原五雄"之一的蔑儿乞部，第一个从霸主的舞台上退场。通过此战，铁木真获得了巨额财富和众多百姓，积累了"第一桶金"。他还从札木合身上学到了相当多的实战经验，为日后创业迈出了坚实的第一步。同时，他也成了王罕选中的扶持对象，有了和札木合争夺尼鲁温蒙古领主的资本。

十三翼之战

在攻打蔑儿乞人的不兀剌川之战中，铁木真在札木合的帮助下，不但救回了妻子孛儿帖，还获得了大量奴隶和财富。两人一同在斡难河畔的豁儿豁纳黑草原驻营，再次结为安答。然而没过多久，这对兄弟就反目决裂，双方在答兰版朱思爆发十三翼之战。

挖墙脚的铁木真

札木合所属的札答阑部在辽代就是强部，曾参与克烈部发起的磨古斯抗辽战争。在契丹人的打击下，札答阑部的势力遭到削弱，在尼鲁温蒙古部中拥有的重要地位很快就被铁木真的先祖所取代。

忽图剌汗死后，铁木真的先辈们领导的蒙古乞牙惕联盟解体，札答阑部的少年英雄札木合适时崛起。于是，前联盟的大小贵族纷纷带着属民投靠札木合。斡难河上游的豁儿豁纳黑草原成了札木合的驻营之地。札木合本人成了当时蒙古部落中最有实力的领主，连泰赤乌部也不得不避其锋芒。

不兀剌川之战后，札木合和铁木真第三次结为安答。铁木真依附札木合在豁儿豁纳黑草原驻营，两兄弟相亲相爱地一起生活了一段时间，直到金大定二十二年（1182 年）铁木真脱离札木合。

自认为是东部霸主的克烈部首领王罕不愿意看到札木合变强，便暗中扶持铁木真另立山头。札木合的部众中有也速该的属民，铁木真便去拉拢父亲的旧部属。铁木真的小动作并不能瞒过札木合，札木合心里很不痛快："我拿你当兄弟，你却来挖我墙脚？"

如果札木合当机立断，不是不能消灭铁木真，但他不够果断，不愿意和铁木真撕破脸，只是婉转地告诉对方，两兄弟应该分开发展。铁木真自然知道自己行为卑劣，他既感到羞愧，又怕札木合歼灭自己，于是连夜拔营离开札木合。有些百姓以为是全体拔营，稀里糊涂地跟着铁木真走了。

从这件事情可以看出，札木合顾念情义，不是一名合格的政治家。在遇到妨碍自己事业和利益的人或事时，他无法快刀斩乱麻，没有成大事者必备的素质，最后败给铁木真也是必然的。

铁木真第一次称汗

铁木真的势力虽然不能和札木合比，但因背后有王罕支持，他也成了尼鲁温蒙古中的一杆旗帜，与札木合双雄并立。

在铁木真的招揽下，陆续有人前来投奔他，不过基本都是以家庭为单位。真正带着属民前来依附他的，只有和铁木真血缘关系比较近的亲戚，如主儿勤部的薛扯别乞（别乞，即部族长老、元老）、敝失兀惕部的翁古儿、槐因亦儿坚部的忽察儿、忽图剌汗的儿子阿勒坛，还有铁木真的小叔叔答里台斡惕赤斤。

不管怎么说，铁木真的势力比之前壮大了不少，合不勒汗的后裔们又重新聚集在一起，形成了松散的乞颜联盟。注意，联盟内部并非从属关系。乞颜联盟和之前的乞牙惕联盟也不一样，乞牙惕联盟包括了乞颜部和泰赤乌部，乞颜联盟只有合不勒汗的后裔，不包含泰赤乌部。

各部领主商量了一下，共同推举铁木真当联盟的大领主（可汗）。势力雄厚的主儿勤部薛扯别乞和乞颜部的阿勒坛等人，为何会推举势力弱小的铁木真呢？原因很简单，他们相争不下，于是共同推举铁木真来当傀儡盟主。只是后来的事情超出了他们的掌控。

胸怀大志的铁木真怎么会愿意当傀儡盟主？而且，他也不愿意像曾祖父合不勒汗那样只做一个空壳盟主。他对联盟松散、容易分裂的特性有着清醒的认识，为了巩固并加强自己的势力和盟主地位，铁木真制定了若干制度，形成自己的私人势力，为后来怯薛军（大蒙古国和元朝的禁卫军）的诞生奠定了基础。

铁木真把自己称汗的消息分别通报给了王罕和札木合。王罕认为铁木真变强就是对札木合的削弱，最好他俩能斗得死去活来，因此非常支持干儿子称汗，并承认铁木真是尼鲁温蒙古之主。

札木合就不高兴了，心想："明明我才是尼鲁温蒙古的领头羊，铁木真安答你昨天还跟着我混饭吃呢，今天就要和我唱对台戏，你这样做真的够朋友吗？"

铁木真和札木合两人都出自尼鲁温蒙古，系出同源，又都有统一蒙古部落的雄心和资格。现在，铁木真率先建号称汗，这就让札木合有些被动。这事儿搁谁身上都咽不下心头的恶气！然而王罕就在一旁虎视眈眈，札木合担心出兵攻打铁木真时，王罕会帮助干儿子来打他，因此只能隐忍不发，等待时机。

很快，机会就来了。

十三翼之战

王罕能够当上克烈部领主，双手沾满了亲属的鲜血，他几乎把兄弟们杀得精光，只有一个弟弟额尔客合刺逃到乃蛮部，并得到乃蛮部亦难察汗的支持。回来复仇的额尔客合刺击败了王罕。王罕仓皇逃到西辽避难，他的一部分百姓成了铁木真的子民。

这时，刚好发生了一件事，札木合的属下（一说是弟弟）给察儿在抢劫铁木真的马群时，被铁木真的手下拙赤答儿马刺袭杀，马群也被夺了回去。

眼看王罕倒台，铁木真失去靠山，敏锐的札木合决定把握时机，以这场纠纷为借口，修理一下这个贪婪的把兄弟。金大定二十三年（1183年），札木合从依附自己的部落中组织起三万军队，越过阿刺兀惕山和土儿合兀惕山去攻打铁木真，表示要为给察儿复仇。

依附泰赤乌部的亦乞列思部，其领主叫捏群，他的儿子孛秃是铁木真的妹夫。念及姻亲的情分，捏群悄悄派了两个亲信去给铁木真送信。铁木真闻讯后，组织军队迎战。他把所属联盟的三万人分为十三翼，带着他们出发迎战札木合。

所谓"翼"，蒙语读作"古列延"，就是圈子的意思。游牧民族移居或征战时，常常组成车队行动。晚上宿营时，他们把运输用的车子围成一圈，将人畜围在中间，组成环形车阵，防备敌人突袭。

在铁木真的十三翼中，第一翼为他的母亲诃额仑所率诸部及族人，她的斡耳朵（一作斡鲁朵，指宫帐）里的侍臣、仆役及属于她个人的一切人员；第二翼是铁木真的子女、直属卫队、那可儿和侍卫军，为全军主力；第三翼是合不勒汗之兄合赤温的后代不勒塔术所部、合答斤部、火鲁刺思部，以及克烈部的秃别干部、董合亦惕部；第四翼是乞颜部的迭连吉兄弟以及不答惕部；第五翼、第六翼是主儿勤部及其属民札刺亦儿部；第七翼是乞牙惕部；第八翼是敝失兀惕部和巴牙兀惕部；第九翼是铁木真的叔父答里台斡惕赤斤所部、槐因亦儿坚部、朵豁刺惕部、撒合亦惕部、嫩真部等；第十翼是忽图刺汗的儿子拙赤汗及其全体部属；第十一翼是忽图刺汗的儿子阿勒坛所部；第十二翼是轻吉牙惕部和雪干部；第十三翼是属于尼鲁温蒙古的捏古思部。

双方在答兰版朱思（意为"七十沼泽"，地点当在克鲁伦河上游臣赫尔河附近）交战。虽然两边的人数不相上下，但在战斗力上，本就处于弱势一方的铁木真军在仓促上阵的情况下比札木合军差多了。再加上铁木真的部众主要是他从札木合那里带走的，他们在道德上背叛了札木合，心理上自然对札木合一方怀有愧疚，现在突然要拔刀相向，他们完全无法适应。这样一来，铁木真军怎么能抵挡得了杀气冲天的札木合军？因而不管铁木真个人多么英勇，也难挽败局，他被迫带领残军退守斡难河附近的哲列捏峡谷。札木合军大获全胜。

如果此时札木合把握时机，一鼓作气，对铁木真穷追猛打，铁木真多半难逃一劫。但是，札木合顾念结拜情义的心理又跳出来作祟，严重影响了他的判断，他居然再一次放过铁木真，给了对方休养生息的机会，也断送了自己统一蒙古的可能。

札木合虽然仁慈地放过了铁木真安答，却对背叛他转投铁木真的部众毫不手软。他下令杀害被俘的所有青壮，并将俘获的赤那思部首领察合安兀阿的脑袋砍下，挂在马尾巴上拖了回去。

自古以来都有杀降不祥的说法。杀降是不道德的、违反人性的行为。蒙古高原资源匮乏，更是很少有破坏人力资源的杀戮行为。札木合杀人的本意是警示部众：看，这就是背叛我的下场！但问题是，他立威的行为并没有起到震慑作用，反而让不少人对他心生恐惧，脱离他投奔铁木真。这就是典型的打赢了战争，却输了人心。

在这之后，札木合再也没有打击铁木真的机会了，因为王罕重返克烈部再次掌控大权。铁木真有了王罕这个靠山，札木合怎么可能为了打击他，不自量力地去挑战王罕呢？

斡里札河之战

金章宗统治末年，雄霸蒙古高原的克烈部王罕听说金朝向他的老对头塔塔儿部出兵，不禁仰天大笑："塔塔儿人，终于让我等到机会了！铁木真我儿，跟着为父去向塔塔儿人复仇！"

塔塔儿人叛金

谁也没有想到，一向受金朝羁縻的"高原五雄"之一塔塔儿部突然反水，和金朝翻脸了。

塔塔儿部是蒙古高原上的强部，一向是金朝皇帝笼络的对象。在塔塔儿部归附之前，金朝重点拉拢的是弘吉剌、合答斤、山只昆等部，以此来牵制塔塔儿部。等塔塔儿部归顺后，金朝开始对弘吉剌诸部大规模用兵。很明显，金朝的手段是一手打压，一手拉拢。方法虽然简单，但很有效。

金明昌六年（1195 年）正月，合答斤、山只昆两部侵扰金朝的庆州（今内蒙古巴林右旗北境），金东北路招讨副使瑶里孛迭率兵前去解围。

五月，金章宗派左丞相夹谷清臣北伐。先锋军移剌敏率部在栲栳泺（"泺"同"泊"，栲栳泺为《金史》对呼伦湖的称呼）一带连续击破合答斤、山只昆部十四座营寨。然而移剌敏带着缴获的大量牲畜物资回师时，塔塔儿部的一个领主斜出，突然出兵袭击了移剌敏，把他的战利品抢走了。

当时塔塔儿部名义上受金朝羁縻，因此斜出的抢劫行为性质恶劣。身为征北大帅的夹谷清臣严厉谴责了塔塔儿人的行为，并要求他们把抢走的东西还回来。

塔塔儿人并没有遵从夹谷清臣的命令，反而正式发动叛乱，袭击、劫掠金军。这下，战事彻底升级了。金朝不愿双线作战，就以夹谷清臣处事不当、引起边患为由将他撤职，改任右丞相完颜襄北征，以此迷惑塔塔儿人。

大盐泺之战

完颜襄驻军临潢府（今内蒙古巴林左旗），他没有表现出要针对塔塔儿人的意图，而是派驸马都尉仆散揆先去修理弘吉刺部。

当年十二月，金军与弘吉刺部在大盐泺（今内蒙古额吉淖尔盐湖）发生激战。这场战斗非常激烈，从年前一直打到年后正月。虽然弘吉刺部大败，但金军也付出了惨痛的代价，大盐泺群牧使移刺睹等阵亡军前。

在打击弘吉刺部的同时，完颜襄还派右卫将军完颜充进军斡鲁速城（位于今内蒙古新巴尔虎右旗东南、呼伦湖南）屯守。金明昌七年（同年十一月改元"承安"，1196 年）二月，金章宗召回完颜襄和夹谷清臣举行军事会议。在确定了新的进军目标后，完颜襄迅速返回前线。

完颜襄把大军分为两路：东路军由瑶里孛迭率领，直接进攻塔塔儿；西路军由他本人亲自带队。同时，他还向克烈部派遣使者，征调其部。

同样受金朝羁縻的克烈部和塔塔儿部有世仇，王罕的祖父磨古斯（马儿忽思汗）就是被塔塔儿部的纳兀儿不亦鲁汗抓获献给契丹人处死的。王罕本人也在小时候被塔塔儿人俘虏过，他在塔塔儿人那里做过放羊娃，所受之辱终生难忘。等他当上克烈部的大领主后，塔塔儿人又一直和他竞争高原东部的霸主地位。两个部落之间可以说是仇深似海。

身为蒙古乞颜新联盟大领主的铁木真，这个时候正背靠干爹王罕，悄悄发展自己的势力。两人一听说金朝征召，立马抖擞精神，准备大干一场。

王罕召集克烈部的军队，铁木真召集乞颜联盟的军队，两人表示愿意听从金朝的号召，去夹攻仇人塔塔儿部，为祖先报仇。但是，铁木真这个大领主，此时名不副实，并不能领导联盟中的其他大部落，比如主儿勤部。

和完颜襄约定好夹攻塔塔儿人的地点后，王罕就开始集结军队。铁木真率部等待了六天，也没有等到主儿勤部的军队到来。军情不等人，铁木真只能跟着干爹一起发兵，顺着斡里札河（今蒙古国乌勒吉河）而下。

怯绿连河之战与斡里札河之战

瑶里孛迭率领的金朝东路军，在怯绿连河（金人称为"龙驹河"，今蒙古国克鲁伦河）被塔塔儿人包围。金军突围了三天都没能成功，只得频频向完颜襄求援。

完颜襄率领西路军日夜兼程，赶去救援东路军。有人提出疲劳行军对作战不利，建议应该休整一下，等大军赶上再去救援。完颜襄认为兵贵神速，他们轻骑前来，大军和粮草都被甩在后边，就该全速前进，出其不意，攻其不备，一举击垮塔塔儿人；如果行军缓慢，让塔塔儿人侦察到他们的军情，救援的事就泡汤了。

在完颜襄的带领下，西路金军突袭了塔塔儿人。被围的东路金军鼓噪出战，配合西路军对塔塔儿人进行了夹击。塔塔儿人随即溃败，丢下大量的帐篷、牛羊，败走斡里札河。

塔塔儿人在领主蔑古真等人的率领下，迅速在斡里札河河畔的原野忽速图失秃延和纳剌秃失秃延上建立寨子，进行防守。

完颜襄派完颜安国一路追击塔塔儿人。与此同时，王罕和铁木真也合兵赶来。联军再次两面夹击，最终攻破塔塔儿人的寨子，斩杀他们的大领主蔑古真。

激战中，天下起了大雨，塔塔儿部不敌，部分领主率众投降金军，部分残部溃走。金朝、克烈部、蒙古部联军大获全胜，完颜襄还在九峰山刻下功勋。九月，完颜襄返回朝廷，官拜左丞相，监修国史，并被封为常山郡王。

最大的受益者

斡里札河之战后，被打残的塔塔儿部再也无法构成威胁。铁木真则通过此战大大提高了个人声望，不仅赢得了"为血亲复仇"的美名，还走进了金朝人的视线之中。

完颜襄为了酬谢王罕的协助之功，封王罕为王。从此，本名脱斡邻勒的脱斡邻勒汗，就以"王罕"这一称呼闻名史册了。铁木真也获得了"札兀惕忽里"（乣军统领）的官职，成为金朝在蒙古高原的代言人之一，并获得了怯绿连河流域的部分控制权。这不仅提高了他的政治地位，还为他以后统一草原铺平了道路。

在这一战中，铁木真在战场上捡到了一个塔塔儿贵族小孩，他把这个小孩作为礼物送给母亲诃额仑。诃额仑将这个塔塔儿贵族小孩收为义子，使其成为铁木真的六弟，他就是后来大蒙古国赫赫有名的第十六位功臣——千户长、最高断事官大人失吉忽秃忽。

朵栾盘陀山之战

在宗族中不嫡不长的铁木真，能够在乞颜联盟内部地位趋于稳固，是在歼灭、吞并了家族嫡系长支——主儿勤部之后。

乞颜部的嫡长支

主儿勤部是乞颜部的嫡长支，其始祖斡勤巴儿合黑是合不勒汗的长子，也是铁木真的伯祖。蒙古有分户的习俗，身为长子的斡勤巴儿合黑分到的百姓是部众中最有胆量、最有气力的，他们不但善射，还各有技能。这些有豪气、有胆识的属民构成了主儿勤部。

也就是说，当初合不勒汗给大儿子分家时，分的属民是乞颜部精英中的精英。主儿勤部是乞颜部中最强大的一支，就算是铁木真，也不得不倚重主儿勤部的军事力量。在十三翼之战中，铁木真的第五翼和第六翼就是由主儿勤人构成的。蒙古著名悍将札剌亦儿人木华黎以及许慎人博尔忽，原先都是主儿勤部的属民。

斡勤巴儿合黑在与塔塔儿人的交战中被俘。之后，他被塔塔儿人献给金朝，被金人下令处死。他的家族势力被儿子莎儿合秃主儿乞、孙子薛扯别乞继承。

在铁木真的近亲族人中，除了泰赤乌部外，就数主儿勤部最强。当初在乞牙惕联盟中，主儿勤部就是最厉害的一支。联盟解体后，主儿勤部选择依附崛起的札木合，其领导的札答阑部在尼鲁温蒙古诸部中势力最大。

等依附札木合发展的铁木真开始独立创业后，主儿勤部的薛扯别乞、泰出就和其他宗亲一起投奔铁木真。合不勒汗七个儿子的后裔重新聚在了一起。

虽然以薛扯别乞为代表的主儿勤部，以及以拙赤汗、阿勒坛兄弟为代表的乞颜部，共同推举铁木真做联盟的汗，但这只是互相妥协的结果。事实上，主儿勤部在联盟中依然是最强大的一支。

斟酒事件和盗马绳事件

札木合虽然打赢了十三翼之战，却因为杀俘失去了人心。不少人投奔铁木真，这让铁木真很高兴，于是他决定在斡难河畔的树林里举行宴会。薛扯别乞和泰出自然是宴会中最尊贵的座上宾。

宴会主持人是铁木真的亲信失乞兀儿，他先给联盟的汗铁木真、铁木真的母亲诃额仑、薛扯别乞、泰出、铁木真的弟弟合撒儿斟酒，又去给薛扯别乞的庶母额别该斟酒。

薛扯别乞的嫡母豁里真合屯（合屯，即可敦，蒙古族对可汗之妻的称呼）和次母忽兀儿臣合屯见状就生气了，责问失乞兀儿："为什么不先给我们斟酒，而先给额别该斟酒？是额别该比我们尊贵吗？"说完，她们就命人笞打失乞兀儿。

失乞兀儿是联盟老大铁木真汗的亲信，薛扯别乞的母亲却一点儿面子都不给，对他说打就打，这让铁木真非常难堪。

这就是斟酒事件。失乞兀儿因工作失误有错在先，豁里真和忽兀儿臣因骄横跋扈有错在后。她们骄横的依仗自然是主儿勤部的强大，她们清楚铁木真奈何不了自己。

铁木真本打算隐忍不发，但宴会上随即又发生了盗马绳事件。

铁木真的堂叔不里孛阔，是合不勒汗第三子忽秃黑秃蒙古儿的儿子，依附主儿勤部担任掌管马匹的职位，是一个勇武过人的汉子。他的一个手下去偷铁木真的马缰绳，被铁木真的弟弟别勒古台抓到。别勒古台找堂叔不里孛阔理论，不里孛阔袒护手下，一言不合砍伤了别勒古台的肩膀。

别勒古台肩膀流血的模样被铁木真看到。问明情况的铁木真愤怒了，他作为名义上的汗，亲信被打，亲弟弟被砍伤，如果还没有任何反应，那他这个老大也太窝囊了，以后还怎么服众？是可忍孰不可忍，打他！

铁木真抽出皮桶里捣马奶的木杵就带头向主儿勤部冲过去。薛扯别乞仓促应战，失去先机。他的母亲豁里真和忽兀儿臣被铁木真这边抢过来，好好的宴会变成了大型斗殴现场。

掌控人质的铁木真一方在斗殴中获胜，薛扯别乞因为母亲在对方手中，只能低头求和。铁木真对两个女人也没奈何，又不能杀又不能打，最多羞辱臭骂一通。看到主儿勤部求和，铁木真就把两人还了回去。

因为斡难河宴会事件，乞颜联盟名存实亡，主儿勤部基本上游离于联盟之外。雄心勃勃的铁木真深刻地明白，不把这个嫡长支搞垮，他的权威永远也难以树立起来。

朵栾盘陀山之战

斡难河宴会事件后，铁木真接到了协助金军围剿塔塔儿人的消息，他决定趁势出兵塔塔儿。塔塔儿人毒死了他的父亲也速该，害死了主儿勤部的斡勤巴儿合黑，和两个部落有深仇大恨，因此他派人邀请薛扯别乞一起出兵。

铁木真此举很有深意，他想通过对外复仇，把尼鲁温蒙古诸部团结起来，都来听从他的号令。对铁木真来说，薛扯别乞出兵很好，这样就意味着薛扯别乞听从铁木真的征召；不出兵更好，铁木真会用忘记祖仇、破坏团结为借口去收拾薛扯别乞。

　　铁木真派使者通知薛扯别乞："塔塔儿人是我们的世仇，他们杀害了咱们的父祖。如今金朝皇帝去攻打塔塔儿人，我们应该趁机出兵去夹攻他们，为我们的父祖复仇！"

　　薛扯别乞没有响应铁木真的号召。铁木真在约定的地点等了六天，也没有等到主儿勤部的军队。之后，他不再继续等待，而是赶去协助王罕夹攻塔塔儿人。他们在斡里札河河畔打败塔塔儿人，不仅获得了大量财富，还获得了金朝的官职，提升了政治地位。

　　有称雄野心的铁木真，面对创业路上的第一块绊脚石——主儿勤部，欲除之而后快。他出兵夹攻塔塔儿时，把队伍全部带走了，只留下六十个人留守营地，以备不甘蛰伏的主儿勤部来袭。

　　主儿勤部果然袭击了铁木真故意留下的营地，结果他们攻克后才发现，这是一座空营。主儿勤人杀死了十人，将剩下五十个人剥光衣服赶了出去。这边主儿勤人耀武扬威地回到自己的驻地朵栾盘陀山（今蒙古国克鲁伦河与臣赫尔河合流点之西的巴颜乌兰山南麓），那边铁木真闻讯率军赶来。他趁主儿勤人不备，携大胜之余威，分进合击，奇袭主儿勤部驻地。

　　主儿勤人被从天而降的铁木真部弄蒙了，没能组织起有效抵抗。战局迅速被铁木真掌控，乞颜联盟最强大的主儿勤部就这样稀里糊涂地败了。薛扯别乞、泰出带着少数人仓皇逃走，结果在帖烈秃山口被擒。

　　铁木真用冠冕堂皇的理由——不肖子孙违背誓言、不为父祖报血海深仇，处死了薛扯别乞、泰出。砍伤别勒古台的不里孛阔，也被铁木真故意处死。铁木真算是把伯祖斡勤巴儿合黑以及三叔祖忽秃黑秃蒙古儿的后裔全部铲除了。

　　在主儿勤部的营地，铁木真又捡到一个小孩，他就是"四养子"之一的许慎人博尔忽。

　　清除了联盟内部最大的威胁——主儿勤部后，铁木真把勇猛的主儿勤人收为自己的部众。他们不属于氏族，而是属于他个人所有。这个举措大大加强了铁木真的个人力量，让他有能力进行集权，走出内部统一的第一步。

乞湿勒巴失之战

为了帮王罕复仇，铁木真首次和乃蛮人对上，袭击了乃蛮的不亦鲁黑汗。然而，这场战争却让王罕、铁木真之间的关系产生了裂痕。

克烈部与乃蛮部的恩怨

克烈部和乃蛮部的恩怨纠葛同样延续了两代。当初，王罕的父亲忽儿札忽思被塔塔儿人打得毫无还手之力，只能投奔乃蛮部避难，十三岁的王罕和生母亦勒马哈敦（哈敦，即可敦）则被塔塔儿人俘虏。

当时，统治乃蛮部的是别帖乞乃蛮的合只儿汗。忽儿札忽思通过迎娶合只儿汗的妹妹脱劣海迷失，获得了乃蛮军队的支持。在乃蛮人的帮助下，他击败塔塔儿人，救回了王罕母子。

后来，忽儿札忽思和合只儿汗因为利益纠葛分道扬镳，但忽儿札忽思对脱劣海迷失的宠爱并没有消减。忽儿札忽思有四十多个儿子，为了避免年长的儿子们和脱劣海迷失的儿子台帖木儿兄弟争位，他就把大儿子王罕打发到了边境。

王罕当然不乐意，身为长子竟然被赶出去，谁能忍下这口气？王罕悄悄积蓄力量，等父亲一死，便杀死台帖木儿兄弟，抢班夺位。台帖木儿的小弟弟额尔客合剌机灵，趁乱逃回舅舅所在的乃蛮部。

杀死诸弟夺位的王罕，屁股还没坐稳，就被"黄雀"偷袭了。他的亲叔叔古儿汗，以王罕残暴杀弟为由推翻他，自己做了克烈的汗。第一次失去汗位的王罕跑到蒙古部，遇到了铁木真的父亲也速该。作为乞牙惕联盟的一名勇敢的把阿秃儿，也速该很渴望建功立业。两人一拍即合，结为安答。也速该出动他的那可儿帮助王罕复位。

自从忽儿札忽思死后，克烈部内乱频频。古儿汗还没有稳定好内部，就被侄子王罕反攻。古儿汗逃到西夏避难，王罕复位。

正是因为昔日的这点儿香火情，王罕才会欣然接受铁木真磕头叫自己干爹。他不仅帮铁木真聚拢旧部，夺回妻子，还扶持他在蒙古部慢慢崛起。

金大定二十三年，王罕那个逃到乃蛮部的异母弟弟额尔客合刺，得到了乃蛮部新任首领——古出兀惕部的亦难察汗的支持，出兵攻打克烈部。王罕仓皇出逃，途经西夏逃到西辽，希望能获得西辽的帮助。当时，西辽已经日暮西山，末帝耶律直鲁古毫无雄心，王罕只好返回。他从西夏辗转回到漠北，请求干儿子铁木真出兵助他。

铁木真刚在十三翼之战中被札木合暴打，迫切需要获得外援，因此竭力帮助王罕复位。王罕统治克烈部很长时间，拥有一定的根基，很快便击败了异母弟弟重新复位。复位的王罕对干儿子铁木真异常看重，从此开启爷儿俩横扫东部的"打怪升级"之路。

乞湿勒巴失袭击战

乃蛮部对克烈部来说，有恩；对王罕个人来说，却有怨。睚眦必报的王罕对这个仇敌念念不忘，总想找机会把场子找回来。

此时，乃蛮部的亦难察汗已经死了，他的两个儿子太阳汗和不亦鲁黑汗正在闹分家。老大太阳汗继承了父亲的驻地阿尔泰山，老二不亦鲁黑汗退守大黑山（今唐努乌拉山）。从此，乃蛮分为南北两部。

斡里札河之战后，获得金朝册封的王罕和干儿子铁木真商量，准备找乃蛮人的麻烦。爷俩儿决定去袭击北乃蛮的不亦鲁黑汗。北乃蛮地处科布多和唐努乌梁海两个盆地，境内有许多高山大川，和东部王罕、铁木真的领地相距千里。谁也不会想到这二位会千里奔袭，去找不亦鲁黑汗的麻烦。

金承安四年（1199年），王罕、铁木真率领联军从薛灵哥河南岸逆流而上，翻山越岭，到达莎合水（今科布多河上游的索果克河），突袭不亦鲁黑汗。不亦鲁黑汗不知道从天而降的大军打哪来的，没有应战就仓皇出逃了。

王罕、铁木真率军追击不亦鲁黑汗。他们越过阿尔泰山，顺着横相乙儿

（今新疆青河县南）的龙骨河（今新疆北部乌伦古河）追赶，途中遇到了不亦鲁黑汗的一位将官也迪秃黑鲁黑出来放哨巡视。这位将军看到追兵，扭头就跑。铁木真让自己的前哨赶紧去追。

倒霉的也迪秃黑鲁黑逃到山顶时，马肚带不幸断了。他连人带鞍一起仰面从马背上掉了下去，被铁木真的前哨捉住。

铁木真继续追击，在乞湿勒巴失（今新疆乌伦古湖）追上不亦鲁黑汗。在那里，不亦鲁黑汗再次被击败，狼狈不堪地跑到吉利吉思部（今柯尔克孜族先祖，元代居住中心在叶尼塞河上游地区）所在的地区和谦谦州［指谦河（今叶尼塞河上游乌鲁克穆河）上游与谦州河（今克穆齐克河）流域］。

王罕和铁木真这才掉头返回。这一趟，两人大发横财，特别是王罕，所获甚丰。他担心铁木真看到后眼红，便让儿子桑昆和弟弟札合敢不押送获得的财物与人畜返回。

拜答剌黑之战与忽剌阿山之战

南乃蛮的太阳汗听说弟弟被克烈部袭击，非常愤怒："兄弟内讧是家务事，我弟弟只能被我打，你王罕一边去！"他火速派遣骁将可克薛兀撒卜剌黑从南向北去拦截王罕、铁木真联军。

可克薛兀撒卜剌黑驻扎在拜答剌黑（今蒙古国巴彦洪干尔省），等候才打了胜仗的克烈、蒙古联军。双方一见面便激战一番，一直打到天黑才休兵整顿，待次日再战。

王罕担心所获辎重有失，不愿和乃蛮人纠缠，便想留下干儿子，自己开溜。他命人保持营火不灭，自己悄悄拔营，顺着合薛兀里河撤走了。

天快亮时，铁木真发现干爹的营地空了，这才知道自己被抛弃了。他不由得气恼："我们蒙古人是来给你们克烈人打架复仇的，你却把我们往火坑里推。你能撤走，我就不能了？撤军！"铁木真率领自己的人一路撤退，来到萨里河（今蒙古国克鲁伦河上游之西、肯特山之南）原野驻营休整，顺便了解乃蛮人的大致情况。

王罕急行军来到土拉河（今蒙古国图拉河）边，等待儿子和弟弟的辎重军。带着大量财物和人畜的札合敢不、桑昆叔侄，才走到额垤儿阿尔泰（今蒙古国后杭爱省楚鲁特河左岸支流伊德尔河及其支流阿尔泰河的交汇处），就被可克薛兀撒卜剌黑追上，这位乃蛮将军把克烈人抢到的全部财产洗劫一空。札合敢不和桑昆叔侄只身逃脱，来到王罕营地。

王罕那个憋屈啊！他一面让儿子桑昆领军追击财物，一面派使者去见铁木真，向干儿子求援。他对铁木真说："乃蛮人抢劫了我的军队和财富，我的儿啊，你来帮帮我吧！"

毕竟以后还要依靠克烈人，铁木真不能现在就和王罕撕破脸。他派博尔术骑着自己那匹名叫"迪吉火力"的好马，带着全体战士去援助克烈人。当他们赶到忽剌阿山（今蒙古国巴彦乌列盖省的乌兰呼斯）时，可克薛兀撒卜剌黑已经再次击溃了桑昆的军队，杀死了克烈的两员大将。桑昆本人被刺伤战马，差点儿掉下马被俘。

博尔术与同袍赶紧加入战斗。乃蛮人疲劳作战，很快就被蒙古人击败。可克薛兀撒卜剌黑只得撤军，铁木真把截获的财物、人畜都送还给了王罕。

无法消除的隔阂

王罕对铁木真的援助非常满意，对铁木真表示感谢："我的儿啊，我欠你太多情分，该怎么来还你呢？我该怎么报答你呢？"他还亲自给博尔术穿上外衣，赏赐他十个金满忽儿（一种大碗）。

虽然表面上王罕、铁木真父慈子孝，但双方内心的隔阂却无法弥合。只不过铁木真善于隐忍，不露声色，继续傍着王罕默默扩张自己的势力。

此次袭击不亦鲁黑汗，让铁木真首次接触到了乃蛮人。强大不可一世的乃蛮人在铁木真看来不过如此，并没有值得惧怕的地方。这为以后铁木真勇敢迎战纸老虎太阳汗奠定了基础。

斡难河之战与捕鱼儿海之战

在铁木真的近亲氏族中，强大的除了主儿勤部，还有泰赤乌部。兼并主儿勤部后，稳固了地位的铁木真下一个要收拾的就是老冤家泰赤乌部。

落井下石的泰赤乌部

泰赤乌部是海都汗的后裔，始祖察剌合领昆是合不勒汗的叔祖父，他和儿子速儿忽都忽赤那都有辽朝授予的官职。速儿忽都忽赤那的儿子俺巴孩汗是合不勒汗的堂兄弟，俺巴孩汗担任乞牙惕联盟的汗时，泰赤乌部的势力得到了很大的扩张。

俺巴孩汗被金人杀死后，合不勒汗的儿子忽图剌汗做了联盟老大。此时，乞牙惕联盟趋向解体，因为泰赤乌部的势力太大了。在俺巴孩汗儿子合丹的带领下，泰赤乌部游离于联盟之外。忽图剌汗死后，联盟彻底崩溃，诸部各自为政，以泰赤乌部、主儿勤部、乞颜部最为强大。

铁木真的父亲也速该，就是依附于乞颜部的一名把阿秃儿，因勇武有力，开创了孛儿只斤部。作为一名中层贵族，也速该在乞颜部中拥有一席之地。不过，他创下的家业以及在氏族中显贵的地位，都在他被塔塔儿人毒死后烟消云散了。

春祭的时候，铁木真母子因为去晚了，连胙肉都没有分到。不甘心的诃额仑前去质问，却被俺巴孩汗的哈屯斡儿伯训斥一顿。当大家迁徙营地时，没有一个人通知铁木真母子，而属于他们的属民却跟着泰赤乌部走了。强硬的诃额仑亲自手持大纛去追，也只追回来一半属民。就算她把全部属民都追回来也没有用，没有强壮的领主庇护，属民们怎么可能安顿得住呢？最后大家纷纷另寻出路。失去一切的铁木真一家陷入了窘境。

生活日趋窘迫的铁木真兄弟学会了挖草根、结网捕鱼。因为贫困，一出夺鱼闹剧就能导致兄弟阋墙，让铁木真、合撒儿射杀异母弟弟别克帖儿。虽然诃额仑狠狠地训斥了他们，但从铁木真杀弟的行为就可以看出，只要成为妨碍他的障碍，就会被他清理掉。

泰赤乌部并没有放过倒霉的铁木真一家。在塔儿忽台领主的带领下，泰赤乌人包围了铁木真的家。年长的铁木真、合撒儿、别勒古台三兄弟奋起抵抗。泰赤乌人要求他们交出老大铁木真。

十五六岁的铁木真骑上马逃走，泰赤乌人紧追不放。铁木真钻进了帖儿古捏温都儿山，在密林中躲了九天九夜。因为无法忍耐饥饿，他不得不出来寻找食物，结果被坚守在此的泰赤乌人抓获。塔儿忽台命人给铁木真戴上枷锁，当着属民的面游行示众。

四月红圆光日（阴历十五日或者十六日。通常在这天，红日未落，圆月已高悬于天空，形成日月并辉的景象，故名），泰赤乌部在斡难河举行宴会。铁木真趁机用木枷敲昏看守他的少年，躲在水流中。在泰赤乌部属民速勒都思人锁儿罕失剌一家的帮助下，铁木真最终逃出泰赤乌部，返回自己的家园。

斡难河之战

在苦难中不断成长的铁木真，先后依附了札木合和王罕，势力在草原上迅速崛起。强大的泰赤乌部则逐渐分裂成几部分，对兴起的铁木真敬而远之。之后，铁木真离开札木合单独创业。途经泰赤乌部时，他捡到一个小孩，此人就是"四养子"之一的别速惕人阔阔出。

十三翼之战爆发时，泰赤乌部站在札木合一方，帮他攻打铁木真。新仇加旧恨，铁木真决心找机会收拾泰赤乌部。

金明昌七年，铁木真吞并乞颜部的长支主儿勤部，把主儿勤部变成了他的私人部属。铁木真的行为震惊了尼鲁温蒙古诸部。回忆起昔日的恩怨，泰赤乌人知道铁木真不会放过他们。

金承安五年（1200 年），铁木真和干爹王罕在萨里河原野上会盟，商量攻打泰赤乌部的计划。

与此同时，泰赤乌部的几位领主阿兀出把阿秃儿、忽都兀答儿、忽里勒、塔儿忽台在斡难河聚会。之前被王罕、铁木真打残的蔑儿乞领主脱黑脱阿，派兄弟忽都和豁敦斡儿长参加了聚会，共同商议应对铁木真的事宜。

会盟结束后，铁木真率军顺着斡难河向东北进军。在确定了诱敌深入、围而歼之的战略计划后，他命诸将率所部在山地设伏，自己则亲率精锐突击泰赤乌部。

双方在斡难河河畔进行了激烈的交战。泰赤乌部中，塔儿忽台所部攻势最猛，斩获颇多。铁木真的伏击目标正是勇武凶悍的塔儿忽台。对战中，铁木真且战且退，把塔儿忽台引诱到包围圈里。同一时间，王罕率其部切断泰赤乌部大军，让他们前后不能呼应。王罕、铁木真各自围剿着自己的目标。

在铁木真、王罕联军的猛烈攻击下，泰赤乌部迅速溃败。塔儿忽台和忽都兀答儿奋起杀出重围，但铁木真紧追不放。逃跑途中，塔儿忽台手下的八邻人失儿古额秃和他的两个儿子阿剌黑、纳牙阿，背叛了塔儿忽台。父子三人捉住塔儿忽台，准备献给铁木真做投名状。

然而在路途中，纳牙阿对父兄说："如果我们把塔儿忽台送给铁木真，铁木真会认为我们对自己的主子不忠。背叛主子不说，还把主子献给对头。对主子都不忠心的人怎么会是可靠的、值得信任的人呢？我们不如把塔儿忽台放掉，诚心诚意去给铁木真效力好了。"

失儿古额秃认为小儿子说得很对，就把倒霉的塔儿忽台放掉，去向铁木真投诚去了。铁木真听说后，对纳牙阿很欣赏，接受了他们父子三人的归附。纳牙阿的兄长阿剌黑，就是名将伯颜的祖父。

铁木真命人继续追击塔儿忽台。塔儿忽台在月良兀秃剌思（今俄罗斯赤塔市南部鄂良古依河地区）被追上，并被杀死。阿兀出把阿秃儿和蔑儿乞的忽都、豁敦斡儿长逃到了八儿忽真隘，忽里勒则向西逃往乃蛮部。

在斡难河一战中，铁木真打残了泰赤乌部。没有塔儿忽台这等雄才出现的泰赤乌残部，只能依附他人苟延残喘。

捕鱼儿海之战

斡难河之战后，铁木真的近亲中已经没有能够阻挡他脚步的人了。他将目光投向了那些远亲们——合答斤部、山只昆部以及朵儿边部。这些都是尼鲁温蒙古中的强者。

合答斤部，始祖是铁木真十世祖孛端察儿的哥哥不浑合塔乞。

山只昆部，始祖是孛端察儿的小哥哥撒勒只。

朵儿边部则是孛端察儿四个堂兄弟的后裔。

这几个部族和铁木真都是远亲。它们是辽金时代的强部，经常因侵扰边界而被辽军、金军暴打。

金承安三年（1198年），金军最后一次北伐，重点打击对象就是合答斤部、山只昆部、弘吉剌部及其分支婆速火部。几个部落在移米河（今海拉尔河支流伊敏河）之战中被完颜宗浩暴打，元气大伤。不敢与金朝正面抗衡的他们，把仇恨转嫁到了接受金朝羁縻的王罕和铁木真身上。

听说泰赤乌部在斡难河之战中被铁木真、王罕联军打残，几个部落产生了兔死狐悲之感。他们在阿雷泉会盟，参与会盟的有合答斤部、山只昆部、弘吉剌部、朵儿边部，还有塔塔儿的一个氏族。诸位领主发誓结盟，相约共击铁木真和王罕。

弘吉剌部分支婆速火部领主德薛禅是铁木真的岳父，他派人悄悄把这边结盟的事告诉女婿，提醒他防备。

铁木真知道这几个部落已经被金军打残了，但他并没有掉以轻心，反而先下手为强，约干爹王罕主动出击。他们从斡难河附近的虎图泽（《元史》对呼伦湖的称呼）出发，进军捕鱼儿海（今贝尔湖）。双方面对面地摆开队形激战起来。仓促应战的合答斤诸部联军本就势弱，很快就被铁木真、王罕联军击溃败走，最后不得不依附于札木合。

捕鱼儿海之战的胜利，结束了尼鲁温蒙古群雄并立的局面，让铁木真在统一蒙古部的道路上迈出了一大步。接下来，就是对战另一位蒙古枭雄札木合了。

兀鲁回—失连真河之战

塔塔儿在斡里札河之战中被金军和王罕、铁木真联军暴打，以致元气大伤，直接退出了争霸擂台。但瘦死的骆驼比马大，号称"高原强部"的塔塔儿不是铁木真一朝一夕就能降服的。

答阑捏木儿格思之战

金承安五年冬天，先是联合干爹王罕在斡难河之战中打残泰赤乌部，后又在捕鱼儿海之战中击败合答斤部、山只昆部联军的铁木真，决定向世仇塔塔儿发起攻击。

在捕鱼儿海之战中，一位塔塔儿领主加入了合答斤部联军，结果被铁木真击败。同在联军中的弘吉剌部因为接连战败元气大伤，犹犹豫豫地想要向铁木真投降。

铁木真在彻彻儿山（今内蒙古宁城县大名城北）驻军，兴兵攻打塔塔儿部。这一次，铁木真没有邀请干爹王罕合兵，而是自己单打独斗。这时候的铁木真意气风发，已经不需要跟在干爹屁股后头捡漏了。

铁木真军与塔塔儿领主阿剌黑兀都儿、合丹、察忽斤帖木儿、客勒别克儿在答阑捏木儿格思（今哈拉哈河上源努木尔根河一带）交战。气势如虹的铁木真部犹如猛虎下山，一举击垮了屡战屡败的塔塔儿人。获胜的铁木真部大肆掠夺塔塔儿人的部落，抢走了大量属民和财富。

打了胜仗的铁木真还没高兴多久，就听说了一件糟心事。

留守老营的弟弟合撒儿袭击了准备向他们投诚的弘吉剌部。被劫掠的弘吉剌部大怒，愤而离去，改投札木合去了。预定的盟友，转眼间就被合撒儿鲁莽地推向了札木合，这可把铁木真气得不行。他劈头盖脸地训斥了合撒儿一顿，两兄弟就此心生嫌隙。

兀鲁回—失连真河之战

金泰和二年（1202年）秋天，铁木真决定再次亲征塔塔儿。这次征伐，他是抱着歼灭塔塔儿的目的来的，因此做了充足的准备。他首次在战前颁布了严格的法令：禁止在作战中抢掠财物，所有战利品必须等到战后进行分配；若因进攻受挫退了回来，必须迅速发动反击，不反击者处斩！

生死存亡关头，塔塔儿六部拼死决战，与铁木真部在兀鲁回—失连真河（兀鲁回指乌拉盖河，失连真指乌拉盖河的支流色也勒吉河。在《蒙古秘史》中，兀鲁回—失连真河又写作"兀勒灰—失鲁格勒只惕"）河畔战成一团。穷途末路的塔塔儿部精锐在此战中被全歼，财富和百姓统统落入铁木真手中。

虽然铁木真颁布了法令，但并非人人遵守。他的堂叔阿勒坛（忽图刺汗之子）、亲叔叔答里台斡惕赤斤、堂兄弟忽察儿（亲二伯捏坤之子）身为乞颜联盟的领主，带头违背军令，在战时劫掠财物，私藏战利品。

此时的铁木真大权在握，可不会惯着这些亲戚们。既然制定了军令，所有人就得严格遵守，他不会因为违令者是亲属就网开一面。铁木真命亲信忽必来把三位领主手中的战利品夺走。三位领主哪里受过这样的待遇，他们气坏了，对铁木真极其不满，不久就背叛联盟投奔了王罕。

对塔塔儿人下达屠杀令

击败塔塔儿人的铁木真，不仅实现了为父祖报仇的夙愿，还占领了对方的牧地，进一步扩大了自己的势力。面对众多投降的塔塔儿人，该怎么处理，铁木真犯了愁。

当初塔塔儿人毒死了他的父亲也速该，却没有对他的家族赶尽杀绝，如今自己终于报了仇。谁能保证在塔塔儿人中不会出现另一个"铁木真"？为了杜绝隐患，铁木真下令：凡是比车轮高的人全部杀掉，剩下的孩童分给大家做奴隶。

参加完会议的别勒古台遇到了塔塔儿领主也客扯连（也客扯连的两个女

儿也速干、也遂日后双双嫁给了铁木真)。也客扯连拦住别勒古台,问他铁木真准备怎么安置塔塔儿人。或许是疏忽了,别勒古台竟对他实话实说。也客扯连听后大惊,迅速把别勒古台的话转告给了塔塔儿人。塔塔儿人一听,身高超过车轮的人都要被杀,这就意味着所有壮年人都无法活下来,谁愿意坐以待毙呢?大家袖里藏刀,死也要拉个垫背的。他们悄悄组织反抗,铁木真的军队被打了个措手不及,付出很大伤亡才镇压了塔塔儿人。

铁木真很生气,训斥了泄露军令的别勒古台,取消他以后参加核心军事会议的资格。铁木真的二弟合撒儿没有严格执行屠杀命令,他的妻子就是塔塔儿人,他对塔塔儿人抱有同情心。铁木真命他杀死一千人,他阳奉阴违,只杀了五百人,剩下五百人被他藏了起来。铁木真更生气了,他认为弟弟无视自己的军令,因此对合撒儿的芥蒂更深了。

然而,并不是只有合撒儿违背铁木真的屠杀令,很多人都同情塔塔儿人。何况塔塔儿六部足有七万户,全部按照命令屠杀也不现实。最后,在许多人的隐瞒私藏下,屠杀计划草草结束。大量塔塔儿人幸免于难。

虽然发现自己还没有达到一言九鼎的地步,这让铁木真有点儿不快,但消灭世仇塔塔儿人,控制水草丰美的呼伦贝尔大草原,壮大自己的势力,在东部和王罕、札木合三足鼎立,也足以让铁木真心花怒放了。

阔亦田之战

随着王罕、铁木真以金朝代言人的身份征伐各部,高原上形成了亲金派和反金派两大阵营。战争不可避免地爆发了。

帖尼火鲁罕之战

金泰和元年(1201 年),合答斤部的巴忽搠罗吉、山只昆部的赤儿吉歹把阿秃儿、朵儿边部的合只温别乞、阿勒赤塔塔儿部的札邻不合、亦乞列思部的土格马合、弘吉剌部的迭儿格克额蔑勒、火鲁剌思部的绰纳黑察合安、古出兀惕乃蛮部的不亦鲁黑汗、蔑儿乞部脱黑脱阿的儿子忽秃、斡亦剌惕部的忽都合别乞、泰赤乌部的阿兀出把阿秃儿在犍河（今内蒙古额尔古纳河支流根河）举行大会。在会上，他们拥立札答阑部的札木合为古儿汗，准备攻打王罕和铁木真。

这个时候的高原，局势已经很明朗了：以金朝代言人自居的克烈部和蒙古孛儿只斤部是亲金派，依附札木合的部落则是反金派。札木合阵营的前景并不好：不是被金朝打残，就是被金朝的"鹰犬"——王罕和铁木真打残。于是，札木合联盟相约一起攻打王罕和铁木真。

火鲁剌思部一个叫豁里歹的人，给妻弟（《史集》说是女婿）蔑儿乞台说了这件事。蔑儿乞台建议豁里歹去给铁木真报信，并赠送给他一匹耳朵上有瘤子的白马。豁里歹连夜飞驰赶去报信。

铁木真接到豁里歹的报告后，赶紧通知王罕。两人知道形势严峻，都不敢掉以轻心，决定主动出击，迎战札木合联军。

王罕、铁木真联军和札木合联军在海剌儿河（今内蒙古海拉尔河）的支流帖尼火鲁罕（今特尼河）附近交战。军情被泄露的札木合联军不敌，仓皇奔走。虽然打了败仗，但札木合联军的损失并不大，很快便卷土重来。

阔亦田之战

金泰和二年，溃败的札木合联军很快重整旗鼓，聚集起来向王罕、铁木真联军发起总攻。面对声势浩大的札木合联军，王罕、铁木真联军初战失利。为了避其锋芒，王罕、铁木真联军暂时沿着兀鲁回—失连真河退却，进入金朝放弃的大兴安岭以外的金长城。两人以阿兰塞为壁，在阔亦田（《史集》写作"阙奕坛"，在今莫尔根河之北的辉腾山及其附近辉腾村一带）地区部署手下。

王罕、铁木真设置了三个哨所，并各自派出三名先锋。王罕派出的是桑昆、札合敢不、必勒格别乞，铁木真派出的是阿勒坛、忽察儿、答里台斡惕赤斤。

札木合联军则派出四位先锋，分别是泰赤乌部的阿兀出把阿秃儿、乃蛮部的不亦鲁黑汗、蔑儿乞部的忽秃、斡亦剌惕部的忽都合别乞。他们紧紧追赶王罕、铁木真联军，来到阔亦田。

双方还没交战，就迎来了一场大风雪。霎时间，天昏地暗。风雪刮得人眼睛都睁不开，双方士兵被冻得手足僵硬，根本没法应战。

面对突发的异常天气，札木合先锋军心中害怕，认为这是上天在帮助王罕、铁木真一方，顿时无心再战，人人慌乱奔逃，自相践踏。

王罕、铁木真一方趁机杀向敌军，如砍瓜切菜般击溃了札木合的先锋军。等札木合后军前来接应时，先锋军已经土崩瓦解，札木合后军只能被挟裹着一起后退。

乃蛮部的不亦鲁黑汗向阿尔泰山前的兀鲁塔山（位于今蒙古国科布多市西北）退去；蔑儿乞部的忽秃向薛灵哥河退去；斡亦剌惕部的忽都合别乞朝失思吉思（今叶尼塞河支流小叶尼塞河上源锡什锡德河流域）退去；泰赤乌部的阿兀出把阿秃儿向斡难河退走；札木合则顺着额儿古捏河（今额尔古纳河）退走，一路上还顺手抢劫了拥立他为汗的百姓。

歼灭泰赤乌部

王罕和铁木真兵分两路，王罕去追击札木合，铁木真去追击本家泰赤乌部的阿兀出把阿秃儿。这一回，他一定要把泰赤乌部彻底铲除，不再给其死灰复燃、卷土重来的机会。

铁木真分派诸将，对泰赤乌部实行迂回包抄战术。诸将各率精锐，从四面包围泰赤乌部；铁木真则率薄弱的中军正面向斡难河河畔的泰赤乌部发起攻击，分散泰赤乌人的注意力。

仇人相见分外眼红，泰赤乌部凶狠地扑向了铁木真所在的中军。双方进行了激烈的厮杀，一直战斗到黄昏。突然，一支冷箭从对方军中飞出，正中铁木真颈部，血一瞬间就喷了出来。铁木真的将士并没因为首领中箭就溃散，而是继续奋力拼杀。者勒蔑赶紧救下铁木真，退向山林中。直到半夜，昏迷的铁木真才醒过来，说非常口渴。

一直守着铁木真的者勒蔑，连忙把帽子、靴子、衣服脱了，只穿着内裤溜进泰赤乌人的营寨中。泰赤乌人看到他还以为是自己人半夜起来小解呢，因此并没有多加询问。者勒蔑偷到一大桶奶酪，又找来水，调和好喂给铁木真。

被救回性命的铁木真问："者勒蔑，我已经躺在地上起不来了，你为何半裸跑到敌营？如果你被抓获，会不会出卖我？"

者勒蔑回道："如果我被他们抓了，我就说我是来投降的。我会告诉他们，我过来时被人发现，人们扒光了我的衣服，但我还是挣脱逃了过来。等他们给我找衣服穿的时候，我就趁机逃走。"

铁木真郑重地宣布，者勒蔑对他有三次救命之恩，他将永远牢记在心。

泰赤乌部的人虽然坚守营寨，但眼看铁木真的诸将即将成功合围，很多人开始不顾一切地向营寨外逃跑。和诸将会合的铁木真带伤指挥作战，誓要彻底歼灭泰赤乌部。最终，泰赤乌部战败，阿兀出把阿秀儿和贵族们被处死，属民和奴隶全部成了铁木真的私产。

收服悍将哲别

战后，曾帮助铁木真逃出泰赤乌部的锁儿罕失剌和泰赤乌部的大将只儿豁阿歹一起来见铁木真。由于锁儿罕失剌有恩于铁木真，铁木真对他很是客气，不仅迎娶了他的闺女——死了丈夫的合答安，还重用他的儿子赤老温。赤老温后来成了铁木真手下的"四杰"之一。

至于只儿豁阿歹，铁木真问他："在阔亦田对阵时，是谁射杀了我的战马？"

只儿豁阿歹说："射杀战马的人是我。您杀死我，不过是溅污一掌之地，但若能获得您的恩赦，我将成为您手中最锋利的箭，指哪儿射哪儿。"

铁木真非常欣赏只儿豁阿歹的勇敢和坦诚，对他说："你就做我的哲别（意为箭）吧！像哲别一样为我作战。"从此，只儿豁阿歹就改名叫哲别了。

阔亦田之战的影响极大。击败札木合后，铁木真真正统一了蒙古诸部，成为蒙古部唯一的强者。此战还让铁木真获得了更多的私人力量，使蒙古部能够和克烈、乃蛮两部平起平坐。高原上的形势从五霸争雄变成了三强争霸。同时，铁木真、王罕的"蜜月期"即将结束，隔阂和矛盾随之爆发。

合兰真沙陀之战

消灭塔塔儿部后，铁木真的名望和权力迅速攀升，如果说以往他需要仰望干爹王罕，那么现在他差不多已经可以平视对方了。王罕开始意识到，铁木真不再是昔日的跟班小弟，而是能够威胁到自己的一方霸主。两人之间的上下级关系眼看就要无法维持了。

貌合神离的干爹和干儿子

其实，早在金承安五年，王罕和铁木真两人就已经各怀鬼胎、貌合神离了。在萨里河原野会盟时，王罕就企图把铁木真抓起来，但因铁木真多有防备，王罕的计谋没有得逞。

之后，这爷俩打着"金朝代言人"的旗号，联手征伐高原诸部，相继击败泰赤乌部和札答阑部联军，又各自击败蔑儿乞人和塔塔儿人，成为高原东部的两大巨头。

铁木真的势力发展迅速，特别是在吞并塔塔儿后，他从王罕手下的一方诸侯摇身一变成了可以自立门户的霸主。这不可避免地引起了王罕的忧虑，当初他是为了打压札木合才力捧铁木真的，没想到札木合是被打残了，铁木真却迅速壮大起来，这可不是他想看到的。

对铁木真来说，吞并庞大的塔塔儿部后，他急需时间完成整合，自然不愿和王罕撕破脸。为了巩固情义，两人在土拉河的黑林重新结盟，拜为父子，但他们心里都知道，结盟只是表面功夫。

处于劣势的铁木真为了争取时间，就向克烈部求亲，请求王罕把女儿察兀儿别吉嫁给他的长子术赤，还希望把自己的女儿火真别姬嫁给王罕的孙子、桑昆的儿子秃撒合。铁木真的提议遭到了桑昆的拒绝，桑昆不愿意把妹妹嫁给术赤，也不愿让儿子娶铁木真的闺女。

金泰和三年（1203 年），昔日显赫的古儿汗札木合归附克烈部，一同归附的还有朵儿边部的合只温别乞。

铁木真的几个宗亲也投奔了桑昆，他们分别是忽图剌汗（铁木真四叔祖）的儿子阿勒坛，忽兰把阿秃儿（铁木真五叔祖）的儿子也客扯连，捏坤（铁木真亲二伯）的儿子忽察儿，以及尼鲁温蒙古速客虔部的脱斡邻勒（和王罕同名）。这几个叛逃者在征讨塔塔儿时违背军令抢夺战利品，被铁木真发现。铁木真不但斥责了这几个亲戚，还把他们的战利品夺走了。几人怀恨在心，于是就投奔了桑昆，游说他对付铁木真。

心胸狭窄的桑昆非常嫉妒铁木真的能力，认为只要有铁木真在，别人就看不到他桑昆，连他爹眼里也只有干儿子没有亲儿子。

桑昆派亲信去劝说王罕，让王罕对付铁木真。王罕不予理睬。桑昆反复派人去游说父亲，但都遭到了拒绝。桑昆气冲冲地从自己的驻营来到父亲王罕的驻营，说道："现在您还健在，铁木真就不把我放在眼中。等您不在了，我祖父辛苦收拢的百姓，还能轮到我来继承吗？到时候肯定会被铁木真吞并，您愿意看着亲儿子臣服于铁木真吗？"

王罕心疼儿子，也不愿意自己开创的霸业被铁木真继承了去，就默许桑昆针对铁木真展开一系列阴谋。

差点儿自投罗网的铁木真

桑昆的计划是，假装答应铁木真的求婚，邀请他来参加许婚宴。铁木真必定不会带太多军队来，等铁木真自投罗网，他就在酒席上将其一举拿下。然后，桑昆将出兵袭击铁木真的营地，把蒙古人彻底歼灭。

计划一开始进行得很顺利。铁木真并没有怀疑，带着部分随从就去参加许婚宴。铁木真为什么轻信王罕呢？

在当时的蒙古高原上，除了西面的乃蛮部，就只剩下东面的克烈部和蒙古部了。乃蛮部势力庞大，又是王罕的死敌，双方根本不可能联合。铁木真认为，在乃蛮部被消灭以前，他对王罕来讲还有用处，没到兔死狗烹的地步。王罕怎么可能蠢到不顾背后强敌，先出手对付盟友呢？

铁木真兴高采烈地去参加许婚宴，希望能成功和克烈人联姻，达到他争取时间整合内部的目的。在路上走了五天后，他来到继父晃豁坛人蒙力克的营地休整。

经验老到的蒙力克对铁木真说出了自己的疑惑："以前你为儿子求娶察兀儿别吉的时候，克烈人瞧不起咱们，没有答应。现在怎么突然又答应婚事，让你去参加许婚宴？这其中是否有诈？我的儿啊，你要弄清楚再去，别像俺巴孩汗一样被塔塔儿人骗婚。"

机警的铁木真猛地一惊，要不是继父提醒，自己险些自投罗网，真到了克烈部，不就成了砧板上的肉任人宰割吗？但在桑昆的阴谋败露之前，他也不能直接撕破脸，于是他就以春天马瘦，自己到不了为借口，另外派两个亲信代表他去参加许婚宴，他自己则迅速返回。

桑昆见铁木真没上当，知道自己的阴谋大概被铁木真发现了，于是正式撕毁盟约，兴兵征讨铁木真，借口是铁木真勾结乃蛮人背叛联盟。

铁木真的堂叔也客扯连参加完桑昆召开的军事会议后，回家和妻子阿剌黑亦惕说起他们商量攻打铁木真的事，刚好被他的两个牧马人巴歹和乞昔礼听见。两个人悄悄骑马东去，来到铁木真的营地给他报信。

铁木真收到消息后，知道形势对自己不利，于是连夜整军，抛下辎重，轻装避走。他带着族人沿卯温都儿山背后行进，由亲信爱将者勒蔑担任后哨，护卫大家撤退。

第二天午后，一路率部急行军的铁木真在合兰真沙陀（今内蒙古东乌珠穆沁旗北境）停下休息。阿勒赤歹（铁木真的亲侄子）的牧马人在放牧时发现王罕的追兵已经到达红柳林，赶紧回去报信。铁木真明白躲是躲不了了，只能应战。

合兰真沙陀之战

此次出战，王罕的军事部署是这样的：克烈部分支只儿斤部的领主合答黑率部充当先锋，对阵厮杀；克烈部分支秃别干部的领主阿赤黑失仑率部作为合答黑的后援；克烈部分支董合亦惕部的领主斡栾董合亦惕率部作为阿赤黑失仑的后援；豁里失烈门统领千名侍卫军，作为斡栾董合亦惕的后援；王罕亲自率领中军，作为豁里失烈门的后援。此外，他还邀请有非凡军事才能的札木合担任作战总指挥官。

或许是为了表达自己对安答的情义，也或许是为了展现自己的君子风度，再或者是担心铁木真不战而溃没意思，札木合派亲信把己方的用兵方案全盘告诉了铁木真。他还好心提醒铁木真："要谨慎哟，我可是把我们的战略意图都告诉你了。好安答，咱们战场上见真章吧！"

铁木真听了札木合亲信带来的话，任命兀鲁兀惕部的主儿扯歹和忙兀部的畏答儿为先锋，共同迎击克烈的先锋军。

克烈部的第一波进攻很快被主儿扯歹和畏答儿击败，就在他们乘胜追击时，敌军的第二波攻击到了。秃别干克烈人冲了过来，气势汹汹的阿赤黑失仑一个照面就把畏答儿刺伤挑落马下。畏答儿的部下赶紧上前，救回主将。

此时，战场上只剩下主儿扯歹一人率领所部奋勇力战。面对强大的敌人，他毫不畏惧，击败了秃别干克烈人。斡栾董合亦惕率领其部发起第三波攻击，结果被神勇的主儿扯歹又一次击败了。

在主儿扯歹乘胜前进时，豁里失烈门率领千名侍卫军冲了过来。主儿扯歹再一次击败了对手。悍将主儿扯歹击败了克烈人一波又一波的冲击，这让桑昆非常愤怒，他不顾王罕的中军还没赶到，就擅自出战主儿扯歹。

混战之中，凶悍的主儿扯歹发现了桑昆。主儿扯歹向着桑昆奋力射出一箭，正中桑昆的脸。箭的冲击力使桑昆跌落马下，克烈人纷纷赶来营救桑昆。

然而，不管擅长单兵作战的主儿扯歹有多厉害，由于双方力量悬殊，蒙古人在称雄多年、兵强马壮的克烈人面前，还是露出了颓势。就算主儿扯歹拼死血战，也不能阻止蒙古军溃败。赶来的王罕听说儿子受伤，忙着看顾儿子，根本无心追击，才让铁木真逃出生天。

同饮班朱尼河水

蒙古军连夜败退，到天明时铁木真才发现窝阔台、博尔忽和博尔术不见踪影。心急如焚的铁木真没有办法，只能寄希望于长生天（蒙古民族以"苍天"为永恒最高神，故谓"长生天"）护佑忠心的博尔忽和博尔术能带回窝阔台。他命人简单部署防御，扎营等待。

一直等到天大亮，铁木真才看到博尔术回来。随后不久，十八岁的窝阔台也被博尔忽带了回来。他在混战中被敌人射伤颈部，鲜血直流，是博尔忽为他进行了简单救护，又带着他突出重围，赶来和铁木真会合。

看到儿子的惨状，铁木真难过地流下了泪，赶快叫人烧火烙治窝阔台的伤口。

之后，铁木真率部溯兀鲁回河、失连真河，退到答阑捏木儿格思，又顺着合勒合河（今哈拉哈河）而下。他清点人数，发现只剩下二千六百人（《史集》说剩下四千六百人）。

铁木真带着众人沿着合勒合河的西边行进，退到班朱尼河（一作巴勒渚纳河，今内蒙古东乌珠穆沁旗的乌拉盖河、色也勒吉河附近）一带。这个地方的水不够人马饮用，他们只能从污泥里挤出水来喝。

受伤的畏答儿因为纵马打猎，箭伤复发而死，铁木真为之悲恸。面对追随的众人，他对天发誓：将来克定大业，一定和在场诸位共享富贵。

铁木真不畏艰难、充满信心的话，让在场诸将备受鼓舞、热血沸腾。众人同饮浑水，以示对铁木真的忠诚和拥戴，这就是"同饮浑河水"的由来。后来，"同饮浑河水"成了跟随铁木真艰苦创业的将士的荣耀。

合兰真沙陀之战，是铁木真统一战争中打得最艰苦的一战，其势力差点儿被王罕连根拔起。如果不是王罕心疼儿子停止战斗，没有追击铁木真，铁木真能不能逃出生天还是一个疑问。

因为此战，王罕的势力达到顶峰，如日中天。高原中部和东部，所有的势力以王罕为尊。看上去，克烈部击败乃蛮部，统一高原，指日可待。

折折运都山之战

虽然在合兰真沙陀之战中惨败，遁走班朱尼河，但铁木真并没有一蹶不振，而是不屈不挠地重新集结力量。卷土重来的铁木真，秘密包围了王罕的驻地折折运都山（今克鲁伦河上流以南），打了一场完美的袭击战，消灭了劲敌克烈人。

铁木真大耍离间计

离开班朱尼河之后，铁木真返回东部，迅速集结力量。他瞄上了居住在捕鱼儿海周围的弘吉剌部，派主儿扯歹率领兀鲁兀惕人前去招降。

弘吉剌部的领主迭儿格克额蔑勒在移米河被金军打败后，就投奔了札木合。如今，连札木合都依附了王罕，就凭弘吉剌部，肯定不是铁木真的对手。迭儿格克额蔑勒没办法，只好表示归附铁木真。

在统格小河驻营的铁木真，一边为反击王罕做准备，一边派使者分别去王罕、札木合、阿勒坛、忽察儿、脱斡邻勒、桑昆等处，离间分化敌人的联盟。此时的铁木真表现得满腹委屈，站在原告方控诉撕毁盟约的王罕等人。

对王罕，铁木真打感情牌。他一边委屈地控诉，一边回顾他们两代人的交情。他提起父亲也速该和自己对王罕两次复位的帮助，以及他帮助王罕击败乃蛮人可克薛兀撒卜刺黑夺回财物的事情，谴责王罕忘恩负义。

对札木合，铁木真还是打感情牌。他一边谴责札木合挑唆桑昆，一边提醒札木合："我身为王罕的干儿子，为他付出了多少，却落得个如此下场，安答你会是什么下场你想过吗？"

铁木真成功降低了札木合和王罕两人对他的戒心，并使双方相互戒备。

对两个堂叔阿勒坛、忽察儿，铁木真同样采用责备加提醒的手段。他责备他们不顾亲戚情分，背叛联盟；提醒他们守好自己的驻营地，别让祖业落到别人手中。铁木真的一番敲打，加深了他的两个堂叔和王罕之间的猜忌。

对速客虔人脱斡邻勒，铁木真则是直接谴责，他数落对方："你以为王罕会扶持你做蒙古的领主？你们家祖祖辈辈都是我家的奴隶，谁会服从一个奴隶，让他做自己的主人？"这番话传出去后，克烈人对脱斡邻勒十分鄙视，蒙古人也对他非常不齿。

对桑昆，铁木真满是恶意地劝告他："兄弟，汗父原本对待我们俩一般无二，但你却以为汗父偏心我，离间我们父子之间的感情，让汗父把我赶走。如今你总算如愿以偿，汗父身边只剩下你一个。但你也别得意，妄想汗父被白奶呛死、被黑肉噎死，你来做汗。"

听了使者的传话，桑昆差点儿没被气死："我啥时候盼着我爹早死了？"愤怒的桑昆恨不得马上进攻铁木真，以胜利洗刷铁木真对他的污蔑。

铁木真的控诉让他占据了舆论上风，整个蒙古世界对他充满同情。王罕对他产生了愧疚心理，当着使者的面刺血发誓，要与干儿子和好。

合撒儿诈降王罕

王罕的举动自然引起了札木合等人的戒备。札木合诸人不清楚王罕是真的要与铁木真和好，还是想趁机吞并他们。不管哪一种情况，都是札木合等人不想看到的。为了避免被消灭，札木合、阿勒坛、忽察儿诸人联合在一起，密谋袭击王罕。他们准备干净利落地干一票就跑，既不跟着王罕混，也不跟着铁木真混，自己重新组建联盟。

然而他们的计划被泄露了。生气的王罕先下手为强，将札木合等人洗劫一空。铁木真的小叔叔答里台斡惕赤斤和克烈部的分支撒合亦惕部投奔铁木真，对他俯首听命；札木合、阿勒坛、忽察儿以及塔塔儿的一个逃亡者忽秃帖木儿，则逃到乃蛮部太阳汗那里去了。

铁木真的离间计成功瓦解了王罕与札木合的联盟，让他占据了舆论上风。

夏天的时候，铁木真将营地迁移到巴勒渚纳湖（在呼伦湖附近，和班朱尼河不是一个地方）。

先前，铁木真和二弟合撒儿之间的关系出现了一些裂痕，合撒儿离开哥哥在哈剌浑山（今大兴安岭）游牧。王罕派人袭击了合撒儿，俘虏了他的妻子和儿女。合撒儿只身逃出，失去了一切的他穷困潦倒，只能靠煮野兽的尸体为食。听说大哥在巴勒渚纳湖驻营，合撒儿千辛万苦地赶来相会。因外部环境困厄，两兄弟把手言和，重新亲密地生活在一起。

兄弟俩一合计，决定搞一出诈降。合撒儿会假意向王罕投降，铁木真则趁王罕不备，向其发动突袭。合撒儿派自己的两个那可儿哈柳答儿、察兀儿罕（者勒蔑的弟弟）去见王罕，表示如果王罕同意，他将归顺王罕。

铁木真特别交代两人，大军将在他们后面行动，并和他们约定在阿儿合勒苟吉会合。

王罕知道铁木真、合撒儿兄弟不和，因此对合撒儿的投降深信不疑，还派自己的那可儿亦都儿坚陪同哈柳答儿、察兀儿罕去迎接合撒儿。他在折折运都山营地立起金撒帐，大摆宴席，等候前来归顺的猛将合撒儿。

折折运都山袭击战

哈柳答儿和察兀儿罕带着亦都儿坚假装去迎接合撒儿。来到阿儿合勒苟吉后，两人看到铁木真的大军已经到了，便抓住亦都儿坚献给铁木真。铁木真把他送给弟弟合撒儿处置，合撒儿杀死了这个倒霉蛋。

铁木真询问了王罕的情况后，命主儿扯歹和阿儿孩合撒儿两人率领先锋军换骑疾行，星夜兼程赶往折折运都山。包围王罕的驻地后，铁木真迅速发动奇袭。

发现被围的王罕军虽然被打了个措手不及，但依旧抵死拒战。双方战斗了三天三夜，最终，精疲力竭的克烈人宣布投降。铁木真清点人数后，发现王罕、桑昆父子不见了，他多处查问，但没有人知道他们的下落。克烈部分支只儿斤部的领主合答黑表示，是他放走了王罕父子，要杀要剐随铁木真的便。

铁木真很欣赏忠心的合答黑，宣布他是可以成为伙伴的人，恩赐他不死。稍后，铁木真把合答黑和他的一百个族人赏赐给了先前战死的畏答儿的家族。

王罕在乃蛮的边界被杀。桑昆先是逃到西夏，后辗转逃往库车，之后在哈剌鲁部落的领地被杀。克烈部的王统就此断绝。

消灭了克烈部的铁木真，拥有了从呼伦贝尔到杭海岭（今蒙古国杭爱山）的广大地区，其领地直接与乃蛮部相邻，成为蒙古高原中、东部最强大的势力。高原三足鼎立的局面变成了双雄并立，铁木真取代王罕，成了金朝在蒙古高原的新代言人。

察乞儿马兀惕峡谷之战

眼睁睁看着克烈部被铁木真消灭，和克烈部同属突厥语系的乃蛮人自然不甘心这份产业被蒙古人占领。于是，乃蛮部逐步将防线向东推进，先后占据了薛灵哥河谷地的西部和南部。蒙古与乃蛮的双雄之战，即将拉开序幕。

太阳汗的战前准备

位于蒙古高原西部的乃蛮部，在《辽史》中写作"粘八葛"，在《金史》中则写作"粘拔恩"。该部落吸收了回鹘人的文化，建立起国家机构，在经济、文化等方面较蒙古人更为先进。

当时，统治乃蛮的是古出兀惕乃蛮人。老汗王亦难察汗死后，他的两个儿子闹分裂。老大太阳汗将草场设在阿尔泰山一带，号称"南乃蛮"；老二不亦鲁黑汗将草场设在大黑山，号称"北乃蛮"。

金承安四年，克烈部的王罕和蒙古部的铁木真组成联军，袭击北乃蛮，大大削弱了不亦鲁黑汗的势力。

作为乃蛮的本部，准噶尔盆地和乌里雅苏台东南地区水草丰盛、人民众多、牲畜肥壮。继承父亲亦难察汗余荫的南乃蛮太阳汗实力非常雄厚。

傲慢的太阳汗自恃国大人多，根本不把铁木真放在眼里。克烈部的王罕被铁木真击败后，逃到乃蛮的哨望所，结果被守将豁里速别赤杀死。太阳汗的宠妃兼继母古儿别速（又作哈儿八真、古儿八速）听说后，命人把王罕的头割下来用于祭祀。

当古儿别速对着王罕的头献酒奏乐，进行祭祀的时候，王罕的脸却诡异地笑了起来。太阳汗被吓了一跳，恼怒地把王罕的头踩碎了。

太阳汗的大异密（大汗身边掌握一定权力的亲信）可克薛兀撒卜剌黑非常不满上司的行为，他劝太阳汗："王罕是克烈的汗，汗王怎么能这样对待曾经雄霸一方的汗呢？这不是英明汗王的行为。"

太阳汗不愿意听可克薛兀撒卜剌黑啰唆，就转移话题："听说东边的那群蒙古人也想当大汗？天上只有一个太阳、一个月亮，地上怎么可以有两个大汗？咱们去把那些蒙古人捉来吧！"

太阳汗的宠妃古儿别速说："捉他们干什么，那些蒙古人衣服灰暗，身上散发着恶臭，应该让他们滚得远远的。只需将清秀俊美的姑娘、媳妇捉回来，让她们洗干净手脚去挤牛奶。"

太阳汗傲慢地说："这有什么难办的，咱们去打蒙古人，把他们的弓箭夺回来。"

和蒙古人打过仗的可克薛兀撒卜剌黑听到两人狂妄的话，忍不住嘲讽起来："你们就会说大话！我懦弱的汗，快收回你的大话吧！"

被臣子藐视的太阳汗，为了向古儿别速展示自己的勇武，决定对蒙古用兵。打着为王罕复仇的旗号，太阳汗广发英雄帖，派遣使者联络周围的邻居们，如流亡的蔑儿乞人，西部的吉利吉思部、汪古部，河西的西夏人，以及他的弟弟不亦鲁黑汗。

这些邻居中，西边的部落以路远为由没来，西夏人只是口头答应却不见出兵，汪古部的领主阿剌忽失的吉惕忽里则直接拒绝了太阳汗，转头还给铁木真报信，递上投名状。铁木真不费一兵一卒就得到了主动前来归附的汪古部。

只有北乃蛮的不亦鲁黑汗、斡亦剌惕部的忽都合别乞、克烈部的阿邻太师（王罕的弟弟）、札答阑部的札木合、蔑儿乞部的脱黑脱阿、塔塔儿部的忽秃帖木儿、朵儿边部的合只温别乞、合答斤部的巴忽搠罗吉、山只昆部的赤儿吉歹等人加入了太阳汗的东进队伍，他们要么是铁木真昔日的手下败将，要么是流亡的残兵。

太阳汗亲率本部主力，从乌里雅苏台向东，翻过杭海岭，进入狭长谷道，向东进军。

铁木真的应对之策

接到汪古部的使者月忽难送来的军情，正在帖麦该（一作帖蔑延客额儿）草原游猎的铁木真，迅速在当地召开忽里勒台大会进行商议。

诸将大多畏惧乃蛮的强大，建议以马匹正瘦为由避其锋芒，等到秋高马肥之时再战。

铁木真的小弟弟铁木哥斡惕赤斤不同意逃避："怎么可以拿战马瘦弱当借

口逃避？事实上，我们的战马很肥壮。我们的敌人远道而来，他们的战马只会比我们的战马瘦。敌人已经来了，我们难道要不战而逃吗？"

铁木真的异母弟弟别勒古台也说："活着的时候，就让人家把自己的箭筒夺走，活着还有什么用？身为男子汉，死也要让尸骨和箭筒、弓箭埋在一起。乃蛮人因为国大人多就喜欢说大话，我们应该趁着他们说大话的时候去进攻他们。"

铁木真采纳了两位弟弟的建议，决定迎战乃蛮人，于是抓紧时间整顿军务。

在之前的兼并战争中，铁木真往往消灭敌人的贵族阶层，吞并、兼容他们的部众。趁着整顿的机会，铁木真打乱原部落组织，将人民按照千户、百户统一编组，委派亲信充当各级那颜（即首领）。这样，旧的部落认同感被抹去，所有人都统称蒙古人。在以后的战争中，这个身份不断得到众人的认同，铁木真最终缔造了他的蒙古帝国。

铁木真还从军队中拣选身强力壮者组成探马赤军，设立六等扯儿必（一作阁里必，官职名）充当联络官、传令官。他重新选拔护卫散班，组建了一支有一千人的先锋特种部队，该部队由阿儿孩合撒儿指挥。

这些措施不仅提高了蒙古军队的作战能力，还进一步集中了铁木真的汗权。铁木真通过赋予忠心追随自己的那可儿们官职和权力，使下属们对他更加忠诚，并对未来的扩张事业充满信心。

朵歹扯儿必的疑兵之计

金泰和四年（1204年）四月十六日，铁木真整军完毕，祭旗出军。

铁木真以哲别、忽必来为前卫先锋。先锋军在萨里河原野遭遇乃蛮人的前哨，双方随即爆发了一场小规模激战。战斗中，一匹带破鞍的瘦弱白马被乃蛮人捉去。通过这匹瘦弱的白马，乃蛮人认为蒙古人很弱小，于是全军上下对蒙古人更加轻视了。

铁木真的大军来到萨里河原野后，朵歹扯儿必向他献上一条疑兵之计，他建议："我们兵少，又是长途跋涉，马儿已经非常疲惫了，应该停下来让它们吃饱。我们在萨里河原野上散开安营，让每个人都点燃五堆火，用火光虚张声势，威吓敌人。乃蛮人虽然人数众多，但他们的汗是个没有出过家门、娇生惯养的家伙，他看到我们营地里冒出这么多火光，一定不敢轻易出击。等他们惊疑不定的时候，我们的马也吃饱了，就可以去追赶他们，直捣乃蛮中军！"

铁木真采纳了朵歹扯儿必的建议，让全军上下每人点燃五堆篝火。一时之间，草原上到处都是星星点点的火光。

太阳汗失去了两次获胜机会

太阳汗驻扎在康孩山（今杭爱山之西）的合池儿水边。接到哨兵的最新报告后，他感到惊惧万分。

本性怯弱的太阳汗心里犯起了嘀咕："本来以为蒙古人兵少，怎么点的火比天上的星星还多，难道他们还有援军？"他踌躇良久，决定退军，把蒙古人引诱到阿尔泰山之下，再以逸待劳、迎头痛击。

太阳汗的这个决定，本来是很好的诱敌深入之策，如果成功实施，按照双方的军力，谁胜谁负还很难说。但是，当太阳汗派遣使者通知儿子屈出律（一作古出鲁克）后退时，傲慢的屈出律首先抗命，让乃蛮人失去了一次打胜仗的机会。

屈出律甚至在使者面前口出狂言，诋毁自己的父亲："太阳汗竟然胆怯到说出这样的话！大部分蒙古人跟着札木合站到了我们这边，铁木真哪有那么多人？听到敌人点了几把火就怕起来，太阳汗真是不中用！我只会前进，决不后退！"

太阳汗被儿子羞辱，心中很难受。太阳汗的大那颜豁里速别赤因为误杀王罕，急切地想与蒙古人交战为自己正名，因此他对太阳汗的谨慎并不认同，也批评太阳汗怯弱："我的汗，您的父亲亦难察汗与敌人交战时从来没让敌人看到过他的后背和战马的后胯，您怎么能够胆怯呢？早知道您这么胆怯，还不如让您的继母古儿别速来指挥军队！只可惜，可克薛兀撒卜剌黑已经老咯！那些蒙古人要时来运转了。我懦弱的太阳汗，真是太无能了！"

面对不听话的儿子和下属，太阳汗恼羞成怒，只好前进迎战。他从合池儿水出发，顺着塔米儿河（鄂尔浑河上游支流塔米尔河），渡过鄂尔浑河，沿着纳忽山崖（塔米尔河与鄂尔浑河交汇点以东）东麓，来到察乞儿马兀惕。

如果太阳汗有决战的决心，靠着人多势众合围铁木真，绝对有机会碾压他。可惜，太阳汗的情报系统实在不行，不知道铁木真只有他五分之一的兵力，他虽然挥师东进，却在察乞儿马兀惕峡谷扎营，犹犹豫豫地观望。这给了铁木真获胜的机会。

为敌人做宣传的札木合

面对乃蛮部的骄兵悍将，铁木真并不畏惧，亲自担任先锋。他命二弟合撒儿率领中军，小弟铁木哥斡惕赤斤掌管换骑的战马。

亲率先锋军的铁木真，与乃蛮军的哨兵进行了近距离接触。

驻扎在峡谷的太阳汗色厉内荏，不派人出去侦察敌情，全靠流言判断军情。为了表现自己的勇敢，他居然大言不惭地嘲笑在铁木真手下吃过败仗的札木合等人。

身为札木合的盟友，太阳汗不但不和他同仇敌忾，还出言贬低友军。这样做，只会让友军心生恶意，临时反水。太阳汗真是把他的愚蠢发挥到了极致。

太阳汗的愚蠢行为，导致战场上出现了一个奇怪的现象：作为太阳汗的盟友，札木合竟然替敌人做起了宣传。

札木合被太阳汗嘲讽，心里很憋屈，便对太阳汗说："铁木真刀枪不入、身如精钢，你不知道他有多厉害，智谋有多高超！铁木真手下的大将都是吃

人肉的夜叉，一个个神勇无敌。他的弟弟们也是用人肉喂养大的，能把弓箭
当零食生吞。他的蒙古兵都是杀人不眨眼的凶悍恶鬼！"

如果一开始札木合还有警告太阳汗不要轻敌的意思，到最后就成了他替
敌人铁木真做宣传了。他有意无意地夸大铁木真的情况，动摇乃蛮人的军心。
太阳汗被吓得六神无主、胆战心惊，把阵地从山下移到山坡上，又移到山腰、
山顶上。随着太阳汗不停后退，乃蛮人的军心逐渐涣散了。

铁木真派间谍恐吓乃蛮军

两军对峙期间，铁木真派间谍潜入乃蛮军中散布各种吓人的流言，宣传
铁木真有多强大、多威猛，他的军队有多凶残。

各种谣言在乃蛮军中散播开来。加上札木合之前的宣扬，上到太阳汗，
下到小士卒，对铁木真的惧怕一天比一天深。仗还没有开打，军心就已经散
了，胜利与乃蛮人无缘了。

札木合见愚蠢无能的太阳汗比王罕更优柔寡断、难成大事，便不声不响
地离开了乃蛮联军。临走前，他还插了太阳汗一刀：派遣使者去给铁木真送
信，把太阳汗的军情一股脑儿告诉铁木真，还叮嘱铁木真出兵要谨慎。

眼看时机已经成熟，铁木真趁着乃蛮军上下惊惧、离心离德的时候发起
了攻击。他命弟弟合撒儿主持中军，大将忽必来主持左军，儿子窝阔台主持
右军，自己则亲率先锋军在前。

乃蛮人驻守了两个多月，其间不停地迁移营地，早已锐气丧尽。眼看铁
木真攻来，乃蛮人固守营地不敢相互救援，竟然让蒙古人突破防线进逼太阳
汗的中军大营。

察乞儿马兀惕峡谷之战

乃蛮人乱糟糟地去营救太阳汗，结果被合撒儿率军夹击，各个击破。

这场大战一直从白天持续到夜里。太阳汗看得不到救援，就趁夜突围。

由于路窄山险，他的人马又多，很多人被挤坠山涧陡崖。

太阳汗在突围中身受重伤，昏迷不醒。众将叫不醒他，豁里速别赤就做主让古儿别速带着太阳汗继续突围，他则率领诸将坚守谷道，与蒙古追兵展开激战。

一夜血战，到天明时，蒙古大军云集，乃蛮诸将仍然坚守不退。铁木真见此情景，对悍不畏死的乃蛮诸将产生爱惜之心，他命人高呼劝降，却没有得到一个人的回应。

铁木真爱才心切，又令人高呼停战，让乃蛮诸将自行离开。乃蛮人仍旧不听，不投降，也不离开，只求死战。

为了追捕太阳汗，铁木真只好下令继续作战。战至中午，乃蛮诸将全部阵亡，峡谷通道终于被打通。

蒙古军很快就追上了太阳汗和古儿别速。看到垂死的太阳汗和他的宠妃古儿别速，铁木真嘲弄地对古儿别速说："听说你嫌弃蒙古人脏，现在还嫌弃吗？"当着太阳汗的面，铁木真纳古儿别速为妃。

通过察乞儿马兀惕峡谷之战，铁木真消灭了草原上最后一股与他抗衡的势力。朵儿边部、合答斤部、山只昆部以及塔塔儿残部、克烈残部纷纷向铁木真投降。札答阑部的札木合和蔑儿乞部的脱黑脱阿率领残部继续流亡，屈出律逃到叔叔不亦鲁黑汗的牧地上，斡亦剌惕部的忽都合别乞则龟缩回自己的地盘上。

铁木真从此战中尝到了使用间谍散布恐吓谣言震慑敌人的甜头，在以后的战争中，他经常通过宣传己方的凶残行为来震慑敌人，达到不战而屈人之兵的目的。

霸业已成的铁木真擒获了太阳汗的掌印官塔塔统阿，开始接触文字，由此逐步改变了蒙古人只有语言而没有文字的状态。

也儿的石河之战

铁木真对拒不投降的顽固分子进行了严厉打击，哪怕此人逃到天涯海角，他也会派人追去斩草除根。蔑儿乞部和乃蛮部的残余势力就是被蒙古人千里追杀歼灭的。

札木合之死

札木合离开太阳汗后，带着亲信逃到今唐努乌拉山。

曾经显赫一时的古儿汗札木合如今像一条丧家之犬，已到了山穷水尽的地步。札木合身边只剩下五个亲信那可儿，但五人不愿意继续流亡，就背叛主君，把札木合抓起来献给了铁木真。

一向看重忠诚的铁木真不能容忍背叛主君的事情，他当着札木合的面，处死了五个叛徒。

札木合没有卑躬屈膝地向昔日的兄弟请求活命，而是神情自若地请求让他不流血而死。铁木真念及拜把子的情义，满足了他的要求，让札木合体面地死去。煊赫一时的札答阑部就此终结。

合刺答勒忽札兀儿追击战

金泰和四年秋天，铁木真率军追击蔑儿乞残军。作为蒙古的死对头，蔑儿乞人相当顽强。

自从金大定十九年（1179 年）在不兀剌川之战中被王罕、札木合联军击败以后，蔑儿乞人就在兀都亦惕部领主脱黑脱阿、兀洼思部领主答亦儿兀孙的带领下，四处流亡。

金承安二年（1197 年），铁木真在距离薛灵哥河不远处的莫那察再次重创蔑儿乞人，对他们进行了屠杀和掠夺。缴获的战利品被铁木真献给了干爹王罕。

次年，王罕袭击蔑儿乞人，杀死了脱黑脱阿的儿子脱古思别乞，俘虏了脱黑脱阿的弟弟忽敦和女儿（一说妻子）忽秃黑台、察剌温。

连续遭到打击的蔑儿乞人势力被削弱，只能逃到西部的八儿忽真隘苟延残喘，期望休养生息后卷土重来。他们先后依附于札木合和太阳汗，但两者无一例外都被铁木真打败。坚决不投降铁木真的蔑儿乞人只能继续逃亡。

铁木真自然不会放过这个死敌，金泰和四年秋，他亲自率军追击蔑儿乞人。在合剌答勒忽札兀儿，铁木真追上并击败了蔑儿乞人。脱黑脱阿带着儿子忽都和赤剌温，率领部分百姓继续逃亡。忽都的妻子秃干和脱列哥那（一说是答亦儿兀孙之妻）被铁木真俘获。铁木真将秃干纳入自己的后宫，把脱列哥那赏赐给三儿子窝阔台，这位脱列哥那就是后来成为元定宗的贵由汗之母。

兀洼思部领主答亦儿兀孙大概是厌倦了流亡生活，他带着部众向铁木真投降，还把心爱的小女儿忽兰献给了铁木真。忽兰年轻美貌、性情温和，很受铁木真宠爱。

铁木真下令将投降的蔑儿乞人划分为百户，把他们留在辎重队伍里。铁木真前脚刚走，这些投降的蔑儿乞人后脚就抢劫辎重叛变了，他们逃到薛灵哥河地区的合剌温合卜察勒屯驻。铁木真命赤老温的弟弟沉白率领左翼军前去征讨。叛乱平定后，铁木真下令屠杀了一部分蔑儿乞人，剩下的则分给各军做奴隶。

也儿的石河之战

脱黑脱阿在逃亡中与乃蛮的屈出律会合，一起投奔北乃蛮的不亦鲁黑汗。由于此时太阳汗已经死了，不亦鲁黑汗便自称"全乃蛮的君主"。

金泰和五年（1205 年），不亦鲁黑汗在兀鲁黑塔黑（今蒙古国科布多城西北）境内的莎合水打猎时，被铁木真率军袭击。不亦鲁黑汗被杀，领地、庐帐、妻妾、儿女都被抢走了。

脱黑脱阿、屈出律逃亡到也儿的石河（今额尔齐斯河）上游的不黑都儿麻河（今布克图尔玛河）整顿军队。

元太祖元年（1206年），铁木真称"成吉思汗"，建立大蒙古国。分封功臣后，成吉思汗继续追击蔑儿乞乃蛮残余势力。

元太祖三年（1208年）秋天，以斡亦剌惕部的忽都合别乞为向导，蒙古人越过阿来岭（今阿尔泰山山脉西北段的友谊峰附近），在也儿的石河和脱黑脱阿、屈出律流亡军交战。

脱黑脱阿被乱箭射死，他的儿子忽都带不走他的尸首，只好把他的头割下带走。忽都和兄弟们逃亡到了畏兀儿（宋、金两朝称为"高昌回鹘"）。成吉思汗命令速不台去追击蔑儿乞、乃蛮残部，他自己则回到老营。

流亡的屈出律

元太祖四年（1209年），逃到畏兀儿的蔑儿乞残部，正逢亦都护（畏兀儿国主的称号）杀死西辽少监向蒙古投诚。亦都护怎么可能接纳蔑儿乞人，他驱逐了忽都。忽都只得继续向西逃去。

屈出律逃到了西辽边境。他联合花剌子模国王摩诃末，企图从东西两边夹击西辽，借机鸠占鹊巢。元太祖五年（1210年），屈出律趁西辽末代皇帝耶律直鲁古征讨撒马耳干（今乌兹别克斯坦的撒马尔罕）未归，率军袭击了西辽的都城虎思斡耳朵（今吉尔吉斯斯坦楚河州托克马克境内），但被西辽人击败。

摩诃末和撒马耳干的统治者斡思蛮在塔剌思（今哈萨克斯坦江布尔州首府塔拉兹）击败耶律直鲁古，俘虏了西辽统帅塔阳古，征服了河中地区。打了败仗的耶律直鲁古率残军返回都城时，城中居民紧闭城门，不让皇帝进城。耶律直鲁古大怒，奋力攻城，激战十六天才攻下城池。怒火中烧的耶律直鲁古进城后，下令屠杀城中居民。

元太祖六年（1211年），聚拢力量的屈出律袭击了打猎的耶律直鲁古，掌握了西辽的实权。他没有杀死耶律直鲁古，而是尊其为太上皇，西辽名存实亡。两年后，耶律直鲁古郁郁而终。

为了获得契丹贵族的支持，屈出律迎娶了西辽的公主。

控制了西辽的屈出律没有停止扩张的脚步，他先是入侵喀什噶尔（今新疆喀什市），后又侵占忽炭（一作斡端，今新疆和田市）。在新占领的地方，屈出律实行了野蛮而残暴的统治，这引起了当地人的极大愤慨。

哈剌鲁部的分支虎牙思部（生活在今新疆霍城县西北）的首领斡匝儿为了反抗西辽的统治，派使臣朝见成吉思汗。斡匝儿识时务的举动，令成吉思汗很是满意。为了嘉奖了他，成吉思汗安排术赤和斡匝儿结为姻亲。

消灭屈出律

元太祖十三年(1218 年)，屈出律出兵攻打外出打猎的斡匝儿并俘虏了他。他带着斡匝儿来到阿力麻里（今新疆霍城县西北）的城门前劝降，斡匝儿的王妃撒勒必坚守城池拒不投降。哲别率领蒙古人前来救援斡匝儿，屈出律只好解围而出，返回虎思斡耳朵。在途中，他杀死了斡匝儿。

正在屈出律焦头烂额之际，花剌子模国王摩诃末要求他兑现瓜分西辽的诺言。屈出律很恼火，警告道：“摩诃末你以为你是谁，你比契丹人还勇敢吗？做人要知足常乐，不要太贪婪。我这里除了剑什么都没有，如果你不安分，我对你会比对待契丹人更坏！”

屈出律随即率领军队去攻打摩诃末。摩诃末避其锋芒，并不正面交战，而是用偷袭骚扰的游击战方式还击，这把屈出律气得够呛。屈出律没奈何，派使者责骂摩诃末：“有本事你赌上一国国王的尊严和我堂堂正正地打一仗，击败我，占领我的国家，不要像个强盗一样躲躲藏藏！”

摩诃末对屈出律的愤怒置之不理，下令把几个城市的居民迁往河中地区，随后毁坏这些城市，免得被屈出律占领后获得补给。

这个时候，哲别率军来到了西辽，并得到了很多西辽官员的响应和支持。

于是，屈出律顾不上和花剌子模打仗，仓皇逃往喀什噶尔。哲别追击而至，屈出律又逃到巴达哈伤（今阿富汗巴达赫尚省一带）。蒙古军在当地猎人的协助下俘杀屈出律，乃蛮残余势力彻底灭亡。

次年，速不台在蟾河地区杀死脱黑脱阿的儿子忽都，拔除蔑儿乞残余势力。自此，蒙古高原上所有的部族都成为成吉思汗的臣属，高原上的部族都统称"蒙古人"。

征服秃马惕部

蒙古高原上所有部落的毡帐百姓都被成吉思汗征服后，他把目光投向了大西北的林中百姓。属于野塔塔儿的林中百姓是森林部落，他们依靠狩猎捕鱼为生，生活在贝加尔湖的西边，比较大的部落有斡亦剌惕部、秃马惕部、吉利吉思部等。

降服森林部落

在成吉思汗先前的兼并战争中，森林部落里出现频率较高的是斡亦剌惕部。斡亦剌惕，在明朝被称为"瓦剌"，在清朝被称为"卫拉特"。在大蒙古国时期，它被称为"斡亦剌惕"，领主是忽都合别乞。一直以来，森林部落就喜欢和成吉思汗的敌对势力站在一边，因此成吉思汗完成兼并后，就准备收拾森林部落。

元太祖二年（1207 年），术赤率领右翼军出征森林部落。最先遭到攻击的是最东边的斡亦剌惕部。面对蒙古铁骑，参加过阔亦田之战和察乞儿马兀惕峡谷之战的忽都合知道蒙古人的凶残，这回没有挣扎就向术赤投诚了。

成吉思汗对忽都合识相的举动很满意，不仅把女儿扯扯亦坚公主嫁给忽都合的儿子亦纳勒赤，还把术赤的女儿嫁给亦纳勒赤的哥哥脱劣勒赤。从这以后，斡亦剌惕部就成了蒙古显贵，世代和皇室联姻，族中出了不少皇后、王后和驸马。

成吉思汗又派阿勒坛和不剌两人充当使者去斡亦剌惕部西边的吉利吉思部招降。吉利吉思的大领主叫也迪亦纳勒，他衡量了双方的力量后，就老老实实地选择投降，向成吉思汗进献名鹰以示臣服。

其他各部，如秃马惕、脱额列思、兀剌速惕、憾哈纳思、田列克、失必儿等，一看斡亦剌惕部和吉利吉思部连打都没打就投降了，都纷纷向蒙古人表示归顺。

成吉思汗很高兴，认为这是大儿子术赤的功劳，就把森林部落的百姓都赏赐给了术赤。

畏兀儿投诚

畏兀儿位于高昌（今新疆吐鲁番市高昌故城）、北庭（今新疆吉木萨尔县北，即元之别失八里）地区，地处东西交通要道，农牧经济较为发达，文化程度也比较高，是西辽的藩属。

西辽在畏兀儿境内设立少监，担任少监的官员负责监听国事，俨然是畏兀儿的"太上皇"。畏兀儿的亦都护不堪忍受骑在头上的少监，眼看着蒙古人崛起，就想换一个靠山。

元太祖四年，亦都护巴尔术阿尔忒的斤听说蒙古军队在追击西逃的蔑儿乞人忽都，而高昌正是忽都西行的必经之路。亦都护做好思想准备之后，杀死西辽在高昌的少监，驱逐流亡到高昌的蔑儿乞人忽都，向蒙古人释放善意。

成吉思汗听说后，于次年派使者阿惕乞剌黑、答儿伯前去招抚高昌。巴尔术阿尔忒的斤立即表示归顺，还派使者跟随蒙古使臣去朝见成吉思汗，表示要给成吉思汗"为子为仆"。

在畏兀儿亦都护向蒙古投诚的这一年，位于巴尔喀什湖东南伊犁河一带、同为西辽藩属的哈剌鲁部落的一个分支——海押立部（生活在今哈萨克斯坦塔尔迪库尔干附近）的首领马木笃汗，不堪忍受西辽派驻的监国少监，杀死少监投降蒙古，向成吉思汗表示归顺。

哈剌鲁就是唐代的葛逻禄，分为海押立、虎牙思、斡思坚（生活在今吉尔吉斯斯坦奥什州乌兹根）三部。海押立部的马木笃汗最早归顺蒙古。

元太祖六年，亦都护巴尔术阿尔忒的斤亲往怯绿连河，朝见征讨西夏归来的成吉思汗。成吉思汗很高兴，视巴尔术阿尔忒的斤为第五子，还把女儿阿勒屯别吉许婚给他。从那以后，巴尔术阿尔忒的斤带领他的军队鞍前马后地为成吉思汗效力，其家族也因此获得蒙古皇室的信任，世代与皇室联姻，宠冠诸王。

海押立部的马木笃汗也在这一年朝见成吉思汗，并获得赐婚。他的子孙后代同样世代与蒙古皇室联姻，元顺帝的生母迈来迪就是他的后裔。

秃马惕部起义

早在成吉思汗第一次称汗，成为乞颜联盟的盟主时，从札木合那里跑来的一个叫豁儿赤的萨满，就预言他能当上国主。这个八邻人还说，是上天指示他来给成吉思汗传达吉兆的。成吉思汗许诺如果他当上国主，就封豁儿赤为万户侯。豁儿赤并不满足，请求成吉思汗允许他在万户内任意挑选三十个美女为妻。

这本是一个投机者的大话，没想到成吉思汗真的开创了霸业。成吉思汗兑现了自己的承诺，封豁儿赤为名列第六的开国功臣万户长。除了三千户八邻人之外，成吉思汗还将捏古思、脱额列思、田列克等部凑在一起，凑足整整一万户交给豁儿赤统领，并允许他在也儿的石河沿岸的森林部落地区自由驻扎。

成为万户侯的愿望实现了，豁儿赤开始追求第二个愿望。元太祖十二年（1217年），他在秃马惕部选中了三十名美女。在挑选的过程中，豁儿赤的手段大概不是很光彩，导致秃马惕人对他极其反感。随着矛盾一再发酵，秃马惕人在首领歹都忽勒莎豁儿的带领下，发动起义，把贪色的豁儿赤抓了起来。

斡亦剌惕部的忽都合知道后，赶紧去救豁儿赤，想把成吉思汗的大功臣弄回来。结果他也被秃马惕人抓住，和豁儿赤成了难兄难弟。

成吉思汗听说后，很不高兴，命令"四杰"之一的博尔忽率军前去镇压起义军。同时，他还征调吉利吉思人出兵协助。但吉利吉思人抗命，拒绝帮助蒙古人去镇压秃马惕部。

这时候，带领大家起义的歹都忽勒莎豁儿死了，他的妻子孛脱灰塔儿浑是一个强悍的女人，继续带领起义军反抗蒙古人。她在林中设伏，杀死了博尔忽。"四养子"之一博尔忽就这样死在了森林中。

听到博尔忽的死讯，成吉思汗勃然大怒，想要亲征秃马惕部为博尔忽报仇，但被博尔术和木华黎劝阻。杀鸡焉用宰牛刀，这样一个小小部落何须大汗亲自出马？于是，成吉思汗派朵儿边人朵儿伯多黑申率军出征秃马惕部，派术赤征讨吉利吉思部。

朵儿伯多黑申镇压起义军

元太祖十三年，朵儿伯多黑申出征秃马惕部。他吸取了博尔忽轻敌的教训，稳打稳扎，步步为营：明面上，他派一部分军队在行军路口、各个哨所虚张声势，让人以为有大军在行进；暗地里，他根本没有走大路，而是带着大军在丛林里沿着野牛走的小路前进。

他命人准备了十根木条充当刑具，严令军中：如果有人畏缩不前，直接杖责。他又让人带上斧、锛、锯、凿等工具，遇到有阻挡去路的树木就砍掉，开辟出行军道路。最后，他们悄悄绕过秃马惕人，登上山顶。

秃马惕人正在营地举行聚会，商讨怎么迎战蒙古人。突然，朵儿伯多黑申率领大军从山上冲了下来。秃马惕人根本没有组织起有效的抵抗，就被击败了。豁儿赤和忽都合被人营救了出来。

对蒙古人死心塌地的忽都合又充当向导，为术赤带路，进攻吉利吉思人。这一次，蒙古军彻底降服了吉利吉思人，真正征服了森林部落。

　　成吉思汗把一百个秃马惕人赏赐给博尔忽的家属，又让豁儿赤重新选择三十个美女，还把义军女首领孛脱灰塔儿浑赏赐给了斡亦剌惕部领主忽都合别乞。

　　就在这一年，逃亡的乃蛮人屈出律被哲别捕杀，臣属西辽的虎牙思部和斡思坚部投降哲别，向蒙古臣服。西北地区各部的降服，增强了成吉思汗的实力，还省去了他的后顾之忧。之后，这些臣服的部落为成吉思汗的霸业立下了不少汗马功劳。

第二章

蒙夏战争

兀剌海城之战

十二世纪时，西夏、金朝、宋朝三足鼎立。西夏北边是克烈部和乃蛮部，互相之间早有往来。在克烈部，政斗失败者往往选择逃到西夏避难。蒙古对西夏展开打击，便是以他们曾收留过桑昆为借口。

第一次入侵西夏

西夏国早在夏仁宗李仁孝时代就和克烈部建立起了亲密关系：王罕的叔叔古儿汗被也速该、王罕联手击败后，逃到西夏国避难；王罕第二次失去汗位逃亡时，也曾经到过西夏；克烈部被蒙古部歼灭，王罕之子桑昆同样来到西夏避难。由于桑昆入境后以劫掠为生，西夏人大为愤怒，就把穷途末路的桑昆驱逐出境。桑昆辗转到达西域，最后在那里被杀。

乃蛮部的太阳汗对付成吉思汗时，曾广撒英雄帖召集各路英雄协同作战，被邀请的就有西夏国。当时的西夏皇帝桓宗李纯祐只是口头应允，实际并没有出兵帮助乃蛮。

西夏桓宗天庆十二年（1205年）三月，击败乃蛮部实现高原一统的成吉思汗，以西夏曾接受桑昆政治避难为借口第一次入侵西夏，围攻力吉力寨。这是蒙古第一次与有城池的国家作战，没有攻城战经验的蒙古人初战不利。面对失去祖先剽悍精神、龟缩在城内坚守的党项人，蒙古人无可奈何。

久攻不下的蒙古人开始分兵攻打乞邻古古撒城。一直折腾了两个月，他们才攻克了乞邻古古撒城和力吉力寨这两个小城。感受到攻城困难的成吉思汗大肆劫掠一番后，就率军东行了。途经落思城时，他们掠夺了人口、牲畜。四月，蒙古退军。这次劫掠战争，只能算是蒙古军的一次试探性行动。

这是成吉思汗第一次进入农耕区，第一次遭遇攻城战。习惯野战的蒙古人面对坚固的城防，知道自己要学习的东西还有很多。

避免了一场大战的夏桓宗李纯祐，于次年正月遭遇宫廷政变。李纯祐的堂兄，即大权在握的镇夷郡王李安全，利用罗太后的名义废掉李纯祐。李安全自立为帝，是为夏襄宗。就在李安全发动政变的同一年，成吉思汗建立大蒙古国，开始走向对外扩张之路。

第二次入侵西夏

如果说夏桓宗李纯祐遭遇的蒙古人入侵，还只是蒙古人试探性的骚扰抢劫，那么夏襄宗李安全面对的就是蒙古人有目的的抢劫了。随着汪古部向成吉思汗投诚，金朝西北边疆失去了守卫者，蒙古人开始肆无忌惮地入侵山西以及鄂尔多斯地区。

元太祖二年（西夏应天二年，1207 年）秋天，成吉思汗以西夏不纳贡为借口，第二次入侵西夏，进攻兀剌海城（即斡罗海城，位于今内蒙古阿拉善右旗西南）。此次入侵西夏，其实是决定入侵金朝的成吉思汗想通过实战来锻炼自己的军队，使其熟悉攻坚战。西夏比金朝弱小得多，刚好拿来给儿郎们练手。

八月，成吉思汗亲率大军再次攻打兀剌海城。攻城之前，成吉思汗采取了震慑手段，他把路上俘获的牧羊人放回城中，让他们替自己捎信："赶紧投降！要是敢抵抗，城破后我们一定屠尽城中之人！"成吉思汗的恐吓战术并没有吓到西夏人，这个时候的西夏人并不惧怕蒙古人。在坚固的城池面前，蒙古人足足攻打了四十余日，才攻陷兀剌海城。

破城后，蒙古人四处劫掠。夏襄宗李安全派嵬名令公率领右厢诸路军前往救援。不敢深入腹地的蒙古人于次年二月因军粮匮乏退兵。

就在这一年，南宋发起的开禧北伐草草结束，与金朝签订"嘉定和议"。同年十一月，金章宗完颜璟无嗣而终，传位给叔叔卫王完颜永济。得知卫王即位，成吉思汗开始正式把"征讨金朝，为父祖复仇"的决策提上日程。为了防止金朝与西夏联起手来，他对西夏的攻势更加猛烈了。

克夷门之战

卫王完颜永济即位后，蒙古正式与金朝断绝岁贡关系，开始积极为侵金做准备。为了避免进攻金朝时，东边的金朝和西边的西夏联手，使蒙古陷入两线作战的窘境，成吉思汗决定第三次入侵西夏，先把西夏打服了。

西夏太子临阵脱逃

元太祖四年（西夏应天四年，1209 年）三月，成吉思汗亲率大军从黑水城（今内蒙古额济纳旗达来呼布镇黑水城遗址）北进入河西境内。夏襄宗李安全任命皇太子李承祯为元帅、大都督府高逸为副元帅，带精兵五万前往兀刺海城迎战。从李安全让没有作战经验的儿子为帅可以看出，承平日久的西夏国对新崛起的邻居没有产生足够的重视和警惕。

蒙古人擅长野战，对攻城战则处于学习状态。西夏军来到兀剌海城，本该屯驻在城中，完备守城防御，以逸待劳堵截蒙古军，以己方之优势对抗敌方之劣势。但年轻气盛的太子李承祯根本不考虑这些，他一心想要表现自己的勇猛，率重兵在兀剌海城外的原野上摆阵，准备给蒙古人来个迎头痛击。他以为西夏军队还像老祖宗李元昊时代那样剽悍呢！作为副元帅的高逸，并不能坚持自己的意见，毕竟元帅是未来的皇帝，轻易得罪不起。他只好依从太子殿下的决策，在城外摆阵等待蒙古军。

得到西夏军摆阵野外的消息时，蒙古军想必猛松了一口气："既然你们主动找上门来送死，那我们就不客气了。"蒙夏之间第一次大规模接触战就此拉开序幕。战事刚一爆发，蒙古人就猛地攻上来，把他们凶悍嗜血的一面展露无遗。

从来没有经历过战争的李承祯被血腥的场面吓蒙了，以致做出了一件不可思议的事情：吓破胆的太子殿下一声不吭地带着亲军卫队临阵脱逃了！西夏军的士气受到了巨大打击，士兵无心再战，四下溃散。蒙古军见此情景，士气高涨，大杀特杀。

西夏副元帅高逸亲手斩杀了几个逃兵，才勉强阻止己方溃势，继续和蒙古军作战。然而不管高逸多么勇武，也无法逆转局势。在气势如虹的蒙古军面前，西夏军最终大败，高逸力竭被俘。成吉思汗非常欣赏临危不惧的高逸，想要招降他，但高逸宁死不屈，最终殉国。

李承祯逃进兀剌海城后，并没有坚守城池，而是连夜弃城逃往中兴府（西夏国都，今宁夏银川市）。太子的逃跑对兀剌海城的军心打击极大，守城的太傅西壁讹答根本组织不起有效的防御。上一次兀剌海城还坚守了四十余日，这一次却很快就被成吉思汗攻陷了。率兵进行巷战的西壁讹答成了俘虏。

五月，蒙古军直扑西夏京都中兴府。夏襄宗李安全收起轻视之心，紧急派遣老将嵬名令公率军五万增援拱卫京师的战略要地克夷门，拦截蒙古军。

西夏军初战告捷

克夷门，即今贺兰山三关口，明代在此修建长城，设赤木关。克夷门在中兴府西偏南九十里外，位于帝陵之南，这里"两山对峙，中通一径，悬绝不可登"，是中兴府的西南屏障。为了捍卫京都，西夏常备五万贺兰军驻守克夷门。有些史书把右厢朝顺军司驻扎地标注在克夷门，这是不对的。克夷门的常驻军是贺兰军，右厢朝顺军司的驻扎地在凉州（今甘肃武威市）西北的永昌城。

沙场老将嵬名令公可不像毛孩子李承祯，没打之前急着打，一开打却被吓得屁滚尿流。嵬名令公冷静地分析了蒙夏双方的优势：党项人本土作战，拥有地利优势，而且擅长诈降设伏，并在过去的战争中屡试不爽；蒙古人不但机动能力强，还非常注重情报工作，善于侦察，总是会提前派侦察小队侦察战场环境。

嵬名令公决定重操老祖宗的旧业，设埋伏，搞截杀：先集中兵力攻打蒙古军的先锋部队，引他们进入埋伏圈，然后聚而歼之，挫挫他们的锐气。西夏军在克夷门的野外设伏，蒙古先锋部队的侦察兵一无所知。为什么善于侦察的蒙古军没有发现异常呢？

原因有二：其一，在设伏以及躲避敌军侦察这一块，党项人的确可以算作蒙古人的老祖宗，至少在克夷门之战以前可以这么说；其二，由于之前在兀剌海城打得太顺利了，蒙古军从上到下对党项人产生了轻视心理。于是，比以往更加漫不经心的蒙古军侦察员，如何能识破擅长设伏的西夏军的埋伏呢？

西夏军方面，主帅嵬名令公沉着冷静，将士们求胜心切，一心想要雪耻。毕竟李承祯在兀剌海城之战中表现得太差了，西夏军自成立以来就没有出过这样丢脸的事。全军上下急需一场胜仗来提高士气。

没有探出埋伏的蒙古侦察队，引导着先锋部队进入了西夏军的包围圈中。突然，西夏军如猛虎下山一般冲向蒙古军，对着还没回过神来的蒙古武士一阵砍杀，誓要一雪前耻。经过激烈的战斗，西夏军全歼蒙古军先锋部队，在蒙夏战争中首次告捷。

战事结束后，嵬名令公下令退军，避免与蒙古军野战。他率军回去坚守克夷门，准备把成吉思汗阻挡在克夷门之外。这边成吉思汗也得到了先锋部队覆灭的消息，加倍派遣探马四处勘察。全军上下收起了轻视之心，放慢速度谨慎地向克夷门进发。在西夏末年非常活跃的嵬名令公，终于对上了草原雄狮成吉思汗。成吉思汗抵达克夷门后下令强攻，激战瞬间爆发。

身为游牧民族，蒙古人最初不擅长攻城战，其有限的攻城经验都得益于与西夏的战争。从游牧生活转化为农牧生活的党项人，已经在城市中生活了二百余年，他们以城池为国，早已习惯用城池防御对手。西夏人的城池远非乃蛮、克烈人的简陋城寨可比，已经第三次入侵西夏的成吉思汗自然明白这一点。

甫一交手，成吉思汗就知道不能把嵬名令公当作李承祯看待。两人一个努力攻城，一个坚定守城。弓箭、火炮、滚木、圆石，西夏军的守城招数层出不穷，打得蒙古军心惊胆战。成吉思汗只好下令撤军休整。之后，他总结战场得失，及时调整策略。

克夷门之战

白天的猛烈战事结束后，晚上嵬名令公并没有下令休整，而是亲自率敢死队夜袭蒙古军大营。在这场夜袭中，有一种武器大放异彩，那就是火蒺藜。火蒺藜，即蒺藜火球，是一种外形像海胆一样的陶器或瓷器，里面填充有火药，可以当手雷用，也可以当地雷用，还能绑在箭上当火箭使用。

从来没有接触过这类武器的蒙古军被突如其来的火蒺藜弄蒙了，满耳朵都是火蒺藜的呼啸声和己方士兵发出的惨叫声。一时间，蒙古军营火光冲天、浓烟滚滚，变成了人间地狱。成吉思汗很快反应过来，临危不乱地发号施令，制止了蒙古军的溃乱。

嵬名令公一直观察着敌人，发觉蒙古军已经调整过来，稳定好军心准备反击，他便下令火速撤军，不给蒙古军发挥野战优势的机会。这样的夜袭并非只此一次，从双方交战开始，蒙古军常常白天攻城，晚上被西夏军袭击。如此反复，蒙古军被整得心力交瘁、士气低迷，西夏军则因为占据上风而士气如虹。就这样，两军持续对峙了两个月。

成吉思汗自然不愿看到局势如此僵持，不改变己方的被动局面，这仗还怎么打下去？虽说蒙古军疲惫，但西夏军也不是铁人，他们也会累。"既然你们喜欢偷袭，那我就挖个大坑等着你们来跳，以其人之道还治其人之身。只要抓住嵬名令公，拿下克夷门不在话下。"

接下来，成吉思汗故意露出破绽，设下伏兵，等待嵬名令公来袭。嵬名令公真的上当了！他看到一座座空营帐时就知道不好，但后路已经被蒙古军切断，他和他的敢死队陷入了蒙古军的重重围困之中。作为西夏军的灵魂人物，嵬名令公临危不乱，率军血战到底，直到众人战死、自己被俘。蒙古军乘胜攻击克夷门，群龙无首的克夷门随即沦陷。

爱才的成吉思汗对英勇的嵬名令公非常欣赏，决心招降他，一日之内派遣数人去劝说嵬名令公投降蒙古。嵬名令公坐在土室中，虽然蓬头垢面、饮食粗糙，但毫无屈服之意。成吉思汗对他是又爱又恨，杀了舍不得，不杀他又不归顺。到底是爱才之心占据了上风，成吉思汗没有杀嵬名令公，而是在围攻中兴府后，西夏皇帝派人求和时，把嵬名令公释放了回去。

在这里要说一点，有人认为嵬名令公应该坚守克夷门，据险不出。有这种看法的人明显忘记了蒙古军机动能力强的事实。对于久攻不下的城池，蒙古军一般会暂时放弃，发挥他们的骑兵优势，扫其外围，然后再实现他们的目的。所以，不是嵬名令公不出战就能牵制蒙古人。嵬名令公率军增援克夷门，就是为了阻挡蒙古军的脚步，如果坚守不出，蒙古军大不了绕路，嵬名令公还不是要去阻截，那时候就只能被迫与蒙古军野战了，更没有胜算。

虽然嵬名令公被俘，但克夷门之战仍是蒙夏战争初期唯一的亮色，也是西夏唯一一场成功发起攻势的战事。在之后的战争中，西夏军基本处于守势，我们只能看到党项人据城浴血抗敌的身影，直到西夏灭亡。

中兴府围城战

蒙古军攻陷克夷门后，围困了中兴府，这可把夏襄宗李安全吓坏了。但他并没有躲起来，而是一边亲自登城激励将士坚守，一边派人向宗主国金朝求援。

面对坚固的中兴城，蒙古军将他们知道的所有攻城方式轮番试了个遍，但仍然久攻不下。九月，天降大雨，黄河暴涨。成吉思汗命人筑堤引河水灌城，城中居民淹死者众多，但仍然拼死坚守。收到西夏求援的金朝大臣请求发兵救援，给蒙古军来个内外夹击。但是，愚蠢的完颜永济却说："敌人相攻，正是我国之福啊！"

到了年末，中兴城眼看就要倒塌，蒙古军修建的大堤却提前决口了。河水四溢，倒灌进蒙古军中，蒙古军被淹了个措手不及，没有办法继续围困中兴府。成吉思汗只好考虑退军。成吉思汗放出被蒙古人俘虏的西夏太傅西壁讹答，派人跟着他入城议和。险些做了亡国之君的夏襄宗李安全，看着城内乱糟糟的景象，没有心情讨价还价，爽快地接受了蒙古军的条件，签订了城下之盟。

西夏除了向成吉思汗献上公主，还献上了大批骆驼、鹰隼、纺织品，以此换取蒙古人退军。西夏请求归还被俘的西壁讹答和嵬名令公，但这时西壁讹答已经病死，只有宁死不降的嵬名令公被遣送回来。

中兴府之战后，西夏彻底沦为蒙古的附庸。成吉思汗达到了震慑西夏的战略目的，遂撤军北返，开始为进攻金朝做准备。西夏愤恨金朝对它见死不救，与之决裂。双方维持了八十六年的宗藩关系到此终止，并引发金夏战争，这使两国精锐尽失，加速了双方的灭亡。

沙州之战

面对蒙古的频繁征调，西夏国力疲惫，不想继续附蒙攻金。可是不听话，就会被蒙古打。在之后的短短几年里，蒙古又打了西夏两次。然而，令成吉思汗没想到的是，被打残的西夏还有能让他碰一鼻子灰的人。

第四次入侵西夏

通过献女求和，夏襄宗李安全暂时解决了外患。之后，他开始攻打金朝，以报不救之仇。元太祖六年（西夏皇建二年，1211 年）七月，西夏再次发生宫廷政变，宗室成员李遵顼以抗蒙期间太子李承祯临阵脱逃有伤国体为由，废杀襄宗李安全，自立为神宗。

夏神宗即位后，继续履行协议，连年出兵帮助蒙古侵扰金朝。对西夏来说，此时的情景恍如辽与北宋被灭前的场景再现。夏神宗还以为，他能像老祖宗那样捡漏呢。很快，夏神宗就发觉，附蒙攻金并没有什么好处可捞，反而让国家蒙受了更大的经济损失。于是他想改变策略，与金朝缓和关系，对蒙古的征调装聋作哑。

元太祖十二年（西夏光定七年，1217 年），成吉思汗为西征做准备，命西夏出兵随征。疲惫不堪的夏神宗拒绝出兵，西夏大臣阿沙敢不甚至还出言讥讽成吉思汗。成吉思汗很生气，于当年十二月派木华黎第四次入侵西夏。

夏神宗吓坏了，狼狈地逃到西凉府（即凉州）去避难，留下太子李德任坚守京城。面对木华黎率领的骄兵悍将，西夏再次认尿，表示以后坚决服从对方的征调。蒙古人满意地退军了。蒙古军退走后，夏神宗返回京城，派人去联络南宋合击金朝。

元太祖十六年（西夏光定十一年，1221 年），蒙古又要求西夏出兵随征，随后要求西夏增兵。

连年用兵让西夏国田野荒废、财政困乏、疲惫不堪，清醒之士对附蒙攻金策略十分反感。元太祖十八年（西夏光定十三年，1223 年）正月，蒙古军再次征调西夏军攻打凤翔府（今陕西宝鸡市凤翔区）。结果战事不利，西夏军在没有告知统帅木华黎的情况下悄悄退军。夏神宗担心得罪蒙古人，于四月派遣太子李德任率军攻打金朝。李德任认为应该与金朝议和，夏神宗不听。李德任拒绝出战，情愿出家做和尚。夏神宗大怒，废掉太子李德任，把他囚禁在灵州（今宁夏灵武市），另外派兵入侵金朝。

蒙古对西夏偷偷撤军的事很不满，示意夏神宗退位让贤。十月，蒙古军攻打西夏的积石州（今青海循化撒拉族自治县）。积石州被围困了半个月，直到听说金朝要抄其后路，蒙古军才不得不撤军。饱受内忧外患困扰的夏神宗，由于被他的蒙古主人嫌弃，于当年十二月被迫退位。他传位给次子李德旺，自己做了太上皇。李德旺就是夏献宗。

沙州之战

夏献宗即位后，认识到附蒙攻金的政策不仅对国家没有丝毫好处，还会把自己的精锐消耗殆尽，大幅度削弱本国的军事力量，使蒙古人成为最大的受益者。想通以后，他就试图与金朝联合抗蒙。

元太祖十九年（西夏乾定二年，1224 年）二月，李德旺见成吉思汗西征未归，便联络漠北那些对成吉思汗心怀不满的诸部为外援，让他们牵制成吉思汗。五月，从西域回来的成吉思汗亲自带兵攻打西夏的沙州（今甘肃敦煌市）。镇守沙州的是西夏悍将籍辣思义。如果不是蒙夏战争爆发，寂寂无闻的籍辣思义不会被世人所知，但正是因为他的存在，意气风发的成吉思汗碰了一鼻子灰。

沙州在玉门关、阳关之东，瓜州（今甘肃瓜州县）之西，是出入西域的重要门户。成吉思汗深知这里的重要性，所以亲自率军来攻。但他没想到，因为籍辣思义的存在，沙州变成了一块难啃的骨头。沙州被围攻后，逾月不下。此时的蒙古军已经经历了蒙金战争和第一次西征，攻城战术已经运用得相当熟练，军中还有很多能工巧匠协助攻城。即便如此，他们还是在沙州城前栽了个跟头。

成吉思汗下令挖掘地道，想通过地道偷袭守军，攻陷沙州。但是，他的地道战术被籍辣思义识破了。党项人不但擅长伏击战和诈降，还善于运用地道战。早在宋夏战争中，西夏人就使用过地道战术，怎么可能会被蒙古人钻了空子？等待挖掘地道的蒙古军的，是籍辣思义准备的大火。因西夏军在地道中放火，蒙古军不是被烧死，就是被浓烟呛死、因缺氧窒息而死。蒙古军的地道突袭战失败。

面对城高池深的沙州城，成吉思汗无奈了，只能死死围困。面对重兵围城，籍辣思义毫不惧怕，带领军民坚守沙州，哪怕断粮，去杀牛杀羊，也决不投降。沙州城从五月一直被围到九月。成吉思汗见攻城无望，又担心西夏从银州（今陕西榆林市横山区东）、夏州（今陕西靖边县北）调兵救援沙州，只好改变策略，指示孛鲁（木华黎的儿子，木华黎已在前一年去世）去攻打西夏东部的银州。

沙州位于西夏的最西边，银州则在其最东边。成吉思汗的意图是双向作战，看西夏人是顾东还是顾西，最好是焦头烂额两边都顾不了。其实，这个时候的西夏已经没有能力从银州、夏州调兵去救援遥远的沙州了，沙州已处于孤立无援之境。

银州监府塔海不太聪明，居然率军与蒙古军野战，结果兵败被俘。孛鲁斩首数万人，获俘虏、马、驼、牛、羊数十万。银州被攻破后，答应与西夏联合的漠北诸部一哄而散。

十一月，眼看东西两线告急，无力回天的夏献宗李德旺派遣使者向成吉思汗请降，并许以质子。一直在沙州城下僵持的成吉思汗顺势退军。沙州城解围时，城中的牛、羊、马、驼都被吃光了。

籍辣思义主持的沙州保卫战，是蒙古第五次入侵西夏战争中最大的亮点。就算西夏皇帝乞降，成吉思汗心中也始终因未能攻下沙州而卡着一根刺，没办法真正高兴起来。在后来的第六次入侵西夏战争中，成吉思汗更是远远地避开籍辣思义。能够让巅峰时期的成吉思汗退却，足以证明籍辣思义的能力。

也就是在这一年，李德旺决心改变附蒙攻金的策略，采用右丞相高良惠的联金抗蒙策略，开始与金朝议和。元太祖二十年（西夏乾定三年，1225年）八月，西夏、金朝两国签订协议，约为兄弟之国，互为支援。当然，谁都知道，两个穷途末路的国家再怎么联合也是没有未来的。

灭夏之战

把西夏视为囊中之物的成吉思汗不能容忍夏金联盟。于是，他最后一次大举兴兵入侵西夏。这次不同以往，他是抱着灭国的目的来的。

西夏最后的强硬姿态

银州被破后，夏献宗李德旺被迫向蒙古请降。请降的时候，他担心蒙古人不同意，就许诺遣送皇子去做人质。蒙古退兵后，焦虑的李德旺连忙与金朝议和。

元太祖二十年三月，成吉思汗派使者孛秃去催促李德旺遣送质子。夏献宗李德旺犹豫不定，右丞相高良惠劝他守信："您既然许诺遣送质子，就不能失信。应选择宗室中贤能者封王，委派他去蒙古，为缓和两国关系做出贡献。"

李德旺认为，他已经在和金朝谈修好之事，约定要一起抗击蒙古，怎么能转头再遣送质子到蒙古呢？蒙古人知道夏金联手，一定不会善罢甘休，他又何必牺牲质子？

枢密使李元吉赶紧劝他："蒙古人就跟虎狼一样凶暴，就算我们恭顺听话，他们也能鸡蛋里挑骨头。如果我们再失信，他们就更有理由挑起战端了。再说，金朝自保都顾不上，怎么可能援助我们呢？"

李德旺也许是看透了蒙古人的狼子野心，双方的角色就像狼和羊，不管自己怎么做都免不了被灭，还不如硬气点。因此他拒绝了臣子们的劝谏，告知孛秃自己是不会遣送质子的。

当年八月，西夏与金朝签订协议，约为兄弟之国。

九月，李德旺接纳了被成吉思汗打击的屈出律之子赤腊喝翔昆。收留这样一个穷途末路的流亡分子，对西夏没有任何实质性的帮助。李德旺大约是想通过这种方式，向成吉思汗表明自己的抗蒙决心吧。

成吉思汗听说后，果然很生气，于是再次兴兵攻打西夏。

第六次入侵西夏时，蒙古人选择了从漠北出浑垂山（今甘肃酒泉市北）这一路线。然而在阿儿不合，成吉思汗在围猎时遭到野马群冲撞，不慎坠马受伤。早在四年前，成吉思汗围猎时就曾坠马受伤，还被丘处机劝谏过。再次坠马，对已经六十四岁的成吉思汗来说，伤害非常大。当天晚上，成吉思汗就开始发热，也遂妃将这一情况告诉了诸位皇子和大臣。大家都劝谏成吉思汗等病好后再出兵，成吉思汗便派使者去责问西夏，让他们为不遣送质子和收留蒙古的敌人认罪。

阿沙敢不再次口出狂言，对使者说："你们不是想打就打吗？有本事就踏平贺兰山，来我们中兴府决战吧！"成吉思汗对阿沙敢不的狂言非常愤怒："既然敌人已经说出这样的大话，我们怎么能退兵呢？就算死在战场，我也得灭了他！"

随即，成吉思汗把大军分成两路：东路军由他亲自率领；西路军则由阿答赤率领，从西域假道畏兀儿，并征调畏兀儿军东进沙州。

第二次沙州城之战

元太祖二十一年（西夏乾定四年、宝义元年，1226年）二月，成吉思汗的东路军攻破西夏黑水城，守军投降。东路军乘胜来到贺兰山，打败并处死了屡发狂言的阿沙敢不。之后，成吉思汗去浑垂山避暑，派人四处抄掠。

再说率领西路军的阿答赤，他来到了曾阻挡成吉思汗脚步的沙州城下。前年蒙古退军后，籍辣思义便积极整军，调集各种物资。但是，经过半年的围城战后，沙州城中的所有物资都已消耗殆尽。由于远离中枢，沙州城的物资得不到有效补充。再加上河西大旱，庄稼无法成活，老百姓颗粒无收，籍辣思义很难收集到粮食。眼看蒙古大军就要再次围城，沙州城将面临比第一次保卫战时更加艰难的局面。

阿答赤先派忽都铁穆儿和昔里钤部前往沙州招降。籍辣思义知道沙州城这次无法坚守了，便抱着"杀一个够本，杀两个赚了"的想法，向忽都铁穆

儿诈降。诈降是党项人用惯了的手段，李继迁、李元昊都很擅长这一招，并
且屡试不爽。

诈降的籍辣思义明面上准备了牛肉与酒犒劳蒙古军，暗地里他已经设下
埋伏等待蒙古军跳进来。率部前去接受投降的忽都铁穆儿和昔里钤部一脚踏
入了伏击圈，要不是昔里钤部把自己的马让给忽都铁穆儿，让他逃出生天，
所有人都会被"包了饺子"。愤怒的阿答赤挥师攻打籍辣思义，而籍辣思义早
已退回城中坚守。

畏兀儿亦都护派兵前来协助蒙古军，一起围困沙州。不管籍辣思义和沙
州军民如何勇敢顽强，遇到内缺粮草、外无援军的情况，也坚持不了多久。
在蒙古军的多次强攻下，沙州城坚持月余后沦陷，籍辣思义殉国。羞愤的阿
答赤命人拆毁了沙州城。

宣化府之战

攻破沙州后，阿答赤于五月直扑肃州（今甘肃酒泉市）。这里是昔里钤部
的家乡，守城的将领正是昔里钤部的哥哥举立沙。昔里钤部不忍心看到家乡
遭受劫难，百姓生灵涂炭，就向阿答赤表示愿意劝降肃州。

昔里钤部潜入城中劝告哥哥献城投降。举立沙答应了兄弟，但献城之事
不慎被泄露出去，举立沙被其他守将斩杀。肃州军民进行了坚决的抵抗，但
还是不敌蒙古军。城破后，蒙古军大肆屠杀城内军民，全城仅剩一〇六户。
肃州城破的当月，西夏的太上皇神宗李遵顼病卒，避免了沦为亡国奴的下场。

六月，阿答赤率部围困宣化府（即甘州，今甘肃张掖市）。宣化府的守将
是成吉思汗手下悍将察罕的父亲曲也怯律，副将是阿绰。察罕是曲也怯律的
庶子，因不容于嫡母流落在外，后被成吉思汗收养，在蒙古长大。

从小背井离乡的察罕，没想到自己竟然在这种情况下和父亲重逢在宣化
府城下，而且两人还分属不同的阵营。曲也怯律也没想到，这个差点儿被嫡
母弄死的小庶子居然在异国他乡出人头地了！

察罕亲眼看到肃州百姓被屠，他不忍心宣化府再遭屠戮，就潜入城中劝告父亲投降，以保全一城生灵。曲也怯律听从儿子的建议，决定以投降换取一城军民的平安。但消息被泄露出去，副将阿绰联合三十五位爱国将领，杀死曲也怯律，全面接管了宣化府的防务。他们下定决心，拼死坚守，以死报国！

察罕没想到肃州的事情再次上演，只能下令强攻宣化府。硬骨头的阿绰带领军民血战到底，生生阻挡住了蒙古人的铁蹄。东路的成吉思汗听说宣化府久攻不下，就亲自赶来督战。在铺天盖地的蒙古军面前，宣化府渺小得像蝼蚁一样。勇猛的阿绰并不惧怕蒙古军，依旧带领全城军民为家园而战，直到城破那一刻。

看着伤亡惨重的蒙古军，成吉思汗很不高兴，打算屠杀宣化府来泄愤，也算是为察罕的父亲报仇。心情复杂的察罕为了宣化府的生灵，跪下来恳求成吉思汗赦免宣化府，只将以阿绰为首的三十几位将领处死即可。成吉思汗沉默良久，挥手答应了察罕的请求。宣化府的民军逃过一劫。

西平府之战

蒙古两路大军会合于宣化府。七月，大军行进到西凉府，西凉府的守将是斡扎箦，他是西夏名臣斡道冲之孙。西凉府被破后，斡扎箦就投降了蒙古。之后，蒙古军接连拿下搠罗（今甘肃武威市东）、河罗（今甘肃景泰县）等县。

至此，西夏四府——宣化府、西凉府、西平府（即灵州）、中兴府已去其二，河西地区全部沦陷。看到前线发来的告急军报，夏献宗李德旺忧愁得夜不能寐，但在困局面前他无力回天，不知道该怎么办。眼看着蒙古人日益逼近，一筹莫展的李德旺居然惊惧而死，其侄南平王李睍即位，是为末帝。

八月，蒙古军穿越沙陀，进至黄河九渡（宁夏中卫市一带的许多渡口），破应理（今宁夏中卫市）等县。十一月，蒙古军围攻西平府。西平府是中兴府的屏障，万不能失，末帝派嵬名令公为帅，倾全国之力前去救援西平府。

成吉思汗留下兵马继续围困西平府，他则亲率大军迎战嵬名令公的救援军。趁着黄河结冰，蒙古军抢渡黄河。由于蒙古军在马蹄上裹草防滑，西夏军仓促间没有准备，双方在冰面激战时，西夏军比较吃亏。成吉思汗命将士专门去射西夏军的脚，西夏军躲避不及，大多"应弦而倒"。

不管面临亡国危机的西夏军如何奋力战斗，他们还是被蒙古军杀得伤亡惨重。由于参战人数众多，战事异常惨烈。援军战败后，西平府随即被攻陷。废太子李德任奋战到力竭，最后殉国而死。经过西平府一役，西夏主力消耗殆尽，再不具备任何抵抗能力。

西平府陷落后，蒙古军在城中大肆劫掠，争夺奴隶和金帛，唯有耶律楚材只收取了一些书籍和大黄药材。十二月，成吉思汗驻跸盐州（今陕西定边县），五星聚于西南。所谓"五星聚"，就是从视觉上看，水星、金星、火星、木星、土星排列在一条直线上。这在古人眼中是大凶之兆，预示着要改朝换代。因此，成吉思汗特意传下口谕，严禁杀掠（次年六月补"禁止杀戮"的书面诏书）。从那以后，蒙古军才改变了战场上好杀戮的作风，不再动辄屠城。

围困中兴府之战

经过这一年的战事，西夏的主要城池基本已经沦陷，再无抵抗之力。

十二月，成吉思汗派阿鲁术率军围困中兴府，他自己则率军渡过黄河，攻陷积石州，前往金朝境内扫荡。

元太祖二十二年（西夏宝义二年，1227年）二月，成吉思汗攻破金朝的临洮府（今甘肃临洮县）。三月，成吉思汗连破洮（今甘肃临潭县）、河（今甘肃临夏回族自治州）、西宁（今甘肃会宁县）三州。四月，成吉思汗攻打金朝德顺（今宁夏隆德县）诸州。德顺节度使爱申（又名忙哥）和守将马肩龙英勇抵抗，两次袭击蒙古军获胜。这引起了成吉思汗的爱才之心，他想招降两人。爱申、马肩龙拒绝投降，城破战死。

闰五月，成吉思汗去六盘山避暑，派察罕去西夏招降。末帝硬气地拒绝投降，表示要死战到底。他想凭借中兴府坚固的城池和蒙古军耗下去。没想到屋漏偏逢连夜雨，六月，中兴府地震，房屋倒塌，死伤众多。地震还导致瘟疫横行，坚守了半年的中兴府已经到了弹尽粮绝的地步。兵祸加上天灾，末帝再也扛不下去了，只能选择投降。

西夏末帝向蒙古投降时，成吉思汗已经病重了。末帝请求宽限一个月进行投降仪式，好让他准备礼物，之后再来朝见。成吉思汗应允。但上天并没有给成吉思汗亲自惩罚西夏末帝的机会。七月，成吉思汗崩于军中，享年六十六岁。蒙古军秘不发丧，只等西夏末帝投降，然后把他处死。诸将还想屠戮中兴府，以告慰成吉思汗在天之灵，察罕再次出面竭力劝阻，最后蒙古人只屠杀了西夏皇室，城中居民逃过一劫。随着察罕入城安抚遗民，惶惶不安的人们慢慢平静下来。

第三章

蒙金战争

乌沙堡之战

蒙古与金朝的恩怨由来已久，成吉思汗的伯祖斡勤巴儿合黑和曾叔祖俺巴孩汗都是被金朝处死的。弱小时的成吉思汗曾充当过金朝的鹰犬，但随着实力的壮大、地盘的扩张，他终于有能力反噬曾经的主子了。成吉思汗出兵金朝的借口，就是要为他的两位先祖复仇。

蒙金恩怨

女真人建立金朝后，效仿他们前主子契丹人的手段，对蒙古草原进行治理。为了防止草原上出现大一统部族，他们经常对草原诸部进行盘剥、压迫，甚至展开劫掠、屠杀。与此同时，他们还会扶持某些部落充当鹰犬，去监视其他部落。

金朝最初扶持的是塔塔儿部。成吉思汗所属的蒙古部和塔塔儿人结仇后，引发了部落战争。蒙古乞牙惕联盟的盟主俺巴孩汗就是被塔塔儿人抓住送到金朝，被金人处死的。在之后的战争中，成吉思汗的伯祖斡勤巴儿合黑，同样被塔塔儿人抓住送到金朝，被金人处死。

除了两条人命，再往前追溯，蒙金之间的恩怨还包括：成吉思汗的曾祖父合不勒汗杀死金朝使者。合不勒汗是蒙古乞牙惕联盟的首任汗王，也是当时草原上的知名领主之一。为此，他被金朝皇帝召见，还得到了封赏。回去后，合不勒汗拒绝金朝的再次征召，并杀死了金朝派来的使者。由于当时金朝正在和南宋作战，无暇顾及蒙古，合不勒汗杀死使者的事就这样不了了之了。

据宋人记载，金朝曾三次远征蒙古。但金人的这三次远征，绝不会是和合不勒汗作战。如果真有这回事，《史集》和《蒙古秘史》不会一点儿都没记载。

事实上，在残酷的政治斗争中，两条人命并不算多大的事。金朝征讨塔塔儿人时，成吉思汗就曾毫无心理负担地去协助仇敌金朝，夹攻另一个仇敌塔塔儿人。成吉思汗还因此获得金朝赏赐的"札兀惕忽里"的官职，接受金朝羁縻。

势力的扩大让成吉思汗的野心随之暴涨，虽然他掩饰得很好，但还是被有心人看出来了。这个有心人就是金朝出使克烈部的使者耶律阿海。耶律阿海是辽朝遗民，他的父祖都在金朝做官，祖父撒八儿盘踞桓州（今内蒙古正蓝旗），父亲脱迭儿是尚书奏事官。他本人精通骑射，能说多种语言，因此被金朝皇帝派遣出使克烈部。在那里，他见到了依附王罕的小领主成吉思汗。

在金朝郁郁不得志的耶律阿海，一眼就看穿了成吉思汗的野心。他认为成吉思汗是一个胸怀大志的人，于是果断做出了人生中最冒险的抉择：以成吉思汗为主，跟着他一起打天下。耶律阿海向成吉思汗详细介绍了金朝的内部情况：皇帝昏庸、官僚腐败、贵族奢侈无度、将士贪婪无能，以致经济凋敝、民生多艰、边备松弛。在耶律阿海看来，这样一个国家必然走向灭亡，只是时间早晚的问题。他的话在成吉思汗心中种下了一颗灭金的种子。第二年，耶律阿海再次出使克烈部时，带着弟弟耶律秃花一起投奔成吉思汗，两人成了成吉思汗身边的核心人物。耶律阿海与成吉思汗同饮班朱尼水，始终追随其左右。

吞并克烈部后，成吉思汗开始网罗对金朝不满的契丹人，甚至女真人。他还通过商人刺探情报，搜集关于遥远地域的信息以及他不了解的知识。不管处于什么时代，善于学习的人距离成功都不会太远。

成吉思汗能够崛起，其实最应该感谢的是金朝。成吉思汗就是背靠金朝，扫平漠北，一统草原的。这一点成吉思汗心知肚明，所以明面上一直和金朝保持着友好的岁贡关系，哪怕他暗中已经在为侵金做准备了。

停止岁贡

元太祖三年（金泰和八年，1208 年），成吉思汗向金朝朝贡，武定军节度使、卫王完颜永济奉命前往净州（今内蒙古四子王旗）接待成吉思汗。两人见面后，相互看不上眼。成吉思汗觉得由怯懦无能的完颜永济接待自己，简直是对自己的羞辱。完颜永济同样对桀骜不驯的成吉思汗很反感，认为他对上国亲王不敬，心里想着回去就奏请皇帝完颜璟北征成吉思汗，给他点颜色看看。

十一月，完颜永济被召入朝，因为他的侄子完颜璟快死了。完颜璟没有儿子，最后选择了他这个最听话的叔叔做继承人。完颜永济被天上掉下的大馅饼砸晕了，哪里还想得起征讨成吉思汗的事。宗主国新君即位，是要通知藩属国的。汪古人马庆祥（本名习礼吉思）以副国使的身份首次出使蒙古，向成吉思汗宣告换新主子的事。听说金朝的新君居然是他看不起的完颜永济，成吉思汗不禁连吐几口唾沫："我呸！我还以为中原皇帝只有天上人能做，没想到像完颜永济那样的庸懦之辈竟然也可以做，他哪有资格让我拜他！"之后，他骑马扬长而去。

回去后，马庆祥将成吉思汗的不恭行为汇报给了完颜永济。完颜永济很是生气，决定等成吉思汗再次入贡时，就把他抓住杀掉，以解心头之恨。然而成吉思汗根本不给他机会，反而趁机正式断绝与金朝的岁贡关系，把伐金之事提上日程。宗主国和藩属国的关系本就是此消彼长，你强大他就臣服，你衰弱他就来撕咬你，跟忠诚与否没有关系。

元太祖四年（金大安元年，1209 年），成吉思汗第三次入侵西夏。这一次，成吉思汗的目的是震慑西夏，防止西夏和金朝结盟，在西北侧翼对他不利。短视的完颜永济没有觉察到成吉思汗的战略目的，拒绝了西夏国的求援，导致金朝和西夏维持了八十六年的宗藩关系就此结束。

打服西夏后，成吉思汗积极为伐金备战。金朝不是没人察觉，北鄙边将纳合买住（一作纳哈塔迈珠）就嗅到了硝烟的味道，他赶紧向皇帝完颜永济报告。完颜永济并不相信："身为臣子，铁木真怎么敢来挑衅我大金？况且我们之间也没有闹过什么不愉快，他有什么理由挑事？"

纳合买住说："铁木真已经统一漠北，蒙古诸部没有不服从他的，就连西夏也向他献女求和。仗都打完了，不该刀枪入库、马放南山吗？但他没有休整的迹象，还在继续制作弓矢等武器。蒙古人迁徙营地的时候，甚至连壮丁都有车可坐。种种迹象表明，他这是在积蓄力量做战争准备啊！要不是图谋我大金，他何必如此？"

糊涂昏聩的完颜永济听了纳合买住的话很不高兴，他觉得纳合买住纯粹是杞人忧天，长他人志气、灭自己威风，就以"擅生边隙"为由把纳合买住扔进了监狱里。左等右等，不见成吉思汗再次入贡，忙着稳固皇位的完颜永济心里不踏实了。

元太祖五年（金大安二年，1210 年）春，金朝开始修筑乌沙堡（位于今河北张北县北），希望能够起到遏制蒙古的作用。

成吉思汗听说后，命哲别去突袭修筑边堡的金军。哲别打退金军后，向东劫掠一番才撤军。蒙古军的突袭在金朝引起了恐慌，民间对此议论纷纷。无奈的完颜永济只得重新派人去修筑乌沙堡，并严禁百姓议论边事。

乌沙堡之战

通过试探性的突袭，成吉思汗对金军腐朽的本质有了清晰的认识，他开始磨刀霍霍，准备大举兴兵。元太祖六年（金大安三年，1211 年）二月，成吉思汗登上克鲁伦山（今蒙古国东方省的乔巴山），誓师伐金。他脱帽解带，祈祷长生天保佑他成功为祖先复仇，获得最终胜利。聚集在他身边的契丹人同样摩拳擦掌，想要为辽朝复仇。

畏兀儿亦都护和马木笃汗等归附者也参加了成吉思汗的誓师大会，整兵随征。大军几乎被成吉思汗全部带走，只留下脱忽察儿率领三千骑保障后方安全。

　　三月，蒙古军在汪古部的引导下，越过长城进入金境。这时候，金朝才知道为他们防守外长城的汪古部，早在乃蛮人灭亡前就已经向成吉思汗投诚了，汪古部不仅没有起到替他们防御敌人的作用，反而成了蒙古军的向导。

　　四月，成吉思汗亲自带兵，攻克大水泺（今内蒙古商都县南）、丰利（今河北尚义县）等县。之后，他退军到汪古部避暑，并安排士兵休整，待入秋再战。完颜永济得知蒙古军大举南下，又急又怕，觉得自己当初不该不听纳合买住的话，于是赶紧把他从监狱里放出来。他一边安排西北路招讨使钮祜禄哈达去向成吉思汗请和，一边命平章政事独吉思忠（本名独吉千家奴）、参知政事完颜承裕（本名完颜胡沙）前往西北路（治所在桓州）主持大局，防卫桓州、昌州（今内蒙古太仆寺旗南）、抚州（今河北张北县）一线；又命西京（今山西大同市）留守纥石烈执中（本名胡沙虎）为行枢密院事（行枢密院长官）兼安抚使，坚守西京。

　　完颜永济的一番操作，显然是希望将西京—抚州—昌州—桓州连成一线进行防御，达到拱卫中都（今北京市）的目的。这些布置从战略上讲没什么问题，关键在于具体如何实施。

　　独吉思忠和完颜承裕率军屯驻于正在修缮的乌沙堡。作为主帅的独吉思忠并没有主动出击的打算，而是把希望寄托在坚固的金长城上，希望它能阻挡蒙古军的脚步。战争还没开始，主帅就抱着消极防御的态度应对，堂堂宗主国居然没有勇气去迎战昔日的藩属，可见承平日久的女真人畏战到了什么地步。

　　成吉思汗拒绝了钮祜禄哈达的求和。七月，他将十万大军兵分两路，命儿子术赤、察合台、窝阔台率西路军攻打西京方向，他自己和嫡幼子拖雷则率东路军攻打抚州方向。

　　东路先锋哲别派前军耶律阿海率轻骑直扑乌沙堡。正在紧张修缮的乌沙堡还没有完工，仓促间被蒙古军攻克，连西南方的乌月营也被一同攻克了。金军的防御线瞬间被打开了一个缺口，独吉思忠和完颜承裕被迫率军退到抚州，驻扎在宣平（今河北张家口市万全区）。完颜永济收到乌沙堡防御失败的消息后，罢免独吉思忠，改命完颜承裕担任前线统帅，另外任命蒲鲜万奴为监军。

独吉思忠丧师辱国，居然只是被撤职了事，可见庸碌无能的完颜永济昏聩到了什么地步。他不但赏罚不明，还屡次所用非人，让金朝离死亡线越来越近。而初战告捷的蒙古军，不但士气备受鼓舞，连灭金的信心也增强了。他们无所顾忌地挥师前进，向金军发起了新一轮的进攻。

野狐岭之战

完颜承裕弃守桓州、昌州、抚州，屯大军于野狐岭（位于今河北张家口市万全区），想通过险要地形抵御蒙古军。然而在野狐岭北山口的獾儿嘴，成吉思汗以少胜多击垮金军，金军败退浍河堡（今河北怀安县东）。在浍河堡，与蒙古军激战了三天的金军血染浍河，精锐尽失。

金朝的防御战略

从汪古人给蒙古军带路，到乌沙堡沦陷，金长城根本没有发挥作用。金朝打造的西京—抚州—昌州—桓州防线，即将宣告瓦解。金朝的右丞相徒单镒向完颜永济建议："自用兵以来，蒙古军就喜欢集中兵力行动，而我方却往往分兵防守。以集中对分散，我们的失败成了必然。应该把昌州、桓州、抚州的军民内迁。这三州向来富庶，子民又都很勇敢，把这三州的人畜财物迁徙到一个大城，集中力量，自然就能够防御蒙古军。"

参知政事梁镗反对内迁，认为那是自损国土，敌人都还没打过来，怎么能自乱阵脚，先行退缩！完颜永济也觉得，真那样做他肯定脸上无光，以后没脸去见列祖列宗，就责备徒单镒乱出主意。

完颜永济认为内迁三州没有面子，退守宣平的新任统帅完颜承裕可不这么想。乌沙堡败退的经历，使完颜承裕对蒙古军心生畏惧，完全失去了锐意进取的精神。他担心蒙古军以迂回战术绕道袭击中都，就决定收缩防线，放弃桓州、昌州、抚州，退守野狐岭一线，想利用野狐岭的险峻地势来阻挡蒙古军。

完颜承裕并没有像徒单镒考虑的那样，把人畜都迁走，只留下空城给蒙古军，而是完全放弃了三州。三个富庶的州城就那么白白送给了蒙古军。蒙古军对抚州实施抢劫时，有人建议完颜承裕派兵袭击敌人。完颜承裕根本不敢，反而狡辩说这是兵行诡道。他把精锐金军以及河北、山西等地的民间力量，共四十万人，全都集结在野狐岭，准备以逸待劳迎战蒙古军。

地方豪强武装对保卫家园迸发了很大的热情，纷纷向完颜承裕请命，称愿意充当先锋迎击蒙古军，只需官兵在后方支援即可。完颜承裕却不知利用，反而私下打听去宣德州（今河北张家口市宣化区）的近路。豪强领袖们听说后，对国家的前景大为失望，他们嘲讽完颜承裕："这山林中的曲折小道，我们清楚得很。将军不知利用地理优势力战，就琢磨怎么逃跑，这仗不用打也知我军必败。"

獾儿嘴—浍河堡之战

元太祖六年八月，成吉思汗率大军来到野狐岭。完颜承裕本该凭借兵力倍于蒙古军的优势，主动出击包围蒙古军，合而歼之；但他已经被蒙古军吓破了胆，根本无心迎战，只是采取守势，带着大量军队龟缩在野狐岭山中。结果野狐岭上的金军拥挤不堪，人多的优势无法得到施展。

跟畏首畏尾的完颜承裕相比，另一位大将纥石烈九斤（一作完颜九斤）自恃兵多，并不把蒙古军放在眼里。他派手下的契丹人石抹明安去蒙古军营中诘责成吉思汗，结果石抹明安到了成吉思汗那里就投降了。

成吉思汗派人潜入野狐岭窥探军情，发现金军人多地狭施展不开，遂率主力猛攻野狐岭北山口的獾儿嘴。金军见蒙古军发起攻击，便一拥而上展开激战。纥石烈九斤调动军阵，想把蒙古军围起来"包饺子"，好发挥他们人多势众的优势。

蒙古军怎么可能让自己被围呢？人人奋勇厮杀。木华黎说："敌众我寡，不拼死力战，难以击败敌人。"说罢，他亲率敢死队朝着金军横冲直撞，奋力拼杀，使金军始终扎不紧包围圈的口子，无法发挥自身优势。成吉思汗率领的主力紧跟在木华黎的敢死队之后，一路冲杀，势如破竹。纥石烈九斤所部不仅无法剿杀蒙古军，反而因为拥挤互相妨碍，被蒙古军杀得血流成河、尸横遍野。

完颜承裕没等分出胜负，就胆战心惊地率部往宣德州方向撤退。成吉思汗自然不会给他喘息的机会，指挥大军在后面穷追猛打。完颜承裕只顾逃，根本没想到利用地形设伏攻击蒙古军。在浍河堡，完颜承裕被蒙古军追上，只得硬着头皮迎战。

身为将帅的完颜承裕畏惧蒙古军，并不代表普通士兵也畏惧蒙古军。他们还没和蒙古军打过几次仗，心理上并没有多么害怕。再说这一路被蒙古军追击，但凡有血性的将士都忍不了。他们掉头杀向蒙古军，在浍河堡与蒙古军血战三天。虽然金军浴血奋战，但最终还是被气势如虹的蒙古军歼灭。四十万金军精锐没于此役，战死者蔽野塞川。统帅完颜承裕仅以身免，逃到宣德州。

野狐岭之战是蒙金战史上的第一次大会战。处于劣势的蒙古军不但扭转了战局、以少胜多，还打出了自己的威名，打垮了金军的信心。战后，金朝从上到下，许多人丧失斗志，从心理上畏惧蒙古军。

第一次居庸关之战

成吉思汗第一次伐金，主要目的是削弱金朝的生力军，其次则是大肆劫掠人畜财物，特别是工匠。他并不在乎占领城池，在他的率领下，蒙古军像飓风一样，肆意扫荡金境北部。

第一次居庸关之战

借着野狐岭之战的余威，蒙古军势如破竹，攻克宣德州。九月，蒙古军攻陷德兴府（今河北涿鹿县）。

完颜承裕的大败，让河北地区的汉族豪强以及民间势力对金朝官府大失所望。

蒙古军攻金之前，民间流传着这样一首童谣："摇摇罟罟，至河南，拜阏氏。"其中，"罟罟"指的是蒙古贵妇头上戴的高冠，"阏氏"指的是匈奴君主的妻子。此外，天空中又出现了"太白经天"（即太白昼见，指白天看见金星）的异象。

屯军在定州（今河北定州市）的汉人郭宝玉，本是金朝的汾阳郡公，他通过童谣和天象，认定这是上天在预示人间将要改朝换代。金军在野狐岭之战中的惨败，使郭宝玉更不看好金朝。不愿为腐朽的金朝卖命的郭宝玉，带着军队投降了蒙古。此后，他为成吉思汗建言献策，成为大蒙古国的一名骁将。

居住在霸州（今河北霸州市）的契丹贵族移剌捏儿，一直对金朝心怀不满，希望能为故国复仇。看到成吉思汗伐金，他便率亲信百余人求见成吉思汗，并献上十策表示效忠。成吉思汗很欣赏他，不但为他赐名"赛因必阇赤"，还封他为霸州元帅。

一名叫石抹也先（一作石抹阿辛）的契丹贵族，同样对故国念念不忘。从他的父祖开始，其家族就拒绝为金朝效力。他们不吃金朝出产的粟米，居住山野之中，靠射猎为生。听到成吉思汗起兵的消息后，石抹也先主动前来投效。他建议成吉思汗袭击金朝的根据地东京（今辽阳市），摧毁女真人的根本。成吉思汗深以为然。

十月，哲别的先锋军直指居庸关。金军守将据关坚守。哲别佯装撤退，引诱金军出关追赶。金军没发现这是诱敌之计，见蒙古军撤退，便出关追击。哲别随即掉头反杀，击溃金军。

成吉思汗的大军跟在先锋军后面，他们击杀金军就像摧毁朽木一样容易。蒙古军一路杀到了居庸关，居庸关守将完颜福海望风而逃。

西京之战

穿过居庸关，成吉思汗在龙虎台（即新店驿，位于今北京市昌平区西南）扎营。此时，哲别率领的先锋军已逼近金朝都城中都。蒙古军的神速把金朝君臣吓坏了，完颜永济赶紧下令：中都全面戒严，禁止男子出中都城门；征调陕西和东北的军队救援中都。辽东泰州刺史术虎高琪被调回中都，屯驻通玄门外。完颜永济不知道的是，正是由于他调走了驻守东北的术虎高琪，导致东北兵力空虚，才为后来耶律留哥叛乱创造了机会。

为了鼓舞士气，皇帝完颜永济亲自巡抚诸军，以提高军队士气。哲别试探性地攻打中都时，遭到了金军的誓死抵抗。攻城不利，哲别并不恋战，转头就去袭击金朝的群牧监，把几十万匹马全部赶走，分给诸军。几乎每个人都获得了两匹马，这对机动性本就很强的蒙古军来说更是如虎添翼。对金朝来讲，丢失马匹带来的打击很大，他们的军队从此不得不面临缺马的困境。

术赤三兄弟率领的西路军，由汪古部领主阿剌忽失的吉惕忽里带路，过净州，越阴山，先后攻克丰州（今内蒙古呼和浩特市赛罕区）、云内州（今内蒙古托克托县古城镇）、东胜州（今内蒙古托克托县城）、武州（今山西五寨县北）、朔州（今山西朔州市朔城区）等州。十一月，蒙古西路军逼近西京城。

西京留守纥石烈执中率七千精锐弃城而逃，结果在定安（今河北蔚县东北）之北遇到蒙古军，被迫与之激战。双方一直战到日薄西山，还没分出胜负。纥石烈执中见势不妙，抛弃军队逃遁，金军大溃。先弃城、后弃军的纥石烈执中并没有羞耻之心，一路上擅取官银、强夺马匹、私入紫荆关（今河北易县西北）、杖杀涞水县令。逃回中都的纥石烈执中不仅没有被完颜永济问罪，还被迁为右副元帅，代理尚书左丞。

奔袭东京之战

成吉思汗的大营就驻扎在金朝北境。在西京大掠一场后，蒙古西路军开始东行，赶去与成吉思汗会合。会合后的蒙古大军，集中兵力在山西—河北地区进行扫荡劫掠，搜刮人畜财物。弘州（今河北阳原县）、昌平县（今北京市昌平区）、怀来县（今河北怀来县）、缙山县（今北京市延庆区）、丰闰县（今河北唐山市丰润区）、密云县（今北京市密云区）、抚宁县（今河北秦皇岛市抚宁区）、集宁县（今内蒙古乌兰察布市集宁区）、平州（今河北卢龙县北）、滦州（今河北滦州市）、清州（今河北青县）、沧州（今河北盐山县），相继失守。之后，他们由临潢过辽河，夺取西南方的忻州（今山西忻州市）、代州（今山西代县）两地。

哲别攻打中都时，金朝皇帝完颜永济曾想打包行李逃跑，但被大臣拦住。之前，右丞相徒单镒建议他内迁抚、昌、桓三州，他不听，等到三州落到蒙古军手中被大肆劫掠时，皇帝才后悔没听丞相的话。蒙古军从中都退兵后，老丞相徒单镒又提醒皇帝："辽东是我们的老家，国家立足的根本，不容有失。但它距离中都实在太远了，一旦遭到敌人袭击，附近州府还得层层上报才能出兵救援，实在耽误大事。必须派大臣镇守辽东才行。"

这本是个好主意，才后悔不该不听丞相话的完颜永济却又不高兴了。老家是国之根本，怎么能交给大臣控制呢？对方要是有不臣之心，搞分裂割据怎么办？于是他反驳徒单镒："无缘无故给辽东设行省，只会动摇人心，引起不必要的恐慌。"

由此可见，金朝不是缺少具有远见的臣子，只是遇到了目光短浅、愚不可及的皇帝。

十二月，哲别与吾也而从抚宁奔袭东京。此时天寒地冻，大凌河、辽河都已结冰。哲别率军在冰上行走，只花了十天就来到了东京城下。东京守将坚守城池，哲别久攻不下。于是他故技重施，再次假装撤军。金军此时疲惫不堪，以为蒙古军真的退走了，再加上年关将近，不免疏于戒备。十二月二十九日，哲别出其不意发起突袭，攻陷东京城。哲别军在城内大肆抢劫了一番，旋即退军而去。

完颜永济收到东京沦陷的消息后，万分后悔当初没听丞相的话。

蒙古军对东京的袭击，削弱了辽东金军的实力。为了防备契丹人趁机反叛，金人规定：一户契丹人必须住到两户女真人中间。金人的过度防范终于激怒了契丹人，最终爆发了耶律留哥起义，这让金朝彻底失去了辽东。

西京之战

在西京之战中，蒙古军首次攻城不利，成吉思汗身中流矢，不得不退却。然而，这并没有影响蒙古军的战略计划。成吉思汗很清楚，当前他并没有一口吞下金朝的能力，只能通过劫掠来破坏、消耗金朝的经济和军事实力。

耶律留哥起义

攻陷东京后，蒙古军结束了对金朝的第一次大规模入侵，撤军休整。留给完颜永济的是摇摇欲坠的破碎山河。为了庆祝蒙古退军，完颜永济还特意在新年（1212 年）的正月初一改元"崇庆"，大赦天下。然而没等他喘口气，老家辽东就传来了契丹人耶律留哥聚众谋反的军报。

在隆安（今吉林农安县）发动起义的耶律留哥自称"都元帅"，他举兵反金后便派使者向成吉思汗投诚。

这一时期的金朝，不但远在东北的老家辽东出现了叛乱，作为西部藩篱的属国西夏也不安生。前一年（1211 年）蒙古军大举入侵金朝时，西夏新帝神宗李遵顼配合蒙古出兵，包围了金朝的东胜州。完颜永济派西南路马军万户纥石烈鹤寿前去救援，才解了东胜之围。蒙古军攻击中都时，李遵顼再次出兵攻陷金朝的泾州（今甘肃泾川县北）、邠州（今陕西彬州市）。对西夏趁火打劫的行为，完颜永济深恶痛绝，却又无可奈何。

面对困局，完颜永济不知所措。而且，他的赏罚不明——提拔兵败西京的纥石烈执中为右副元帅，愈发助长了这位败军之将的骄横之气，纥石烈执中竟然请军两万屯守宣平。完颜永济哪儿有两万人给他，只给了他三千人，让他屯守妫川（妫水河，发源于北京市延庆区）。

纥石烈执中没有听从皇命，而是再次请求屯驻南口或新庄。他还向尚书省报告说："让我屯守妫川没有用，蒙古军来了肯定守不住。我死不足惜，只是这样下去三千士兵、十二关，以及建春、万宁二宫都要保不住了。"

身为将帅却畏敌如虎，这一下连怯懦的完颜永济也愤怒了。他下诏数落纥石烈执中十五罪，褫夺了他的官职。皇帝一面派使者去西夏主动册封李遵顼为国王，意图缓和金夏关系；一面起复完颜承裕，任命他为元帅右监军兼咸平路兵马都总管，前往征讨辽东的耶律留哥。

耶律留哥在向成吉思汗投诚的途中，路遇经略辽东的蒙古大将按陈驸马（孛儿帖皇后的兄弟阿勒赤，娶铁木真的妹妹额伯公主）。耶律留哥和按陈驸马登上金山，宰杀白马、白牛，面向北方，折矢为盟。西部的夏神宗李遵顼对完颜永济递来的橄榄枝毫不理会，再次攻打金朝的葭州（今陕西佳县）。就这样，金朝的"左膀"和"右臂"算是都被切断了。

迪吉脑儿之战

畏惧蒙古军的完颜承裕，对镇压契丹人却是信心十足。他率军六十万，号称百万大军，如猛虎出笼般扑向辽东。为了尽快剿灭耶律留哥，完颜承裕开出巨额赏金，声称：得耶律留哥一两骨头者，赏金一两，授予世袭千户；得耶律留哥一两肉者，赏银一两，授予世袭千户。

面对来势汹汹的金军，耶律留哥很有自知之明，他知道自己不是完颜承裕的对手，便派人向成吉思汗求援。成吉思汗命按陈驸马和孛都欢等将率军支援耶律留哥。双方在迪吉脑儿（今辽宁昌图县附近）交战。为了体现自己的价值，耶律留哥派侄儿耶律安奴为先锋，配合蒙古军，冲向完颜承裕的大军。

事实证明，人多不代表能取胜。蒙古军和耶律留哥的起义军以少胜多，击败完颜承裕。大败而回的完颜承裕仍然没有受到惩罚，只是改任大睦亲府事、辽东宣抚使，不久就死在任上。

耶律留哥把所获辎重全都献给了成吉思汗以示忠诚。作为奖赏，成吉思汗召回按陈驸马，把辽东交给耶律留哥屯守。次年（1213 年），耶律留哥称王，建国号"辽"，史称"东辽"。之后，耶律留哥带着儿子朝见成吉思汗，并把儿子留在蒙古为质，让东辽成为蒙古牵制金朝的重要力量。

西京之战

元太祖七年（金崇庆元年，1212 年）秋天，成吉思汗再次兵分两路，大举伐金。他亲自率领左路军，目标为西京；四太子拖雷率领右路军，目标是扫荡河北境内，逼迫中都。此次出兵，成吉思汗接受了金朝降将石抹明安的建议，打算彻底平定云中东、西两路，将其掌握在自己手中。因此，蒙古军以石抹明安为向导，直取金朝的山前（太行山以东，军都山、燕山以南地区）诸州。

抚州威宁县（今内蒙古兴和县）被围后，守将刘伯林自知不敌，打开城门请降，还甘为马前卒，替蒙古军做向导。刘伯林就是后来的蒙古名将刘黑马的父亲。

前一年蒙古军攻打西京时，西京留守纥石烈执中弃城逃跑，完颜永济遂改任左副元帅抹撚尽忠（一作抹捻尽忠）为西京留守。此次蒙古军二围西京城，抹撚尽忠据城坚守，等待救援。完颜永济派元帅左都监奥屯襄率领大军前去救援。成吉思汗将奥屯襄引诱到密谷口（即墨谷口，今山西阳高县镇边堡），设伏攻击。蒙古军还没有大举围攻，金军就崩溃了，奥屯襄仅以身免。蒙古军围点打援的战术再次获得了成功。

成吉思汗掉头继续围攻西京。他亲自指挥攻城战，但不慎在激战中被流矢所伤。为了避免军心不稳，成吉思汗不得不终止左路军的行动计划，屯驻在阴山，等养好伤后再做打算。打赢西京保卫战的抹撚尽忠获得了无上荣光，连升三级。完颜永济还赐给他金百两、银千两、重彩百段、绢二百匹，随后又封他为尚书右丞，命他留在西京主持大局。

蒙古左路军虽然停止了军事行动，但右路军在拖雷的率领下继续扫荡河北境内。九月，木华黎、察罕破宣德州，攻克德兴府。蒙金战争初期，蒙古军并没有占据城池的观念，他们的目标只是掠夺战利品和收集情报，因此攻克城池后，他们往往劫掠一番就撤走了。之后，金人重新进入城中，收拾残局。

第二次居庸关之战

蒙古军第三次大举入侵金朝，是蒙金战争的转折点。自第二次居庸关之战后，蒙金之间的强弱关系彻底颠倒过来。成吉思汗对中都围而不打，分兵在河北、河南、山西、山东诸地，大肆劫掠，最终迫使金朝献公主求和。

怀来、镇州之战

金崇庆元年，对完颜永济来说，日子很不好过。从三月开始，大范围的干旱就让他忙得焦头烂额。后来蒙古军打来了，他不得不忙着应付蒙古军；蒙古军走后，他又开始接着忙赈灾。好不容易熬到崇庆二年（1213 年），结果刚过完年，辽东的耶律留哥就自称"辽王"，建元"元统"。三月，太阴星（月亮）、太白星（金星）和太阳同时出现在天空。这一天文异象，让完颜永济惴惴不安。五月，他改元"至宁"，希望能够转运。

然而，他的愚蠢没有给他带来好运。他决定起复被他罢免的纥石烈执中，左谏议大夫张行信赶紧劝阻："纥石烈执中不仅丧师辱国，还骄横跋扈，千万不能用他。"丞相徒单镒、参知政事梁璫同样反对起用纥石烈执中。完颜永济也算听劝，不再提这件事。

纥石烈执中此人很会钻营，他贿赂了皇帝身边的亲信，让他们在皇帝面前替他说好话。于是，糊涂的完颜永济再次下诏起用纥石烈执中。张行信赶紧劝谏，但皇帝这一次一意孤行，认为纥石烈执中可用，不但赐他金牌，还任命他为权右副元帅（"权"即权官，指代理之官），统率武卫军，屯守中都北面的通玄门外，把自己的小命交到了纥石烈执中手中。

七月，成吉思汗第三次兴兵入侵金朝。蒙古军连克宣德、德兴，进兵怀来。金朝副统军王檝坚守怀来，拼死抵抗。鏖战三日，蒙古军才把怀来攻下。成吉思汗下令处死被俘的王檝，却发现他面不改色、视死如归，就问他："你居然敢抵抗我的大军，你就不怕死吗？"王檝昂然回答："我以布衣之身为皇帝重用，铭感五内，发誓以死报国。今日既已战败，死而无憾！"成吉思汗爱惜人才，很看重忠义之人，就释放了王檝，授予他都统职务，允许他佩戴金符，对他加以重用。后来，王檝多次出使南宋，为蒙古的外交事业做出了很大的贡献。

怀来隶属镇州（今北京市延庆区），而镇州防御使就是术虎高琪。蒙古军第一次围攻中都时，身为泰州刺史的术虎高琪被调离辽东，屯守通玄门。蒙古军退走后，完颜永济升缙山县为镇州，任命术虎高琪为防御使、权元帅右都监。术虎高琪就任后，招募人马据守镇州。他很有识人之术，镇守怀来的王檝就是他举荐的。

怀来沦陷后，完颜永济担心镇州守不住，于是在八月派完颜纲增兵十万，出任镇州行省。宰相徒单镒担心完颜纲会破坏术虎高琪的防御计划，就劝说完颜纲："术虎高琪很得人心，有他屯驻在缙山（镇州），我军的士气必定高涨。行省你就让增援的士兵去吧，自己不必亲自前往。"完颜纲不听，仍然要前往镇州。徒单镒又赶紧派人去劝他："术虎高琪已经制订好了防御计划，行省你到了也不必干涉他。到时候他的功劳还不是你的功劳？"

自视甚高的完颜纲根本不听徒单镒的，他觉得自己比术虎高琪强，怎么可能听他指挥？术虎高琪窝了一肚子火，对完颜纲很不满。就这样，两个统帅各自为政，完颜纲要主动进攻，术虎高琪要坚守阵地，双方谁也不服谁。完颜纲不管术虎高琪，自己率军迎战成吉思汗，结果被蒙古军击败。成吉思汗乘胜攻打术虎高琪，术虎高琪溃走居庸关北口。蒙古军追到北口，再次击败金军残兵。剩下的金军溃兵退保居庸关。

　　蒙古军进攻怀来、镇州的同时，西夏也配合出兵，先是攻占金朝的保安州（今陕西志丹县），接着围困庆阳府（今甘肃庆阳市），之后又攻破了邠州。除此之外，辽东盘踞着耶律留哥，山东爆发了杨安儿、刘二祖率领的红袄军起义，金朝这条大船眼看四处漏水，有沉没的危险。完颜永济急得如热锅上的蚂蚁，惶惶不可终日；屯守通玄门、护卫中都的纥石烈执中却毫无警备，天天打猎，不恤军事。皇帝对此很不满，派人前去责备。纥石烈执中怒不可遏，决心反叛。他假称大兴知府徒单南平及其子刑部侍郎、驸马都尉没烈谋反，自己奉诏讨伐，把徒单南平的姻亲——与纥石烈执中一起屯守城北的完颜福海哄骗过来诛杀，代领了其麾下的福海军。

　　八月二十五日，纥石烈执中提兵入宫废掉完颜永济，自称"监国都元帅"。次日，他把完颜永济囚禁起来，并在丞相徒单镒的建议下同意立完颜永济的侄子、金章宗完颜璟的庶兄升王完颜珣（本名完颜吾睹补）为皇帝。九月初七，完颜珣即位，是为金宣宗。

第二次居庸关之战

　　金朝发生政变时，成吉思汗和他的军队已经来到了居庸关。自第一次居庸关之战后，金军就加强了关口防御，他们依恃天险，冶铁加固居庸关城门，又在关外百余里的范围内铺设铁蒺藜，以精锐将士严密防守。于是蒙古军此次到来，被阻挡在居庸关百余里之外。

　　成吉思汗召见多次出使金朝的赛夷札八儿火者（赛夷，即赛义德，意为"首领""先生"；火者，意为"尊贵者"），向他了解居庸关的情况。札八儿火者频繁前往金朝，对金朝的军队部署、山川地貌、远近通道都很了解。

他对成吉思汗说："从这里往北的黑树林中，有一条可容一人骑马通过的小道，臣以前走过。如果走那条小道，一夜就可以绕过关口。"

成吉思汗留下怯台和薄察屯守居庸关北口；让哲别和速不台率军跟随札八儿火者，悄悄从小道行军；他自己则亲率主力迂回南下，吸引金军的注意。成吉思汗经过飞狐（今河北蔚县东南），袭取紫荆关。金朝火速派奥屯襄率军驰援紫荆关，想把蒙古军堵在关外。但奥屯襄来晚了，等他赶到时，成吉思汗已经入关了。最后，两军在五回岭（今河北易县境内）相遇，奥屯襄大败。木华黎携蒙古军大胜之余威，连破易州（今河北易县）、涿州（今河北涿州市）。

哲别和速不台头天傍晚进入黑树林，第二天黎明就到达了居庸关南口，向正在熟睡的金军发起攻击。

可怜的金军正全力防守居庸关北口，怎么也想不到蒙古军会出现在南口，结果被突如其来的攻击打蒙了。留守北口的怯台和薄察紧跟着向守军发起了进攻。在南口、北口蒙古军的两面夹击之下，金军血流成河，兵败如山倒。居庸关守将契丹人讹鲁不儿见败局已定，献关投降。居庸关沦陷。

扫荡中都外围

成吉思汗再次驻跸龙虎台，命怯台兵围中都。

此时，金宣宗完颜珣已经即位，但大权却掌握在纥石烈执中手上。外有蒙古军兵临城下，内有权臣挟持君主、把持朝政，金朝君臣乱成一团，只能祈祷中都城城高池深，能够熬过蒙古军的攻击。

纥石烈执中允许自己打败仗，却不允许别人打败仗。他对兵败镇州的完颜纲毫不心软，将完颜纲以前在宋金战争中战败的旧账翻出来，两罪并罚，将其处斩。术虎高琪被允许戴罪立功，以观后效。纥石烈执中警告他，打了胜仗既往不咎，打了败仗则提头来见。

术虎高琪迎战蒙古军于中都城下，结果再次大败而归。术虎高琪不甘心坐以待毙，于是效仿纥石烈执中带兵入城，于十月十五日发动政变斩杀纥石烈执中。术虎高琪成了金朝的新一代权臣。

虽然蒙古军将中都城团团围住，但成吉思汗知道中都城坚固，不好攻克。因此他没有集中兵力，而是兵分三路，大肆扫荡中都外围。皇子术赤、察合台、窝阔台为右军，扫荡中都路、河北西路、河东北路、河东南路，范围大致相当于今天的河北、河南、山西地区。皇弟合撒儿及斡陈那颜（按陈驸马之子，娶拖雷之女也速不花公主）、拙赤台、薄察等为左军，扫荡中都路、东京路，范围大致相当于今天的河北、辽西地区。成吉思汗自己和儿子拖雷为中军，扫荡中都路、河北东路以及周边地区，范围大致相当于今天的河北、河南、山东地区。除此之外，他还命令木华黎攻打密州（今山东诸城市）。

从元太祖八年（金贞祐元年，1213年）冬到次年三月，蒙古军把中都周围富庶的州郡扫荡了一遍。通常，蒙古军的行动是：先攻城，攻克后进行抢劫，抢完后一阵风似的冲向下一个城池。蒙古军只掠夺财富，对城池弃而不守。中都外围只剩下大名府（今河北大名县）、东平府（今山东东平县）、海州（今江苏连云港市海州区）等十余城没被攻破，华北大地一片狼藉。蒙古军的扫荡使金朝核心地带的经济遭受了沉重打击，统治变得岌岌可危。在扫荡的过程中，蒙古军还收降了史秉直（名将史天倪和史天泽的父亲）和萧孛迭。

蒙金第一次议和

元太祖九年（金贞祐二年，1214年）三月，三路蒙古大军在大口会合，之后聚集在中都城下。收获颇丰的诸将摩拳擦掌，纷纷向成吉思汗进言，要乘胜攻克中都。成吉思汗并没有被胜利冲昏头脑，他清醒地知道，"瘦死的骆驼比马大""百足之虫死而不僵"，依当前蒙古军的实力，是吞并不了金朝的。何况军中不少将士水土不服，这样一支疲惫之师，并不具备攻克中都的条件。他不如以战逼和，不但能获得金人主动提供的大量战利品，狠狠地践踏金人的尊严，还能让己方得到休养生息和积蓄力量的机会。因此，成吉思汗并没有听从诸将的建议，而是重兵临城，派使者去恐吓金宣宗。

成吉思汗说："你的山东、河北郡县都已经归我所有，你所拥有的只剩下燕京（中都）而已，这是上天的旨意。我把你逼迫到如此险境，你又能拿我怎样呢？我现在准备撤军了，你不来犒劳我的军队、消除我军将士的怒火吗？"听了使者代传的话，新一代权臣术虎高琪判断蒙古军人马俱疲，应该出城和他们决一死战。平章政事兼都元帅完颜承晖（本名完颜福兴）认为，中都守军的家属分散在各地，大家心有牵挂，不能集中精力抗击蒙古军，一旦战败，军心将彻底崩溃，不如议和等蒙古退军再做打算。

还有更深层次的原因，完颜承晖没有说出口。那就是金朝内部短时间内经历了纥石烈执中逼宫弑君、术虎高琪杀纥石烈执中两起政变，新君宣宗毫无权力，先后受制于纥石烈执中和术虎高琪，国家正处于皇权不稳、上下离心之际，不如议和，为国家争取喘息的机会。金宣宗本身无心抗蒙，便听从了完颜承晖的建议，任命他全权处理议和事宜。

双方议和期间，蒙古军并没有停止扫荡。直到四月，金朝满足了蒙古的各项要求后，双方才正式签订条约。

按照蒙古的要求，金宣宗献出了堂妹——完颜永济之女岐国公主，以及五百童男、五百童女、三千马匹、三千绣衣、众多财物。成吉思汗接受了这些战利品，在完颜承晖的陪送下退出居庸关。

虽然成吉思汗退军了，但这并不代表蒙古军全部撤退了。河北境内仍有蒙古部队和那些投降蒙古的降军，他们依然对中都城虎视眈眈。

中都之战

金宣宗的南迁向成吉思汗暴露了他的软弱，凶悍的蒙古军再次兵围中都。不管是在防御上，还是在战略上，金朝都一错再错，给蒙古军创造了长驱直入的机会，以致中都沦陷，丢失半壁江山。

金宣宗南迁

元太祖九年四月，蒙金议和后，蒙古大部队随同成吉思汗撤退北返。金宣宗认为留在中都太不安全了，一旦居庸关被攻破，蒙古军在黄河以北地区如入无人之境，随时都能提兵围城。何况中都被围了那么久，存粮早已不足，外围大部分地区又被蒙古军劫掠，经济已然崩溃，无力供应中都。此外，蒙古军留下的部队随时可能再来威胁中都，外强中干的中都城如果再次被围，铁定撑不住。

因此，参知政事耿端义上书请求金宣宗迁都南京（1153年改汴京为南京，今河南开封市），元帅左都监完颜弼亦请求皇帝迁都。被蒙古军吓破胆的金宣宗深以为然。老丞相徒单镒反对迁都南京，认为皇帝的銮舆一动，整个北路的人心就散了，这等于是把黄河以北拱手让人。他向金宣宗献上了上、中、下三策：上策是趁着蒙金讲和，召集军队，囤积粮食，加固中都防卫，皇帝亲自坐镇京城固守，必定能稳定人心与局势；中策是退守老家辽东，依山负海，把老根据地经营好，大不了二次创业；下策是迁都到四面受敌的南京，但这样做不但会使人心浮动，而且北部也将不保。

畏敌如虎的金宣宗如何肯留守中都？同样，他也不肯回到乱糟糟的辽东老家，面对契丹人耶律留哥。他只想躲到繁华的南京，与孱弱的宋人为邻。南京留守仆散端与河南统军使长寿、按察转运使王质三次上表请求皇帝迁都南京，这坚定了金宣宗南迁的想法，他对百官士庶的劝阻充耳不闻。太学生赵昉等四百人上书陈述南迁之弊，金宣宗一面派人去宽慰上书者，一面下诏南迁。

五月，金宣宗命太子完颜守忠和尚书右丞相完颜承晖、尚书左丞相抹撚尽忠留守中都。后来鼎鼎有名的"大胡子"耶律楚材，也以左右司员外郎的身份留守中都。布置完留守人员，金宣宗就率领六宫粉黛冒雨南迁。迁都南京的决策一实施，就等于整个华北地区和辽东地区都被金朝抛弃了。金朝的灭亡几乎已成定局。

分兵略地

听说金帝南迁，留在河北境内的蒙古军直接攻破沧州。护送金宣宗南迁的糺军杀死主帅详衮，推举契丹人斫答等人为首，还军攻打中都。完颜承晖听说后，派军驻守卢沟桥，拦截糺军。斫答让人从上游渡河，从背后袭击守桥的金兵，金兵大败。获胜的斫答一边派人去辽东联络耶律留哥，一边派人去蒙古请降。

成吉思汗没想到金宣宗如此胆小，就以金帝南迁是不信任大蒙古国、不尊重和议结果为借口，命留在华北的蒙古军配合糺军合围中都。六月，三木合拔都（拔都意为"勇士"）、石抹明安、耶律阿海、耶律秃花、王檝等人与糺军一起再次将中都团团围困。知道中都又被围困，金宣宗不由得后怕，赶紧召太子完颜守忠来南京。翰林文字完颜素兰劝阻他，应让太子留在中都安抚人心，可爱子心切的金宣宗根本听不进去。

七月，金太子完颜守忠奉诏逃离中都。皇帝南迁本就使民众惶惶不安，如今太子南逃，华北各地顿时乱成一团。地主武装要么投降蒙古，要么割据自保，金朝在华北的统治彻底土崩瓦解。三木合拔都等人并没有强攻，而是复制了前一年的策略，将中都围困起来，继续分兵攻略各地。中都城高池深又如何？只要将这座坚城围起来，就可以围点打援，一边消耗金军的部队，一边将这座城池活活困死。

果然，蒙古军等到了前来增援的金军。金宣宗虽然选择南迁，但他并没有放弃中都的想法，还奢望反攻，收复祖业呢！真定行元帅府事完颜永锡（又名完颜合周）被金宣宗派去增援中都，但他率领的金军根本不是蒙古军的对手，一交手就被对方击败了。中都就此沦为孤城。

与此同时，木华黎率领另一支蒙古军攻略辽西。九月，木华黎攻下顺州（今北京市顺义区）、成州（今辽宁阜新蒙古族自治县西北）；十二月，攻克懿州（今辽宁阜新蒙古族自治县东北）。木华黎兵临高州城（今内蒙古赤峰市东北）下时，守将卢琮、金朴献城而降。

几乎在同一时间，锦州（今辽宁锦州市）的张鲸聚集十万民众，杀死节度使，自称"临海郡王"。之后，他投降木华黎，被命令总领北京（今内蒙古宁城县）十提控兵，跟随脱栾扯儿必南征。担心张鲸不是真心归降，木华黎特意派石抹也先随军监视。到了平州，张鲸果然叛变，被石抹也先诛杀。之后，张鲸之弟张致在锦州起兵反叛，约于元太祖十二年被木华黎平定。

围点打援

元太祖十年（金贞祐三年，1215 年）正月十七日，金右副元帅蒲察七斤献通州（今北京市通州区）投降蒙古。

木华黎从去年岁末开始进攻北京。留守北京的是宣抚使、银青元帅奥屯襄，他曾在救援西京时败在蒙古军手中，但他并不畏敌，亲率二十万大军迎战木华黎。两军战于花道（今内蒙古宁城县西），奥屯襄再次战败，退守北京。为国尽忠、据城坚守的奥屯襄，并不知道自己挡了别人的道。裨将完颜习烈和高德玉等人发动兵变，杀死奥屯襄，推举乌古论寅答虎为帅。可怜的奥屯襄没死在战场上，却死在了自己人手中。

刚进入二月，乌古论寅答虎等人就举城投降。木华黎不满他们投降得太晚，准备坑杀降卒。石抹也先劝道："北京是辽西重镇，如果坑杀降卒，以后谁还敢降？"木华黎采纳了他的意见，任命乌古论寅答虎为北京留守，同时安排吾也而为权兵马都元帅，镇守北京。

通州的投降，加剧了孤城中都的恐慌。中都的位置十分重要，一旦沦陷，华北、辽东必将不保。完颜承晖担心中都城军心不稳，用白矾写下告急奏书，请求朝廷紧急增援。金宣宗命元帅左都监乌古论庆寿率大名军一万八千人、西南路步骑一万一千人、河北兵一万人，与御史中丞李英护送千余车粮食救援中都。石抹明安亲自率军前往拦截，双方在霸州相遇。金军大败，李英战死，乌古论庆寿随溃兵逃走，粮食全部落到了蒙古军手中。

之后，金宣宗又派完颜合住与监军阿兴松哥率步兵一万二千人，护送粮车五百辆驰援中都。石抹明安率领三千骑前往拦截，在涿州宣封寨击败金军。阿兴松哥以及所有辎重被俘，完颜合住仅以身免。几次增援都以失败告终，掌控金朝实权的术虎高琪本就忌恨完颜承晖，遂不再派兵增援中都，坐看中都成为死城。

中都城下的蒙古军依旧围而不攻，继续分兵略地，接连攻下高州城、兴州城（今河北承德市西南）等二十六城，攻破五十四寨。在这期间，金兴中府（今辽宁朝阳市）元帅石天应投降蒙古，被任命为兴中尹。

中都沦陷

成吉思汗派阿剌浅为使者，转告金宣宗："你把河北、山东没有被我军攻克的城池献给我，去掉帝号，我允许你做河南王。"和当年金灭辽时辽天祚帝的反应一样，金宣宗不接受羞辱。战事继续。四月，蒙古军攻破曹州（今山东菏泽市）。五月，中都沦陷。

随着太子遁走、通州投降，中都人心惶惶，再加上缺粮缺兵、援军被阻，中都孤城难支，守城无望。忠心为国的完颜承晖眼看大势已去，留下一份遗表就殉国了，和他相约殉国的抹撚尽忠却带着小妾弃城逃跑。石抹明安没动刀枪就进入了中都。当时，成吉思汗就在桓州，他派失吉忽秃忽等人前往中都把金朝百年以来积攒的帑藏全部搬走，留下札八儿火者和石抹明安镇守。

中都沦陷后，金朝只能偏安一隅，龟缩在河南。金宣宗甚至想要放弃代州和平阳（今山西临汾市），收缩防线，因胥鼎反对，这才作罢。辽东方面，本来去镇压耶律留哥的蒲鲜万奴看到中都沦陷，华北、辽东已被金朝放弃，金宣宗又不值得效忠，就野心暴涨，叛金自立，建国"大真"，建元"天泰"。遗留在辽东的众多女真人纷纷前来依附。再看西夏方面，他们趁火打劫，蚕食了金朝西部。至于蒙古骑兵，则在长城内外纵横驰骋，攻城拔寨。

元太祖十一年（金贞祐四年，1216年）十月，三木合拔都从西夏借道，直趋关中，俘获金西安军节度使尼庞古蒲鲁虎。之后他率军从小关（在潼关

之西，又叫"禁谷""禁坑"）越过潼关，攻克汝州（今河南汝州市），来到
南京的杏花营（今河南开封市西）。金朝君臣被突然出现的蒙古军吓坏了，朝
野震惊，不知道是该迎战还是该坚守。就在诸臣争执时，金宣宗急召完颜仲元
（本名郭仲元）率领花帽军前来救援。完颜仲元击败了长途跋涉的三木合拔
都，小胜一场。三木合拔都随即率部返回陕州（今河南三门峡市陕州区），此
时黄河已经结冰，他们渡河向北攻破潼关。

成吉思汗对三木合拔都说："围场中的獐子和鹿已经被我们猎完，只剩下
一只兔子，就让它蹦跶一段时间吧！"之后，他把中原事务交托给木华黎，
自己率大军返回老营休整。蒙金战争暂时告一段落，给失去半壁江山的金朝
留下了些许喘息的时间。

第一次河中府之战

木华黎指挥的对金战争，是蒙金战争的第二阶段。在这个阶段中，蒙金
双方都改变了自己的战略部署，通过招抚地主武装展开拉锯战。蒙古军逐渐
有了领土意识，不再滥杀；金军则从单纯的防御，转变为防御与反攻相结合。

木华黎伐金

元太祖十二年（金贞祐五年，1217 年），已经在筹划西征花剌子模的成
吉思汗依照汉人制度，封木华黎为太师国王，赐大汗王旗——九旄大纛，让
他率领蒙古五投下军、汪古军以及归降的契丹军、乣军、汉军南征。

自从中都陷落以来，金朝北部就陷入了混乱之中。那个时候，成吉思汗
和他的手下们并没有征服领地的观念，只是遵循游牧民族的传统，对敌人进
行歼灭、劫掠。因此，蒙古军在侵金初期，一路蹂躏破坏、杀戮抢掠，遇到
强烈反抗就进行屠城。在这种政策下，蒙古军所到之处，城池沦为废墟，生

灵惨遭杀戮，金帛财物、牛马羊畜被席卷一空。

老百姓要面对的不仅仅是蒙古军，还有流亡金军、盗贼流寇。身处乱世的平民百姓叫天天不应，叫地地不灵，只能聚众自保。他们通常聚集在当地的大地主麾下，形成大一点儿的武装集团，去抵抗入侵的蒙古军、抢劫的流亡金军以及趁乱而起的盗贼。

木华黎此次侵金，要面对的就是这样一种混乱而复杂的局面。他率领总数约有十万人的南征大军——蒙古军、汪古军以及其他混合部队，再次横扫黄河以北，占领已被金朝收复的山西、河北以及山东部分地区。

成吉思汗要率主力军西征，留给木华黎的只有十万杂牌军。这个时候可以说是金朝收复失地的最佳时机：西夏被蒙古连年征调，已经疲惫不堪，有与金朝议和的趋势；河北、山东人民被蒙古军屠戮、劫掠，满怀愤慨。此时若对内招抚民间豪杰、鼓舞士气，对外联络西夏，金朝便可以进行大反攻。但是，愚蠢的金宣宗不但没有与西夏讲和，保障西境安宁，反而对南宋再起战端，企图把北边的亏空从南边找补回来。南宋军民奋起反抗，一改开禧北伐时的孱弱作风，倒是把金军架在台子上下不来。这下子，金宣宗真的焦头烂额了：南边与南宋开战，西边李遵顼等不到议和再次侵扰边境，北边木华黎横扫华北，东边山东地区的红袄军十分活跃。

以偏师伐金的木华黎一改往日大肆杀戮的作风，开始怀柔招降和武力杀戮并用，抵抗者屠杀，投降者免死。而且，他开始有了领土意识，占领一地便入城安民，派人驻守。木华黎的这一转变，使他得到了很多归降将领的拥护。为了解决兵力不足的问题，木华黎大量招收契丹降人和汉族地主武装，让这些归顺者充当攻金的先锋和主力，并在占领城池后安排其镇守当地。他还建立燕云行省，将其作为进攻中原的基地。

太原、平阳之战

元太祖十三年（金兴定二年，1218 年），横扫河北、山东的木华黎转进河东，在应州（今山西应县）集结军队，目标是攻陷河南的藩篱：太原—平阳—河中一线。金朝察觉出了他的意图，金宣宗迅速调胥鼎去镇守陕西，并安排李革以平阳知府的身份暂代参知政事，代替胥鼎出任河东行省。

八月，木华黎从太和岭（位于今山西朔州市东南）进入河东，攻略州县，围攻太原。蒙古军将太原城围了几圈，攻势非常猛烈。镇守太原的元帅左监军乌古论德升不甘示弱，率军顽强抵抗。护城河和城墙失守后，乌古论德升就用栅栏阻挡敌军，继续作战。他还把家中的银币及马匹分赏给战士们，以此激励手下拼死血战。

蒙古军攻破太原城西北角，乌古论德升连忙命人将马车连在一起填塞缺口。蒙古军连续三次发起猛攻，都被顽强的乌古论德升率军击退了。然而蒙古军的攻势丝毫没有减弱，反而越打越猛。密集的箭矢如同暴雨一般袭向城头，金军被压制得根本无法在城墙上站立。在箭雨的攻击下，蒙古军强势地登上城头，太原城就此沦陷。乌古论德升回到官署后自缢殉国，他的姑姑和妻子也随之自杀。

征服太原后，木华黎率军继续攻略汾州（今山西汾阳市）、绛州（今山西新绛县）、潞州（今山西长治市潞州区），进而包围平阳。

平阳是河东的根本、河南的藩篱，重要性不言而喻。早在太原沦陷时，镇守平阳的权元帅左监军完颜从坦就上奏请求援兵，希望把怀（今河南沁阳市）、孟（今河南孟州市）、卫（今河南卫辉市）三州的军队屯集于潞州，再调泽州（今山西晋城市）、沁水县（今山西沁水县）、端氏县（今山西沁水县端氏镇）、高平县（今山西高平市）诸兵声援平阳，但朝廷还没来得及动作，蒙古军就扑了过来。

十月，平阳城被围。城中军队不足六千人，在李革和完颜从坦等人的率领下，他们屡次迎战蒙古军，旬日之间伤亡过半。吉（今山西吉县）、隰（今山西隰县）、霍（今山西霍州市）三州的救援迟迟不到，裨将李怀德缒城投降，平阳城的军民逐渐陷入绝望。最后，蒙古军从东南方向破城。完颜从坦自杀殉国。左右属下请李革突围出逃，李革叹道："我不能保住平阳，有何面目去见天子？你们逃走吧！"说完，他就自杀了。提控郭用在战斗中被俘，最后不屈而死。

蒙金战略思维的转变

起初，对于河北义军之间的互相残杀，金朝朝廷乐见其成。然而，随着太原、平阳相继陷落，金朝终于转变思维，开始招抚各地义军。金宣宗采纳大臣的建议，分封九位义军首领，为他们划定辖区界线，让他们各自守好自己的地盘，不要自相残杀，要拧成一股绳对抗蒙古军。

这也是金宣宗的无奈之举：眼看自己没能力收复失地，便干脆将土地分给豪强，赐予他们官职爵位，至少他们在名义上属于金朝，而不属于蒙古。元太祖十五年（金兴定四年，1220 年）二月，金宣宗正式册封九支武装力量的首领，他们分别是：沧海公王福、河间公移剌众家奴、恒山公武仙、高阳公张甫、易水公靖安民、晋阳公郭文振、平阳公胡天作、上党公张开、东莒公燕宁。这一事件被称为"九公封建"。

虽然九公封建后，义军之间依旧互相拆台，没怎么起到联合抗蒙、收复失地的作用，还加剧了河朔、河北、山东地区的分裂割据；但是，这些地主武装的搅和，给蒙古军的行动造成了很大的干扰——许多城池被反复争夺，今日属于蒙古，明日属于金朝，局势越发复杂化。不过，他们总算是延缓了蒙古军对南京的进攻。

木华黎同样非常注重招降，对投降将领加以重用。他还采纳史天倪的建议，颁布禁止杀戮的命令，一改往日作风。这一转变，使老百姓对蒙古军的憎恨、畏惧之心大减。接着，木华黎招降了接受金朝官职的恒山公武仙和山东地区的严实。武仙和严实的投降，对抵抗蒙古的武装群体产生了很大的消极作用，特别是在山东地区，大部分地主武装都土崩瓦解了。

元太祖十七年（金兴定六年、元光元年，1222 年），木华黎再次侵入陕西、山西地区，连克太原、平阳诸城。蒙古军所到之处，诸城望风而降，连一直被金军据守的河中府（今山西永济市）也投降了。

第一次河中府之战

蒙古军占据河东南路不久就遭到了地主武装的反扑，河间府、河中府相继回到金军手中。河中府判官侯小叔，原先是个船夫，籍充镇威军，因建功获得官职。金军收复河中府后，命侯小叔坐镇该城。石天应率蒙古军围攻河中府时，侯小叔护送农民入城，把家财分给战士，激励士卒同心协力守城。提控吴德建议侯小叔出降，侯小叔大义凛然地斥责了吴德一通，将其处斩。侯小叔的表哥张先惧怕蒙古军势重，也劝他出降，以保全家人。侯小叔大怒："我本来是个船夫，能够成为坐镇一方的官员，全靠陛下恩典。我怎么能够背叛国家，投降敌人呢！"他把表哥绑在柱子上处死，之后好好安葬。

枢密院派都监讹论与侯小叔商议军事，于是侯小叔出城会见讹论。久攻河中府不下的石天应趁机攻城，河中府再次易主。

木华黎以石天应为权河东南北路陕右关西行台，命他据守河中府；又让李守忠守平阳，攸哈剌拔都（本名攸兴哥）守太原，田雄守隰州，受石天应节制。木华黎自己则率军直逼长安。

丢掉河中府的侯小叔退守中条山李山寨，他并不气馁，而是聚集起十多万金军反攻河中府。九月，石天应探听到侯小叔要袭击河中府，就派部将吴泽（一作吴权府）率兵五百出城，埋伏于城东。石天应交代吴泽，看见侯小叔的军队一半已经走过时，赶紧袭击他们的后队；他会从城中迎击侯小叔的前队，两面夹击之下必然能消灭侯小叔。

石天应的部署没有问题，侯小叔果然准备夜袭，但是吴泽醉酒误事，等他酒醒时，侯小叔早已抵达河中城下。河中府因为之前的战事，城中的防御工事很多已被毁坏，石天应据守河中府后一直在修缮工事，结果还没完工侯小叔就打来了。金军潜入城中，焚烧城楼上的楼橹，火光照亮城中，侯小叔趁着火势率军四面攻城，蒙古军大乱。

石天应看到城楼起火，知道大事不妙，急忙迎战。左右亲信劝他逃走，但他拒绝出逃，与金军战到中午，力竭而死。侯小叔重新进入河中府，安抚民众。金宣宗收到消息后，封他为昭毅大将军。

在陕西的木华黎听说石天应战死，非常痛心，令在平阳的先锋元帅按察儿于次年（1223 年）正月率军十万围攻河中府。金朝方面也派出了援军，总帅讹可命提控孙昌率兵五千，枢密副使完颜赛不派李仁智率兵三千，赶赴河中府。

侯小叔与援军相约，半夜偷袭蒙古军，来个内外夹攻。到了约定的时间，侯小叔按约出兵迎战，畏敌如虎的孙昌和李仁智却没敢动弹，本来说好的内外夹击，成了侯小叔单方面发起进攻。等不到援兵的侯小叔兵败退入城中，派属下的经历官张思祖突围出去向南京报信。最后，在蒙古军的猛烈攻击下，河中府沦陷，侯小叔战死殉国。

在蒙金战争中，虽然有侯小叔、李革、完颜从坦这样悍不畏死、忠心报国之人，但更多的是畏敌如虎、贪生怕死的孙昌、李仁智之流。"兵熊熊一个，将熊熊一窝"，就连金朝皇帝都贪生怕死，大臣又怎么能指望得上呢？

凤翔府之战

在河北、山东、山西战场上所向披靡的木华黎，没想到会在陕西战场屡次碰壁，攻延安府（今陕西延安市）不下，克长安城未果，战凤翔府失利，这让一直顺风顺水的木华黎倍感挫折，最终抱憾而死。

延安府之战

坐镇真定（今河北正定县）的恒山公武仙归降蒙古后，盘踞东平府的严实也率彰德府（今河南安阳市）、大名府等地三十万民众投降木华黎，河北、山东大部再次落入蒙古手中。山东东部地区的红袄军则投靠了南宋。面对四境不宁的颓局，金宣宗派礼部侍郎乌古孙仲端出使蒙古，向成吉思汗求和。他提出以成吉思汗为兄，自己为弟，两国约为兄弟之国。

当时，成吉思汗驻跸在西域铁门关（有多个叫"铁门"的地方，此处位于乌兹别克斯坦南部的拜孙套山脉），乌古孙仲端穿过流沙，越过葱岭，来到西域觐见成吉思汗。成吉思汗拒绝了金宣宗的议和条件，乌古孙仲端只能无功而返。从元太祖十五年七月自南京出发，次年四月见到成吉思汗，同年十二月返回南京，乌古孙仲端的这趟出使花去了一年零五个月。成吉思汗拒绝了金朝使者的提议，却愉快地会见了南宋使者苟梦玉，他还派使者葛合赤孙陪同苟梦玉一起返回南宋。这是蒙古和南宋首次建立关系。

此时，远在中原的木华黎，已转战陕西战场，他借道西夏，越过鄂尔多斯，深入陕西腹心。他要求西夏出兵配合作战，夏神宗不敢拒绝，派塔哥甘普率军五万听从木华黎调遣。木华黎攻破葭州后，于元太祖十六年（金兴定五年，1221年）十月攻打绥德州（今陕西绥德县），连破马蹄、克戎两寨。之后，他再次勒令西夏增兵，夏神宗不得不派大将迷仆率军配合。十一月，蒙夏联军进攻安塞堡。

金朝延安知府完颜合达和征行元帅纳合买住商量，应先破西夏军，因为西夏军比蒙古军弱。于是，金军带着军粮马不停蹄地夜袭西夏军。西夏人毫无防备，溃走四十里，坠落山崖而死者不可胜数。迷仆收拾好残军后，赶去与木华黎会合，准备一起进攻延安府。他们在距离延安三十里处安营扎寨。打了胜仗的完颜合达毫不惧怕，出兵三万在延安城东摆阵迎战。木华黎派一名叫蒙古不花的勇士率军三千前去侦察军情。蒙古不花回报说："金军看我们兵少，有轻敌之心。明天交战时，我们应该佯败，趁他们追击时设伏歼灭他们。"

木华黎亲自率主力连夜出动，赶去延安城东十五里处的两个峡谷之间设伏。为了避免行军时士兵交头接耳泄露军情，他让众人衔枚疾进。第二天，蒙古不花率军攻打金军。交战中，他找准时机丢旗弃鼓，假装败走。轻敌的完颜合达果然上当，紧紧追击，一直追进了蒙古军设下的埋伏圈。霎时间，鼓声震天，万箭齐发。金军从追击猎物的猎手，转眼成了别人的猎物，队形瞬间溃散，被蒙古军斩首七千级、俘获战马八百匹。完颜合达仓皇逃回延安，据城坚守。

蒙古军围攻十来天都攻不下延安，木华黎无奈之下舍弃延安，掉头去攻打洛川（今陕西洛川县东北）和鄜州（今陕西富县）等地，扫荡延安周围。不管蒙古军怎么蹂躏周边地区，完颜合达只是坚守延安，不和蒙古军发生正面冲突。直到元太祖十七年二月，蒙古军也没有攻克延安。无可奈何的木华黎将蒙古不花留在陕西战区，自己则带兵越过黄河进入山西战区。

凤翔府之战

木华黎返回河东后，再次攻取被金军收复的地区。就在木华黎驰骋陕西、山西时，元太祖十七年秋天，金宣宗再次派乌古孙仲端去向成吉思汗求和。当时，成吉思汗正在回鹘地区，他很不客气地对乌古孙仲端说："我早就给你的主子说过，把河朔之地交给我，我允许你的主子做河南王，我们之间罢兵停战，偏偏你的主子不同意。如今木华黎已经把那一带都占领了，你的主子拿什么条件来求和？"

乌古孙仲端哀求成吉思汗垂怜。成吉思汗说道："你大老远跑一趟也不容易，这样吧，河朔已经是我的了，只剩下关西几个城池还未攻取，让你的主子把它们割让给我，我仍然让你的主子做河南王。不要再违背我的好意了！"让昔日的宗主国做藩属，还要割让陕西，如此苛刻的条件乌古孙仲端不敢答应，金宣宗自然也不肯答应。战争只能继续。

木华黎将河中府交给石天应防守后，再次渡河向西攻略陕西。他先后攻克同州（今陕西大荔县）、蒲城县（今陕西蒲城县），一路直趋长安，在那里，他遇了老对手完颜合达。此时的完颜合达已升迁为元帅左监军、京兆行省，拥兵二十万，驻守长安。他继续使用防御延安府的战略，坚守不出。木华黎屡次攻城未果，就让部下率军六千屯守长安，另派人守潼关。十一月，他率军西进，攻打凤翔府。

驻守凤翔的是凤翔知府完颜仲元和凤翔府路兵马都总管判官马庆祥。完颜仲元听说蒙古不花来攻，就命马庆祥和胥谦去城外分道清野。

马庆祥是汪古人，完颜永济即位时出使蒙古、通告新君即位的使者就是他。这次受命出去清野，他心有所感，就让画工给他画了一幅肖像留给家人。有人觉得他这个举动很不吉利，马庆祥说："这不是你能够理解的。"第二天，马庆祥和胥谦出城清野，结果在浍水遭遇蒙古军先锋，双方随即展开了小规模激战。金军势弱，只能边战边退，快接近城池时，蒙古军截断了他们的退路。

面对危局，马庆祥抱着必死的决心，激励战士们："我们深受国恩，应竭力效忠国家。战死沙场，是我们的职责，也是我们的荣耀！"战士们高声应和，没有一个退缩当逃兵的。他们奋力杀敌、浴血战斗，与蒙古军展开殊死较量，直到箭矢耗尽。蒙古军将矢尽援绝的金军团团围住，希望能够迫降他们。悍不畏死的金军簇拥着马庆祥在蒙古军的包围中向前突围，口中反复喊着："血战为国！死而后已！"直到全部倒下，这支部队没有一个人投降。马庆祥所部的壮烈举动，让见惯了金军不是溃逃就是投降的蒙古军感到非常震撼。这一战，预示着攻打凤翔府将是一场艰难的战斗。

与延安府的完颜合达一样，面对蒙古军围城，完颜仲元坚守不出。元太祖十八年（金元光二年，1223年）正月，金宣宗担心完颜仲元孤军奋战，守不住凤翔，又命赤盏合喜率兵前来救援。完颜仲元和赤盏合喜两人同心协力，共守凤翔，抵抗蒙古军。完颜仲元不但身先士卒，还对作战勇敢者破格提拔。同知临洮府事郭虾蟆（赐姓"颜盏"，又称"颜盏虾蟆"）立功最大，于是被提拔为通远军节度使。凤翔府解围后，金宣宗为了表彰完颜仲元，对他提拔任命的官员一一予以正式批准。正是完颜仲元不拘一格的激励政策，才让凤翔府固若金汤。

见凤翔府得到援军，木华黎便从西夏征调十万步骑，协助蒙古军围攻凤翔。东起扶风（今陕西扶风县）、岐山（今陕西岐山县），西至汧源（今陕西陇县东南）、陇州（今陕西千阳县），数百里地全是蒙夏联军的营寨，凤翔府被围了个水泄不通。面对蒙夏联军的凶猛攻势，赤盏合喜和完颜仲元拼死防御。蒙古军从元太祖十七年冬天打到第二年春天，硬是拿凤翔府没有办法，这一挫折严重打击了蒙古军的士气。

木华黎之死

在蒙夏联军围攻凤翔府的一场战斗中，郭虾蟆看到城壕外的西夏将领坐在胡床上指挥战斗。其中一个将领举起了胳膊，因为这一动作失去盔甲保护的腋下顿时暴露出来。郭虾蟆眼疾手快，迅速射出一箭，正中西夏将领腋下。那人应声而倒，他身边的将领被这突如其来的一箭吓得胆气尽失，不给木华黎打招呼，就率领西夏军队仓皇撤军。

攻城月余没有成效，还遇到西夏友军不告而别，种种失利让木华黎心情十分郁闷，他对诸将说："我奉命专征，没几年就不费吹灰之力地攻取了辽西、辽东、山东、河北。没想到在陕西，不管是攻打天平、延安，还是征伐凤翔，皆久攻不下。战事变得如此不利，难道是我命数将尽了吗？"

攻城不利的木华黎无奈之下只好退军，驻守渭水南。自从蒙金开战以来，蒙古军还没有像这样接连不断地遭遇挫折。先前蒙古军横扫华北的过程十分顺利，这让木华黎变得有些轻敌，于是他对形势的判断就不那么精准了，以致现在接连失利。这让骄傲的木华黎和他的部下无法接受。他们不能忍受这样的挫折，但越是急于求成越是无法成功，对士气的影响就越大。

元太祖十八年三月，退回闻喜（今山西闻喜县）的木华黎病倒了。临终前，他对弟弟带孙说："我为国家东征西讨四十年，没有什么遗憾，唯一的憾事就是没能攻克汴京。兄弟，你要努力，完成哥哥我没有完成的事。"说罢，木华黎就薨逝了，享年五十四岁。

木华黎的死减缓了蒙古军的进攻势头，使金朝再次得到了喘息的机会。在北方，金军忙着收复失地；在南方，金朝在与南宋的战事中取得了一定的胜利；在西方，金朝在与西夏的战争中同样占据了上风。十二月，金宣宗驾崩，太子完颜守绪（因太子完颜守忠和太孙完颜铿先后去世，作为金宣宗第三子的完颜守绪才被立为继承人）即位，是为金哀宗。此后，蒙金战争进入了新的阶段。

德顺州之战

木华黎死后的第二年，成吉思汗结束西征。此时，蒙古的主力部队忙着攻打西夏，留在河北、山东地区的兵力并不多。然而金朝没有抓住这个机会联合义军反攻，只是单纯地加固京城的防御。可想而知，等西夏一灭，金朝将再一次回到风雨飘摇的危险局面中去。

武仙和彭义斌的呼应

元太祖十七年，木华黎率领主力转战山西、陕西时，原红袄军首领——被南宋授予大名总管一职的彭义斌，出兵攻打山东地区。

彭义斌原本是红袄军首领刘二祖的部下，刘二祖死后，他转投李全，之后又和石珪一起带领部下归附南宋。李全随后也归降南宋，入编忠义军。

彭义斌和李全不同。李全的目的是：通过挂靠南宋获得粮饷资助，从而扩大地盘，经营自己的势力，实现割据称霸。彭义斌归宋，则是一片丹心向朝廷，走的是坚定的抗金拒蒙路线。由于理念相左，同属义军的彭、李二人最终走向了分裂。

当时，蒙古留驻山东的是投降蒙古的严实。彭义斌先夺取京东州县，说服严实的部下晁海献青崖（今山东济南市长清区青崖山）投降；之后抓捕严实的家人，一路向西。很多被严实控制的郡县望风而降。

次年（1223年），蒙古侵金主帅木华黎国王薨逝，其子孛鲁国王继任，继续率军侵金。金宣宗完颜珣也于该年驾崩，由儿子完颜守绪即位，是为金哀宗。同一年，西夏的神宗李遵顼在蒙古的逼迫下禅位给儿子献宗李德旺。

因木华黎之死，蒙古军对金朝的攻势稍稍减缓。金哀宗趁着喘气的工夫，赶紧与南宋求和停战，又与西夏达成和议，结束了南部和西部的战事。

投靠南宋、兵势大振的彭义斌趁着蒙古军势弱，攻取恩州（今河北清河县），击败史天倪，夺取大名府。这个时候，孛鲁正按照成吉思汗的指令，征讨不听话的西夏，无暇顾及河北地区。当时，河北西路兵马都元帅是史天倪，他的副手则是归降蒙古的金恒山公武仙。武仙归降后，就被安排到史天倪手下，但两人的关系并不和睦。木华黎死后，武仙见蒙古军主力不在河北，便开始蠢蠢欲动。

史天倪兵败恩州后，听说武仙手下占据西山（位于今北京市西）腰水、铁壁两个寨子图谋叛乱，便亲自率军攻击两个寨子，将叛乱歼灭在萌芽状态。武仙听说后十分愤恨，认为史天倪既然敢对他的部下出手，迟早有一天也会对他出手，不如自己先下手为强。

元太祖二十年（金正大二年，1225年）二月，武仙设宴邀请史天倪。有人劝史天倪不要去，史天倪不听，果然被武仙所杀，年仅三十九岁。他的三个幼子同时被杀，妻子程氏自缢。之后，武仙在河北真定正式叛蒙。

山东的彭义斌兵围东平府，被困在城中的严实不得不向孛里海求援。然而直到东平城断粮，援军也不见踪影，无奈的严实只好归降彭义斌。彭义斌并没有剥夺严实的兵权，而是拜他为兄长，相约谋取河北，与武仙呼应。

真定府争夺战

眼看整个山东都要改换门庭，属于南宋，李全却一改往日抗金拒蒙的方针，不是袭击南宋官军、驱逐长官，就是残杀昔日的兄弟们。一心向着南宋的彭义斌很不耻李全的行为，和他火并一场，同时上书南宋沿江制置使赵善湘，提出消灭李全、抗击蒙金的大计。软弱的南宋朝廷害怕和李全翻脸后产生更大的危险，同时担心彭义斌成为另一个李全，拥兵自重，不但没同意彭义斌的建议，全力支持彭义斌北上收复国土的军事行动，反而坐视李全和彭义斌自相残杀。

就在彭义斌、李全彻底翻脸的时候，河北的武仙遇到了麻烦。史天倪的弟弟史天泽护送母亲去北京的路上，接到幕僚王缙和王守道的报告，知道哥哥被武仙杀害。悲痛的史天泽一边收集残兵，一边向孛鲁借兵。孛鲁命肖乃台率军三千，支援史天泽。六月，蒙古军重新攻取真定，兵败的武仙跑到了西山抱犊寨。

听说武仙兵败，彭义斌立即胁迫严实同行，北上声援武仙。然而在路上，他们遭遇了蒙古军孛里海部。严实率部当众倒戈，与孛里海合兵攻打彭义斌。

腹背受敌的彭义斌奋勇突围，转战到内黄（今河南内黄县）五马山一带。这时史天泽率兵赶来，他先派精锐死士五十人去挫彭军的锐气，又让骑兵跟在后面发起强攻。彭义斌最终兵败被俘。史天泽劝他投降蒙古，彭义斌厉声说："我是大宋臣子，岂能背叛国家、臣属敌国？"彭义斌不肯投降，最终遇害。

失去彭义斌支援的武仙继续图谋真定。他盘踞真定多年，留下了不少势力和人脉。武仙派人潜入城中的大历寺，联络真定的水军作为内应，趁夜为他打开南门。就这样，他重新占领了真定。猝不及防的肖乃台和史天泽带领几十个亲卫狼狈逃奔藁城（今石家庄市藁城区），向董俊求援。

武仙收复真定只高兴了一个晚上。肖乃台和史天泽到了藁城后并没有休整，而是在董俊的支援下立刻率军返回真定。他们一路上收拢残兵败将，第二天就重新来到真定城下，发起进攻。武仙抵挡不住，只能弃城逃跑到双门寨。

真定人的反复背叛，让肖乃台感到很恼火，于是他想要屠城以泄心头之愤。史天泽劝他："老百姓只是被贼兵驱使挟持，有什么罪过呢？如果因为泄愤把他们杀死，以后恐怕就没人敢投降了。"肖乃台这才没有大开杀戒，让真定人逃过一劫。

肖乃台整军追击武仙，斩杀武仙部下卢治中，围困双门寨，但他并没有抓住狡猾的武仙。成功逃走的武仙，单枪匹马闯荡了一段时间，直到拖雷监国元年（金正大五年，1228 年）才再次投靠金朝。金哀宗重新封他为恒山公，把他安置在卫州。

益都府之战

由于蒙古军主力在孛鲁的率领下攻打西夏，武仙和彭义斌才有了短暂的辉煌时刻。随着孛里海和带孙的东援，河北、山东地区再次易主。

元太祖二十一年（金正大三年，1226 年），带孙、严实率军攻打盘踞在益都府（今山东青州市）的李全。已经在山东、江淮一代形成地方军阀割据势力的李全，为了自己的割据大业，竭力抵抗。十二月，蒙古军主力包围西夏都城中兴府后，成吉思汗留下阿鲁术围城，自己则率军渡过黄河，攻陷积石州，来到金朝境内扫荡。并且，他还派孛鲁率部进入山东，援助带孙。

孛鲁到达益都府后，命李喜孙进城招降李全。抵抗了几个月的李全胆气尽失，想趁这个机会投降，但是部将田世荣等人坚决反对投降，还把李喜孙给杀了，以示抗蒙决心。李全心里苦啊！在全城军民众志成城抗击蒙古军的情况下，他哪敢说投降的事，只能赶鸭子上架继续抵抗。这一抵抗，就坚持到了次年（1227 年）三月。这时，李全眼见守城无望，就想突围逃走，结果他率军才出城就被蒙古军拦住，被斩首七千余级，自相踩踏而死者不可胜数，他只能灰溜溜地退回城中。

四月，益都城中的粮食消耗殆尽。起初城中有军民数十万人，如今只剩下几千人。内无粮草，外无援兵，绝望的李全又盘算着投降。然而，其余诸将的抗蒙决心十分坚定，如果他贸然说投降，恐怕会被愤怒的诸将砍死。于是，他耍起了花招。

李全摆设香案，向赵官家（指宋代皇帝）所在的南方焚香叩拜，然后作势拔剑自杀。早已得到授意的亲信郑衍德和田四见状，连忙拦住他。他的另一个亲信毕叔贤当着诸将的面劝他："明公自己寻死事小，益都保不住事大，一旦蒙古军入城，必定会大肆屠杀，不留一个活口。如果明公投降蒙古，那么城中的民众都能活下来。"诸将一听，为了全城老百姓考虑，还是投降吧。于是李全"勉为其难"地带领大家投降了蒙古。

蒙古诸将认为李全是被迫投降的，并不诚心，应该把他杀掉以绝后患。孛鲁力排众议，说道："杀他一个人很容易，但山东其他地方的人见了，恐怕宁愿战死也不会投降。"因此，他任命李全为山东淮南楚州行省。果然，此后其他郡县纷纷望风而降。至此，山东全境都为蒙古所有。

德顺州之战

元太祖二十二年二月到三月，就在益都府之战进行得如火如荼之际，成吉思汗率军连破金朝的临洮府、洮州、河州、西宁州。四月，蒙古的骄兵悍将携获胜之余威，在成吉思汗的带领下气势汹汹地来到了德顺州。

据守德顺州的是德顺节度使、行元帅府事爱申。小小的德顺州并没有多少军队，面对凶悍的蒙古大军，城内军民人人自危。身为一府长官的爱申却丝毫不惧，他并不是看不清局势，西夏灭亡在即，他的母国金朝同样岌岌可危，德顺州根本不可能阻挡住蒙古军的脚步。爱申已决定做那螳臂当车的"螳螂"，而不是顺应天命的"识时务者"。

他听说进士马肩龙在凤翔府，就给他写信，请他前来协助守城。马肩龙是谁呢？有什么本事让爱申对他另眼相看？

马肩龙是宛平人，在太学的时候就很有名气，是一个慷慨激昂、满腔正义的青年。金宣宗在位时，有人诬陷宗室完颜从坦杀人，想将他置于死地。没有一个人敢为他喊冤，只有马肩龙凭着热血义气，上书皇帝说："完颜从坦有将帅之才，很少有人能够超越他。臣只是一介书生，没有用处，愿意代替完颜从坦去死，请留下他为天子带兵。"

金宣宗问他是不是和完颜从坦的交情很好。马肩龙说："臣听说过完颜从坦，但不认识他，他也从来没见过臣。完颜从坦杀人之事属于诬陷，臣愿意以死担保他没有杀人。"金宣宗对此十分感慨，完颜从坦的亲戚朋友没有一人为他申冤，反而是一个不相干的马肩龙为他叫屈。最后，他赦免了完颜从坦，还授予马肩龙东平录事一职。

因为这件事，马肩龙名声大振。收到爱申的来信后，马肩龙准备赶赴德顺州。凤翔总管禾速嘉国劝他："凤翔坚固，可以坚守，但德顺绝对守不住。你不如留在凤翔，一样是报效国家。"

马肩龙说："爱申根本不认识我，却把我视为知己。我知道德顺守不住，去了必然是死，但是为了回报爱申对我的情谊，就算是死我也要去！"交代完后事，他就冒险奔赴德顺州。

到了德顺州没几天，蒙古军就扑了过来。此时城中只有八九千义兵乡勇，而城外的蒙古大军却铺天盖地，双方兵力相差悬殊。抱着必死决心的爱申和马肩龙一点儿都不害怕，爱申任命马肩龙为凤翔总管府判官，两人一起商量如何守城。

蒙古军入侵西夏时，攻无不克，战无不胜，因而根本没把德顺这座小城看在眼里。爱申和马肩龙抓住蒙古军的轻敌心理，在蒙古军刚到德顺城下时，给对方来了一场突袭，打了蒙古军一个措手不及。等蒙古军反应过来时，马肩龙他们已经退回了城中。

羞恼的蒙古军对德顺城发起了猛攻。爱申和马肩龙组织军民，同心协力进行防御。经过一天的强攻后，这个弹丸之地依然屹立，这让胜券在握的成吉思汗感到有些不可思议。当天晚上，胆大心细的马肩龙再次组织突袭，把蒙古军杀了个人仰马翻。马肩龙连续两次突袭得手，让成吉思汗收起了轻敌之心。他开始采用大兵碾压的方式日夜不停地轮番攻城，不给德顺城一丝喘息的机会。

爱申和马肩龙站在城头上身先士卒，带领军民英勇抗击。小小的德顺城，在兵力多出守军数倍的蒙古大军的强攻下，坚守了二十个昼夜（《金史》记载的是一百二十个昼夜，但德顺城小兵弱，不太可能坚守四个月，故从《续资治通鉴》）。直到全城力竭，德顺才被蒙古军攻破。

爱申和马肩龙的表现引起了成吉思汗的注意，让他起了爱才之心。这么勇敢、机智、悍不畏死的人才，谁会不喜欢呢？成吉思汗想在破城后招降二人，但爱申和马肩龙这对知己已在城破时自杀殉国，这令成吉思汗惋惜不已。

五月，成吉思汗派唐庆出使金朝。同月，蒙古军攻破平阳府。闰五月，成吉思汗避暑六盘山。随后，蒙古军进攻秦州（今甘肃天水市）、清水（今甘肃清水县）等城，从凤翔府入京兆（今西安市），关中大震。金哀宗被吓得赶紧派完颜永锡、奥屯阿虎来去求和。七月，成吉思汗病死军中，享年六十六岁。临死前，他留下了假道于宋以灭金的重要策略。随着西夏灭国，蒙古军主力开始北返。

由于成吉思汗的死亡，金朝再次度过亡国危机。

大昌原之战

蒙古军和金军在大昌原（今甘肃宁县太昌镇附近）发生了两场战事，都是以蒙古军的失败而告终。特别是第一次大昌原之战，完颜陈和尚以四百骑兵破蒙古八千之众，堪称以少胜多的典范。蒙古军之所以战败，既有自身轻敌的缘故，也有金军在国家危亡之际血性爆发的缘故。

金朝最后的荣耀——忠孝军

成吉思汗死后，大蒙古国由他的嫡幼子拖雷监国，暂时没有对外展开大的军事行动。金哀宗抓住这个来之不易的短暂喘息期，通过招募的形式，重新组建了骑兵部队。其招募的对象都是被蒙古军俘虏后逃归之人，他们既有回鹘人、乃蛮人、羌人、吐谷浑人、契丹人，也有汉人、女真人。这些人都有在蒙古军中受难的经历，因此对蒙古人怀有十分强烈的仇恨。

金哀宗把这支军队命名为"忠孝军"，希望它对国家忠心耿耿，能够英勇抗蒙。忠孝军的士兵多是"鸷狠凌突"之辈，但在同样从蒙古逃归的完颜陈和尚的调教下，它变成了一支纪律严明的铁军：坐作进退皆有法度，所过城池秋毫无犯，休整时没有喧杂，战斗时先登陷阵，快如疾风。很快，它就成了金军的中坚力量。

忠孝军的待遇非常优厚，可以说金哀宗以倾国之力在培养他们。他们每个月的军俸是其他部队的三倍，武器和马匹都是最好的，由国家配给。如此优厚的待遇，吸引了很多人前来投军。到天兴年间，忠孝军的人数达到了七千多人。然而风雨飘摇的金朝朝廷根本养不起这么多人，只能对忠孝军进行整编，挑选部分人编入忠孝军的预备部队——合里合军，其享受的待遇只有忠孝军的一半。

金哀宗又整顿了亲卫马军。他从里面选出五千精锐充入马军，剩余的则自动归入步军。不仅如此，他还打造、发放了新的鞍勒、兵甲。战斗的时候，忠孝军居前，马军次之，步军再次。

除此之外，金朝还有由完颜九住统领的一万建威都尉军、由完颜阿排统领的三千亲卫军。另外，金哀宗还召集来自燕赵之地的亡命之徒，组建忠义军。

经过整顿，金军看上去军士精锐、器仗坚整，给人一种有此军在就有望中兴之感。的确，忠孝军的战绩证明了金哀宗军事改革的正确性，为延迟金朝的灭亡做出了贡献。

第一次大昌原之战

虽然成吉思汗死后蒙古军主力北返，但留在陕西南部的蒙古军偏师仍在窥伺关中，希望能打通从潼关或蓝关东进河南的通道。自从元太祖十一年至十二年蒙古军连续两次突破潼关，金朝构建起了一套严密的关河防御体系："阻长淮（淮河），拒大河（黄河），扼潼关以自固。"此后，蒙古军的屡次破关行动都被金军粉碎了。

拖雷监国元年，蒙古军从西向东推进，攻打泾州，阻庆阳粮道。随后，蒙古军进攻大昌原。

金军主帅、平章政事完颜合达收到蒙古军进入大昌原的消息后，询问谁愿意充当先锋出战。

忠孝军提控完颜陈和尚应声出列。完颜陈和尚，名"彝"，字"良佐"，"陈和尚"是他的小名。完颜陈和尚领命后，先去沐浴更衣，然后披挂铠甲，骑上战马，头也不回地赶赴战场。就在那一天，完颜陈和尚率领四百名骑兵以少胜多，打败了八千蒙古人。这一战不但打出了金军的血气，还让完颜陈和尚名动天下。

大昌原之战是忠孝军亮相的第一战，也是蒙金战争爆发以来金军首次取得如此大捷。这二十多年来，金军不是节节败退，就是缩在城中苟延残喘。大昌原之战的胜利，扫除了金军往日的耻辱，三军战士求战心切，朝野上下喜气洋洋，都觉得蒙古军没有什么大不了的。

欣喜若狂的金哀宗于次年（1229 年）三月下诏褒奖完颜陈和尚，授予他定远大将军、平凉府判官之职，世袭谋克（金代从五品官，相当于百夫长）。

蒙古军的东进战略因为大昌原之战再次破产。这场战争的胜利不但缓解了蒙古军直逼南京带来的压力，还提高了金军抗蒙的信心。

潞州之战

元太宗元年（金正大六年，1229 年）二月，金哀宗任命亲信移剌蒲阿为权枢密副使；令丞相完颜赛不出镇关中，设行尚书省，主持当地事务；解除平章政事完颜合达的兵权，将其召回朝廷。完颜合达在陕西守得好好的，为何突然被解除兵权？

原因出在移剌蒲阿身上。

契丹人移剌蒲阿是金哀宗的亲信，他在金哀宗即位的过程中出过力，因此备受皇帝信任。移剌蒲阿曾在元太祖二十二年十二月击败过一支绕过潼关，深入朱阳（今河南灵宝市朱阳镇）、卢氏（今河南卢氏县）的小股蒙古部队。对方只有十来个散兵游骑，移剌蒲阿却只抓获一人，放跑了其余人。这样丢人的战绩，移剌蒲阿竟然敢腆着脸上奏金哀宗，说自己打了胜仗。为此，金哀宗封他为世袭谋克，还对他厚加赏赐。其他人就算知道他欺骗了皇帝，也因畏惧他的权势而不敢说什么。

大昌原之战的胜利刺激了移剌蒲阿，他兴奋异常，认为自己就是盖世名将，如果由他掌兵，他一定能把蒙古军打回老家。因而，他对擅长坚守城池的完颜合达十分看不顺眼。移剌蒲阿对皇帝说："在陕西设立两个行省，是为了从外围保护河南的安全。这几年蒙古军一直在陕西肆虐，行省完颜合达明明统率着二三十万兵马，却从没有和蒙古军对战过，要这样的行省有什么用？"

枢密院的官员替移剌蒲阿帮腔，说以后应该让枢密院掌管兵马。金哀宗迟疑良久没有表态，但他心里认同移剌蒲阿的说法，认为完颜合达太过胆怯无用，因此把他调了回来。从这件事可以看出，金哀宗不但识人不明，还认不清局势。如果不是完颜合达坚守，陕西大概早就被木华黎扫平了。

取代完颜合达的移剌蒲阿放弃了原来的坚守战略，开始积极反攻，他亲自率领完颜陈和尚及忠孝军屯驻邠州，准备主动出击收复失地。元太宗元年八月，移剌蒲阿和武仙一起攻打潞州。

潞州守将任存是潞州本地人。元太祖十三年木华黎攻打潞州时，任存的父亲任志选择投降，被木华黎授予虎符，并被任命为潞州元帅。之后，任志一心为蒙古效力，多次与金军交战。金军抓住任志的长子逼迫他投降，他却狠心地亲手射死了儿子。任志被金军杀死后，木华黎便任命他的另一个儿子任存承袭他的职位，防守潞州。

就在移剌蒲阿围困潞州，和任存僵持不下时，蒙古人召开忽里勒台大会，推举窝阔台为汗。当上大汗的窝阔台准备大举南下攻金。

九月，十八岁的塔思国王（孛鲁之子。孛鲁于拖雷监国元年五月去世，年仅三十二岁）从云中赶去救援潞州。但他并没能替潞州解围，而是被移剌蒲阿、武仙打退。结果任存战死，潞州被金军攻破。

塔思休整一番后再来攻打潞州。这一次，武仙害怕了，率部退守潞州东面十余里的地方，将潞州拱手相让。塔思带着十几个亲信去勘察地形，被武仙发现。武仙想去袭击塔思，又担心有埋伏，没敢轻举妄动。

塔思倒是心大，勘察完地形后，他表示："天都黑了，明天再攻打金军吧！"说完，他就回去休息了。胆大的移剌蒲阿认为塔思年轻，不足为惧，就在五鼓时分带人袭击了塔思。

被打了个措手不及的塔思败走沁南，辎重、人口丢了个干净，连部下按扎儿的妻子奴丹氏也被金军俘虏，押送到南京。潞州又被金军收复了。

金哀宗知道按扎儿是蒙古名将，便异想天开地让他的妻子奴丹氏去招降他。奴丹氏假装答应，借机逃回蒙古大营，为此受到窝阔台的嘉奖，允许她参与按扎儿的军机要务。

突袭获胜的移剌蒲阿志得意满，于十月初一还朝。临走前，他命完颜陈和尚屯守钧州（今河南禹州市）、许州（今河南许昌市），防备蒙古游骑窥伺。

同月，窝阔台遣朵忽鲁攻打庆阳。金哀宗一边用缓兵之计，诏陕西行省遣使奉羊酒币帛去向蒙古军求和，拖延蒙古军的前进速度；一边诏移剌蒲阿和纥石烈牙吾塔、完颜讹可去救援庆阳。

窝阔台也派唐庆出使金朝朝廷，斡骨栾出使陕西行省，看上去双方形势缓和了。但蒙古军并没有停止军事行动，蒙将郭德海率军攻破南山八十三寨；另一支蒙古军也攻破小关，不过随后就被金军驱逐出关。

第二次大昌原之战

元太宗二年（金正大七年，1230 年）正月，蒙金军队再次在大昌原爆发大战。蒙古军的统帅是朵忽鲁，金军的统帅是移刺蒲阿、完颜讹可、纥石烈牙吾塔。很明显，名不见经传的朵忽鲁率领的是蒙古军偏师，并不是主力部队。面对气贯长虹的忠孝军，蒙古军再次败北，庆阳之围遂解。

连续在潞州、庆阳取胜的移刺蒲阿意气风发，志得意满。他把扣押的蒙古使者斡骨栾遣送回去，傲慢地表示："我已经准备好军马了，你们想战斗就来吧！"斡骨栾回去后就把移刺蒲阿的话报告给了大汗窝阔台。窝阔台被出言不逊的移刺蒲阿气笑了，一边指示大蒙古国第一悍将速不台去支援朵忽鲁，一边准备亲率大军进入陕西战场，进攻陕西重镇凤翔府。

接连获胜让金朝朝廷大为振奋，举朝庆贺，认为金军威武，蒙古军不足为惧，国家中兴有望了！不过并不是所有人都沉浸在胜利的喜悦之中，也有头脑清醒的人士，如大臣术甲脱鲁灰，他担心蒙古军会绕过潼关，假道宋境攻金。术甲脱鲁灰专门上奏金哀宗，提醒他要注意商州（今陕西商洛市商州区）、洛州（今河南洛阳市）以南靠近南宋的区域，如果蒙古军从大散关（今陕西宝鸡市南郊秦岭北麓）入兴元府（今陕西汉中市），下金州（今陕西安康市）、房州（今湖北房县），绕襄水、汉水，北入邓州（今河南邓州市），那金朝就成了蒙古人的囊中之物。他认为现在最应该做的就是联络宋人，告诫他们唇亡齿寒，劝他们与金朝联合起来共同对抗蒙古。

清醒了几分的金哀宗任命术甲脱鲁灰为小关子（在邓州之西，商州境内）元帅，屯驻商州大吉口，加强商州南部边界一带的军事防务。同样恢复冷静的移刺蒲阿也上奏金哀宗说："完颜合达在军中待了很长时间，经验非常丰富。如今正值多事之秋，应该让他回到军中发挥所长，和我并肩作战。"金哀宗听了，让完颜合达兼任枢密副使。

倒回谷之战

从大昌原到潞州，从卫州到倒回谷（今陕西蓝田县东南），窝阔台一直试图攻破潼关，东进河南，直逼南京，但战事的进展并不顺利，甚至一败再败。这让窝阔台大为光火，不得不更改作战计划。

卫州之战

武仙重新归附金朝后，被安置到南京以北的重镇卫州。卫州是河防重镇，进可成为骚扰被蒙古军控制的河东地区的跳板，退可作为防守南京的屏障。成吉思汗死的那一年，武仙从卫州出发，进入河东收复太原，击毙蒙古守将攸哈刺拔都。元太宗元年，他又和移剌蒲阿一起收复了潞州。

元太宗二年（金正大七年，1230 年）秋，武仙围攻潞州治下的上党（今山西长治市上党区）。蒙古援军赶到上党之后，武仙立即遁走卫州。窝阔台气恼不已，命万户史天泽率领驻守河北地区的蒙、汉军队就近去攻打卫州，同时对南京城施加压力，掩盖他亲率大军渡河奔袭凤翔府的战略计划。武仙不仅杀了史天泽的哥哥史天倪，还在真定争夺战中击败了史天泽。史天泽对武仙恨之入骨，因此一接到命令，他就杀气腾腾地把卫州围了个水泄不通。

蒙古军两线作战，同时袭击了凤翔府和卫州。形势万分紧急，应该先救哪里？金哀宗只能选择先解燃眉之急，卫州不能有失，一旦卫州陷落，南京将门户大开。他火速调动平章政事完颜合达和枢密副使移剌蒲阿率十万大军救援卫州。从八月被围到十月，卫州和外界的交通、通信逐渐断绝，最后城外的人只能看到城内塔上时不时有人举火示意。

完颜合达等人一到卫州，就命完颜陈和尚率三千忠孝军迎战蒙古军。不负盛名的忠孝军再创佳绩，狠狠地打击了蒙古军的嚣张气焰。第二天，在卫州城外，蒙金双方展开了大规模野战，初战不利的蒙古军遭遇了史无前例的惨败，"诸将皆北"，卫州之围遂解。蒙古军想突破黄河中游防线的企图失败了。

金哀宗收到捷报后欣喜若狂，亲自登上承天门犒劳军队，他不仅奖赏几个有功之臣世袭谋克，还赐给他们良马玉带。他让完颜合达与移剌蒲阿一起行省阌乡（今河南灵宝市境内），防御潼关，又让沙场老将武仙屯兵胡岭关（又称"胡陵关""鹘岭关"，大约在今陕西山阳县东南），扼守通往金州的道路。胡岭关高峻险要，以"势如鹘起"而得名。武仙屯兵在这里，是为了防备蒙古军假道宋境，直捣南京。

见战事连续失利，窝阔台非常愤怒，他一边带着拖雷、蒙哥父子攻克天成（今山西天镇县）诸堡，渡河攻打凤翔府，一边派万户宴只吉台和国王塔思重新去收复潞州。

十一月，速不台率军进攻潼关，被潼关总帅纳合买住击退。

两次倒回谷之战

同月，另外一支蒙古军选了四万人刊石伐木，凿商於（今蓝关南部）之山，幹腹攻入蓝关，来到倒回谷一带。屯守阌乡的完颜合达收到消息后，率军前往拦截。两军激战，蒙古军又一次被金军击败，损失上万人。撤退途中，摔落溪谷的蒙古残兵不可胜数，这使金军俘获了大量战马。

倒回谷之战让蒙古军损失惨重，其开辟东进路线的企图再次破灭。金朝则正好相反，上下激昂，认为中兴有望。

这就是第一次倒回谷之战，也是蒙古军损失最大的一场战事。如果金军在蒙古军仓皇撤退时乘胜追击，他们大概会像东晋在淝水之战那样取得大胜。但金军诸将对是否追击意见并不统一，为此还专门上奏朝廷。大多尸位素餐的大臣觉得打了胜仗已经很不错了，还追击什么，不知道穷寇莫追吗？只有御史大夫雷渊认为机不可失，应该乘胜追击，然而主政大臣并不理睬雷渊的建议。

没有金军在后面追击，打了败仗的蒙古军得以安然撤退。经过休整聚拢，他们再次掉头攻打凤翔府。后知后觉的金朝朝廷后悔不迭。

元太宗三年（金正大八年，1231年）正月，速不台率军再次攻打潼关。蒙古军攻破小关后，东进到卢氏、朱阳。第一次倒回谷之战后，完颜合达返回阌乡屯守，速不台不得不绕开重兵屯守的阌乡，向东南前进。

百里之间，全是声势浩大的蒙古军队。潼关总帅纳合买住一边亲率夹谷移迪烈、都尉高英前往拦截，一边向完颜合达、移剌蒲阿求援。两人命完颜陈和尚率忠孝军一千、都尉夹谷泽（本姓樊）率军一万前往救援。因金军接连获胜、士气高涨，两军没怎么接触，蒙古军就退走了。金军求战心切，紧追不舍，一直追到倒回谷。

在倒回谷，忠孝军再显身手，击败蒙古第一悍将速不台。蒙古军兵败如山倒，被金军驱逐着从倒回谷、蓝关向西撤退。

速不台竟然兵败，这可把窝阔台气坏了。他欲要问责速不台，还是拖雷劝他胜败乃兵家常事，应该让速不台将功补过，窝阔台才没有惩处速不台。

凤翔府之战

如果说窝阔台听了移剌蒲阿的狂言只是感到生气，那么蒙古军在潼关、京兆府的失利则让他感到愤怒。

速不台在倒回谷战败的时候，窝阔台和弟弟拖雷正在攻打凤翔府。完颜合达和移剌蒲阿奉命救援凤翔，两人从阌乡行军到同州屯驻，之后不管凤翔怎么求援，两人都按兵不动。宰臣们认为两人畏敌怯战，故意逗留不前；京兆士民也议论纷纷，不知道他们什么意思。

汹涌的舆论浪潮迫使宰臣们不得不劝谏金哀宗，让皇帝命令两人尽快迎战蒙古军。金哀宗认为，将在外君令有所不受，或许他们是在寻找出兵机会，如果贸然督促他们出战，只怕有害无益。

不过，金哀宗还是派枢密判官白华和右司郎中夹谷八里门前去同州见完颜合达、移剌蒲阿。白华等人星夜赶到同州，把宰臣们的言论告诉完颜合达和移剌蒲阿，并转达了皇帝的疑问："蒙古军围困凤翔两个半月，已有疲惫懈怠的迹象，你们为什么还按兵不动呢？"

完颜合达说："没出兵是因为没等到机会，有机会了就会行动。"移剌蒲阿则傲慢地说："蒙古军已经断粮了，等他们没有力气战斗的时候，他们就败了。"移剌蒲阿身为大军统帅，畏敌怯战不说，还说出如此不负责任的话，可见他就是个外强中干的投机分子。不被皇帝信任的完颜合达，根本不敢得罪皇帝的亲信移剌蒲阿，于是面对使者时，他说可以出兵，但当着移剌蒲阿的面，他又说不能出兵，反正就是推诿敷衍，不敢承担责任。

白华看出移剌蒲阿和完颜合达见蒙古军势大，有了畏敌之心，就私下询问夹谷泽、蒲察定住和完颜陈和尚的意见。三个人都说："别人说蒙古军已经疲敝，可以进攻，这话是不对的，敌人的行动无法被轻易预料。我们是真的不能行动。"白华等人返回京城，将两位行省和诸将的意见上奏金哀宗。

金哀宗很生气，不能动就眼睁睁地看着蒙古军围城吗？这些人肯定是怯战才不敢动的。他随即命白华去给完颜合达、移剌蒲阿传旨："凤翔被围许久，守军恐怕撑不住了。行省应该率军出关，晚上到达华阴（今陕西华阴市）边界，第二天进入华阴，第三天行军到华州，和那里的蒙古军交战。蒙古军主力听说后，定会赶去救援，这样就能缓解凤翔的危机。我们也可以牵制一下蒙古军。"

知道皇帝发怒了，移剌蒲阿和完颜合达不得不率军出关二十里，去和渭北的蒙古军交战。没等围困凤翔的蒙古军听到消息赶过来救援，两人就虚晃一枪，于当晚收兵入关。他们还急忙上奏请功，表示自己已经奉旨出兵。催促出兵的使者白华返京途中走到中牟，移剌蒲阿派来表功的使者就追上了他。白华看了表功副本不禁仰天长叹：连蒙古军主力的影子都没看到，还谈什么牵制？主帅都如此怯战，谁还能阻止蒙古军？

果不出所料，白华到京没几天，凤翔府就被蒙古军攻破。凤翔沦陷后，移剌蒲阿与完颜合达商量放弃京兆，把居民迁到河南，将蒙古军拦在潼关之外。屯守京兆的左副元帅纥石烈牙吾塔表示赞成，留下宗室庆山奴（又名完颜承立）行省京兆。

庆山奴看着给他留下的八百老弱病残以及两百瘦马，怕得要死。他本就是无能之辈，当初和李全作战失利，兵败盱眙，按律他应当被问斩，但因出身宗室，他并没有获罪，而是被贬斥为定国军节度使。后来，他又因为收受贿赂官降一级。

能指望这样的人守住京兆？从四月留守到十月，庆山奴屡次上书请求回京。他担心朝廷不许，还给堂兄完颜白撒（完颜承麟的哥哥）捎信让他帮忙说情。朝廷不允许他回来，庆山奴就以粮尽为借口，任命同知乾州军州事、保义军提控苟琪留守京兆，自己逃回京城。庆山奴走到阌乡的时候，金哀宗才知道，忙遣近侍裴满七斤传令让他去黄陵冈（今河南兰考县东），不允许他回京。但没多久，金哀宗又改变了主意，让他去行省徐州。

凤翔府是关陇的门户，和京兆府一样都是陕西重镇。蒙古军刚攻破凤翔，金军就自己放弃了京兆。凤翔、京兆的丢失，标志着陕西全境沦陷，为以后蒙古军施行斡腹计划、假宋攻金这一战略免除了后顾之忧。

凤翔府、京兆府沦陷之后，金朝失去了有利局面，正式进入灭亡倒计时。

第二次河中府之战

第二次河中府之战，是窝阔台掌权时期蒙古假道宋境灭金战略的重要一环。随着河中府沦陷，金朝在黄河北岸的防线全面瓦解。

蒙古重提斡腹计划

总的来说，窝阔台出兵攻金以来，蒙古军并没有取得多少进展，也没有实现他的战略目的。窝阔台意识到，他制订的正面强攻关河防线的计划不太好实现。在遭受了接二连三的失败打击之后，他不得不考虑改变战术。成吉思汗末期形成的假道宋境、迂回灭金的斡腹计划，再次被提上议程。

早在成吉思汗统治末年，蒙古就已经有了假道西夏、南宋，消灭金朝的斡腹计划。斡腹战术的特点是：通过迂回，避开敌军重点防御的背部，绕到敌军防御薄弱的腹部。假道南宋灭金、假道大理灭宋，都属于斡腹战术。

不知是何原因，成吉思汗死后，拖雷和窝阔台两兄弟最初并没有执行成吉思汗假道灭金的遗命，反而试图正面强攻金朝的关河防线，破关东进南京。直到屡屡碰壁，他们才重新启动了斡腹计划。元太宗三年五月，在官山（今内蒙古卓资县北）九十九泉避暑的窝阔台，召集诸王亲贵商议灭金事宜。皇弟拖雷向哥哥献上一计，这个计策来自降人李昌国。

拖雷攻克凤翔府后，降人李昌国对他说："金朝迁都汴京，倚仗的无非是天险黄河、潼关。如果绕过潼关，从宝鸡到汉中，不到一个月就可以深入唐州（今河南唐河县）、邓州。那时，金人恐怕还以为我军是从天而降呢！"李昌国的计划与成吉思汗的斡腹计划不谋而合。拖雷将这个战术告诉窝阔台后，窝阔台大喜，立刻命人实施。

窝阔台照例兵分三路，他自己率领中军从碗子城（今山西泽州县晋庙铺镇碗城村）南下，攻打金军在黄河以北的重镇河中府，再渡过黄河进攻洛阳，最后进军南京，从正面逼迫金军。斡陈那颜率领主要由河北、山东的汉人世侯（指蒙古灭金、灭宋期间出现的地方武装力量的首领）及其麾下武装组成的左路军，从济南出发，向西进攻洛阳，目的是牵制金军。拖雷率领的右路军从凤翔府渡过渭水，过宝鸡进入小潼关（即二里关，在宝鸡之南，散关之北），之后向南宋借道，沿汉水而下，从唐、邓进军南京。三路蒙古军相约次年（1232年）春天会合于南京城下。

不作为的金朝君臣

蒙古军调整作战计划的时候，金朝君臣又在做什么呢？

他们不是没有察觉到蒙古军的动向。蒙古军屡次攻打潼关未果时，大臣术甲脱鲁灰就担心蒙古军会假道宋境攻金，为此金哀宗特意加强了商州南部的军事防务。

隐士杜时升也说："蒙古军集中在秦州、巩州（今甘肃陇西县）之间，如果他们借道宋境出襄水、汉水，进入宛县（今河南南阳市）、叶县（今河南叶县南），那时蒙古铁骑将长驱直入，再没有高山大川能阻挡他们，金朝很快就会土崩瓦解。"

可见，金朝并不缺乏眼光长远之人。然而，他们太过依赖关河防线，尤其是在蒙古军的破关行动在关河天险面前接连失利之后，以致忽视了关河防线重西轻东、重北轻南的缺点。蒙古军的斡腹计划刚好能够避开金军的重点防御。

元太宗三年九月，蒙古军三路齐发。十月，金京兆留守庆山奴弃城逃走，陕西全境落入蒙古军手中。窝阔台率中路军围攻河中府。

位于黄河北岸的重镇河中府，是兵家必争之地。当初中都被围，金宣宗想迁都时，就曾考虑过河中府。他认为，河中府背负关陕五路，南面有黄河，北面有绛州、平阳府、太原府三大重镇，敌人不敢轻入。不过，由于河中府没有宫室，不如南京方便，金宣宗最终打消了迁都河中府的想法。金宣宗末年，河中府曾被蒙金双方反复争夺，后被金军收复。金宣宗以元帅都监完颜阿禄带为主帅，屯守河中府。

完颜阿禄带是一个毫无胆气的畏战之人，他害怕蒙古军来攻，就搜刮民脂民膏竭力修筑防御工程。绛州沦陷后，河中府孤立无援，阿禄带越发害怕，派人飞马驰奏，向金宣宗报告说河中府守不住。

焦头烂额的金宣宗没有命令完颜阿禄带积极坚守，而是下了一道模棱两可的命令：能守就守，不能守就放弃，但不要给敌军留下资源。完颜阿禄带果断选择了弃守。临走前，他放火烧毁民户官衙，大火烧了两天才熄灭。

没看到敌人的影子，守将就先逃跑了，足见金军将帅有多么畏战。没多久，有人提醒金宣宗："重镇河中是国之根本，放弃实在失策。如果被敌人占据，黄河以北都将落入敌人手中。"金宣宗悔恨不已，将完颜阿禄带下狱，另外任命两名宗室带兵三万屯守河中府。

白华的直捣河中战略

临危受命的两位宗室都叫完颜讹可。任职权金枢密院事的完颜讹可，因喜欢火烧犯人，被起了个绰号叫"草火讹可"；任职陕州总帅的完颜讹可，因曾把宫中的牙牌叫成板子，被起了个绰号叫"板子讹可"。两位讹可同心协力，共守孤悬黄河北岸的河中府。

窝阔台本想靠围攻河中府来吸引金军的视线，掩护南下河南的拖雷，但随着拖雷在宋境的深入、速不罕出使南宋借道，蒙古军假道攻金的意图再也无法掩盖。金朝君臣像热锅上的蚂蚁，急得团团转。危急关头，金哀宗赶紧命群臣商议对策。

枢密判官白华上奏说："据侦察，拖雷领军四万，窝阔台只领军一万。如果我们去汉水拦截拖雷，各军集合最少需要半个月，与其这样费时费力，不如直接救援河中，沿河屯守的军队一天就可以渡河来到河中。我军如果竭尽全力击败窝阔台军，绕渡襄水、汉水的拖雷部必定迟疑，不敢孤军深入。利用北方的战事去掣肘南方的战争，臣认为这样是最合适的。"

金哀宗平时喜欢讨论军事，听了白华的建议深以为然。完颜合达也在陕州上书表示赞成白华的建议，这让金哀宗很高兴，他连忙召见待在洛阳的亲信移剌蒲阿进京，询问大军直捣河中府的可行性。结果移剌蒲阿顾左右而言他，一句河中府都不敢提，只说蒙古先锋撒吉思卜华（《金史》称为"忒木泬"）要率兵冲出冷水谷口，应先派兵去拦截他。

金哀宗很不满，责问道："朕没有问冷水谷口的事，只是想问你可以直捣河中府的敌军吗？"移剌蒲阿没法推诿了，就说："拖雷领兵虽多，但都是杂牌军；窝阔台领兵虽少，却都是精锐。我军北渡时，蒙古军必然将辎重屯放在平阳府之北，安排精锐于百里之外设伏，放任我军渡河。然后，他们会切断我军的退路，与我军决战。那时我军被前后夹击，恐怕无法取胜。"

看着毫无斗志只会找理由的宠臣，金哀宗有点儿心灰意冷，他挥挥手让移剌蒲阿回陕州去。移剌蒲阿不依不饶，非让完颜合达进京商议，来证明直捣河中府的战略是错误的，并不是他胆小不敢出战。移剌蒲阿知道皇帝倚重他，完颜合达不敢得罪自己，必然会选择支持他。

完颜合达进京后，前去枢密院一起商议直捣河中府的事。然而除了白华激昂澎湃地陈述这个战略计划的价值和可行性以外，其他人都唯移剌蒲阿马首是瞻。移剌蒲阿表示应该拦截冷水谷口的蒙古军，果不其然，完颜合达第一个表示赞成。直捣河中府的计划就此搁置。

见风使舵的完颜合达不愿被皇帝认为自己首鼠两端，就对皇帝辩解说战场局势瞬息万变，如今河中府的形势和之前他上奏时有所不同，此时应该依从移剌蒲阿的计划。金哀宗无可奈何，只能放任两人派出一支军队前往冷水谷口。然而，这支部队没等看到蒙古人就撤军了。

金朝如果采纳白华的建议，或许还有一线生机。只要保住河中府，金军不但能把窝阔台军拦在黄河以北，粉碎蒙古中路军和右路军前后夹攻南京的计划，让南京摆脱腹背受敌的局面，还能让斡腹的拖雷部变成深入金境的孤军。但是，志大才疏的移剌蒲阿，胆怯畏战不愿出战；完颜合达则从沉稳持重的名将，被官场争斗磨得没有了棱角。两人作为金朝倚重的两大统帅，不仅无力阻挡拖雷军借道，还坐视河中府失陷，使蒙古两路大军遥遥呼应。造成这种局面，两个人都有不可推卸的责任。

第二次河中府之战

说回被窝阔台团团围困的河中府。两位宗室讹可比前面那位完颜阿禄带强多了，他们没有临阵脱逃，而是尽职尽责地为国战斗。两人担心军力不足，选择放弃一半城池，死守另一半城池。他们修筑了高达两百尺的楼橹，以便从高处向下观察敌情，又挖掘出百余条相连的地道，和蒙古军斗智斗勇。

十一月，蒙古军的进攻越发猛烈。在两位讹可的多次求援下，完颜合达和移剌蒲阿才派王敢率军一万前往救援。王敢援军一到，金军士气高涨，与蒙古军展开殊死战斗。窝阔台见金军派了援兵，下令日夜不停地轮番猛攻，不给金军喘息的机会。

在蒙古军的强势攻击下，城池西北的楼橹率先被攻破。之后，金军凭借地道与蒙古军又搏斗了半个月，直到孤悬北岸、被朝廷放弃的河中府沦陷。

草火讹可坚持战斗到最后一刻，壮烈殉国。板子讹可率领三千残兵趁夜夺船逃走。紧紧追赶的蒙古军，一面在岸边鼓噪呐喊，一面向板子讹可的船不停射箭。一时间，箭矢如雨。板子讹可的船才行走数里，就遇到拦截他们的横停着的蒙古战船。蒙古军向板子讹可的船连连发射震天雷。此时的蒙古军水战能力还很弱，不但没有击毁板子讹可的船，反而让板子讹可借着炮火的光亮发现蒙古军船上没几个人。板子讹可当机立断，下令将船撞开，突围而去。

摆脱蒙古军的围追堵截后，板子讹可终于穿过潼关，到达阌乡。金哀宗却听信谗言，认为板子讹可没有殉国死节，命人把他逮捕到陕州。最终，板子讹可被杖责二百而死。

为何临阵脱逃、丧师辱国之人没有被问罪，九死一生从敌军包围中逃回来的板子讹可却被杖杀呢？只因他得罪过监军奉御六儿。在奉御六儿的谗言下，金哀宗对板子讹可没有殉国感到很气愤。可怜板子讹可血战河中府，没有死在战场上，却死在刑罚之下！

十二月初八，河中城破。十二月二十日，拖雷率领右路军渡过汉水，与窝阔台的中路军遥遥呼应。次年（1232 年）正月初五，窝阔台率军从白坡（位于今河南洛阳市孟津区）渡过黄河。十一日，金新卫州（金宣宗南迁后另建新卫州，直到元宪宗即位后才还治卫州）节度使完颜斜捻阿不弃城逃回南京。十三日，郑州屯军元帅马伯坚献城投降。

至此，金朝在黄河一线的防御全面瓦解，蒙古中路军和西路军对金朝的腹背夹攻之势已经形成。曾经辉煌一时的金朝摇摇欲坠。

禹山之战

禹山之战和枣林之战在蒙金战史上并不起眼，但都以蒙古军失利告终。不过，由于金军统帅的错误判断，深入敌境、不占优势的拖雷部并没有遭受多大损失，每次都安然撤退。

拖雷假道南宋

蒙古假道宋境消灭金朝的战略计划，早在元太祖二十二年就已经形成了。就在那一年，成吉思汗以游骑偏师侵入宋境，提前对假道灭金所需的战略路线进行侦察。

元太宗二年，窝阔台在正面硬攻金朝的关河防线连连失利后，改变战略，重新启动假道宋境灭金的斡腹计划。为了实现这个计划，窝阔台和四弟拖雷亲自转战陕西，发动围攻凤翔府的战争。只有打开关陇的门户——凤翔府，蒙古才能实现借道宋境的目的。

第二年（1231 年）二月，拖雷攻占凤翔府后，命按竺迩为先锋，穿过大散关进入宋境。早在当年正月，蒙古使者速不罕就来到武休关（今陕西留坝县境内），向南宋递出一份言辞傲慢的文书，提出借道和借粮二十万斛的要求。面对桀骜的蒙古人，南宋四川制置使桂如渊严令诸将不得擅自出兵。他一边派王良能、李大举为使，前往凤翔回复拖雷，一边命兴元府准备牛、羊、酒犒劳四处焚烧劫掠的蒙古军偏师。

桂如渊答应借粮给蒙古军，却并不敢答应借道给蒙古军。蛮横的蒙古人并不在乎宋人的态度，在攻克凤翔后就南下攻宋。四月，拖雷攻克凤州（今陕西凤县），五月兵临武休关，先后攻破仙人关（位于今甘肃徽县东南）和七方关（位于今甘肃康县东北），引起了广大南宋军民的愤恨和抵抗。

十月，一直滞留在凤州兴赵原的速不罕受拖雷指派，前往沔州（今陕西略阳县），与南宋军都统张宣谈判借道、借粮事宜，结果被都统张宣的部下冯泽诱杀。拖雷对速不罕的死非常愤怒，以宋人杀死使者背弃盟约为借口，进一步扩大军事行动。

拖雷把他的右路军兵分两路：东路军从凤州攻取洋州（今陕西洋县），留驻兴元府、洋州一带；西路军破沔州，克大安军（今陕西宁强县），渡过嘉陵江，连破葭萌（今四川剑阁县东）、阆州（今四川阆中市）的西水县和南部，攻破南宋一百四十座城寨。

十一月二十五日，两路蒙古军会合，进军饶风关（位于今陕西石泉县西）。早在宋人杀害速不罕之前，南宋的蜀口三关——武休关、仙人关、七方关就已经被蒙古军攻克了。此时的四川，失去了抗击蒙古军入侵的屏障。软弱无能的桂如渊面对凶猛的蒙古军，不但为其提供粮草，还派百余人替蒙古军充当向导，让蒙古军顺利穿过饶风关，到达金州。

金哀宗的选择

听说蒙古军破饶风关东进，金朝朝野震动。所有人再也无法像以往那样继续掩耳盗铃，自己骗自己了，这回蒙古军是真的来到了己方腹心位置！

军报到达南京时已经是傍晚时分，省院官员不敢耽搁，立即将消息报给金哀宗。略通军事的金哀宗明白自己的处境：黄河一线的防御已经崩溃，窝阔台随时可能渡过黄河，拖雷又出现在金朝的腹心位置，兄弟俩南北呼应，金朝在劫难逃。

回想自己的前半生，三十四岁的金哀宗无法平静。他从父亲金宣宗手中接过烂摊子已经八年了。还在东宫时，他就致力于改革军制，不仅遴选强壮矫捷者成立十三都尉，还打造了骁勇善战的忠孝铁军。除了这些，他还有包括亲卫、骑兵、武卫、护卫及驻外诸军在内的二十余万士兵。正是他的苦心经营，才有了大昌原、倒回谷大胜，使士卒们有了战斗的勇气。

面对眼下的颓局，金哀宗长叹："事已至此，无可奈何。"枢密院官员纷纷建议皇帝："拖雷部不远万里，历时两年才到武休关，已经是劳苦之极。如今之计，应把重兵屯在汴京周围的州县，严守洛阳、潼关等地；将粮食屯在汴京，其他地方坚壁清野，老百姓不能入城避难的，就躲进山里去。拖雷部深入河南后，无仗可打，无粮可抢。等到粮草耗尽，不用我们反击，他们自己就会退走。"

出主意的高官显然十分愚蠢，早在蒙金战争第一阶段，金朝就尝试过坚壁清野的战略，结果华北地区成了蒙古军的跑马场。历史已经证明，放任飓风一样的蒙古铁骑长驱直入，结果将是无人能够抵挡住他们前进的脚步。没有南迁的金朝抵挡不住，南迁后苟延残喘的金朝更加抵挡不住。

金哀宗清醒地知道，坚壁清野计划不仅拖不垮蒙古军，反而会让南京像当年的中都一样坐困孤城。他与其坐以待毙，还不如迎敌决战，或许还有取胜的机会。对此，哀宗感慨地说："南渡二十年，河南的百姓毁田宅、卖妻儿，竭尽所能地供养军队。如今蒙古军来了，军队却避其锋芒不迎战，要老百姓自己躲避。京城就算得以保存，没有了子民，还能算国家吗？天下人又会怎么看待朕呢？朕已经考虑好了，生死存亡都是天命，只要朕不辜负百姓就可以了。"

金哀宗下诏：移剌蒲阿和完颜合达南下，拦截拖雷部；徒单兀典行省阌乡，防守潼关；以徒单百家为关陕总帅，便宜行事。至于被窝阔台团团围困的河中府，他已经无暇顾及了。

除了完颜合达和移剌蒲阿的军队外，杨沃衍率军八千从洛南路入商州木瓜平，一日夜驰行三百里来到桃花堡，之后继续东进，与大军会合于镇平（今河南镇平县）；完颜陈和尚从阌乡东行；恒山公武仙率军一万从胡岭关出发，到荆子口关（今河南淅川县西北荆紫关），与大军会合。十二月初一，移剌蒲阿与完颜合达率领金朝最后的十五万精锐在邓州集合，屯驻顺阳县（今河南淅川县）。

就在金军紧急会合时，金哀宗命提控刘天山出使南宋襄阳制置司，陈述唇亡齿寒的利害关系，相约共同抵抗蒙古，还向南宋索要军粮。交好邻居共抗敌人没有错，问题是方式错了，金朝根本没有认清当时复杂的局势，还以为南宋是昔日任他欺凌的小弟。刘天山给南宋的公文居然是上级对下级的公文，这是谈合作的态度吗？合作当然是谈不拢的，南宋方面直接表示拒绝。

拖雷部渡过汉水

拖雷部到达金州后沿着汉水向东南方向行军，攻取房州，在武当山击败十余万宋军；随后转向东北，直趋均州（今湖北丹江口市）。

元太宗三年十二月初八，窝阔台攻克河中府，随时都可能渡河南下。十七日，深入金朝腹心的拖雷部在均州、光化军（今湖北老河口市西北）一带，开始用皮囊浮渡汉水，并派遣夔曲涅率领千骑去向窝阔台报告渡江之事。

拖雷部刚开始渡江时，北岸的金军诸将还在商量，是趁蒙古军渡江时拦江作战，还是放他们渡江后趁其立足未稳时再进攻。提控步军、临淄郡王张惠认为己方内里空虚，如果让蒙古军渡江，恐怕抵挡不住对方的攻击，因此应趁蒙古军半渡之际攻击他们，打他们个措手不及。

张惠说得很有道理，把不善水战的蒙古军拦截在江上，金军可以凭借汉水布防。但是，金军里偏偏有个脑子不正常的移剌蒲阿，更要命的是，他还是金军的最高统帅。移剌蒲阿对张惠的建议不以为然："你只知道我军的情况，哪里知道蒙古军的情况？我之前在裕州（今河南方城县）时就接到过陛下的旨意，'就算蒙古军藏在沙漠里，也要把他们找出来决战！'现在不用我们费心去找，他们就自投罗网了！这一次，决不能再让他们像在大昌原、卫州、扇车回（倒回谷）那样有逃走的机会！"

面对张惠和移剌蒲阿提出的两种截然不同的战术，金军几位高级将领再次站队。蒲察定住、高英、樊泽赞成移剌蒲阿的意见，完颜合达则认为张惠说得更有道理，但他不敢违逆移剌蒲阿，就问按得木（一作阿达茂）怎么看。按得木是蒙古人，了解蒙古军的习性，他赞成张惠的拦江作战方案。但他们三个都不能让移剌蒲阿改变主意，只能眼睁睁地看着蒙古军安然渡江。

移剌蒲阿为何坚持等蒙古军渡江后作战呢？究其原因不外乎两点。其一，他看不起拖雷部。之前他就说过，拖雷部是杂牌军，虽然有三万人，但成分较杂，既有蒙古军又有汉军。其二，在数量上，金军占据绝对优势。金军有十五万人，而蒙古军只有三万人，谁强谁弱似乎毫无悬念。在移剌蒲阿看来，就算放蒙古军渡江，十五万金军也能把三万蒙古军啃掉。不知道他哪儿来的自信，认为金军胜券在握，要知道拖雷部人数虽少，却能征善战，将领中既有速不台、失吉忽秃忽、朵豁勒忽、扎剌、野里知给歹等蒙古名将，又有汪古人按竺迩、女真人奥屯世英、汉人世侯刘黑马等将领。有这样昏聩的统帅，真是金朝的劫难。

十二月二十日，蒙古军完成渡江，离开南宋国境进入金境，初步完成假道宋境、迂回攻金的战略计划。得知蒙古军渡江完毕后，移剌蒲阿和完颜合达率领从十二月初一就屯驻在顺阳的金军连夜行军，于二十一日天亮时到达邓州西南六十里处的禹山，占据有利地形设下埋伏。两人让步兵迎于山前，骑兵屯于山后，等待蒙古军一头扎进他们的口袋里。

禹山之战

拖雷根据谍报，得知有二十万金军埋伏在禹山。虽然金军人数数倍于蒙古军，但步兵多、骑兵少。鉴于此，拖雷留下辎重，轻骑前进。十二月二十二日，拖雷率军逼近禹山。尽管金军拥有人数和地形上的优势，但拖雷仍然在二十三日凌晨主动发起进攻。他兵分三路，避开金军正面，让左右两翼像大雁的双翅一样展开，沿着山脚绕到金军骑兵的后面，他自己则率领中军充当接应。

正当完颜合达以为蒙古军不会开战，而是会选择观望时，蒙古军突然从金军阵地背后发起了进攻。金军仓皇应战，短兵相接，与蒙古军战到一处。由于金军占尽优势，又拼命抵抗，蒙古军的首次进攻并没有打乱金军的阵形。于是蒙古军略微退后，减缓攻势。移剌蒲阿见蒙古军退却，才敢露头。不想他刚绕到披甲的骑兵后面，西路蒙古军就突然向他发起进攻。幸好蒲察定住英勇力战，击退了蒙古军连续发动的三次进攻。

拖雷召集诸将商议良久，认为他们的人数较少不占优势，应当让部分军队去寻找金军防御最薄弱的地方，然后集中火力攻击此处。等金军自乱阵脚，他们就趁势将金军的队伍撕开一个口子，发起大规模进攻。

完颜合达猜到了蒙古军的意图，再三叮嘱各部加强防备。

防御北面的高英所部没想到蒙古军竟突然出现在他们的后方，差点儿顶不住对方的攻势。完颜合达大怒，要斩高英立威，好在他最后冷静下来，允许高英戴罪立功。高英督军力战，总算击退了蒙古军。蒙古军退后观察一番之后，又去进攻樊泽部，樊泽部大乱。等完颜合达斩杀一名千夫长之后，樊泽部才终于停止了骚乱，继续与蒙古军战斗。

经过一个昼夜的连番鏖战，蒙古军始终无法突破金军的防线，只好退军到三十里之外，主动结束了禹山之战。

看到蒙古军向南撤退，完颜合达建议乘胜追击："虽然蒙古军号称有三万兵马，但运护辎重的人就占了三分之一。他们和我军相持两三天，根本没有机会饱餐，我们应该趁着蒙古军退却，去追击他们。"

张惠大力支持完颜合达的建议，但移剌蒲阿早已将战前吹嘘的不让蒙古军有逃走机会的话忘在脑后，再次拒绝了完颜合达的提议。他觉得，蒙古军现在就是丧家之犬，根本不必着急收拾："现在黄河尚未结冰，江路已然断绝，他们无法原路返回，只能被困在我朝腹地，我们何必急着追击他们呢？"

由于移剌蒲阿的自以为是，蒙古军毫发无损地撤走了。但无论如何，金军总归是打了一场胜仗，移剌蒲阿和完颜合达迅速向朝廷上报禹山大捷。金哀宗闻报精神大振，百官纷纷上表称贺，宰臣们更是在省部摆宴庆贺。左丞李蹊为久违的大捷流下了激动的泪水："如果没有今天的捷报，生灵涂炭的场面将难以想象。"

如果移剌蒲阿和完颜合达是在将拖雷部歼灭后报捷的，那算得上是当之无愧的大捷，但以数倍于敌的军队防守，却没有伤到敌人分毫，还好意思报捷，就有点儿说不过去了。这种自欺欺人的行为，不但贻误了国事，还祸害了百姓。

蒙古军出饶风关的消息传开后，很多河南百姓都找地方躲了起来，如今听到两位行省报捷，百姓便以为蒙古军退走了，陆续返回家园。没想到两三天后蒙古游骑再次出现，这些百姓大都没有逃脱被屠杀的命运。这都是被捷报所误啊！

枣林袭击战

禹山之战后，十个衣衫褴褛的蒙古侦察兵骑着瘦马假装投降金军。他们向金军哭诉自己既没有吃的喝的，又没有穿的，日子过得很艰难。移剌蒲阿和完颜合达居然相信了，把他们安置在阵地后方，不仅给他们换上肥壮的马匹，送上温暖的棉衣，还拿酒招待他们。等这十人扬鞭策马而去，两位行省才醒悟过来自己被耍了。

得到探子汇报的拖雷明白，金军只要占据禹山的险要地势摆开阵形，蒙古军就很难战胜他们。蒙古军只有采取调虎离山之计，让游骑引诱金军离开禹山，才有获胜的希望。因此，拖雷命失吉忽秃忽带领三百骑兵，在金军阵前又是来回驰骋，又是假装北进，想通过挑衅引诱金军出击。然而金军为了维持阵形，不为所动。

拖雷再次改变策略，玩起了失踪。从十二月二十四日开始，连续四天，金军发现蒙古军不见了踪影。蒙古军原来的营地上没有篝火亮起，他们的游骑也不见活动。从邓州过来送水的人以及往来的路人，没有一个发现蒙古军的踪迹。难道他们觉得自己打不赢，又南渡沿原路返回了？

直到十二月二十八日，金军巡逻的骑兵才发现蒙古军就藏匿在光化军对岸的枣林中。他们白天做饭，夜里骑着马在林中转悠。如果不靠近枣林，外面的人一点儿声音都听不到。

拖雷为何将部队藏匿在枣林里呢？其实他把这部分兵马藏在枣林，只是为了吸引金军主力的目光，好让他的另一部分兵马绕过禹山悄然北上，深入金朝腹地。这是当时金军诸将都没有预料到的。

完颜合达知道，坚守禹山是不现实的，毕竟他们的任务是拦截拖雷部不让他们北上。如果屯在禹山不动，等蒙古军真的绕过禹山北上了，金军岂不是更被动？另外，他还怕蒙古军切断禹山的后勤供应。因此，他与移剌蒲阿商议，决定在二十九日回邓州筹集粮草。

返回邓州的金军经过枣林时，隐匿四天的拖雷突然率兵向他们发起了袭击。完颜合达和移剌蒲阿率军迎战，但蒙古军并不与他们硬碰硬，而是以百骑抢劫金军的辎重，以此侵扰金军，让金军阵形大乱。完颜合达等人连夜退往邓州。撤军途中，完颜合达担心士兵迷路，便鸣钟指引他们。

拖雷命扎剌率三千骑兵继续追击金军。三十日，天降大雾，雾浓得连道路都看不清。突然，金军袭击了追击而来的蒙古军，扎剌部损伤惨重。拖雷生气地罢免了扎剌，让野里知给歹代替他统军。

金军进入邓州后，由樊泽驻守城西，高英驻守城东。自从二十九日向金军发起进攻以来，蒙古军的攻势一直持续到了次年（1232年）正月初一。正当金军以为坚守邓州就能拖住蒙古军时，拖雷却突然绕过邓州北上，移剌蒲阿和完颜合达错愕之余只能全力追击。

从蒙古军渡过汉水，到禹山之战、枣林之战爆发，金军统帅移剌蒲阿是一错再错，贻误战机。与之相反，蒙古军统帅拖雷则根据战场形势，不停地调整作战计划，既保存了实力，又骚扰了敌人。最终，蒙古军绕过金军主力，深入敌人腹地，正式拉开三峰山（今河南禹州市境内）大战的序幕。

三峰山之战

三峰山之战是蒙金战史上具有决定性意义的战役。在这场战役中，促使蒙古军转败为胜的关键因素是天降大雪、气温骤降。习惯在寒冷气候下作战的蒙古军，重新掌控了战场主动权，击败了金军最后的精锐。

蒙古军的游击战

拖雷攻打邓州两天后，突然绕过邓州北上。金军统帅完颜合达和移剌蒲阿急了，他们的使命可是拦截拖雷部，怎么能让他直扑南京呢？两人只能在元太宗四年（金正大九年，1232 年）正月初二从邓州拔营，追赶拖雷部。

此时的金军将领，除了完颜合达和移剌蒲阿外，还有骑帅蒲察定住、蒲察答吉卜，郎将按得木，忠孝军总领夹谷爱答、内族达鲁欢，总领夹谷移特剌，提控步军张惠，殄寇都尉完颜阿排、高英、樊泽，中军完颜陈和尚。另外，恒山公武仙和杨沃衍也率军赶来会合。

当天，金朝最后的名将纷纷抵达镇平五朵山。在等待杨武的时候，杨沃衍向移剌蒲阿与完颜合达询问禹山之战的情况。完颜合达说："虽然我军打赢了禹山之战，但蒙古军已经北上了。"杨沃衍愤愤地说："两位大人蒙受国家厚恩，掌管军权，竟然贻误战事，不能为国家御敌，反而让敌人纵兵深入，还有什么脸面可言？"完颜合达和移剌蒲阿无言以对。

拖雷知道金军必然要阻止他北上，就向速不台问计。速不台说："金人已经习惯了城居生活，不耐劳苦，只要我军在途中不停地挑衅他们，就可以让他们陷入惊惧和疲惫之中。"拖雷深以为然，命失吉忽秃忽率军尾随金军，对其进行骚扰、牵制，务必让金军日夜不得休息。先前被拖雷派出去的三千骑兵，现在已经在河南横行了二十多天。泌阳（今河南唐河县）、南阳（今河南南阳市区）、襄城县（今河南襄城县）、郏城县（今河南郏县）等南京周围县城相继被破，民间积蓄的物资被蒙古军抢掠、烧毁得七七八八。

正月初五，窝阔台从河清县（今河南洛阳市孟津区）白坡渡过黄河，命塔思与亲王按赤台、口温不花去增援拖雷部。

正月初七，杨武与完颜合达诸人会合，此时申州（今河南南阳市一带）、裕州已经投降了蒙古军。金军在北撤途中，屡屡遭到蒙古军袭击。为了打击偷袭他们的蒙古军，金军诸将商议在出入邓州的道路上埋伏骑兵。第二天金军启程后，蒙古军果然来袭。金军以人数优势碾压蒙古军，把他们逼向埋伏圈。在伏兵的夹击配合下，金军击退了蒙古军，使其迅速向南逃走。

当天下起了雨，金军只好在竹林中宿营。直到正月初九，金军才行军到南阳西北的安皋镇。初十，大军宿营在鸦路（今河南鲁山县西南平高城村）、鲁山（今河南鲁山县）。

在蒙古先锋军的劫掠下，河南满目疮痍。金军从邓州北上，沿途没有得到任何给养，粮草供应成了最大的问题。一路上，蒙古军还不断袭扰金军，虽然都被金军击退，造成了不少死伤，但他们始终掌控着主动权，使金军处于疲于奔命的被动状态。金军在士气上远远比不上吃苦耐劳的蒙古军。

沙河袭击战

正月十二日，疲惫不堪的金军总算到达钧州沙河（今北汝河）。此时，蒙古军的五千骑兵已经在河的北边以逸待劳了。愤怒的金军夺桥而过，准备好好打一仗，结果蒙古军根本不迎战，而是迅速向西躲避。金军纵兵出击，紧紧追赶，但蒙古军始终避而不战，南渡沙河逃逸。无奈的金军只好停止追击，准备扎营，结果蒙古游击队又渡河过来袭击他们。

金军被蒙古军的袭扰弄得精疲力竭，既没法好好吃饭，也没法好好休息，想要痛痛快快地打一场，蒙古军跑得太快又追不上。更糟糕的是，天黑之后，下起了雨。金军又冷又饿，十分疲惫，士气极其低落。

第二天早上，雨变成了雪。此时，蒙古军增援到了一万人，紧紧咬着金军不放。金军来到距离钧州还有二十五里的黄榆店时，恶劣的雨雪天气阻止了他们继续前进，于是他们在这里宿营了三天。

就在金军宿营黄榆店的这天，窝阔台抵达郑州，郑州防城提控马伯坚选择投降。与此同时，拖雷派去接应窝阔台的一支军队与窝阔台会合。

正月十四日，蒙古游骑开始在南京周围游荡，这可把金哀宗吓坏了。十五日，天降大雪，金哀宗急忙派近侍去黄榆店传旨，命完颜合达和移剌蒲阿火速增援南京："两位行省立马领军回京，朕会亲自在御门犒劳你们。等你们换上御马后，再出战迎敌。"

移剌蒲阿接旨后拂袖而起，下令全军拔营，冒雪向京城行军。完颜合达还想再商量商量，移剌蒲阿失魂落魄地说："已经到这种地步了，还有什么可商议的！"

不知此时的移剌蒲阿是否后悔没有采纳张惠的拦江作战方案。他本来是要拦截敌人，结果却把敌人放进了家门口。

拖雷的决策

就在金军顶风冒雪地向京城前进时，蒙古中路军塔思部的万余骑兵来到三峰山，与拖雷部会合。五万蒙古军队集结于三峰山。此时摆在拖雷面前的，有两个方案：其一是直扑南京城，完成此行假道南宋、围困南京的战略计划；其二是把金军精锐拦截在三峰山，将其歼灭。

如果拖雷选择方案一，就彰显不出他的军事才能，因为他只是执行军令而已。本来，他借道北上就是要与窝阔台会合共捣南京，南京会师就是蒙古军的最终战略目标。但是，拖雷并没有死板地执行军令，而是根据当前两军的复杂形势，选择了方案二，在阻止金军增援南京的最后防线——三峰山，主动正面拦截金军。从拖雷的这个举动可以看出，他的随机应变能力和军事能力都很强。

如果拖雷部不在三峰山拦截金军，金军当天就能抵达钧州，得到休整，进而驰援南京城。这样一来，蒙古军不但错过了趁金军缺乏粮草时歼灭他们的良机，而且很有可能在南京城下被金军内外夹击。

按照当时的情形来看，拖雷阻击金军的行为多少有点儿以卵击石。就算他得到塔思部的增援，总兵力也不过五万人，而金军尽管是一支疲惫之师，但数量仍是他的三倍。

敏锐的拖雷并没有蛮干。他让人砍下大树树干堵塞金军前进、后退的道路，阻止金军行进。等金军杨沃衍部打通道路，可以继续前进时，大雪已经停了。

三峰山之战

完颜合达很快明白了拖雷的意图。他很清楚，如果不解决拖雷部，他们将寸步难行。紧要关头，完颜合达再次展现了他的名将风采。他命完颜陈和尚率领忠孝军正面进攻蒙古军主力，接近距离钧州只有十几里路程的竹林。完颜陈和尚率部进入竹林，来到三峰山下摆开阵势，攻击三峰山上的蒙古军。威名赫赫的忠孝军绝非浪得虚名，蒙古军很快失利，被迫退往三峰山东北、西南一带。

武仙、高英率部进攻三峰山西南的蒙古军，杨沃衍、樊泽则率部进攻三峰山东北的蒙古军。在金军的猛烈攻击下，蒙古军被迫退往三峰山东部。此时，张惠、按得木率部占领了三峰山地势较高处，从山上观察蒙古军动向，之后率领万余骑兵从上往下冲击蒙古军。蒙古军再次败退，被金军围了数圈。

正月十五日的战斗，胜负可以说已经毫无悬念了。此时两军处境颠倒，从蒙古军拦截金军，变成了金军围歼蒙古军。蒙古军败局已定，甚至还有被围歼的风险。

蒙古军的失利大大出乎双方的意料。金军根本没有想到，长途跋涉后的他们，能在缺乏补给、疲惫不堪、丧失战斗力和大量辎重的情况下，以两万骑兵、十三万步兵，重创五万蒙古铁骑，并将之重重包围。继禹山之战后，金军再次赢得了战场主动权。

在这种情况下，金军如果再接再厉，拖雷部必然在劫难逃。然而，金军并没有抓住机会。或许是经过一日的急行军和强作战后，疲惫不堪的金军已无力再战；也或许是移剌蒲阿再次被胜利冲昏头脑，犯了骄傲轻敌的老毛病，以为蒙古军处于劣势，金军可以好好休整，之后再一举将其歼灭。总之，金军停止了对蒙古军的进攻，仅仅是在山上筑垒、山下摆阵，将蒙古军层层围住，以防他们突围。然而正是这一失误，导致金军第二天全军覆没。

《元史·速不台传》用"将士颇惧"四个字，展现了当时蒙古军的危险处境。拖雷没想到，他们居然会被金军围困，以骁勇善战闻名天下的蒙古铁骑竟然也有任人宰割的一天。

但让人没有想到的是，到了如此地步，战场形势居然会再次峰回路转。

为了稳定军心，面对败局却毫无气馁之色的拖雷，命军中精通祈雪之术的康里人祈雪，又命人烧羊胛骨占卜。不知卜者是否做戏，居然真的卜出了吉兆，蒙古军的士气顿时大振。

正月十五日至十六日的夜里，竟然真的如蒙古人所愿降下了大雪，积雪最深处足有三尺厚。在抗击寒冷方面，金军自然不如来自北方苦寒之地的蒙古军。在风雪中，金军士卒几乎被冻僵，他们的刀、槊也都被冻成了冰块。

饥寒交迫的金军在大雪中瑟瑟发抖，而习惯在寒冷气候下作战的蒙古军却沸腾了，他们以为大雪是长生天对他们的眷顾，顿时军心振奋，踊跃思战。

蒙古军将领抄思察觉金军某处营壁不坚，率领精兵趁着黑夜冲击这一薄弱处。金军无力迎战，包围圈很快被蒙古军撕开一个缺口。拖雷连忙率部杀出重围。诸将建议他直扑南京，与窝阔台会合，之后再反击金军。拖雷却认为应趁机掌控战场主动权，如果他们撤走，金军势必会进入钧州城获得补给，之后就难以消灭了。身为臣弟怎么能把大敌留给汗兄呢？

天亮后，拖雷率领全军出击，反攻金军。

正月十六日，鹅毛大雪纷纷扬扬，白茫茫的雾气弥漫了整个战场，蒙金双方几乎难辨敌我。他们在麻田中战斗。这种田，百姓一年要耕犁四五遍，因此土质非常松软，人马踩下去，雪水、泥水能淹没到膝盖处。饥寒交迫的金军，在耐寒、坚韧的蒙古军的攻击下，瞬间溃败。战场局势再次反转，金军从围猎者变成了蒙古军的猎物。

蒙古军架起柴火，烧烤牛羊肉，轮番补充体力，换班去作战。金军困乏不堪的时候，蒙古军就故意打开一条通往钧州的通道。看见生路的金军无心恋战，溃败得更加厉害，一股脑儿地朝着缺口蜂拥而去。哪知蒙古生力军早就在路旁等着！金军溃兵被前后夹击，兵败如山倒。

在蒙古军的追击中，雪停了，雾散了，天气变得晴朗起来。明亮的光线让溃败的金军彻底暴露在了蒙古军的视线之中。蒙古军奋勇追击，直追出数十里。一路上鲜血遍地，兵器、辎重、粮草成堆被遗弃。十五万金军精锐几乎被蒙古军杀戮殆尽。此后，金军再也没有了野战的底气。

正月十七日，窝阔台亲自驾临三峰山，嘉奖弟弟拖雷。这一战的胜利，使拖雷的威望达到了历史新高。

在三峰山之战中，蒙古军转败为胜的契机非常偶然，那就是天降大雪、气温骤降，这让疲惫的金军不堪重负。当然，狂妄无能的金军统帅移剌蒲阿屡次拒绝良策，以致错失战机，也是金军败亡的主要原因之一。此战之后，金朝离灭亡不远了。

金军诸将的结局

三峰山之战中，金军不仅名将云集，还拥有兵力优势，却被拖雷以少胜多，不能不说十分遗憾。如果这些名将是单独作战，结局大概也不会如此惨淡。

金军溃败后，主帅移剌蒲阿想逃奔南京，但在望京桥被蒙古军抓获，七月被押送到官山。蒙古将领问他要不要投降，移剌蒲阿平静地说："我是金朝大臣，死也要死在金朝境内。"不愿投降的移剌蒲阿最终以死全节，保留了一点儿体面。

　　一直受制于移剌蒲阿的完颜合达，在金军溃败后率数百残兵逃奔钧州。蒙古军把钧州团团围住，在城外挖沟攻城。完颜合达没有机会逃出城，就躲在地下室中。正月二十一日，蒙古军攻破钧州城，他们搜捕出完颜合达并将其杀害。

　　当时金朝朝廷还不知道完颜合达已经被杀，有传言说他逃到京兆府去了，金哀宗便传旨招募人去寻访他，希望他能回来继续为朝廷效力。直到蒙古军攻打南京时扬言"你们倚仗的，不过是黄河天险与完颜合达罢了。如今完颜合达已被我军杀掉，黄河也是我们的了，你们还不速速投降"，金哀宗才知道完颜合达已经遇害。

　　完颜合达精通韬略、重义轻财，不但能与部下同甘共苦，上阵杀敌还总是身先士卒，深得士兵拥戴，是当之无愧的金末良将。可惜经过官场倾轧后，他变成了唯唯诺诺之辈，屡屡受移剌蒲阿之流辖制，一身才华也被埋没，可悲可叹！

　　完颜陈和尚与完颜合达一样，兵败后直奔钧州。二十一日，钧州城破，完颜陈和尚在巷战中对蒙古将领自陈姓名："我是忠孝军总领完颜陈和尚。大昌原之胜是我打的，卫州之胜也是我打的，倒回谷之胜还是我打的。如果我死在乱军中没有人知道，世人大概会说我有负国家，今天我要明明白白地死，天下必定有知道我的人。"

　　蒙古将领想招降完颜陈和尚，被他毫不犹豫地拒绝了。即使是被砍去脚、折断胫骨，完颜陈和尚也不屈服。蒙古军把他的嘴割裂至耳边。完颜陈和尚口中鲜血直喷，却仍大呼不降，呼声至死不绝，死时年仅四十一岁。蒙古将领不禁对完颜陈和尚肃然起敬，并用马奶酒祭祀他，说："完颜陈和尚是好男儿，他日再生，应当让我们蒙古人得到他。"

　　张惠、杨沃衍、樊泽的部队兵败后夺路而逃，混乱中他们差点儿为争路大打出手。在被蒙古军追击时，他们又碰到了高英的残部。最后，四位金军将领带领败兵，在柿林村南和蒙古军交战。樊泽、高英最先战死。张惠在坐骑被杀死后，持枪徒步奋战，最后力竭而亡。只有杨沃衍顺利脱困，他奔向钧州，而他的部下白留奴、呆刘胜却向拖雷投降，并自愿去钧州招降杨沃衍。

拖雷以白留奴为人质，让呆刘胜入城去见杨沃衍，劝说他投降蒙古，并许给杨沃衍高官厚禄。

见到呆刘胜后，杨沃衍好言好语地安抚他，招手让他上前。等呆刘胜走近，杨沃衍突然拔剑砍下了对方的脑袋。抱着殉国念头的杨沃衍平静地说："我出身微末，蒙受国家大恩，你想用投降来侮辱我的人格？"他向亲信交代完后事之后，面向南京跪拜哭诉道："败军之将没有面目去见朝廷，唯有一死。"说完他自缢而死，享年五十二岁。部下举火焚烧安放他遗体的房屋，从死殉国者十余人。

除了殉国的诸将之外，值得一提的还有老狐狸武仙。他率领三十骑，先是经过竹林逃到密县（今河南新密市），后又逃到御寨。入援潼关的金军都尉乌林答胡土行军到偃师（今河南洛阳市偃师区）时，听说蒙古军渡过黄河，便率军跑到了登封少室山。武仙前去投奔，乌林答胡土闭门不纳，差点儿让武仙被追击的蒙古军抓住。武仙只好丢弃坐骑，攀上嵩山，藏匿在清凉寺中。之后，他奔走南阳留山，一路上收集起十万溃兵。武仙率军屯守在留山和威远寨，继续抗蒙大业。从应变能力来讲，武仙几经沉浮还能东山再起，真不愧是"沙场不倒翁"。

南京之战

在以冷兵器为主的十三世纪，大量使用火器进行攻防战的，以蒙金之间的南京之战最为出名。在此战中，蒙金双方连续激战十六天，最终以蒙古军攻城失败告终。

金哀宗最后的筹码

随着蒙古大汗窝阔台驾临郑州，蒙古铁骑的偏师开始在南京城外出没。担惊受怕的金哀宗完颜守绪急忙催促驻扎在黄榆店的完颜合达和移剌蒲阿部入京增援。没想到，前去拦截敌人的完颜合达、移剌蒲阿部与被拦截的拖雷部调换了角色，被拖雷部围歼在三峰山。

金哀宗当然不能把希望寄托在一支部队上，他在催促完颜合达和移剌蒲阿回京的同时，还命人传旨驻守潼关的徒单兀典和驻守徐州的宗室庆山奴率军增援南京。这两支队伍算是金朝在地方上的最后家底了。

三支援军中，距离京城最近的完颜合达、移剌蒲阿部最先被灭。金哀宗是在金军战败两天后得到的消息，他惊骇得差点儿晕厥过去。这可是帝国最后的精锐，也寄托了他最大的期望，居然就这么没了。消息传开后，京师震动，人心惶惶。惊恐的金哀宗只能把希望寄托到徒单兀典和庆山奴身上，他俩能不负君恩吗？

出身贵族的徒单兀典是一个自大又苛刻的家伙，喜欢让耳目打探属下的私事和民间琐事。金正大年间，他以兵部尚书、权参知政事的身份行省徐州。完颜合达被调离阌乡去拦截拖雷时，徒单兀典被金哀宗从徐州调去阌乡，接替完颜合达行省阌乡、防御潼关。而接替徒单兀典行省徐州的，就是宗室庆山奴。

庆山奴为人怯懦，不敢与蒙古军作战。拖雷攻克凤翔府时，他负责留守京兆府，结果他连蒙古人的影子都没看到就弃城逃跑了。如此胆小之辈，竟然被金哀宗委以重任。

接到增援命令后，庆山奴顾不得防守东部，赶紧选了一万五千精锐和徐州统帅完颜兀论一起进京。还没走到隶属归德府（今河南商丘市）的睢州（今河南睢县），庆山奴就听说了金军在三峰山战败，徐州、邳州义胜军总领侯进、杜政、张兴率本军投降永州（今河南永城市）蒙古军的事，吓得他在睢州停留了三天，不敢前进。

蒙古将领特穆尔岱（《金史》称为"忒木䚗"）率军直扑睢州。庆山奴断定睢州守不住，再次连蒙古人的影子都没看见就直接放弃睢州，带人跑向归德府。

元太宗四年二月初一，庆山奴在杨驿店被四处扫荡的另一位蒙古将领撒吉思卜华拦住去路。

在这么一个畏敌如虎的将领的率领下，金军还没与蒙古军交战，就先溃败了。完颜兀论战死，庆山奴因坐骑被绊倒被蒙古军擒获，只有元帅郭恩和都尉乌林答阿督带着三百余人突围而出，逃向归德府。金军一万五千名精锐，只剩下三百多人。

做了俘虏的庆山奴居然不胆怯了，见到史天泽后，他竟慷慨激昂地劝对方以生灵为重，不要滥杀无辜。撒吉思卜华想让庆山奴去南京招降，庆山奴很有骨气地拒绝了，但他傲慢的态度惹怒了撒吉思卜华。撒吉思卜华命人砍下庆山奴的脚，庆山奴仍旧不肯屈服，随即被杀。

庆山奴多次不战而逃有辱国体，却因是支系宗室子弟而总是被委以重任。为何支系宗室子弟能够受到重用呢？自然是因为皇帝要防范嫡系宗室子弟。如此软弱的庆山奴被俘后没有屈膝变节，而是以死报国，倒是让人对他有几分改观。

金朝精锐在三峰山之战中几乎全军覆灭，金哀宗为此下了罪己诏，并把正大九年改为开兴元年。他的举动并没有起到鼓舞士气的作用，很多人已经失去了和蒙古军再战的勇气，地方上的将领和豪强们纷纷向蒙古人投诚。随着蒙古军接连攻下商、虢（今河南灵宝市）、嵩（今河南嵩县）、汝、陕、洛、许、郑、陈（今河南周口市淮阳区）、亳（今安徽亳州市）、颍（今安徽阜阳市颍州区）、寿（今安徽凤台县）、睢、永等州，金朝灭亡已成定局。

铁岭山之溃

庆山奴没走到京城就兵败被杀，那另一路援军徒单兀典走到哪里了呢？

154

徒单兀典行省阌乡时，和他搭档出任关陕总帅的是徒单百家。徒单百家入陕后就下令：将县镇的百姓迁入大城，粮草辎重迁到陕州，距离山岭较近的百姓则躲到山里去。显然，金军要把坚壁清野进行到底。

接到增援南京的圣旨后，徒单兀典和潼关总帅纳合合闰、秦蓝总帅完颜重喜、安平都尉苗秀、荡寇都尉术甲某、振武都尉张翼，以及葭州刘、赵两位统帅，率领五千骑兵、十一万步兵从虢州进入陕州。

临走前，他们撤走了秦、蓝诸关的防御力量，显然是要把防线收缩到潼关，放弃秦关和蓝关。同时，他们还准备了两百多艘船，要把同州、华州、阌乡一带的数十万斛军粮装船顺流东下。但粮食还没有装船，蒙古军就打过来了。惊慌失措的金军慌忙逃跑，两百多艘船空荡荡地顺流而下，粮草全都落入了蒙古军手中。

正月二十日，留守潼关的李平献关投降蒙古。大概连窝阔台和速不台都没有想到，他们居然能这么容易就拿下潼关。

就在徒单兀典召集州民，准备把灵宝县和硖石县（今河南三门峡市陕州区硖石乡）粮仓的粮草运走时，蒙古游骑再次杀了过来。仓皇之中，金军被杀者不可胜数。徒单兀典又派陕州观察副使抹捻速也带上八十条船去运潼关和阌乡的粮食。抹捻速也的船来到灵宝北河夹滩时，遇到了在那里围攻义军张信、侯三所部的蒙古将领忽鲁罕只，抹捻速也不做反抗，直接投降了。忽鲁罕只久攻不下张信的水栅，得了抹捻速也带来的那八十条船，很快就把张信的三百义军杀戮殆尽。

手里攥着皇帝希望的徒单兀典看上去对救援京城一点儿都不着急，反而在陕州滞留不前。他在陕州封官授职，让人在城中扩军，但他又对得人心的将领十分忌惮。他一会儿为了激励士卒大加封赏，把州里的库藏、军资、器械发放一空，一会儿又想掠夺州民的财物充当军资。最后在完颜素兰的劝说下，徒单兀典才没有真的掠夺州民财物。

徒单兀典准备拔营行军时，有位姓李的先生劝他："如今蒙古军主力都在河南，河北反而空虚，相公您不如出其不意，先攻取卫州。蒙古人知道我军出现在河北，必然分兵来阻，这样可以缓解一下京师的危机。到时候相公再去救援，也更容易些。"李先生的围魏救赵之计本来挺实用的，但嫉贤妒能的徒单兀典非但没有采纳，反而以泄露军机为借口把李先生斩杀于市。

徒单兀典率大军出发时，关中、河中避祸的商贾老幼都跟在军队后面一起走。妇女们为了得到庇护，大多选择嫁给士兵，但这并不能避免强取豪夺的事情发生。

表面威武、内心怯懦的徒单兀典带着十一万大军不敢走大路，而是选择从陕州西南的小路进入冰天雪地的大山中。山路上到处都是积雪，道路泥泞不堪，十分难走。行军路上，哀号不断。不管是士兵还是百姓，个个苦不堪言，随军的妇女甚至不得不把幼小的孩子丢掉。

行军第一天，莨州刘、赵两位统帅叛逃而去；第二天，振武都尉张翼同样叛逃。这些叛逃者，在蒙古游骑的追击下最终选择投降。

二月初七，徒单兀典带着军队行军到卢氏县西北的铁岭山时，发现蒙古大汗窝阔台的大军正在卢氏县等着他。蒙古军所过之处，官民庐舍、民间积蓄统统被烧毁，以免被金军征用。看到徒单兀典出了山岩陡立、峭壁嶙峋的铁岭山，蒙古军迅速守住进入铁岭山的小道，切断金军的退路。

徒单兀典之所以选择走山间小路，就是为了避开蒙古军，结果却遇到了蒙古军主力。天下起了大雪，金军明白，这次必死无疑，他们被激起了最后的斗志，想和蒙古军来一场厮杀。但他们多日没有进食，加上连续行军，早已疲惫不堪，想战斗却心有余而力不足。身为秦蓝总帅的完颜重喜率先投降，金军不战而溃。投降的完颜重喜并没有被蒙古人另眼相看，反而被斩于马前。徒单兀典和纳合合闰带领十几个亲信逃到山间，但他们并没有摆脱厄运，最终被蒙古军截杀。

铁岭一役中，近十万金军不战自溃，仅有百余人走脱，实在令人唏嘘。徒单兀典如果直接走大路，遇到蒙古军就打，金军也不会被折腾得没有一战之力。他没有搞清自己的主要任务是什么。皇帝的命令是急行军救援京城，他却拖家带口磨磨蹭蹭地走山路，归根结底还是畏敌怯战。

事实上，自徒单兀典带领大军出发以来，每天都有人逃回陕州。留守陕州的徒单百家不仅没有处罚逃兵，反而安抚并接纳了他们，这样又召集起一万人，军威稍振。

收到徒单兀典不战而溃的消息后，徒单百家单骑进京给金哀宗报信。这一噩耗对金哀宗来说不啻晴天霹雳，他又是要自缢，又是要跳楼，末路君王只能用这些极端手段来宣泄内心的恐惧。

各怀鬼胎的议和

早在三峰山战役之前，金哀宗就在全力加固南京的城防。

元太祖四年（金大安元年，1209 年）正月初一，平章政事完颜白撒（即完颜承裔，完颜承麟之兄）派完颜麻斤出、邵公茂等人带领一万多民众，去开挖短堤，引入黄河水，用来加固京城城防。但没等工程完工，蒙古游骑就杀了过来。完颜麻斤出等人被害，一万多丁壮只有两三百人逃了回来。

金宣宗当初迁都时，认为南京过于开阔，不好防守，就命术虎高琪修筑里城。修筑里城几乎耗尽了金朝的财力，但等众人商量守城事宜时，才发现当初修的里城根本没有什么用。他们不可能只坚守里城，把外城拱手让人，所以还是得防守外城。于是金哀宗又命人修建城楼以备御敌之需。

当时，京城驻军不足四万，南京城周长一百二十里。一个人守一个口子，人手也不够用。于是金哀宗招募了大约两万名避难的丁壮充当守城军，安排他们和京东、京西、卫州组建的四万义军分守四个城门。每个城门又挑出一千人作为救急之用，称为"飞虎军"。

此时，渡河南下的窝阔台已经到达郑州，与拖雷的先遣部队会合。蒙古军开始在南京周围活动。三峰山一战后，经历了杨驿店、铁岭山大溃败的金朝再也没有生力军可以征调了，只能坐困孤城。

按照惯例，窝阔台派使者去南京招降，并向金朝索要翰林学士赵秉文、衍圣公孔元措等二十七位名流的家属，投降蒙古的降人家属，以及数十名绣女、弓匠、驯鹰人等。面对岌岌可危的局势，金哀宗只能屈辱地站着接过了蒙古的国书。

这个时候，河南多数地区已经沦陷，只剩下南京、归德府和蔡州（今河南汝南县）还在强撑。窝阔台携带功高震主的弟弟拖雷北返，留下速不台总领诸道兵马围攻南京。就在即将到达蒙古本土之际，蒙古最璀璨的将星之一——拖雷神秘死亡。他这一死，窝阔台紧绷的神经终于可以松弛下来了。

接受议和的金哀宗为了表示诚意，封亲侄子完颜讹可为曹王（金哀宗无子），出使蒙古为质子。他任命谏议大夫裴满阿虎带、太府监国世荣为请和使，与尚书左丞李蹊一起护送曹王前往蒙古大营。

速不台一边驱使俘虏和妇孺搬运柴草填充护城河的壕沟，为进攻南京城做准备，一边忽悠金人："我奉命攻城，没有命令不得停止。一旦你们的曹王到了我军大营，我就立刻退军。"对于蒙古军的这种行为，金军因为议和在即，不敢放箭阻拦，只能观望。

南京的军民非常恐惧，喧哗不断。金哀宗听说后，带着六七个随从骑马出宫。天下着雨，道路泥泞不堪，看到突然出现的皇帝，人们无不惊愕，赶紧跪在地上行礼。

金哀宗非常亲和地挥了挥手："不要拜，不要拜，别把你们的衣服弄脏了。"安抚完百姓之后，宰臣们赶过来，给他递上雨具。金哀宗并不接受："辛苦守城的将士们都没有用雨具，朕怎么能用呢？"

金哀宗亲切地慰劳军士，让难得见到皇帝一面的士兵们感动不已。他所过之处，士兵们都泪流满面地拜倒，对着他山呼万岁、宣誓效忠。

金哀宗巡视到西南城门时，看到五六十个士兵聚在一起欲言又止，就上前主动询问缘由。士兵们跪下说："蒙古军在用柴草填充护城壕沟，已经填平了一半。平章大人（完颜白撒）害怕破坏议和，传令不许放箭。难道我们真的要坐视不理吗？"还有士兵哭着拜倒，请求金哀宗不要寄希望于议和，以免被蒙古人欺骗。

金哀宗对士兵中最年长者说："朕为了众多生灵考虑，对蒙古人提出的条件，不管是称臣还是进贡，没有不顺从的。朕只有一个儿子（指曹王），也送过去做人质了。大家稍微忍耐一下，等曹王出城后，如果蒙古军还是不退，你们再为国家死战不迟。"

为了打击一下蒙古军的嚣张气焰，金哀宗传旨让城头的士兵放箭阻挡蒙古军填充壕沟。一时之间，城上"箭镞四下如雨"，暂时遏制了蒙古军的动作。

为了早日实现议和，金哀宗火速把侄子完颜讹可送出去，不过他还没有蠢到极点，议和的时候他命令将士严守四门以防不测。果不其然，曹王到了蒙古大营后就被速不台扣下。被遣返的李蹊等人回来报告说："虽然蒙古军接受了曹王，但看情形他们是不会遵守诺言退兵的。"

南京之战

果然，第二天，也就是三月十九日，原本说质子出城就会退兵的速不台翻脸不认账，开始猛烈攻城。他的主攻方向是由枢密副使赤盏合喜防守的西北方。赤盏合喜刚愎自用，早年在对西夏的战争中屡立军功，这使他变得越发跋扈。他参加过凤翔保卫战，因此总喜欢把这段经历拿出来吹嘘。

由于三峰山之战使金朝名将尽殁，到南京保卫战的时候，金哀宗已经无将可用了。眼下金哀宗身边能派上用场的，只剩下完颜白撒和赤盏合喜两人。因此，金哀宗让他们分别镇守蒙古人攻击最为猛烈的西南、西北两个方向。

面对蒙古军的强攻，赤盏合喜吓得语无伦次、面无人色，好在他的部下并没有被吓倒，反而抱着拼死力战的决心。尤其是金哀宗的几次巡视与安抚，极大地激励了普通士兵，他们斗志激昂，发誓为国效命。

蒙金南京之战最大的特点是，双方都大量使用了火器。女真人在和宋朝的战争中不但学会了使用火器，还学会了火器的制造技术，研制出了更先进的火器。和女真人一样，蒙古人在与金朝的作战中学会了使用火器，他们不但建立起了第一支石炮队，还积极地把在中原学到的先进技术运用到征服中亚的战争中去。

此时的蒙古人，在攻城战方面经验已经很丰富了，他们直接摆出了大杀器——攒竹炮。蒙古人在每个城角都安置了一百多架大小不等的攒竹炮。攒竹炮根据发射石头的重量，分为两梢、三梢、五梢、七梢等多种类型，其中负重最大者为十三梢。此次蒙古军攻打南京使用的就有十三梢攒竹炮，其掷出的石弹越重，射程就越远，破坏力也越大。

蒙古军从周边地区搜罗了大量的石磨盘、石滚、石轱辘，昼夜不息地将这些东西向城内发射。想象一下，平时要用毛驴或者骡子拉动的上百斤石磨盘、石滚、石轱辘风驰电掣地飞进城中，破坏力会有多大！

被击中的楼橹、房屋立刻变成碎片，被击中的人直接粉身碎骨。相比之下，金军使用的取自艮岳太湖假山上的石头，杀伤力不足为惧。蒙古军进攻没几天，南京城内到处都是被击碎的木头和尸骨，射进去的石头堆积起来几乎要与里城齐平。

挨了几天的石弹攻击，金军终于想出了办法：将用马粪和麦秸裹住的木制防御器械，用船索、网布固定好，再用牛皮护在外侧作为屏障，以此减轻石磨盘、石轱辘造成的冲击力。此外，他们安排一千死士从暗道出城，越过壕沟焚烧蒙古军的炮座，来个釜底抽薪，让敌人的攒竹炮用不成。

蒙古人反应很快，立马就想出了对策。他们改用投石机投掷铁火炮入城。这种铁火炮外表用生铁铸成，厚两寸，里面填充火药。铁火炮落到城头上，烧毁了金军弄的牛皮、船索，滚落到城里后，它还能继续焚烧，给城内造成了严重的火灾。除此之外，蒙古军还在壕沟外面修筑了一条一百五十里长的城墙，城墙上设置了垛口和楼橹。每隔三四十步，蒙古军就在城墙上设置一个驿铺，每个驿铺由一百多人把手，严防金人发起偷袭，火烧炮座。

金军也拿出了他们的大杀器——震天雷。震天雷同样是一种将火药装在铁罐子里的铁火炮，点火以后，用投石机扔出去。震天雷的爆炸声犹如惊雷，能传到百里之外，产生的火焰足以焚烧半亩地，就连士兵穿的铠甲也能穿透，杀伤力极大。

为了避开金军的震天雷，蒙古军用生牛皮围成通道直达城脚，他们在城脚挖出能容纳三四个人的洞穴，想通过挖掘地道的方式攻入城内。蒙古军行动迅速，很快，南京城下就出现了很多这样的洞穴。经验都是这样实践出来的，在以后的战争中，蒙古军对地道和火器的使用越来越熟练。

看着蒙古军在脚下挖洞，金军蒙了，不知道该怎么办。很快，有人献计用震天雷来反击他们。金军把震天雷悬挂在铁索上，顺着墙根丢下去。正在挖地道的蒙古军连人带牛皮被击飞了。蒙古军挖地道攻城的方案宣告失败。

除了震天雷，金军还有类似现代喷火器的飞火枪。飞火枪的制作方法是：用十六层不怕火的特殊敕黄纸卷做成长二尺左右的筒子，绑在长枪头上，再在筒子里面装上柳炭、铁滓、磁末、硫黄、砒霜等东西。操作飞火枪时，士兵只需拉动系在枪端的绳子，筒子里装的铁渣等物就能喷出十余步远。士兵随身携带着一个装火药的小铁罐，以便装填。火药用尽后，他们还可以用长枪继续战斗。在之后的归德府之战中，蒲察官奴就是用飞火枪杀死了撒吉思卜华。

南京的全体军民都在为国血战时，金朝的那些上层人士又在做什么呢？

平章政事完颜白撒招募死士出城烧毁蒙古军的炮座。他让人在城上悬挂红灯笼作为暗号，约定点灯出击，结果被蒙古军识破。完颜白撒并不气馁，又想出一招：他将劝降书放在纸鸢上，让纸鸢落到蒙古军营地，希望被蒙古军俘虏的降人看到，激起他们内心的爱国情怀，在敌营发起动乱。可惜，这纯属无用功。时人嘲笑他："前天纸灯，今天纸鸢，宰相大人想用这些招数退敌，恐怕有点儿难。"

只做了无用功就算了，完颜白撒的另一个举措，不但没发挥作用，反而帮了敌人。主持修筑短墙时，完颜白撒因担心蒙古军会夺门而入，命令部下修筑仅容两三人通过的弯曲窄道。战事爆发后，诸将半夜袭击敌营，却因过道狭小不能快速出城而被蒙古军发现，导致袭营计划破产。

尚书右丞颜盏世鲁效法刘琨吹胡笳退敌的先例，命人作《江水曲》，让人在静夜里歌唱，希望能引起降人们的思乡之情。同样的计策在相同的环境下都不一定奏效，更何况是在不同的环境下。颜盏世鲁显然白忙活了。

不过并非所有的人都在做无用功。金哀宗多次巡视慰问将士，不仅赏赐给他们美酒和财物，还亲自为伤员敷药。皇帝的这一举动，激发了全体将士对他的爱戴之情。就算蒙古军将铁火炮、石头不断砸进南京城，守军依然坚守岗位，一些低级武官如蒲察官奴、高显、刘奕等更是脱颖而出，成为金朝最后的顶梁柱，被金哀宗越级提拔。

除了要感谢将士们为国血战外，金哀宗其实还要感谢三百多年前的周世宗郭荣。当年郭荣修筑汴梁城，把城墙修建得十分坚固，就算城墙被蒙古军的铁火炮击中，也没有受到什么大的损害。

从三月下旬到四月初，蒙金双方激战了十六个昼夜。速不台知道，短时间内不可能攻克南京了，他便以两国议和为借口，于四月初六宣布停战。

蒙古军主动议和，金哀宗连忙答应。第二天，他派户部侍郎杨居仁出宣秋门犒劳蒙古军。第三天，他又派使者给速不台送去奇珍异宝，感谢他停战议和。速不台抱着珠宝率领酒足饭饱的蒙古军撤退，留给金哀宗的只有一片狼藉。

金军能够打赢南京保卫战，除了拥有大杀器震天雷和飞火枪外，还因为有坚固的城墙和众志成城的全体将士作为后盾。但随之而来的疫情和缺粮，彻底摧毁了这座孤城，也击垮了金哀宗的信心。金哀宗被迫离开南京，金朝最终走向了灭亡。

归德府之战

归德府大捷是忠孝军最后的辉煌，他们以四百五十人对战万余人，并且大获全胜。金军之所以获胜，除了蒙古人傲慢轻敌外，还归功于忠孝军的骁勇善战，以及他们手中的大杀器——飞火枪。

第一次归德府之战

元太宗四年四月初六，蒙金停战议和，速不台撤离南京。随后，南京暴发了严重的疫情。从五月开始，南京大疫持续了五十天，死亡人数达九十多万，这还不包括因贫困不能下葬的人数。在战争、大疫和缺粮的多重打击下，南京几乎沦为死城。

在这种情况下，七月初五，飞虎军士兵擅自杀死傲慢的蒙古使者唐庆，单方面终止和议。屋漏偏逢连夜雨，前来增援南京的邓州行省完颜思烈在郑州京水被蒙古军击溃，南京是外无援军，内又缺粮。十二月二十五日，不愿坐以待毙的金哀宗谎称出城去和蒙古人决战，仓皇逃离南京。逃亡途中，金哀宗不听完颜仲德的劝谏，执意攻打新卫州，结果在新卫州、白公庙（今河南卫辉市东）相继败北。耗尽了最后一点儿家底的金哀宗带着六七个亲信夜弃六军，于元太宗五年（金天兴二年，1233 年）正月十四日如丧家犬一般逃往归德府。

归德府原是北宋的南京应天府，被伪齐刘豫降为归德府，后曾一度回归南宋，复名应天府。应天府被金人占领后，又被改名归德府。

早在元太宗四年二月，蒙古军就曾围攻归德府。当时，窝阔台逼近南京，金哀宗急召三路大军赴京增援。徐州行省庆山奴就是其中一路。他走到睢州时，为了躲避蒙古将领特穆尔岱的军队，率军退保归德府，结果在杨驿店被撒吉思卜华的部队击败。庆山奴被俘杀，部下郭恩和乌林答阿督率三百多人逃奔归德府。

特穆尔岱和撒吉思卜华率兵攻打归德府，驻守归德府的是行枢密院事石盏女鲁欢。蒙古军来攻那天是二月十四日，天上没有聚集乌云却打起了雷，有人以《神武秘略》占卜说，"无云而雷"是吉兆，表示"其城无害"。因为这个占卜结果，城中百姓大安。先有郭恩、乌林答阿督率领三百多人来投，后有提控张定夜袭蒙古大营，抢回来几门火炮，城中士气大振。

归德府的大炮不够用，有年长者说北门西面的菜圃下有唐朝张巡埋藏的古炮。石盏女鲁欢赶紧派人去挖，果有所得，炮上还刻有"大吉"的字样。这个收获对金军来说，可真是雪中送炭。

归德府南城外有一片高地，相传安禄山的部将尹子奇就是从这里攻破睢阳（今河南商丘市睢阳区）的。蒙古军把营地迁徙到这片高地，昼夜不停地猛烈攻城。

在石盏女鲁欢、冀禹锡、王璧、李琦、傅瑜等人的极力防御下，蒙古军始终没有得逞。三月初一，有人给蒙古将领特穆尔岱出主意，让他打开凤池口（今河南商丘市西北）河堤水灌归德府。特穆尔岱觉得可行，就命人把凤池口河堤掘开。大水从西北灌入，不仅没有水淹归德府，反而流入故睢水河道，成了归德府的天然屏障。特穆尔岱暴跳如雷，要杀死那个献计者，却怎么也找不到人影，这才知道自己被金人给耍了。

从二月中旬一直围困到五月，特穆尔岱始终攻不下归德府，只好选择退军。归德府的军民见蒙古人退去，才敢出城寻找食物。石盏女鲁欢因守城之功升职总帅，佩戴金虎符。

归德府之变

皇帝驾临归德府后，身为一府长官的石盏女鲁欢水涨船高，颇受金哀宗倚重。归德府只有一支七百人的军队，由权果毅都尉马用统领。马用被授以帅职，地位直线上升，经常参加皇帝召开的军事会议，比统领四百五十名忠孝军士兵的蒲察官奴还得重用。

在来归德府之前，金哀宗非常倚重蒲察官奴，但到了归德府之后，皇帝却将他排在马用之后。蒲察官奴心中不忿，他认为归德府不是久居之地，便私下与盘踞山东的国用安商量，邀请金哀宗东幸海州，如此一来可以借助山东豪杰恢复故地，就算不成功也可以乘船从海上逃往辽东祖地。金哀宗害怕国用安把他卖给宋人，不肯前去。蒲察官奴又建议金哀宗渡过黄河去河北，却被石盏女鲁欢否决。蒲察官奴心中焦虑，认为再这样下去，自己在皇帝身边一点儿地位都没有了，于是决定改变这种被动局面。

蒲察官奴的经历比较曲折。他是女真人，少年时因被蒙古人掳走，曾替蒙古人效力。后来，他因为违法被关在中都监狱，但他并不认命，越狱逃到夏津（今山东夏津县）。他杀死了一个回鹘使者，靠着抢夺的马匹、财物，回来投奔金朝，就这样进入忠孝军，担任万户。在移剌蒲阿收复平阳府的战争中，蒲察官奴功居第一，于是被升为忠孝军提控，佩戴金符。

金军在三峰山战败后，蒲察官奴逃奔襄阳，游说南宋制置使史嵩之，表示要把邓州献给他。史嵩之信以为真，和蒲察官奴称兄道弟。没多久，蒲察官奴听说蒙古军不再进攻南京，就谋划重回金朝。他派移剌留哥去邓州游说邓帅移剌瑗（本名粘合），声称要劫持南军作为北归的礼物。移剌瑗并不相信蒲察官奴，只是假装答应。蒲察官奴带领十几个骑兵进入邓州商议，结果在瓮城差点儿被移剌瑗抓住。蒲察官奴立刻返回去见史嵩之，向他借了五百骑兵去劫掠邓州附近的小城，抢了几百头牛羊回来，从而得到南宋方面的信任。

然而，蒲察官奴紧接着就袭击了宋军，并将获得的三百匹马赶到邓州城送给移剌瑗，以示诚意。北返之后，他立马把同僚姬旺捆起来，诈称对方是南宋的唐州太守，由他护送进京。就这样，通过沿途获得的补给，蒲察官奴进入了南京。

蒲察官奴出入南北军之间，疾行数千里而不胆怯，可见其人有谋略、有胆量。为此，他很受宰相赏识，出任权副都尉，又在南京保卫战中脱颖而出，成为金哀宗倚重的骁将，出任忠孝军元帅。

曾经炙手可热的蒲察官奴，自然无法忍受被人冷落。眼看马用凌驾于自己之上，蒲察官奴哪儿还受得了。

元太宗五年三月，蒲察官奴发动归德政变，杀死马用、石盏女鲁欢，又杀死尚书左丞李蹊、点检徒单长乐等三百多名官员，掌控流亡政府大权。他被金哀宗任命为枢密副使、权参知政事，第二天又被增授参知政事兼左副元帅。帝国末路，连蒲察官奴一个军头都能悍然发动政变，成为一国宰臣。更可悲的是，穷途末路的流亡政府还在内讧，消耗实力。

第二次归德府之战

对于金人内讧，蒙古人喜闻乐见，撒吉思卜华再次率部逼近归德府。前一年，他和特穆尔岱将归德府围困了好几个月，却始终没有攻克；这一次，他纠集了史天泽、张柔、董俊等人，誓要攻下归德府。

蒲察官奴的母亲在白公庙之战中被蒙古军俘虏，金哀宗指示蒲察官奴借此事与蒙古议和，希望蒙古军能够给金朝苟延残喘的机会。

蒲察官奴悄悄派阿里合与撒吉思卜华联系，说他准备劫持金哀宗投降。撒吉思卜华信以为真，就把蒲察官奴的母亲放了回去，还派来二十多个使者，这些使者都是女真人和契丹人。在金哀宗的授意下，蒲察官奴对这些使者进行了拉拢，并授予他们金牌、银牌。从这些使者口中，蒲察官奴得知了蒙古军在王家寺的屯驻情况，于是他准备袭击蒙古军。

蒲察官奴的保密工作做得很好，别说撒吉思卜华，就连他的忠孝军同袍都被骗过了。一个姓张的都统听说蒲察官奴准备劫持皇帝投降蒙古，就率领本部一百五十人把蒲察官奴家团团围住。他怒斥蒲察官奴："你想把皇帝卖给蒙古人，怎么不想想我们忠孝军杀了多少蒙古人？他们怎么可能容忍我们，让我们有好结果？"

忠孝军统共才四百五十人，张都统一下就带出来一百五十人，蒲察官奴怎么能让忠孝军的力量分裂呢？他再三向张都统保证自己不会通敌叛国。为

166

了取信于人，他还把母亲交给张都统充当人质，才解决了不被信任的问题。

既然大家已经知道了，蒲察官奴便不再遮掩，当即召集忠孝军商议袭营计划。虽然忠孝军只有四百五十人，蒙古军足有一万多人，但一贯以一当十的忠孝军并不畏敌，足智多谋的蒲察官奴更是把方方面面都考虑到了。

五月初五端午节，金哀宗借着祭天，暗暗祈祷忠孝军能够袭营成功。夜里，蒲察官奴率领忠孝军从南门登船，由东向北袭杀巡逻的蒙古士兵，一路到达王家寺。金哀宗在北门登舟等待，如果袭营失败，他就乘船逃到徐州去。

撒吉思卜华的大营驻扎在北门背水处。当初扎营时，史天泽还提过意见，说那里不是驻营之地，如果敌人来犯，士兵恐怕会进退失据。撒吉思卜华听后大笑起来，自信地拒绝了史天泽的建议。在他看来，天底下敢来侵犯蒙古军大营的人还没出生，金人早已被吓破了胆子，只会龟缩在城中，哪里敢主动出击。

四更时分，忠孝军潜入蒙古军大营。突如其来的袭击将睡梦中的蒙古军惊醒，他们不知道敌人从何而来，数量有多少。猝不及防的蒙古军陷入了混乱之中，被忠孝军一顿砍杀。到底是横行于十三世纪的蒙古人，仗着人多势众，很快就稳住阵脚，打退了忠孝军的第一波冲锋。蒲察官奴立即让六七十人手持飞火枪乘坐小船，绕到蒙古军的背后，再次发起突袭。

飞火枪在南京保卫战中让蒙古人吃尽了苦头，此次夜袭，飞火枪又一次立下大功。黑夜里，蒙古军被前后夹击，既不知道来了多少敌人，又无法在营地中发挥蒙古骑兵的优势。自相踩踏的蒙古军瞬间大溃，光溺水而死的就有三千五百多人，连撒吉思卜华也在混乱中被忠孝军击杀。

击败蒙古人后，蒲察官奴又带着忠孝军转战到投降蒙古的汉军营寨。世侯董俊战败，投水自杀，张柔和史天泽两人则连夜出逃。忠孝军把蒙古军营地的栅门焚烧干净之后，才回到城内。

归德府大捷成了忠孝军最后的辉煌。大胜而归的蒲察官奴变得更加骄横，这使金哀宗越发感到不满，最终引发内讧。蒲察官奴被杀，金哀宗狼狈逃奔蔡州，走向他和帝国的坟墓。

蔡州之战

蔡州之战，是彻底贯彻成吉思汗利用宋金世仇、联宋灭金战略的战役。在宋军的配合打击下，蒙古军结束了持续二十三年的对金战争。

归德之变

虽然蒲察官奴率领忠孝军以少胜多，解除了归德府被围的困局，但这并不能解决缺粮的问题。这时，蔡帅乌古论镐从蔡州运送四百多斛粮食到归德府，并上表请金哀宗临幸蔡州。乌古论镐，本名栲栲，由护卫起家，元太宗四年升为蔡、息、陈、颍等州便宜总帅，对金哀宗非常忠诚。在归德府严重缺粮的情况下，只有他为皇帝解忧，将粮食送来。这一举动对皇帝来说，可谓是雪中送炭，让自觉受制于臣子以致君威不振的金哀宗很是感动。

金哀宗身边的近侍早就受够了缺衣少食的日子，又听说蔡州城池坚固、兵多粮足，便劝皇帝去蔡州。金哀宗也很心动，就命学士乌古论蒲鲜去蔡州考察迁蔡的可行性。归德府真正的实权人物是蒲察官奴，他以前曾随点检完颜斜烈去过蔡州，知道蔡州的防御措施不如归德府，便反对迁徙蔡州。但他懒得解释沟通，只是简单粗暴地强调：谁敢提出南迁蔡州，杀无赦！

归德府大捷之后，金朝流亡政府就成了蒲察官奴的一言堂。金哀宗被隔离在照碧堂，没有人敢去奏事。皇帝恼恨自己识人不清，被蒲察官奴囚禁，日夜思索怎么摆脱权臣的掣肘。自从皇帝失去权柄后，他身边的人就再也不能狐假虎威了。内局令宋乞奴和奉御吾古孙爱实、纳兰忙答、女奚烈完出为了改变自己的处境，就说蒲察官奴和国用安勾结起来，想把皇帝卖给南宋，鼓动金哀宗诛杀蒲察官奴。

元太宗五年五月十五日，蒲察官奴和阿里合带着百名忠孝军士兵去了亳州。他的考虑是，护送金哀宗南下与武仙军会合，之后西入关中。关中既有地理优势，还有郭虾蟆等军队可用。其实，稍微有点儿眼光和能力的人都反对迁到蔡州。除了蒲察官奴和武仙，义军出身的国用安、行省徐州的完颜仲德等人，都认为要么东迁，要么西行。可惜短视的金哀宗看不清楚形势。

五月十七日，金哀宗召蒲察官奴回归德府，蒲察官奴不理。二十日，金哀宗再召。一直到六月初七，蒲察官奴才回到归德府。金哀宗再次提出要去蔡州，蒲察官奴反对，君臣又一次不欢而散。

就在当天，宋乞奴传令召宰相议事。蒲察官奴觐见皇帝后，刚要开口，事先埋伏在照碧堂夹室的女奚烈完出就跳出来刺中他的肋骨，金哀宗也拔剑向他砍来。受伤的蒲察官奴急忙往外走，但金哀宗君臣怎么可能让他走出照碧堂。女奚烈完出急忙大声呼喊纳兰忔答和吾古孙爱实，让他们一起动手。双拳难敌四手，蒲察官奴再厉害，也架不住有心算无心，就这样遇害身亡。

诛杀蒲察官奴后，金哀宗感觉神清气爽，再没有人阻拦他去蔡州了。然而等他在蔡州陷入重围时，他又想起了蒲察官奴的好来，命尚书省每月给蒲察官奴的母亲、妻子发放粮食。

蒙宋联兵

元太宗五年六月十九日，金哀宗完颜守绪任命元帅王璧留守归德府，他自己则带领亲信奔赴蔡州。当时正值雨季，扈从人员只能在泥泞中跋涉，他们没有食物，只能采摘路上的青枣充饥，一路忍饥挨饿，历尽艰辛。第二天到达亳州时，金哀宗身穿黄衣，头戴白色斗笠，随从不过二三百人，马匹不过五十多匹。整支队伍只有青、黄两面旗帜在前开路。

在亳州停留一天后，金哀宗一行就离开了。他们往南行了六十里，天突然下起大雨，金哀宗一行不得不在双沟寺避雨。看着四野满目蒿艾，荒无人烟，再想到吉凶未卜的前途，金哀宗不禁痛哭起来。去蔡州考察的亲信乌古论蒲鲜回报说，蔡州并没有大家想象中的那么美好，城池不牢固，粮食也不充足，和蒲察官奴说的一样糟糕。金哀宗心里不是不后悔，但他现在已经在路上了，骑虎难下，也只能继续走下去。

六月二十七日，金哀宗君臣终于抵达蔡州城。扈从们几乎人人腿脚肿胀，皇帝的仪卫威严尽失，模样狼狈。虽然金哀宗的流亡政府不断在内讧、迁徙，但河南还是有很多州县仍在坚守。

因长期作战，士兵疲敝，后勤供应不继，蒙古部队的军力大为减削，他们希望得到南宋的协助，早点儿结束对金战争。元太宗四年年底，蒙古派王檝出使南宋，会见南宋的京湖制置使史嵩之，商谈联合灭金大计。南宋希望趁机收复故土，一雪前耻，所以对蒙古递过来的橄榄枝欣然接受。史嵩之派邹伸之出使蒙古，协商联兵灭金事宜。双方的条件是：南宋出粮、出兵协助蒙古军，事成后把河南还给南宋。

由于蒙宋两国在商量联兵对付金朝的事，无暇顾及蔡州，金哀宗暂时得到了喘息的机会。他做出一副贤君模样，赦蔡州，定赏格，向周围征兵，屯粮屯兵，修缮防御工事。小商贩们蜂拥而来，蔡州城一片繁荣喧哗。老百姓们欢欣鼓舞，以为重新过上了太平日子，把窖藏了很久的好酒都拿出来喝了个精光。

虚假的幻象让金哀宗忘记自己还在逃难，开始妄想恢复帝王的威仪。他的母亲王太后和妃嫔四月时被崔立献给速不台带往北方。身边没人服侍的金哀宗派内侍殿头宋珪和蔡帅乌古论镐的妻子去遴选处子以充后宫，又命有司修建见山亭和同知衙门作为他游览休息之地。

他的近臣们也忘记了留在南京不知去向的家眷，重新娶妻纳妾，继续围在金哀宗身边重复钩心斗角、倾轧构陷的生活。忠心耿耿的乌古论镐在金哀宗亲信们的谗害下，很快就失去了皇帝的信任，逐渐被边缘化。

看着皇帝和他的近侍们满足现状、醉生梦死，完颜仲德非常痛心。完颜仲德，本名忽斜虎，泰和三年进士，是个文武双全的奇才。贞祐年间，他被蒙古军俘虏，但他不仅在一年内学会了蒙古话，还召集万余名降人回归金朝。金宣宗非常赏识他的武勇，授予他邳州刺史一职，后来还任命他为徐州行省、关陕总帅。

南京被围时，完颜仲德率孤军千人救援京城。他建议金哀宗西迁，可以从蔡州向西，再图谋蜀地。金哀宗听完很心动，便任命完颜仲德总领省院之事。到蔡州后，完颜仲德为了早日西行，事无巨细亲力亲为。他一边选兵括马，一边操练甲兵，没有一天不在考虑西行。

然而事与愿违，金哀宗的小朝廷享受着蔡州虚假的安逸和繁荣，不愿意再过颠沛流离的逃亡生活。亲信们一天到晚在金哀宗耳边念叨西行的不便，让金哀宗对完颜仲德的西行计划感到厌倦，他现在更愿意在蔡州过安逸的生活，这从他兴土木、选处女的举动就可以看出来。完颜仲德劝谏他："自古君王流亡在外时，无不痛下决心卧薪尝胆，图谋兴复。蔡州的府衙的确不如京城的宫殿，但比露宿野外强多了，陛下不考虑恢复河山，反而大兴土木以求安逸，选求处女以示久居，这样做恐怕人心不久就会散了。"一番话说得金哀宗面红耳赤，他赶紧下令停止修房建屋，除了留下一个能识文断字的姑娘外，把备选的女子都遣送回了家。

太平的假象并没有持续多久。八月初，蒙古和南宋达成协议。金哀宗听说后大为惊惧，八月末，他派宗室完颜阿虎带出使南宋请和、借粮。穷途末路的金哀宗和他的父亲一样，对蒙古畏惧如虎，对南宋却趾高气扬，认为自己虽然打不过蒙古，但驰骋江淮却不成问题。

他特别交代完颜阿虎带："虽然宋人目光短浅，屡次挑起事端，但朕不想和宋人一般见识。你去告诉宋人，蒙古崛起后连续灭亡四十国。如今西夏已经灭亡，蒙古正在攻打我大金。如果大金也被灭了，那么接下来就轮到南宋了。唇亡齿寒，这是大势所趋。他们与我们联合，对双方都好，你好好给他们讲讲这个道理。"可惜的是，宋人并不给完颜阿虎带表演的机会。

蔡州围城

元太宗五年九月，蒙古大军在统帅塔察儿（即倴盏，"四杰"之一博尔忽的次子）的率领下，来到蔡州城下。金哀宗知道，他这次是在劫难逃了。

　　九月初九重阳节这一天，金哀宗在节度使大厅举行祭天仪式。礼成后，他激励大家立功报国，战死者皆为忠孝之魂。赐酒时，巡逻飞马来报：数百个蒙古士兵已经来到城下！将士们踊跃请战，很快就击退了蒙古军的试探性攻击。

　　如果非要给蔡州找出什么优点，它倒也不是一无是处。虽然它地处平原，没有险峻的地势可以凭恃，比不上四面环水的归德府，但它也并不缺护城河。蔡州城东有淮水的支流汝水，河从北方绕着东城流向南边，距离东城墙只有几十步远。城南三里有柴潭，潭东就是汝水。柴潭高出汝水五六丈，宽三里，长五里，刚好把整个南城墙护卫住。城北有练水，向东汇入汝水，护卫北城。西边城墙周围虽然没有河流，但往西十里就是练水支流，向南就是柴潭楼，它们都可以护卫城西。

　　一旦敌人来犯，汝水、柴潭和练水足以护卫东、南、北三个方向，就算蒙古军侵犯城西，金军也可以从柴潭楼出兵攻击敌人后背。建在南城的金字楼上设有巨弩，专门为防护柴潭楼而设，一旦有敌人靠近柴潭楼，金字楼上就万弩齐发。

　　因为蔡州的这些优势，蒙古军几次攻城无果。塔察儿开始在城外修筑长垒，一边围困蔡州，一边等待宋军前来会合。壕垒筑成时，塔察儿命大军在城下耀武扬威。面对遮天蔽日的蒙古军旗帜，城中的金军没有不惧怕的。

　　蒙古军围城后，蔡州城不可避免地开始缺粮。

　　十一月，史嵩之命孟珙、江海率军两万，运粮三十万石，来到蔡州与蒙古军会合。蔡州城外，蒙宋两军的统帅塔察儿和孟珙在汝水岸上打猎，他们割鲜畅饮，谈笑风生，约为兄弟，共同商议围城区域和主攻方向的划分。最后，蒙古军驻扎在城北，宋军驻扎在城南。

　　和城外兵多粮足的蒙宋联军相比，蔡州城内缺吃少穿，人心惶惶，一幅末日景象。世道越是混乱，牛鬼蛇神就越多。蔡帅乌古论镐身边有一个和他同姓的道士，此人和乌古论镐的妻子有些不清不楚。这件事所有人都知道，唯独乌古论镐不知，还对他宠信有加。

这个道士说，他能让士兵服用元气充饥，不用浪费粮食。完颜仲德知道他在胡说，就戳穿了他。道士又求见金哀宗，说有办法可以退敌。病急乱投医的金哀宗召见了道士，问有什么办法。道士只是说些空话搪塞皇帝，金哀宗又羞又怒，下令将其处死。

还有一个叫石抹虎儿的士兵自称有奇计退敌。他让马戴上狮子面具，披上青麻布制作的脚套和尾巴，想以此恐吓敌军的马匹。这是效法田单破燕。完颜仲德认为这个办法可以试试，参知政事张天纲反对：敌众我寡，纵然一时吓退敌军，谁能保证他们不再回来？此法恐怕只是徒劳，还会被敌人笑话。

蒙宋联军只是围而不攻，越来越缺粮的金兵开始主动出击。他们派出一万人从东门出战，被宋帅孟珙截住归路，两军在汝水边上展开厮杀。最终金军大败，被俘虏八十七名偏将。孟珙从归降之人口中得知蔡州缺粮，就告诉塔察儿："蔡州窘迫，我们应尽力死守，以防金人突围。"

塔察儿听说后，派万户张柔率精兵五千攻城。他觉得金人没有吃的，自然就没力气守城，蒙古军当然要主动攻击。攻城的张柔为塔察儿的轻敌付出了代价，他几乎被金军的流矢射成刺猬，还是孟珙麾下的先锋把他带回来才保住了性命。

如果张柔没有被那个先锋官带出来，他就会死在这一年，四十六年后也就没有其子张弘范灭宋的故事了。

蔡州之战

蒙宋联军开始合力攻城。饿着肚子的金军竭力防御，做后勤的民丁全都上了城头，后勤补给工作则被交给了穿上男装的强壮妇女。完颜仲德坚守营地，一边抗击敌军，一边抚慰士兵。若有将士阵亡，他必亲自前往祭奠，忙得连家都没空回。他的妻子也不让须眉，带领官家女眷运送石头、弓箭。金哀宗也没闲着，他像南京围城时那样，亲自出去巡视安抚将士，为守城出力。

十一月初五，蔡州最薄弱的西城门被蒙古军攻破，但很快就被金军夺了回来。

攻打南门的孟珙明白，要想拿下南城门，就得先拿下柴潭楼，要拿下柴潭楼，就得避开南城金字楼上的巨弩。黎明时分，孟珙率军逼近柴潭楼南边的石桥，俘获金将郭山。柴潭楼的金军赶来救援，孟珙立马跃上战马，斩杀郭山示众。宋军士气大振，金军被逼退回柴潭楼。孟珙继续逼近柴潭楼，并设下栅栏，防止金军突围。这一战，宋军不仅俘获了一百二十人，还斩首了三百多人。

第二天，宋军在孟珙的指挥下开始夺取柴潭楼。守楼金军虽然与宋军展开了殊死搏斗，但仍旧节节败退。金军找来一个美女去诱惑宋军，结果被孟珙麾下大将张禧一刀斩杀。金军大败，被俘五百三十七人，柴潭楼就此落入宋军手中。

孟珙召集部将在楼上饮酒。他告诉部下，南城金字楼上的巨弩只能射远处不能射近处，柴潭楼是安全的，何况南城的依靠就是柴潭，只要把它决口引流，潭水一干不就成平地了吗？他让士兵避开巨弩的射击范围，从潭堤两侧挖凿。柴潭决堤后，潭水流进了汝水。等潭水流干，宋军就用草和芦苇铺在泥泞的潭底。大军踩着芦苇过潭，开始攻打南城。他们擒获了殿前右副点检温端，将之磔于城下。听说宋军决战柴潭、逼近南门，蒙古军也在北面掘开了练水。一天之内，蔡州城失去了南、北两大防护河带来的优势。

十二月初十，蒙古军攻破蔡州外城，金宿州副总帅高刺哥战死。蔡州城外战况激烈，城内的情况也没好到哪儿去，比南京围城时更像人间炼狱。绝粮后，将士们和民众什么都吃，最先是将马鞍、皮靴、坏鼓的蒙皮煮烂了吃，后来就发展到吃人。那些不能打仗的老弱病残最先被杀害吃掉。等到老弱都被吃没了，就只能把往日吃剩下的人畜骨头碾碎和着野菜、泥一起吃。朝廷还正式颁布军令，只要打了败仗，全队都被处死让其他将士分食。因为这条军令，将士们的士气每况愈下，投降的人越来越多。

宋军进逼城门。杀红眼的金军将老人孩童投入大锅熬成热油，向城下泼洒，号称"人油炮"。孟珙认为这种行为太过残忍，就派道士游说镇守南门的乌古论镐停止这种凶残的做法。乌古论镐自觉有伤天和，便禁止熬制人油炮。到了夜里，金军总帅孛术鲁娄室率五百精锐，带上火具，出西门试图烧毁蒙宋联军的攻城炮具和营寨，结果被蒙古军提前发觉，他们架上强弩暗中设伏。就在金军准备放火的时候，蒙古军百架强弩连发。猝不及防的金军大败，孛术鲁娄室仅以身免。

十二月二十日，蒙宋联军合力再破蔡州西门，金军都尉王爱实战死。金军炮军总帅王锐杀死元帅谷当哥，率领三十人投降蒙古。攻克西门后，蒙宋联军直接将城门拆毁。但由于完颜仲德早在城内挖掘壕沟、修筑栅栏，即便西门被毁，蒙宋联军在金军的顽强抵抗下依然无法攻进内城。完颜仲德率领三百精锐日夜守卫着栅栏。

同日，陷入绝境的金哀宗非常不甘心，他对侍臣说："朕为金紫光禄大夫十年、太子十年、皇帝十年，从来没有做过大恶事，死而无恨。朕恨的是祖宗基业传承了百余年，却断送在朕的手中。把朕和那些荒淫暴乱的亡国之君相提并论，朕想想都觉得不甘心！自古以来，没有不亡之国。而亡国之君大多没有什么好下场，他们往往遭到囚禁，有的被当作俘虏献给敌人，有的则被人当众羞辱。朕决不会让自己沦落到那种地步。"

其实，金哀宗并不像他自己说的那样聪慧贤明，反而昏聩没有主见，他嘴上说不用小人，周围却聚集了很多小人。打了败仗弃城而逃的，他不惩罚继续重用，血战到底、杀出重围的，他却偏偏杖杀，极其赏罚不明。

十二月二十五日夜，声称要自我了断的金哀宗，却换上私服潜出东城企图逃遁。蔡州已经被蒙宋联军围得水泄不通，城外到处是对方设的栅栏，他怎么有机会逃脱？面色灰败的金哀宗被迫退回城中，等待末日来临。

金朝覆灭

元太宗六年（金天兴三年，1234 年）的正旦，是金哀宗和他的流亡小朝廷过的最后一个春节。城外的蒙宋联军正在狂欢，他们大口吃肉、大碗喝酒，吹拉弹唱十分热闹，声音能传出几里地。城中的金人听到，越发饥肠辘辘，倍感煎熬。所有人都知道，蔡州粮尽援绝，金朝已经没有未来了。无论将士如何忠心，都无法力挽狂澜。整座城沉默而机械地坚守着。

正月初二，黑云笼罩在蔡州城上，太阳失去了光彩，这一切都让蔡州显得更加死气沉沉。孟珙令诸军口中衔枚悄悄运送云梯到城下，准备对蔡州展开更加凌厉的攻势。围城以来，尽管金军战死的将领很多，但不可避免地有人投降。穷途末路的金哀宗怕有人献城投降，从正月初五起就命亲信近侍分守四个城门。

正月初九，蒙古军在西门附近凿出五个通道，一拥而入，强攻内城。战斗从早上持续到傍晚。眼看天就要黑了，蒙古军才姗姗退去，称次日再来攻城。这个时候，完颜仲德也绝望了，面对敌人酒足饭饱后发起的强攻，己方饿着肚子进行的抵抗还能坚持多久？当天晚上，金哀宗召集官员，当着众人的面把皇位传给了东面元帅完颜承麟。完颜承麟是前宰相完颜白撒的弟弟，也是金朝名将完颜宗弼的曾孙。

金哀宗为什么选在这个节骨眼禅位？

有公心也有私心。公心是，金哀宗自己太过肥胖，不便鞍马驰骋，而完颜承麟身体健壮，城破时可以利用身手矫捷的优势突围出去，保金朝祚胤不绝。私心就是，金哀宗想找个人顶缸，让他摆脱亡国之君的帽子。

正月初十，孟珙率军进攻南门。他抵达金字楼下，布列云梯，命令众将听到鼓声就发起冲锋。马义率先登城，赵荣随后登城。宋军蜂拥而上，与金军在金字楼展开大战。守南门的金朝宰相乌古论镐被俘，将帅二百人战死。入城后，宋军破开金军设在城西的栅栏。蒙古军一拥而入。

就在蒙宋联军强势攻城时，金哀宗和完颜承麟完成了禅位、即位的仪式。

礼毕后，完颜承麟连忙出去御敌。就在这时，呼声撼天动地，蒙宋联军已经攻进了内城！听到敌军欢呼声的金哀宗回到幽兰轩自缢殉国。完颜承麟听说后，带领臣子去送金哀宗最后一程。为了避免金哀宗的尸首被羞辱，他们放了一把火。这个时候，蒙古军已经攻进来了，完颜承麟战死。

完颜仲德率精兵一千与敌军进行最后的巷战，战斗一直从卯时（早上五点至早上七点）持续到巳时（上午九点至上午十一点）。看到子城起火，得知金哀宗自缢的完颜仲德放弃了战斗，他对将士们说："陛下已经驾崩，我还为谁而战呢？我不能死在乱兵之中，准备投汝水追随陛下，兄弟们各自珍重！"言毕，完颜仲德投水自杀。将士们悲呼道："相公能死，我们怎么不能死？"说罢，参政孛术鲁娄室、乌林答胡土，总帅元志，元帅王山儿、纥石烈柏寿、乌古论恒端，以及军士五百余人，追随完颜仲德投水殉国。完颜仲德的妻子也在城破时自尽。

立国一百一十九年、共传十帝的金朝，在蒙古和南宋的联合攻击下走向灭亡。持续二十三年的蒙金战争至此结束。随着金哀宗自缢，金末帝战死，蔡州之外残存的金人据点陆陆续续被蒙古军拔除。坚持到最后的是郭虾蟆据守的巩州，直到元太宗八年（1236 年）十月才被按竺迩攻破。那时，金朝已经灭亡快三年了。

第四章

西征

讹答剌城之战

讹答剌城（一作兀都剌儿，今哈萨克斯坦南部奇姆肯特市西北）之战是蒙古西征的第一战。讹答剌城在坚守半年后沦陷，守将亦纳勒术（一作哈只儿只兰秃）为他的轻率付出了生命的代价，讹答剌城的人民为保卫自己的家园战斗到了最后一刻。

讹答剌杀使事件

元太祖十四年（1219 年），成吉思汗召开忽里勒台大会，商量亲征花剌子模的事情。他任命幼弟铁木哥斡惕赤斤留守蒙古本土，留下太师木华黎率本部继续对金作战，他自己则亲率大军踏上向西的征程。

蒙古西征的导火索是：成吉思汗派出的商队头一年在花剌子模东部边境的讹答剌城遇害。不管是因为讹答剌城守将亦纳勒术见财起意、谋财害命，还是因为遇害商队在为成吉思汗刺探情报时不慎泄露秘密被杀，事件的起因我们已不得而知。但有一点很明确：讹答剌杀使事件，让十三世纪初欧亚大陆上同时兴起的两大帝国——大蒙古国和花剌子模正式走向对立。

花剌子模是一个位于中亚阿姆河下游的古老王国。一开始，它是塞勒柱突厥的属国。西辽战胜塞勒柱突厥，取代其地位，成为中亚最强大的国家后，花剌子模又成了西辽的属国。十二世纪七十年代，花剌子模发生内讧，王子帖乞失逃到西辽。在西辽承天太后耶律普速完的驸马萧朵鲁不的武力支持下，帖乞失最后回国即位。

帖乞失在位时期，花剌子模开始对外扩张，逐渐强盛起来。为了反抗西辽的监控，帖乞失杀了傲慢的西辽使臣。为此，耶律普速完派驸马萧朵鲁不用武力废除帖乞失，但没有成功。虽然帖乞失和西辽发生了冲突，但他并没有直接撕破脸皮，而是仍旧按照旧制向西辽缴纳贡赋。西辽天禧二十三年（1200 年），帖乞失的儿子摩诃末即位。表面上，花剌子模对西辽仍旧恭顺，但随着西辽的衰弱，摩诃末和乃蛮部的屈出律联手背叛了宗主国西辽。西辽天禧三十四年（元太祖六年，1211 年），屈出律袭击了打猎的西辽末帝耶律直鲁古，掌控西辽。这之后，摩诃末活跃起来，在他的带领下，花剌子模开始取代西辽在中亚的地位。

东部蒙古、西部花剌子模的崛起，使西辽迅速衰弱，以致被成吉思汗的手下败将乃蛮人屈出律攫取国家大权。成吉思汗消灭屈出律后，中亚的两大势力——蒙古、花剌子模在忽阐河（今锡尔河）流域正式接壤。

两国的相邻让色目商人活跃起来，他们往来于东西方进行贸易，与各国贵族保持交往，甚至担负起外交、间谍任务。成吉思汗在商路上设置了名为"哈剌黑赤"的卫士，并颁布法令：进入蒙古国土的商人一律颁给凭照，遇到携带珍稀贵重商品的商人，直接护送到成吉思汗那里。

忽毡城（今塔吉克斯坦的苦盏市）的阿合马、阿米儿忽辛的儿子和也里城（今阿富汗西北名城赫拉特）的阿合马·巴勒乞黑三人组成一支商队，携带织金料子、棉织品和不花剌城（今乌兹别克斯坦的布哈拉）出产的一种织物等诸多商品来到蒙古。元太祖十年（1215 年），三个商人从察赤（今乌兹别克斯坦首都塔什干）辗转来到蒙古本土。

阿合马·巴勒乞黑或许认为蒙古人没见识，竟敢漫天开价。那些最多用十个或者二十个第纳尔（中世纪伊斯兰世界流通的货币）购进的织品，他居然索价三个金巴里失（成吉思汗时代的蒙古货币，《史集》引用《伊斯兰百科辞典》的注释称，一金巴里失值两千第纳尔）。这引起了成吉思汗的不悦，他认为阿合马·巴勒乞黑的行为是对他的侮辱："难不成我们蒙古人就没见过织物吗？"成吉思汗命人打开他的府库，向三个傲慢的商人展示他的珍藏之物，以示商人的织物没什么稀奇的。随后他拘捕了漫天开价的阿合马·巴勒乞黑，没收了他的货物。另外两个商人非常有眼色，见伙伴被抓，立即声称自己带来的货物是专门献给大汗的。由于识时务，他们不但逃过一劫，还赢得了成吉思汗的欢心。成吉思汗下令释放他们，并以数倍的价钱买下了三人的商品。

成吉思汗非常鼓励贸易，他喜欢和行走四方的商人谈话，并从谈话中搜集商人们在遥远地方的所见所闻，拓宽自己对远方的认知和了解。他命令自己的几个儿子、驸马和那颜们各自抽调人手组成四百五十人的商队，任命讹答剌人乌马儿火者、蔑剌合（今伊朗的马腊格）人扎马剌、不花剌人法合鲁丁、也里城人阿米奴丁为使者，跟随三个商人去花剌子模进行贸易。

商队使者的使命之一，是替成吉思汗向花剌子模的摩诃末传递信息："你们的商队得到了我的优待，现在我的商队去你那里，希望贵国能够庇护他们。另外，我希望两国能在谋求贸易关系和保证双方商旅安全上达成一致意见。"

但很不幸，成吉思汗的愿望没有实现。元太祖十三年（1218年），这支承载成吉思汗、诸王和亲贵们赚钱希望的商队，在位于阿雷思河与忽阐河交汇处的花剌子模边境城市讹答剌，被守将亦纳勒术杀害。讹答剌是忽阐河中游最重要的商业城市，也是中亚有名的贸易点。从中原地区前往伏尔加河下游、罗斯地区乃至欧洲，都要经过这个城市。

守将亦纳勒术是摩诃末母后秃儿罕哈敦（《辽史》称为"忒俚蹇"）的族人，曾受封海儿汗。摩诃末能够带领花剌子模迅速崛起，依仗的正是母亲那剽悍的族人。因此，在摩诃末的王朝中，秃儿罕哈敦和她的族人康里贵族拥有很大的话语权。

或许是因为对成吉思汗商队的财物起了贪婪之心，或许是因为商队中有个印度人直呼亦纳勒术的名字，让他认为自己被冒犯了，亦纳勒术向摩诃末打报告说，蒙古商队暗地里从事间谍活动，建议摩诃末杀人夺财。崇尚暴力的摩诃末觉得杀人后剥夺财物是合法的，就大手一挥，批准了亦纳勒术的请求。这支倒霉的商队，除了一人逃回蒙古向成吉思汗报告噩耗外，其他人全部被杀。

成吉思汗、诸王和亲贵们对商队的投资，就这样打了水漂。讹答剌杀使事件不但冒犯了成吉思汗的权威，也损害了蒙古贵族们的利益，是可忍孰不可忍。成吉思汗登上山头，摘掉帽子，以脸贴地，向长生天祷念："这场灾祸不是我挑起的，请赐我力量让我去复仇吧！"

虽然成吉思汗祈祷了三天三夜，以示复仇的决心，但在当时，他并没有做好与花剌子模开战的准备，毕竟花剌子模也是处在上升期的强国，诉诸武力可不是一件小事。因此，成吉思汗先派曾在摩诃末父亲帖乞失的朝堂上做过官的色目人巴合剌和两个蒙古使臣一起出使花剌子模，去谴责摩诃末违背两国保护商旅的协议。他给摩诃末找了一个台阶，说如果讹答剌杀使事件不是摩诃末指使的，那就交出肇事者，否则蒙古会对此进行报复。

摩诃末并没有顺着台阶下，他没有勇气挑战母后秃儿罕哈敦的权威，把元凶亦纳勒术交给蒙古人。当然，这也跟他本人的性格有关。脾气暴戾、凶残的摩诃末习惯用武力处理和邻国的关系，这是花剌子模迅猛扩张带给他的自信。因此，摩诃末一错再错，处死了成吉思汗的使者巴合剌，并把另外两个蒙古使者的胡须剃掉，狠狠羞辱了他们一番后才将其释放。两大强国之间的较量终究是无法避免了。

讹答剌城之战

成吉思汗派出巴合剌使团后，便开始为西征做准备。为了免除后顾之忧，他首先要歼灭的是逃往西北方的蔑儿乞、乃蛮残部。成吉思汗命哲别去西辽追击乃蛮人屈出律，又命速不台和弘吉剌部的脱忽察儿越过也儿的石河去剿灭蔑儿乞残部。

与此同时，花剌子模的摩诃末也准备向他曾提供过帮助的屈出律索要利息。屈出律大怒，带着军队进攻摩诃末。摩诃末没有选择正面迎战，而是对敌人进行袭扰。屈出律气得冒火，却也没奈何。这时候，哲别带着军队来到西辽，屈出律仓皇出逃，最后死在巴达哈伤。

摩诃末听说蒙古人正在追击蔑儿乞残部，就去忽阐河下游的毡的（今哈萨克斯坦的克孜勒奥尔达附近）拦截蒙古军。元太祖十四年，速不台在蟾河地区歼灭忽都，消灭蔑儿乞残部，之后迎面撞上花剌子模人。出兵前，成吉思汗曾交代速不台，不要与花剌子模发生冲突，必要时可以让出从蔑儿乞人那里获得的财物的一半，换取两国的暂时和平。因此初遇花剌子模军，速不台态度谦和，以成吉思汗没有命他们与花剌子模交战为由避开摩诃末。

以武力征服周边地区的摩诃末并没有把蒙古这支偏师放在眼中，他见速不台避让，竟自恃武力主动挑衅。这一次速不台没有继续避让，而是进行了反击。

这是两大帝国之间的首次接触战。速不台的左翼冲进了摩诃末的中军，但摩诃末的儿子札兰丁在右翼战胜了蒙古军，他迅速赶回救援其父所在的中军，从而使摩诃末避免被俘。

两军激战到日落，才各自收兵。为了避免扩大事端，速不台趁着夜色率领蒙古军悄悄撤退，回去向成吉思汗详细报告交战经过。摩诃末也回到了撒马耳干。通过这场小规模遭遇战，摩诃末明白了蒙古人的强大，再不敢小觑对方。

元太祖十四年六月，成吉思汗在怯绿连河誓师出征。祭旗时，天降大雪，积雪足有三尺厚。成吉思汗认为这是不祥之兆，耶律楚材占卜后却说这是克敌的征兆，预示西征大吉。成吉思汗听了放下心来，率军西行。当年八月，成吉思汗驻扎在也儿的石河，并通知摩诃末他已发兵出征，随后向西南来到海押立。

就在海押立，之前归降蒙古的海押立部哈剌鲁人的首领阿儿思兰汗、虎牙思部哈剌鲁人昔格那黑的斤（斡匝儿之子）以及畏兀儿的亦都护巴尔术阿尔忒的斤各自带领军队与成吉思汗会师，为成吉思汗效劳。

此时的西征军总兵力约为二十万人，其中不但有骁勇善战的蒙古军队，还有专门从中原征发来的、擅长攻坚战的汉军，以及善于架设浮桥的工匠。穿越天山的天险果子沟时，就是这些工匠在察合台的带领下，凿石修道，架设四十八座桥梁供大军通行。

声势浩大的西征军从海押立向西南进发，他们首先越过亦列水（今伊犁河），进入西辽故都虎思斡耳朵，再向西经过塔剌思，来到阿雷思河上游的赤麦干，接着沿着阿雷思河河谷而下，到达讹答剌城下。一路上，蒙古军战马嘶鸣、军旗飞舞。耶律楚材写道："车帐如云，将士如雨，牛马被野，兵甲辉天，远望烟火，连营万里。"

接到蒙古军西征的消息，摩诃末召集贵族商议应对之策。有的将领认为，应该集中兵力在忽阐河岸以逸待劳；有的将领则认为，应该放弃边城，放蒙古军入境，然后利用民众消耗蒙古军的战力，最后来个瓮中捉鳖。骁勇善战的王子札兰丁慷慨激昂地说："如今最好的出路就是把军队召集起来，去攻打蒙古人。如果父亲没有出战的打算，那就把军队交给我，让我去边疆对付敌人。"

此时的花剌子模处于鼎盛时期，拥兵四十万，加上本土作战的优势，不管采用哪个作战方案，都能与蒙古军一战。但摩诃末没有采纳正确的建议，不知道是他本性欺软怕硬、遇强则弱，面对强大的蒙古军就畏敌怯战，还是由于他认为蒙古军不堪一击，不愿意给和他有矛盾的康里军事贵族利用战争扩张权势的机会。总之，他听从星相家"在带来厄运的星宿没有离开前，为了谨慎起见，不宜对敌人采取任何行动"的说法，采用守势，把大军分散到各战略要地进行防守。摩诃末的防御策略，使花剌子模处于被动挨打的地位，很容易被各个击破。于是，胜利的天平从一开始就倾斜到了蒙古人那边。

来到讹答剌城下的成吉思汗驻跸郊外。他把大军分为四路：第一路由二皇子察合台、三皇子窝阔台率领，攻打讹答剌城；第二路由大皇子术赤率领，

184

攻打忽阐河下游诸城；第三路由八邻人阿剌黑、晃豁坛人雪亦客秃（一作速亦客秃）、速勒都思人塔孩三位千户率领，攻打位于察赤城西南的别纳客惕城（一作费纳客式，今乌兹别克斯坦塔什干西南）和忽毡城；第四路由成吉思汗和四皇子拖雷率领，进入阿姆河以北地区的粟特故地，目标是当地的中心城市不花剌和撒马耳干。四路大军最后在撒马耳干会合。

成吉思汗的战略意图很明显：前三路大军的目标是攻取和蒙古西北相邻的忽阐河中下游地区，后一路大军的目标是切断前三路攻略目标与花剌子模腹心地区的联系。这是蒙古军的传统打法，先清扫目标外围，切断目标与其他诸城的联系，然后集中攻略目标。于是，等蒙古西征的最大目标——花剌子模新都撒马耳干被围时，对方才发现自己成了一座孤城。

听说蒙古军来攻，摩诃末调兵两万协助讹答剌城的亦纳勒术布防。等蒙古军逼近时，摩诃末又调去五万人，另派将领哈只卜哈剌察率军一万人增援。蒙古军抵达城下时，讹答剌的守军达八万人以上，城内囤积有大量物资。讹答剌城高池深，亦纳勒术打算依靠坚固的城防来打持久战。

然而，在蒙夏战争、蒙金战争中积累了丰富攻城经验的蒙古军并不惧怕攻坚战。西征前，成吉思汗在调查花剌子模的城防情况时，询问郭宝玉（唐代名将郭子仪的后代）攻取之策。郭宝玉胸有成竹地说："除非他们的城修在天上，不然攻克它就没什么难的。"成吉思汗听后称赞他胆气豪壮。

亦纳勒术登上城头举目眺望，发现敌军如汹涌的浪潮一般围住了讹答剌这座"孤岛"。这一刻，不知道亦纳勒术有没有后悔当初草率杀害蒙古商队。

察合台和窝阔台指挥军队开始猛烈攻城，撞城器、投石机、火炮、云梯，轮番上阵。亦纳勒术率军拼死抵抗。由于城池坚固，蒙古军一时间没法攻克讹答剌。在蒙古军的围困下，亦纳勒术带着军队坚守了五个月。

时间一长，守军难免士气低落，惶惶不安。虽然城池坚固、粮草充足，但粮草总有吃完的一天，如果蒙古人一直不撤退，城破不过是时间问题。哈只卜哈剌察首先产生动摇，他建议亦纳勒术献城投降，但亦纳勒术知道挑起这场战争的元凶就是自己，就算投降他也不会有生路，还不如坚守到底。

哈只卜哈剌察不愿意为亦纳勒术陪葬，某天夜里，他单独率部从苏菲哈纳门向外突围。城门大开那一刻，伺机而动的蒙古军迅速行动起来，他们攻进外城，俘虏了突围失败的哈只卜哈剌察。哈只卜哈剌察表示愿意投降，却被察合台兄弟拒绝："你的君主对你有恩，你却不忠于君主，我们怎么会和你这样不忠的人为伍呢？"哈只卜哈剌察就这样被处死了。

如果哈只卜哈剌察没有打开城门突围，蒙古军就不会这么快攻破城池，真是应了那句话："堡垒往往是从内部被攻破的。"蒙古军攻打了小半年都打不下的讹答剌城，就这样被花剌子模人自己打开了城门。

蒙古军占领外城后，把居民全部驱赶出去，纵兵大掠一番。蒙古军入城后，亦纳勒术率领两万人退守内城继续抵抗。他没有好好计划，做好防御措施，而是采用自杀式袭击，不断派出由五十名战士组成的敢死队袭击蒙古军。这样的自杀式袭击虽然能暂时对蒙古军造成伤亡，但并不适合反复使用，其起到的效果非常有限。

自杀式袭击战坚持了一个月之后，亦纳勒术的守军伤亡殆尽，最后只剩下两名战士和亦纳勒术自己。三人没有弓箭，就用砖瓦做武器。蒙古军蜂拥进入内城后，亦纳勒术和两名战友登上屋顶继续战斗。由于察合台和窝阔台下令要活捉亦纳勒术，所以蒙古军没有用弓箭射杀他，但他的两名战友很快就被射死了。这时，城里的妇女挺身而出，给亦纳勒术递砖头，让他能够继续战斗。想象一下，在血色残阳下，亦纳勒术疲惫不堪地站在屋顶，向下丢着没什么杀伤力的砖头。砖头用光的那一刻，攀上屋顶的蒙古军围拢起来把他压倒在地，给他捆上沉重的铁链。其情其景，颇为悲壮。

蒙古军完全占领讹答剌城后，将城中壮丁编入"哈沙儿"队，作为冲锋陷阵的先头敢死队。五花大绑的亦纳勒术被蒙古军送到成吉思汗的驻地——撒马耳干郊外的离宫阔克萨来。成吉思汗命人把银子熔化成液体，灌进亦纳勒术的口、眼、耳中，以示对这个贪财害命者的惩罚。

两大帝国开战的导火索，便是亦纳勒术屠杀蒙古商队。正是他的轻率行为引发了蒙古西征，让西域各族人民陷入战乱之中，被蒙古军踩躏、屠杀、奴役。讹答剌城已经被夷为平地，不久的将来，花剌子模也将被消灭。

忽毡城之战

此次西征中，蒙古军打得最狼狈的一战，是忽毡城之战。正是这一战，成就了花剌子模民族英雄帖木儿灭里的传奇。

毡的、养吉干之战

率领第二路西征军的皇子术赤，奉汗父成吉思汗之命，从讹答剌向右进军，攻打忽阐河下游诸城。他首先来到位于忽阐河河畔的昔格纳黑城（一作速格纳黑城，今哈萨克斯坦苏纳克库尔干附近）。

术赤先派色目人忽辛哈只（一作哈散哈只）入城招降守军。疑为《蒙古秘史》第一百八十二节提及的"阿三"的忽辛哈只很早就在蒙古经商，比较受成吉思汗信任。术赤认为忽辛哈只和昔格纳黑城中的军民拥有相同的信仰，让他去劝降或许比较容易成功。但很不幸，忽辛哈只进城后还没有把来意说清，就被城内愤怒的百姓杀死了。

蒙古军队的惯例是先劝降，只要投降，你好我好大家好；如果拒降，那就只有强攻。得知使者忽辛哈只被杀，术赤当即下令猛攻。蒙古军昼夜不停地轮番作战，仅用了七天就攻克了昔格纳黑城。为了给使者忽辛哈只报仇，蒙古军几乎杀光了城内的居民。之后，术赤任命忽辛哈只的儿子出任该城长官，让他召集藏匿在乡野的流亡者，主持该城的民政事务。

术赤继续向忽阐河下游进军。他先后占领了讹迹刊、巴耳赤邗（一作八儿真）、阿失纳思（一作额失纳思）这三座位于毡的和昔格纳黑城之间军事力量薄弱的小城。如今，这三座小城已不复存在。

当术赤进军阿失纳思的消息传到位于该城以北不远处的重镇毡的城时，毡的城的最高统帅忽都鲁汗趁着夜色渡过忽阐河，穿过沙漠，逃到花剌子模本土去了。敌人还没来，主帅竟然畏敌怯战，弃城逃跑了。

术赤得到消息后，派契丹人（一说汪古人）成帖木儿带着使团去毡的招降。由于主帅逃跑，其他长官各自为政，毡的城陷入了混乱之中。为了保全自身，成帖木儿一边以昔格纳黑人杀死招降使臣招致蒙古军报复之事恐吓毡的人，一边和蔼地向居民们保证不会让蒙古人伤害他们。最终，成帖木儿平安离开毡的。

元太祖十五年（1220年），术赤率领大军兵临毡的城下。他们在城周围挖掘战壕，将投石机、云梯等武器、工具布设好，进行围城准备。城下的蒙古军忙碌地为攻城做准备，城内的居民却像观看节日表演一样，坐在城头上好奇地围观蒙古军，他们还很惊讶地感叹："这些人要怎样从城下登上城头呢？"很快，他们就知道了答案。蒙古军架着云梯从四面八方登上城头，城上围观的人成了俘虏，双方没有一人伤亡。这样的攻城战也算是战争史上的一大奇迹。

登城后，蒙古军打开城门迎接大军入城。他们把居民驱逐到城外，扣留了九个昼夜。在这期间，蒙古军对城市进行了洗劫。术赤任命不花剌人阿里火者为毡的长官。阿里火者虽然是不花剌人，但他在蒙古军西征前就投靠了成吉思汗，因此很得成吉思汗父子的信任。

术赤继续在忽阐河下游攻克养吉干（位于今哈萨克斯坦锡尔河入咸海处南部，卡扎林斯克南面），并在养吉干设了一名沙黑那（即少监）管理该城。这时，花剌子模在忽阐河下游诸城的军队已被消灭。接着，术赤又向忽阐河下游以北的康里人故居哈剌忽木发起了进攻。蒙古军在这一带的突厥牧民中征集了一万多名士兵，并把他们交给巴尼阿勒（一作台纳勒）那颜统率，增援攻打花剌子模的军队。这些士兵趁蒙古军不注意，杀死指挥官，举起反抗大旗。巴尼阿勒听说后，率先锋军返回，镇压叛军，杀死了大部分突厥士兵。残余的突厥士兵朝阿姆河方向逃去，一直逃到呼罗珊地区的马鲁（又作马卢、麻里兀，今土库曼斯坦的马雷市），和那里反抗蒙古的军队会合。

"铁之王"帖木儿灭里的传奇

第三路西征军有五千人，他们在八邻人阿剌黑、晃豁坛人雪亦客秃、速勒都思人塔孩三位千户的率领下，从讹答剌城沿着忽阐河河谷而上，向别纳客惕城发起进攻。

别纳客惕城主亦列惕古灭里（一作亦勒格秃灭里）率领手下的康里人，和蒙古军血战三天。他自觉保不住城池，就在第四天打开城门投降了。蒙古军把投降的军民分开。部分士兵被处死，部分士兵被编入"哈沙儿"队，所有工匠都被留了下来。

随后，三位千户带兵继续沿河向东南方向前进，来到费尔干纳盆地西端的重镇忽毡。汉代时的大宛就在费尔干纳盆地，这里自古以来便是富庶之地。其东部和中部的斡思坚、可散(即渴塞城，今乌兹别克斯坦的卡桑赛)诸地在哲别消灭屈出律时，就已经归属蒙古，而其西部的忽毡，当时还处于花剌子模的统治之下。

忽毡守将帖木儿灭里，是一个英勇善战、足智多谋的好汉。他在蒙古人来之前，就在忽阐河中的一个沙洲修筑高堡，带领数千人坚守沙洲。阿剌黑三位千户到来后，想进攻帖木儿灭里，却没有舟楫渡河，而弓箭和投石机的射程又不够远，一时间对帖木儿灭里无可奈何。

阿剌黑三人商量之后，一边征集忽毡的青壮年，一边从讹答剌城和其他蒙古军占领区调来五万"哈沙儿"队、两万蒙古军。这些人被编成十人队、百人队，由蒙古人担任长官进行监督。他们徒步从山中搬运石头，填充忽阐河，目的是用石头修筑一条通往河中高堡的通道。

帖木儿灭里明白蒙古军的意图，他命人建造了十二条小艇。这些小艇外面涂了一层加了醋的黏土，蒙上湿毯后，不畏箭矢火油。小艇上留有窥视孔，作为发射箭矢的窗眼。帖木儿灭里每天早晨都派出六只小艇去袭击蒙古军。蒙古军想要阻止敌人的骚扰，但由于小艇防护得当，蒙古军用箭、火、石油攻击小艇都没用，还被折腾得疲惫不堪。

然而不管如何骚扰，石头通道还是逐渐逼近河心。当蒙古军以为可以歼灭敌军时，帖木儿灭里毫不留恋地舍弃了河中高堡。他和他的士兵把伤员、辎重、器械分载到七十艘船上，利用黑夜的掩护，点起火把，像闪电一般沿着水路突围。围攻的蒙古军得到消息后，迅速沿河追击。帖木儿灭里发现追击的蒙古军聚在一处，就带着部下乘坐小船飞快地驰近蒙古军，向他们射箭。帖木儿灭里等人矢无虚发，犹如死神降临。蒙古军拿他们毫无办法，只能四处躲避。

帖木儿灭里和他的船队风驰电掣地到达了别纳客惕城下。蒙古军为了阻拦他们，在河道中设置铁锁链阻拦船队行进。帖木儿灭里砍断铁链，冲出蒙古军的防卫线，驰舟在忽阐河中乘风破浪。

蒙古军沿河阻截失败后，立即将消息飞报给了位于忽阐河下游的术赤。于是术赤沿着忽阐河两岸，在好几个地方布置重兵、架设浮桥、安置弩炮。

得到消息的帖木儿灭里，在接近巴耳赤邗时弃舟登岸，骑上战马进入沙漠，向花剌子模本土撤退。蒙古军发现后立即追上来。帖木儿灭里让辎重先行，他自己亲自率军殿后，和蒙古军一路厮杀，且战且行。等辎重走远了，他再追上去。

就这样厮杀了好几天，帖木儿灭里的人马伤亡惨重，而追击的蒙古军却越来越多。最后，帖木儿灭里的辎重也被蒙古人夺走，他的手下所剩无几。但英勇的帖木儿灭里仍然坚定不移地抵抗着蒙古军，厮杀一阵，前行一阵。等他甩开蒙古军大部队时，身边的扈从已经全都战死，他的武器也只剩下三支箭，其中一支还又破又钝。

这时，有三个蒙古人追了上来。帖木儿灭里用那支钝箭射瞎了其中一人的眼睛，然后对另外两人说："我还剩下两支箭舍不得用，你们最好退回去，如此便可保全自己的性命。"一路战来，蒙古人很清楚帖木儿灭里的战斗力，知道他并没有说大话。只要他手中有箭，他们三个大概率是占不到便宜的，三人便很识时务地退走了，不再追击。

帖木儿灭里单枪匹马穿越沙漠回到花剌子模本土。他重新征集了一支军队，带着他们穿越沙漠，来到养吉干，杀死了术赤指派的沙黑那。他认为留在花剌子模没有什么用处，就去追随摩诃末，继续和蒙古军作战，直到国亡。

帖木儿灭里是一员骁将，转战千里，百战无前。他不但天生神力，还有勇有谋，是蒙古军西征以来第一次让他们束手无策的花剌子模将领，堪称花剌子模的民族英雄。

花剌子模灭亡后，帖木儿灭里离开祖国，前往叙利亚生活。直到亡国十余年后，帖木儿灭里才潜回忽毡。他遇到了自己的儿子，就问对方："要是你见到你的父亲，你还会认得他吗？"他的儿子说："父亲离开家时我还是个孩子，现在我可认不出他，但家里有个奴隶认识他。"于是，儿子把那个奴隶找来。奴隶认出了帖木儿灭里，大家才知道他还活着。

然而，几个替帖木儿灭里保管财物的亲信由于侵吞了他的钱财，矢口否认他就是帖木儿灭里。为了证明自己的身份，帖木儿灭里决定去朝见蒙古大汗。

在路上，帖木儿灭里遇到了合丹王子（窝阔台汗第六子）。当初那个被他用钝箭射瞎眼睛的蒙古人正好追随在合丹身边，并且认出了他。合丹就把帖木儿灭里抓起来，询问他和蒙古军当年作战的旧事。从蒙古军手中顺利逃脱的帖木儿灭里有自己的傲气，这使他在言语上对合丹不太客气，这惹怒了合丹。合丹一箭射死了帖木儿灭里。可惜这样一位传奇名将，居然是这样的结局，实在令人叹息。

不花剌之战

不花剌之战是蒙古消灭花剌子模的关键战役。正是不花剌的迅速沦陷，让花剌子模进入了亡国倒计时。

招降札儿努黑城和奴儿城

元太祖十四年十一月，成吉思汗率领西征大军来到花剌子模边境城市讹答剌。蒙古军在那里兵分四路，前三路分别进攻忽阐河流域中下游诸城，成吉思汗和小儿子拖雷则从讹答剌城沿着忽阐河河谷而上，向阿姆河以北的重要城市不花剌进军。

成吉思汗父子首先逼近忽阐河左岸的札儿努黑城（又作匝尔讷黑、咱儿讷黑，今哈萨克斯坦奇姆肯特市速特镇附近），于某日黎明兵临城下。札儿努黑城的军民看到城外的蒙古战骑围堵四方，战马扬起的尘埃遮蔽天空，感到惶恐万分，只能紧闭城门，躲进城堡里。

成吉思汗派色目人答失蛮哈只不进城招降。答失蛮哈只不恐吓札儿努黑城的人，说："我奉成吉思汗之命，要把你们从死亡的深渊中拯救出来。成吉思汗已经率领大军来了，如果你们试图抵抗他，他会把你们的城堡变成荒漠，让原野上的血流向阿姆河。如果你们听从我的劝告归顺他，你们的生命和财产都能得以保全。"

守将受到使者的恐吓，决定放弃抵抗，向蒙古人屈服。

成吉思汗下令将全体居民驱赶到城外，从中抽调青壮编入"哈沙儿"队，之后将其余人放回城中。他还给札儿努黑城改名"忽都鲁八里"（意为"幸福城"）。

在当地一名熟悉路况的突厥向导的带领下，成吉思汗率先锋部队经过一条鲜为人知的小道，从札儿努黑城向西南行军五百公里，到达奴儿城（又作纳儿城、讷儿城，今乌兹别克斯坦撒马尔罕省努腊塔）。当这支由晃豁坛人塔亦儿拔都儿率领的先锋军突然出现在城下时，奴儿城的守城军还以为是路过的商旅。塔亦儿拔都儿向守将宣谕征服世界的皇帝成吉思汗驾到，劝告他们停止抵抗，马上投降。

突如其来的噩耗让奴儿城的居民惊恐万分。城里的官员商量一番后，派使者去见成吉思汗，纳贡投降。成吉思汗留下速不台处理奴儿城事务，他则率领大军继续前进，向西南越过阿克套山（突厥语，意为"白山"），很快就来到不花剌城下。

不花剌和撒马耳干一样，既是中亚地区的重要城池，又是花剌子模的腹心，拥有非常重要的战略地位。不花剌位于花剌子模旧都玉龙杰赤（今土库曼斯坦北部乌尔根奇）和新都撒马耳干中间，南有阿姆河，北有忽阐河，周围还有奴儿城、札儿努黑城等护卫，一旦有敌人入侵，新旧两都的守军随时可以进行支援。

不花剌位于玉龙杰赤和撒马耳干之间，三者连成一条线，从而形成攻首则尾助、击尾则首援的防御体系，优势十分显著。然而，这种体系劣势同样明显：一旦不花剌被敌人攻占，玉龙杰赤和撒马耳干之间的联系就会被切断，不能再互相援助。成吉思汗亲临不花剌，意图很明显，就是要"打蛇打七寸"，切断花剌子模新旧两都的连接点——不花剌。成吉思汗真不愧是战争艺术大师，把敌人的优劣研究得清清楚楚，真正做到了知己知彼，百战不殆。

不花剌城之战

不花剌城分内外两城。外城很大，堡垒、园林、村庄分布其中。外城城墙坚厚，有十二个气势恢宏的城门，由主帅阔克汗（又作阔阔汗、库克汗）率军两万驻守。铺天盖地的蒙古军突然出现在城外时，阔克汗不由得心里发寒。看着数不清的蒙古战骑一队接一队地抵达城下，围绕不花剌城扎营，连绵的军营好似起伏不定的大海，阔克汗胆战心惊，想趁着蒙古军攻城之前弃城逃亡。

深夜时分，不花剌主帅阔克汗，及其部下大将哈密的布尔（一作哈迷忒·普儿塔阳古）、速亦温赤汗、古失鲁汗等带着两万守军突围。成吉思汗命蒙古军后撤，给守军让出通道，放他们逃走。就在阔克汗等人以为就要逃出生天时，蒙古军突然发起追击。守军选择弃城逃走，士气本就低落，等他们以为已经脱离危险时，就更加没有战意了。此时遭遇蒙古军追剿，他们哪里还有心战斗，只恨不得多出两条腿能够逃得更快。不花剌城外的追击战，最终演变成了蒙古军的单方面屠杀。蒙古军一路疾驰，追着不花剌守军来到阿姆河岸边，在那里将他们全歼。

守城主帅带着军队弃城逃走后，不花剌城的贵族惊慌失措，只能打开外城城门投降。第二天凌晨，他们来到城外觐见成吉思汗。成吉思汗骑马巡视一圈后进入不花剌城。他对学者、长老、法师并不尊重，让他们执行蒙古人的各种命令，甚至让他们代替马夫去喂马。

成吉思汗在城外广场召集全城居民，让他们推举八思哈（镇守官），然后从被推举的人中指定了一名蒙古人和一名突厥人担任该职。随后，成吉思汗召见了城中富豪，让他们把藏金献出来。被召见的两百七十人，不管是本城的一百九十人，还是外地的八十人，为了保命，不得不献出财富。接着，成吉思汗下令焚毁城区，纵兵大掠。几天后，城内除了用砖建造的寺庙和宫殿外，其他用木头修筑的房舍全部被焚毁一空。

不花剌外城投降后，四百康里军退入内城坚守。成吉思汗让军队驱赶不花剌居民攻打内城。双方架起弩炮，激烈地厮杀起来。外城的蒙古军箭矢齐发，内城的康里军则不停地发射弩炮和火油筒。经过几天的激战，内城前的壕沟都被石头和被杀死的人畜填平了。最终，蒙古军在"哈沙儿"队的协助下，夺下内城前的斜坡，他们放火烧毁城门，攻入内城，杀掉了所有守军。

进入内城后，成吉思汗下令全城搜索康里人。只要超过杆鞭高的男童，都要被杀掉。遇害的男子达三万多人。侥幸没死的青壮年，则被编入"哈沙儿"队为蒙古人作战。至于妇女和孩童，则都成了奴仆。

　　不花剌之战是消灭花剌子模的关键战役。不花剌城的沦陷意味着保护花刺子模的锁被打开，新都撒马耳干和旧都玉龙杰赤之间的联系被切断，蒙古军可以纵横其间，而不惧怕它们会首尾呼应。成吉思汗以迅雷不及掩耳之势出现在不花剌，出其不意，攻其不备，让花刺子模两都来不及支援，就攻陷了不花剌。这一战略计划之所以得以完美实现，凭借的正是蒙古军的高机动能力。接下来，成吉思汗的目标是花刺子模的新都——撒马耳干。

　　直到攻克撒马耳干后，成吉思汗才派脱沙（又作不花脱沙、塔兀沙）去管理不花剌。这之后，不花剌才逐渐恢复昔日的繁荣。

撒马耳干之战

　　撒马耳干之战后，花刺子模国王摩诃末彻底沦为丧家之犬，失去新都的花刺子模濒临灭亡。

会师撒马耳干

　　元太祖十五年春末，成吉思汗攻克花刺子模的腹心城市不花剌后，迅速扑向位于不花剌东部的新都撒马耳干。撒马耳干距离泽拉夫善河约有三百米，被泽拉夫善河的支流素叶河环绕，距离泽拉夫善河另一支流达尔·古母七八公里。撒马耳干处于几条河流的包围之中，或许因为这个原因，它在西辽时被称为"河中府"。

　　撒马耳干是花刺子模国诸州中最大、最肥沃的一个，城高池深，防御坚固。摩诃末把它定为新都后，加高城墙，加深壕沟，进一步加固了撒马耳干的防御。得知蒙古西征后，摩诃末下令设置多条外垒防线，并让士兵们在城墙外围修筑若干斜坡，在城壕里放满了水。加上城内驻扎的十一万重兵（六万突厥人，五万大食人）和二十头巨大的战象，撒马耳干可谓固若金汤。

　　蒙古军抵达讹答剌城时，有关撒马耳干城防坚固、难以攻破的说法已经传得满天飞了。花剌子模人自豪地声称：要想攻克撒马耳干，没个十年八年是不可能的。对这些传言非常重视的成吉思汗制订了分兵四路的计划，先扫清撒马耳干四周的城池，切断它与外部的联系，最后才慎重地攻打撒马耳干。

　　攻克不花剌，切断旧都玉龙杰赤与新都撒马耳干的连接点后，成吉思汗挥师东进。行军途中遇到的小城，凡是纳款归降的，成吉思汗便置之不理；胆敢抵抗的，如撒里普勒、答不思，他便留下军队进行围攻。等成吉思汗到达撒马耳干时，另外三路西征大军也结束了各自的战事，驱赶着"哈沙儿"队来到撒马耳干与他会合。

　　此时，外强中干、畏敌怯战的摩诃末已经放弃都城逃往忒耳迷（又作迭儿密、帖里麻，今乌兹别克斯坦泰尔梅兹），想渡过阿姆河进入呼罗珊地区。成吉思汗派悍将哲别和速不台率军追击摩诃末。与此同时，他又派阿剌黑和牙撒兀儿分别进攻阿姆河右岸的瓦黑失（今塔吉克斯坦瓦赫什河附近）、阿姆河以南的塔里寒（今阿富汗东北部的塔利甘），以切断撒马耳干和南部蒙古军尚未进入的地区的联系。

　　在撒马耳干城下，成吉思汗亲自围绕城墙和城墙前的斜坡巡视了两三天，慎重地考虑攻城计划。撒马耳干城的守将阿勒巴儿汗（一作阿勒普·额儿汗）、八剌汗等人面对将城池团团围住的蒙古军，不愿坐以待毙，决定主动出击。

撒马耳干之战

　　撒马耳干被围的第三天清晨，阿勒巴儿汗等人率军出城迎战。双方激战一天，伤亡惨重，只能暂时收兵。

　　次日，为了鼓舞士气，成吉思汗亲自上马指挥进攻。蒙古军利用投石机、火油筒等攻城器械攻城，撒马耳干的守军突然驱赶着二十头巨大的战象从城内呼啸而出。身为北方游牧民族的蒙古人，大多没见过大象这种生物，军中不免出现短暂的慌乱，被战象踏死、踏伤者无数。

　　成吉思汗有点儿束手无策。正在他犹豫是继续战斗，还是暂时收兵时，大将郭宝玉为他献出良策——用火攻对付战象。很多动物对火有着天然的恐惧，大象会是例外吗？成吉思汗大喜，急命士兵用火攻击战象。果不其然，怕火的战象受伤后转头往己方阵地跑，这一次被踩踏的变成了花剌子模军队。镇定下来的蒙古军跟在战象后面发起进攻，花剌子模军大败回城。

　　接连失利让撒马耳干城中的一些贵族坐不住了。国王都逃跑了，孤立无援的撒马耳干还能坚持多久？法官和教长们决定乞降，他们悄悄出城觐见成吉思汗。得到成吉思汗的许诺后，这些人返回城中，于三月十九日打开纳马思哈黑门，放蒙古军入城。当天，蒙古军迅速拆毁了城墙和其前面的斜坡，解除自己的后顾之忧。

　　城中人都很害怕，但他们既不敢挺身抵抗，又无处可逃。身为主将的阿勒巴儿汗不愿任人宰割，率领由一千人组成的敢死队杀出重围。

　　巴力失马思汗（一作巴里思马思汗）、塔海汗、撒儿昔黑汗、兀剌黑汗等二十多人也不愿意投降，就带着一千多名勇士退入大清真寺内坚守。他们利用弓箭和火油筒与蒙古军激战，蒙古军则喷射火油筒纵火，焚烧大清真寺。最终，巴力失马思汗等人寡不敌众，被蒙古军全歼。

　　蒙古军把投降的居民和被俘的守军统统驱赶到城外，并把突厥人和大食人分开监管。剩下的三万多康里人和众多高级将领则被全部处死。之后，成吉思汗命令部下对幸存者进行统计。工匠被分诸子和贵族，青壮年被编入"哈沙儿"队跟随蒙古军作战，其余人则需缴纳二十万第纳尔作为赎金才被允许回城。为此，成吉思汗还专门委派撒马耳干的权贵昔合塔木勒克和阿迷忒·不祖儿格两人主持征收赎金，把敛财手段发挥到了极致。

　　虽然教长们的乞降使与他们有关系的部分民众获得了赦免，但此后蒙古军多次来撒马耳干强征青壮年编入"哈沙儿"队，还是造成了撒马耳干人口的锐减。

　　随着撒马耳干沦陷，中亚最富庶的粟特故地全部被蒙古军占领。

追击摩诃末之战

花剌子模国王摩诃末拿了一副好牌，却被自己打得稀烂。曾经雄霸一方的野心家，在遭遇蒙古人后判若两人，一世英名毁于一旦，实在是可悲可叹！摩诃末逃亡路上的仓皇潦倒，成就了哲别、速不台的威名。

逃亡的摩诃末

蒙古军还没有跨越忽阐河，花剌子模国王摩诃末就离开都城躲到忒耳迷，随后他又转移到巴里黑（一作班勒纥，今阿富汗北部的巴尔赫）。通过派往阿姆河北部支流瓦赫什河巡逻的部队，摩诃末得知不花剌和撒马耳干相继沦陷，但是他没有振作起来召集军队迎战蒙古军，而是惊慌失措地继续逃亡。

虽然摩诃末的儿子札兰丁王子一直建议他把分散在各地的军队召集起来，去攻打蒙古人，但摩诃末根本不听，只想逃跑。追随摩诃末的一群突厥兀剌尼人，是他母后秃儿罕哈敦的亲戚。他们对这个只知道逃跑的国王很不满，决定杀死他。摩诃末觉察到自己众叛亲离，夜里睡觉都要换好几个地方。某天黎明时分，摩诃末发现自己的帐篷被箭射成了"刺猬"，这让他越发胆战心惊。四月二十八日，摩诃末仓皇逃到你沙不儿（又作匿察兀儿、亦薛不儿，今伊朗的内沙布尔）。

摩诃末认为，他身边聚集的人越多，就越容易引起蒙古人的注意，因此不愿意在身边留太多的人。到达你沙不儿后，他四处宣扬蒙古人如何厉害、如何凶残，刻意将蒙古军的恐怖放大一千倍，吓得居民四散逃离。虽然摩诃末命守军加强城防工事，但其实他已经被蒙古军完全击垮了信心，丝毫没有对抗的念头。他整个人已陷入自暴自弃之中，终日饮酒取乐、得过且过。

攻克撒马耳干后，成吉思汗驻跸城郊。为了防止花剌子模聚集力量卷土重来，蒙古军必须把能够凝聚人心的国王摩诃末抓住，不然花剌子模人始终心存期盼，觉得说不定哪天国王就杀回来了。成吉思汗非常明白这个道理，因此在没有攻打撒马耳干之前，他就已经派哲别和速不台各自率军一万去追击摩诃末了。

随后，成吉思汗派弘吉剌人脱忽察儿率军一万去支援哲别和速不台，并降旨给三人："朕命你们去追赶花剌子模国王，直到追上他为止。如果他带领军队攻打你们，你们抵抗不了，马上向朕报告。如果他的军队力量不大，你们就将他击败擒拿。哪怕他躲在陡山、狭洞里，你们也要把他揪出来。不擒获他，你们就不要回来了！在追击途中，遇到归顺者，你们就给他们发保护文书，指派长官去管理他们，如果遇到反抗的，就灭掉他们！"与此同时，成吉思汗又派术赤、察合台、窝阔台三兄弟去攻取花剌子模的旧都玉龙杰赤。

哲别和速不台从撒马耳干越过天山西部支脉，进入阿姆河北部支流瓦赫什河流域，顺流而下来到般札卜（一作梅拉，位于瓦赫什河口的著名渡口）涮渡过河，之后沿着阿姆河南岸向西追击到忒耳迷以南的巴里黑。

摩诃末此时已经离开巴里黑。面对来势汹汹的蒙古军，巴里黑的守城官员没做抵抗便纳款投降，并给追击他们国王的蒙古军提供饮食。见守将如此识时务，哲别等人便没有伤害对方，而是委派一名沙黑那管理巴里黑。他们在当地找了一名向导，继续西行追击摩诃末。

路过哈甫州的匝维城（又作扎瓦、咱维，今伊朗礼萨呼罗珊省托尔巴特海达里耶市）时，蒙古军向该城索要补给，当地守军拒绝帮助敌人。急着追击摩诃末的蒙古军不愿节外生枝，便没有理会守军，选择继续前行。匝维城的守军看到蒙古军的旌旗远去，突然有了底气，在城头朝着蒙古军的背影击鼓谩骂。

听到匝维城头传来的击鼓声与谩骂声，蒙古军被激怒了，他们掉头便开始攻打匝维城。在弩炮、弓矢的轮番攻击下，第三天，匝维城就被攻陷了。蒙古军在城内进行了肆无忌惮的屠杀。由于还要追击摩诃末，不能长时间停留，他们便把城内那些不方便携带的笨重物品全部拆毁、焚烧、破坏干净，留下一城的尸骸和断壁残垣。

当蒙古军逼近的消息传到你沙不儿时，摩诃末谎称要去亦思法拉因（今伊朗沙赫里必里吉斯）打猎，于元太祖十五年五月十二日离开你沙不儿向报达（今伊拉克首都巴格达）逃亡。有人向他报告说蒙古军已经打来了，摩诃末便改变计划，向西逃到里海之南的可疾云（今伊朗德黑兰省西北的加兹温）。他的儿子鲁克那丁已经在那里召集了三万军队。

摩诃末把母后秃儿罕哈敦和妃嫔、子女送到哈伦堡的塔札丁·秃干（一作塔术丁·脱欢）那里，然后召集大臣们商量接下来该怎么办。大臣们认为，当下最好的出路就是躲到失兰忽黑去。摩诃末认为失兰忽黑并不安全，便派使者召藩臣罗耳蔑力来可疾云商量对策。罗耳蔑力建议他去富庶的唐帖古避难，另外从罗耳、疏勒、法儿思、舍班合列等地召集十万军队和蒙古人对抗。唐帖古位于摩诃末的藩属罗耳和法儿思之间。瞻前顾后的摩诃末怀疑罗耳蔑力是故意借自己的势去压制法儿思，以此削弱他的对头法儿思君主阿答毕撒忒的力量，就否决了罗耳蔑力的建议，决定派急使把附近地区的军队召集到可疾云来。

长途奔袭的两位悍将

就在摩诃末和罗耳蔑力商量对策时，六月初五，哲别和速不台抵达你沙不儿，遣使招降。当地长官木只儿木勒克和法里答丁温顺地出城投降，给蒙古军献上礼物以及行军补给，表示臣服于成吉思汗。

哲别严厉地向投降者提出警告："蒙古军到来时，你们必须进行隆重的接待，不要以为凭借坚固的城墙和精良的武器就能保护你们的家园！"随即，他将保护公文和成吉思汗诏命的副本交给木只儿木勒克。保护公文和成吉思汗诏命传达的意思相差无几：只要归顺蒙古，本人及妻儿亲信都可以得到赦免；胆敢反抗者，本人及妻儿族人都将被处死。

颁布公文后，蒙古追击军继续开拔。哲别和速不台兵分两路，哲别从你沙不儿向西边的术维因（即志费因）进发；速不台向东朝着札木（匝维城以东）

和徒思（一作途思，遗址在今伊朗马什哈德西北）进发。

　　一路上，凡是遇到归顺者，蒙古军就赦免他们，遇到抵抗者就全部歼灭。在徒思城，速不台遭到城中军民的抵抗，就对该城大肆杀掠。之后，他沿着马什哈德河河谷而上，来到剌的康（一作剌答罕）。该城居民乞降，速不台在给他们指派了沙黑那之后，便继续率军向西北进军。在哈不珊（一作哈不伤），该城居民拒绝向蒙古人效忠，遭到速不台的大屠杀。

　　很快，速不台就来到亦思法拉因。之后他率军向西经过火密失州，抵达里海南岸的担寒（一作答木罕，今伊朗达姆甘），向西去攻打火密失州的西模娘（今伊朗塞姆南市），在那里和哲别会合。

　　哲别率军从术维因向北进入祃拶答而（今伊朗马赞德兰省）。在那里，蒙古军屠杀了很多人。除此之外，位于里海东南、与祃拶答而交界的阿思塔剌巴忒城（今伊朗北部的小城古儿根）和阿模里城（又作阿没、阿眛，今伊朗北部的阿莫勒）也遭到了屠戮。

　　哲别听说摩诃末逃到只八里州的哈马丹（今伊朗哈马丹省），就迅速追击而去。哈马丹守将阿老倒剌乞降，向蒙古军进献饮料、食物和奴婢。给哈马丹指派了沙黑那后，哲别便继续动身追击摩诃末。之后哲别与速不台会合，两军合为一军，进攻只八里州的剌夷（今伊朗雷伊古城），在那里展开了屠杀。

　　从剌夷逃出来的人，向摩诃末报告蒙古人来了。罗耳蔑力害怕蒙古人，就跑回了罗耳，摩诃末身边的其他大臣也一哄而散。摩诃末只得狼狈地带着儿子们向哈伦堡进发。在逃亡途中，摩诃末一行遭遇了小股蒙古军的袭击，他的坐骑被射伤了。因蒙古军并不认识摩诃末本人，又急于向前追击，摩诃末一行人才逃过一劫。逃到哈伦堡后，摩诃末仅停留一天，就向报达城继续逃亡。

　　蒙古军听说摩诃末在哈伦堡，立即追了过来，但这时摩诃末已经向撒儿者罕堡进发了。在蒙古军的追击下，摩诃末在里海附近辗转逃亡，狼狈潦倒，比之被金军四处追赶的宋高宗赵构有过之而无不及。有人建议他到里海的额别思宽群岛（这些岛如今已经沉没）中的一个小岛上躲起来，他就真的跑去住了下来。一段时间后，他担心被蒙古人知道，就准备转移到另一个岛上。就在这时，蒙古军再次追击过来，不过他们并没有搜捕到摩诃末。

随着蒙古军的到来，摩诃末的母后、妃嫔、儿女被蒙古人俘虏的消息传了出来。当初，摩诃末带着年长的儿子逃亡时，派人催促母后秃儿罕哈敦带着他的后妃、幼子躲到筠拶答而境内。不愿坐以待毙的秃儿罕哈敦带着儿子的眷属取道的希斯丹，躲避到筠拶答而诸山中的亦剌勒堡。追击摩诃末的速不台听说秃儿罕哈敦躲在亦剌勒堡，便留下一支军队攻打这里。

由于亦剌勒堡地势险峻、易守难攻，蒙古军围攻了数月都没能将其攻克，双方陷入了僵持之中。然而运气站到了蒙古人一边。亦剌勒堡原本多雾多雨，居民从来不考虑缺水的问题，也就没有蓄水的观念，但自从被蒙古军包围以来，多雨的亦剌勒堡就没有下过一滴雨，陷入了干旱之中。人怎么能抗得过缺水问题呢？被围数月后，严重缺水的守军乖乖投降，秃儿罕哈敦和摩诃末的家眷就此成为蒙古人的阶下囚，被送到成吉思汗的大营。

摩诃末年幼的儿子尽管还是稚龄，依然被蒙古人屠戮殆尽。他的女儿们，两人被赏赐给察合台，其中一人又被察合台转赐给家臣木速蛮哈别失阿米；第三女被赐给使臣答失蛮哈只不；他那个守寡的女儿，被赐给叶密立（一作叶密里，今新疆额敏县东南）城的一个染工；母后秃儿罕哈敦被成吉思汗带回蒙古，于元太宗五年死在哈剌和林。

摩诃末听说母后被押去哈剌和林，妃嫔遭到凌辱，幼子被杀，女儿被瓜分，财物被搜刮一空，悲愤得几乎神智错乱。惶惶不安、痛苦不堪的摩诃末后来不幸患上了肋膜炎。他自知病势沉重，就召集众子，废掉原定的继承人斡思剌黑，另立英勇善战的儿子札兰丁为继承人，希望他能够光复祖业，恢复花剌子模曾经的盛况。随后不久，在某个凄凉的冬日，这个灭掉不少国家、曾经不可一世的君主，凄惨地死在了荒岛上。

摩诃末是一个暴戾却又软弱的人。遇到比他弱小的敌人时，野心勃勃的他常常大杀四方；一旦遇到强敌，他立马就失去了斗志，只想逃跑，图一时苟安。虽然花剌子模和蒙古都是新兴帝国，但摩诃末和成吉思汗相比，还是差得很远。成吉思汗是政由己出、乾纲独断，而摩诃末内受制于母后，外受制于军事贵族。这样两个不在一个层次的对手，孰强孰弱一目了然。

哲别和速不台获悉摩诃末的死讯后，遣使向成吉思汗报告。虽然他们的任务提前完成了，但两人并没有就此罢兵，而是继续转战波斯北部。听说札兰丁和其部将在撒札思集结军队，哲别和速不台立即赶了过去，在撒札思进行了一场屠杀。接着，他们屠戮了撒札思北面的赞章城（今伊朗赞詹市），重返可疾云。攻陷可疾云后，蒙古军展开了屠杀与掠夺。

这年冬天，哲别和速不台向阿塞拜疆进发。他们越过太和岭（今高加索山）向北进攻阿儿兰。路过谷儿只（今格鲁吉亚）时，哲别和速不台先后两次发兵，歼灭了谷儿只的军队。他们通过打耳班（今俄罗斯杰尔宾特市）进入钦察草原后，击败阿儿兰人和钦察人，纵兵掠夺、屠杀。之后，蒙古军击败钦察人和罗斯人组成的联军，掠夺罗斯南部，向东攻破不里阿耳诸部。最后，他们沿着里海北岸向东，和蒙古大军会合。

哲别和速不台两人孤军深入，转战万里，这一行动是世界战争史上最著名的战例之一。区区两万大军便能横扫亚欧大陆，破城四十余，为之后的长子西征积累了丰富的作战经验，实在是了不起的成就。然而，在这份耀眼的战绩面前，无法忽略的是每次城破后蒙古大军的掠夺和屠杀。他们所经之处的人民，或许以为只是做了一场噩梦，然而蒙古人留在这些城市里的瓦砾场和堆积如山的尸体，表明这一切都是可怖的事实。

玉龙杰赤之战

由于术赤兄弟不和，蒙古军花了很大力气才攻克玉龙杰赤，并为此付出了不小的代价。术赤也因此彻底失宠于汗父，再也没有返回本土。

札兰丁兄弟内讧

元太祖十五年十二月，花剌子模国王摩诃末死在里海的额别思宽群岛中的某个小岛上。临死前，他废掉王储斡思剌黑，另立诸子中最英勇善战的札兰丁。札兰丁即位后，听说蒙古人没有停留在呼罗珊和报达境内，就来到满吉失剌黑（里海东北部的一个半岛），打探旧都玉龙杰赤的消息。

得知蒙古军还没有打到玉龙杰赤，札兰丁便带着一干亲信回到了旧都。此时，留在玉龙杰赤的有前王储斡思剌黑和他的弟弟阿黑，斡思剌黑的舅舅不只·别黑列汪，大臣忽马儿的斤、斡兀立哈只不、帖木儿灭里，以及九万康里军。

国家危亡之际，本该共谋复兴大业，但前王储斡思剌黑并不这样想，他对父亲摩诃末临终更换王储的行为非常愤怒。于是，他和弟弟阿黑，联合母舅不只·别黑列汪等人，企图暗杀札兰丁夺位。面对内部倾轧，不善于玩弄权术的札兰丁无力控制局面，只好在元太祖十六年（1221 年）正月离开玉龙杰赤，前往你沙不儿。帖木儿灭里追随他离开。

此时，成吉思汗已经占领了花剌子模的大部分国土，并且早就派遣儿子术赤、察合台和窝阔台去攻取孤零零暴露在中央的玉龙杰赤。离开玉龙杰赤前往你沙不儿的札兰丁，在兀思秃瓦（一作奈撒，今土库曼斯坦阿什哈巴德以西）境内的撒卜罕树林中遭遇蒙古军。经过一番血战，札兰丁终于杀出重围，他未在你沙不儿多加停留，便向自己的封地哥疾宁（今阿富汗加兹尼市）进发。札兰丁离开你沙不儿不久，蒙古军就追击过来，但在札兰丁部下的误导下，他们追错了方向。就这样，札兰丁辗转抵达哥疾宁。

斡思剌黑和阿黑哥俩逼走札兰丁后并没有高兴几天，就听说蒙古人来攻打玉龙杰赤。兄弟俩匆忙带着贵族弃城逃走，但很不幸，他们在途中遇到了蒙古军。他们没有札兰丁那样善战，所有人都被蒙古军杀死了。

这个时候，留在玉龙杰赤的人中地位最显贵的，是秃儿罕哈敦的亲戚忽马儿的斤，他被大家推举为统帅，主持对抗蒙古军事宜。虽然国王抛弃子民和旧都逃跑了，玉龙杰赤也成为孤城，但城中居民并没有选择投降，而是迅速推举有血性的新领袖，为保卫家园、抵抗侵略者积极做准备。

术赤兄弟内讧

元太祖十六年，蒙古游骑突然三三两两地出现在玉龙杰赤城下，驱赶城外的牲口。守军见蒙古军人数不多，就出动骑兵、步兵出城，准备先挫一挫蒙古军的锐气。守军一和蒙古军交手，蒙古军就飞快逃走，守军连忙追击，一直追到城郊的巴吉忽儿剌木（一作巴黑亦忽剌木）。刹那间，埋伏在那里的蒙古军冲了出来。玉龙杰赤守军这才意识到，他们被蒙古军引诱到陷阱里了。

一场激战就此爆发。可怕的蒙古军，就像恶狼扑向失去牧童引导的羊群一样，凶猛地扑向花剌子模军。花剌子模军奋力血战，总算突出了包围圈。他们且战且退，从哈必兰门（一作海必兰门）退回城中。然而，有一部分紧紧追击的蒙古军也顺势从哈必兰门冲进了城中。反应过来的城中守军迅速拦住了冲进城的蒙古军。由于力量悬殊，入城的蒙古军被迫撤出城。

第二天，蒙古军开始攻城。大将斐里敦古里（一作弗里敦古里）率领五百骑兵出城迎战，他们英勇地击退了蒙古军。这时，皇子术赤、察合台、窝阔台带着军队来到城下。他们先在城四周巡视一圈，然后驻扎下来。之后，他们一边派使者入城招降，一边调来大批"哈沙儿"队前来助战。

在等待的间隙，他们准备了各种攻城器械。由于玉龙杰赤城郊没有石头，蒙古军就砍伐大桑树，用桑木代替石头供投石机使用。做完这些，"哈沙儿"队正好从毡的等地抵达玉龙杰赤。

发起进攻前，蒙古军花了两天时间填平城壕，拆毁城外外垒根基。同时，他们派三千士兵去破坏阿姆河的水坝。但蒙古军的计划并没有实现，派去的军队被早有防备的花剌子模军全歼。这场小规模战事的胜利极大地提高了玉龙杰赤军民的战斗热情，使他们更加坚定了抵抗蒙古军的决心。

守城一方万众一心，坚决抵抗侵略者；攻城的蒙古军，统帅之间却产生了不和。早在西征之前，成吉思汗就在爱妃也遂的建议下，提到了继承人的问题。术赤和察合台兄弟为此在成吉思汗面前大打出手、相互谩骂，种下了兄弟决裂的种子。兄弟之间的不和，直接影响到了玉龙杰赤的战事。兄弟俩各持己见，谁也不服谁。身为老三的窝阔台虽然被汗父指定为继承人，但毕竟只是口头上的，并不能干涉两位兄长的行为。当然，他自己也有私心。

统帅之间的不和，使各路蒙古军根本无法协同作战。在玉龙杰赤军民的顽强抵抗下，蒙古军攻城长达七个月，不但毫无进展，反而死伤惨重，城外尸骨堆积如山。

正在进攻塔里寒的成吉思汗从使者那里得到报告，知道玉龙杰赤久攻不下是因为术赤、察合台不和，当下就动了怒。他下令让窝阔台担任全军统帅，全权指挥作战。足智多谋的窝阔台终于等来了展现自我的机会，他灵活地协调两位兄长的关系，让他们至少表面上相处和睦，然后重新组织攻城。蒙古军齐心协力投入战斗，当天就攻陷了玉龙杰赤，把旗帜插上城头。

玉龙杰赤巷战

术赤、察合台、窝阔台协同作战时，蒙古军七个月都没有攻克玉龙杰赤，改由窝阔台统辖后，蒙古军迅速就攻克了玉龙杰赤。这样的结果，奠定了三兄弟在成吉思汗心中的位置，术赤、察合台彻底与汗位无缘了。

虽然城市被攻破，但不愿意当亡国奴的玉龙杰赤军民并没有屈服，他们不分男女老幼，勇敢地投入战斗。他们和蒙古军在街头巷尾展开激战，呼啸声、厮杀声不绝于耳，大地都为之颤动。蒙古军也不禁为顽强的敌人感到头疼。窝阔台下令，用火油筒焚烧房屋、摧毁住宅，用弓弩和投石机聚歼居民。蒙古军一边摧毁建筑物，一边杀戮居民，他们闯进了一间又一间的住宅，破坏了一个又一个的院子，屠杀了一群又一群的居民。用了七天时间，蒙古军才占领全城。

为了报复顽强抵抗的玉龙杰赤军民，蒙古军将所有幸存者驱赶到城外。

在他们中间，约十万名工匠被单独押送到东方，青年妇女和儿童被挑选出来充当奴婢，剩下的人被全部处死。据《史集》记载，参加攻城的五万蒙古军，每个人按命令斩杀二十四名俘虏。杀死俘虏后，蒙古军开始进城肆意洗劫，他们把剩下的房屋全部摧毁，使花剌子模最美好的国土沦为废墟。这还没完，劫掠之后，蒙古军决开阿姆河河堤，水淹玉龙杰赤。藏匿在城里的人，一个都没有幸免。

术赤三兄弟在攻克玉龙杰赤后犯下了一个错误：他们违背蒙古旧制，没有把获得的财物、奴隶献给成吉思汗由他分配，而是私下瓜分了玉龙杰赤的奴隶。成吉思汗知道后，勃然大怒，不允许三个儿子去拜见他。最后还是在博尔术、木华黎、失吉忽秃忽等人的劝告下，他才原谅了三个儿子。

摧毁玉龙杰赤之后，察合台和窝阔台从玉龙杰赤赶去和汗父会合，而术赤则直接返回忽阐河北，此后一直留在他的封地，再也没有返回蒙古本土。他与汗父成吉思汗之间的裂痕，在玉龙杰赤之战已经形成。成吉思汗班师回国时召见术赤，术赤都没去，父子俩至死也没有再见一面。

呼罗珊之战

呼罗珊的马鲁之战和你沙不儿之战，都是拖雷的"个人秀"。这两场战役足以证明拖雷的军事能力和父兄不相上下，并且再一次验证了"一将功成万骨枯"的道理。

成吉思汗攻陷巴里黑、塔里寒

元太祖十五年，成吉思汗攻克撒马耳干后，就驻跸在那里，改派三个儿子去攻打花剌子模旧都玉龙杰赤。同年秋天，他带着拖雷离开撒马耳干，向南经过渴石（一作碣石，今乌兹别克斯坦沙赫里·沙勃兹）、那黑沙不（今乌兹别克斯坦卡尔希），穿过铁门关（恰克恰里山口），向忒耳迷进军。其间，他从大军中抽出十分之一的军队，让拖雷统领去征讨呼罗珊。

成吉思汗来到忒耳迷后，按照惯例遣使入城劝降，让守军拆毁城池壁垒表示归顺。忒耳迷城有一半耸立在阿姆河上，城防坚固。守军认为他们不但有天险可以倚仗，还有勇敢的战士、精良的武器，便拒绝投降，选择出城迎战蒙古军。

两军竖起投石机展开对攻。一时间，弹丸如雨，喊杀震天。双方昼夜不分地激战了十一天后，蒙古军攻克忒耳迷。为了惩罚该城军民的抵抗行为，成吉思汗下令把俘虏驱赶到郊外，全部屠杀。

有一个老太太高呼求饶，说："不要杀我，我献给你们一颗又大又圆的珍珠。"蒙古军向她索取珍珠，老太太却说珍珠被她吞到肚子里了。蒙古人当即剖开老太太的肚子，取出那颗珍珠。因为这个缘故，成吉思汗专门下令将所有死者的肚子剖开检查，以免遗漏财物。

离开忒耳迷后，成吉思汗向罕忽儿忒(一作康格儿忒，今塔吉克斯坦境内)和撒蛮（一作薛蛮，今塔吉克斯坦首都杜尚别）地区进军。这一片区域被蒙古军扫荡一空，居民被屠杀，城市被夷为平地。整个冬天，他们都驻扎在那里。

元太祖十六年，成吉思汗占领巴达哈伤地区，之后他率军从忒耳迷渡口渡过阿姆河，向呼罗珊最重要的城市巴里黑进军。

巴里黑物产丰富，比其他州更加富裕辽阔。前一年哲别和速不台追击摩诃末时，就到过巴里黑，当地守将纳款献礼投降。哲别、速不台给他们指派了沙黑那后，在当地找了一名向导就离开了。

这次成吉思汗驾到，守城官员和前一次一样，恭顺地请降，并献上各种食品和礼物。就在这个时候，成吉思汗听说了札兰丁在哥疾宁招兵买马的事情，便准备去哥疾宁追捕札兰丁。他担心巴里黑拦截蒙古军的后路，就以清点户口为名，把巴里黑军民驱逐到城外，尽数屠杀。之后，蒙古军入城抢劫，把城前斜坡和城墙等防御工事全部摧毁，并纵火焚烧城中的房屋、园林，将巴里黑城彻底毁掉。

离开巴里黑后，成吉思汗挥师向东，进军塔里寒。塔里寒城中的讷思来忥忽（一作讷思剌惕苦黑）城堡壁垒坚固，囤有大量物资，守军十分骁勇。成吉思汗遣使前去招降，守军不予理睬。

成吉思汗遂下令包围城堡，对其发起猛烈进攻。蒙古军使用投石机、火油筒等攻城器械和守军激战，但由于城堡坚固、守军奋勇，蒙古军进攻不利，反而受到重创。他们连续围攻七个月，都没有攻下堡垒。就在塔里寒战事不利时，成吉思汗接到术赤、察合台兄弟因不和导致玉龙杰赤战役不顺利的消息，顿时大怒。他派人斥责了术赤、察合台，并任命窝阔台为总指挥，全权处理玉龙杰赤的战事。

一直僵持到拖雷征服呼罗珊后率军与汗父会合，塔里寒才在蒙古军人数大增的情况下被攻陷。为了泄愤，成吉思汗下令对堡内的军民进行大屠杀，并将堡垒、城寨、墙垣、房屋全部摧毁。

随着塔里寒沦陷，阿姆河上游地区全部被蒙古军攻占。

马鲁城之战

拖雷分兵征讨的呼罗珊，在波斯语中意为"东方"，指的是阿姆河以南、兴都库什山以北地区。呼罗珊分为四个郡：巴里黑、也里、马鲁和你沙不儿。其中，巴里黑已经被蒙古军摧毁。

成吉思汗进攻阿姆河上游地区时，拖雷兵分三路，向呼罗珊的腹心推进。他首先攻克马鲁察叶可（又称"小马鲁"，在今阿富汗境内）和巴黑疏儿，之后向马鲁进军。马鲁是呼罗珊诸地中幅员最广阔者，经济也较为发达。驻守马鲁的抹智儿木勒克因为叔叔犯了罪，被国王罢免。国王另外指派了巴哈木勒克（一作别海木勒克）出任马鲁长官。摩诃末逃亡时，曾遣使给马鲁长官宣布谕令，让他带着军民退守附近的蔑剌合堡（一作马儿哈堡），无法被带走的人可以向蒙古军投降。

巴哈木勒克虽然和很多贵族一起前往蔑剌合堡，但他认为该堡不安全，又跑到地势更加险峻的阿剌塔黑堡（一作塔黑亦牙即儿堡）。马鲁前长官抹智儿木勒克返回马鲁，他先前的部下都愿听从他的指挥。抹智儿木勒克声称，他的母亲是摩诃末的宠姬，被国王赐给父亲时已经有孕，他是国王的儿子。于是很多人投奔他，向他表示效忠。就这样，他聚集起了一支超过七万人的军队。

手里有兵后，抹智儿木勒克认为自己应该继承国王的事业，光复花剌子模。他准备以马鲁为中心，向周围扩张。他首先盯上了接受蒙古人指派沙黑那的撒拉哈歹，不断派军队前去骚扰。

这个时候，逃亡到阿剌塔黑堡的巴哈木勒克又跑到祸拶答而避难，并求见蒙古人。消息闭塞的巴哈木勒克不知道马鲁已经变了天，还宣称自己是马鲁的长官，可以代表马鲁归顺蒙古人，愿意每户每年征收一件亚麻衣上交蒙古人。蒙古人同意了，并派了七个人和巴哈木勒克去马鲁。走到薛合里思塔纳时，巴哈木勒克才知道马鲁已经被抹智儿木勒克占领，他给抹智儿木勒克送信，让他不要顽抗，否则会将自己推进毁灭的熔炉中。

抹智儿木勒克接到信后又惊又惧，向来使详细询问了蒙古人的情况。知道只来了七个蒙古人后，他直接处死了使者。蒙古人这才知道自己被巴哈木勒克欺骗了，就把他押回徒思处死了。抹智儿木勒克认为危险已经离开，便又派军队去骚扰撒拉哈歹，逮捕了接受蒙古官职的哈的苫思丁，把他交给仇人处死。拖雷就是在这个时候来到了马鲁。

最先抵达的是八百先锋军，他们向马鲁城发起了进攻。抹智儿木勒克出兵迎战。正在双方激战时，此前从玉龙杰赤逃走的两千溃军在沙亦黑汗和斡兀立哈只不的率领下来到马鲁，抄了蒙古军的后路，与马鲁军合围蒙古军。蒙古军被击溃，并有六十人被俘，他们在市区游行示众后被处死。

元太祖十五年，拖雷带着骁勇善战的蒙古铁骑杀到马鲁。他先派四百骑兵从渡口过河，趁着夜色打探驻扎在马鲁城外的军队的情况；然后采用设伏诱击战术，击破马鲁军，并像旋风一样横扫马鲁城外的军营，包围马鲁城。拖雷用了六天时间，绕城一周，观察城池的外垒和壕沟。他认为马鲁城固若金汤，是经得起攻击的坚固堡垒，并推测城中不缺粮草，想要攻克马鲁大概有一场硬仗要打。

然而出乎意料的是，战事仅仅持续了一天，守军就投降了。

在拖雷来到马鲁的第七天，他发布了攻城命令。蒙古军集合起来猛攻马鲁城，战马嘶鸣，将士咆哮，箭矢与石弹在空中形成了密集的抛物线。马鲁守军被打得不敢伸头。抹智儿木勒克组织了两次突击，但都失败了。抹智儿木勒克心生恐惧，觉得自己要活命只有纳款投诚一条路可走。

于是第二天凌晨，抹智儿木勒克就派了一名德高望重的教长充当使者，去向拖雷乞降。拖雷客气地接待了使者，对他许下一堆承诺，之后送使者回城。抹智儿木勒克信以为真，迅速征集城内的马、骆驼和骡子作为礼物，亲自出城去觐见拖雷。拖雷向他索要城中豪门大姓的名单。抹智儿木勒克在交出一份两百人的名单后，沦为阶下囚。

就这样，蒙古军不费吹灰之力就进入了马鲁城。他们按照名单召见城中显贵，并将这些人全部看押起来索要钱财。

拖雷传下命令，把马鲁军民不分贵贱统统赶到郊外。花了四天四夜，蒙古军才清空马鲁城。马鲁军民按照男女被分开看管，他们之中，有四百名工匠被蒙古人挑选出来带走，部分童男童女被选中为奴，其余所有人，不分男女老少统统杀掉。死者堆积如山。据志费尼《世界征服者史》记载，赛夷也速丁·纳撒巴和同伴经过十三个昼夜的统计，宣称仅看见的尸体就有一百三十多万具。

拖雷的军队撤离后，藏匿在郊外的人们回到了被摧毁的马鲁城，他们有五千人左右。但很不幸，又来了一支蒙古军，他们把这些人赶到郊外处死了。尽管如此，仍然有不少幸存者来到马鲁，以此为据点反抗蒙古军。

你沙不儿之战

位于徒思城南部的你沙不儿是一个富庶的城市，被誉为"人间天堂"。摩诃末逃亡期间，就曾来到你沙不儿。哲别和速不台追击摩诃末时，也在你沙不儿停留过。当地长官木只儿木勒克献上礼物表示归顺，并为蒙古军补充补给，接受蒙古军指派的沙黑那。

哲别和速不台离去后，路过你沙不儿的蒙古军并不多。加上有传闻说札兰丁大破蒙古军，你沙不儿和徒思地区的人们心思浮动，准备呼应札兰丁抵抗蒙古军。徒思的一个将领昔刺扎丁率众杀死徒思的沙黑那反抗蒙古军，并把沙黑那的人头送到你沙不儿。你沙不儿的长官木只儿木勒克打定主意，呼应昔刺扎丁反蒙。

徒思有个监管工匠的人叫阿不·秃刺伯，他偷偷逃到兀思秃瓦，向蒙古将领忽失帖木儿报告徒思叛乱的事情。忽失帖木儿一边向上级汇报，一边率领三百骑兵去徒思镇压叛军。蒙古军袭击了昔刺扎丁和他的三千士兵，并以一敌十，将对方斩杀殆尽。

此时，摧毁了马鲁的拖雷正向你沙不儿进军。一路上，拖雷连续攻克阿必维儿忒、捏撒、牙即儿、扎着儿木、术维因、哈甫、先干、撒拉哈歹、祖刺巴惕等地。蒙古军一路劫掠践踏，所过之处纷纷沦为荒芜的不毛之地。

元太祖十五年十一月，拖雷的先锋军官脱哈察儿（一作脱忽察儿）率领一万大军率先抵达你沙不儿。脱哈察儿对你沙不儿的降而复叛非常愤怒，对该城展开了猛烈的进攻。城中守军仗着城池坚固，进行了英勇的反击，和蒙古军激战三天。在第三天的交战中，脱哈察儿不慎中了流矢死去，蒙古军当即撤退。蒙古副将博儿客亦没有继续进攻你沙不儿，而是率军肃清你沙不儿的外围。

博儿客亦将军队分为两路。一路由他亲自带领，攻打萨布扎伐尔。通过三天激战，博儿客亦攻陷该堡，下令屠城。另一路赶去徒思，支援忽失帖木儿。两路蒙古军会合后摧毁了徒思，之后攻克奴罕堡和哈儿堡。尽管当地军民激烈反抗，但仍然没有摆脱城陷后被屠的命运。

元太祖十六年四月，拖雷率大军抵达你沙不儿。你沙不儿的居民知道蒙古军不会善罢甘休，在城墙上安置弩机三千具、投石机五百具，加强守备，严阵以待。蒙古军的攻城装备同样很强，他们准备了弩炮三千具、投石机三百具、火油筒七百个、攻城云梯四千架、炮石二千五百担。而且在你沙不儿附近的山上，可以充当炮石的石头取之不尽。

目睹了蒙古军的攻城阵势，你沙不儿长官木只儿木勒克有点儿腿软，对反叛蒙古的决定颇为后悔。他想重新纳款乞降，就派大哈的鲁克那丁·阿里·本·亦卜剌金出城去见拖雷，请求宽恕你沙不儿，但被拖雷拒绝。在拖雷看来，你沙不儿降而复叛，罪过严重，并且该城还让他损失了一员大将脱哈察儿，怎么可能轻易放过它。

四月初七拂晓，蒙古军开始进攻你沙不儿。激战昼夜不停，一直持续到四月初九。这时，你沙不儿城外的堑壕已经被填平，城墙也被蒙古军打开了缺口。蒙古军接连不断地爬上城头，和驻守城头的守军交锋，攻占一个又一个的城头。四月初十，蒙古军攻进城内。你沙不儿的军民进行了最后的抵抗，街巷、屋舍都成了战场。蒙古军接到命令：鸡犬不留！入城四日，你沙不儿城内的人和牲畜几乎被屠杀殆尽。

藏匿在地道中的木只儿木勒克被搜捕出来。为求速死、不受折磨，他对蒙古军破口大骂，如愿以偿地在激怒蒙古军后被杀。

那些侥幸没被杀死的人们，并没有逃过厄运。除了四百个工匠被送走外，其余人，不分男女，统统被赶到城外处死。蒙古军还把死者的头颅按男人、女人、小孩分开堆积成塔。美丽的"人间天堂"你沙不儿被夷为废墟。

至此，呼罗珊四郡只剩下也里一城幸存。在你沙不儿留下一支小分队以搜捕、处死幸存者后，拖雷率领大军顺着忽希思丹向也里进军。

也里在你沙不儿东北，相距五日路程。该城四面环山，中部为平原，是个美丽又富庶的大城。

　　拖雷抵达也里城后，先遣使进行招降。也里长官处死了使者，激励军民死守，保家卫国。拖雷下令进攻。激战八天后，也里长官阵亡，城中人心不齐，有人商量着乞降。拖雷听说后，表示投降者不死。也里城遂降。拖雷在杀了也里城的官员和一万二千名降卒后，指派一人做也里长官，并另外设置一名蒙古官员。

　　离开也里城后，拖雷率军与正在围攻塔里寒的成吉思汗会合。之后父子俩合军攻克塔里寒，占领整个阿姆河上游。

八鲁湾之战

　　八鲁湾（一作巴鲁安，今阿富汗喀布尔北面的帕尔万）之战是札兰丁的"个人秀"。从此战可以看出，札兰丁骁勇善战，他让蒙古人遭遇了西征以来前所未有的惨败。可惜的是，札兰丁战后对将领之间的纷争处理不当，导致将领出走，实力大损。

哥疾宁之乱

　　元太祖十六年正月，花剌子模末代国王札兰丁因为内讧被迫离开旧都玉龙杰赤。他在兀思秃瓦击退蒙古追兵后，来到你沙不儿，准备前往自己的封地哥疾宁。

　　札兰丁前脚离开你沙不儿，蒙古军后脚就追到此处。好在蒙古军被假扮札兰丁的部将引入岔路，他才摆脱了追兵。一日之内，他奔驰四十里，来到柔任城。札兰丁想入城休整，补充物资，但担心引来蒙古人的守军拒绝放国王进城。札兰丁只好连夜赶路，三日后抵达哥疾宁。

　　在札兰丁回到哥疾宁之前，该城因为内讧，陷入了混乱。原长官哈儿浦思忒是古儿人，奉摩诃末之命镇守哥疾宁。摩诃末流亡时，他的舅舅额明灭里

（又称"蔑里克可汗""汗灭里"）率两万康里人，抛弃外甥，来到哥疾宁。额明灭里遣使面见哈儿浦思忒，让他划出一块地方给自己屯驻。哈儿浦思忒认为古儿人和康里人无法和平共处，便拒绝了额明灭里的要求，并告诉他要遵守摩诃末的命令，各自守好自己的领地。额明灭里再三请求，都被哈儿浦思忒拒绝了。

札兰丁的宰相撒拉哈歹人苫思丁不认同哈儿浦思忒的行为，他认为，额明灭里是国王的至亲，哈儿浦思忒身为臣子竟然拒绝王亲，行为形同叛逆。苫思丁联络哥疾宁子城守将，设宴害死哈儿浦思忒。古儿兵听说长官被杀，纷纷溃散，额明灭里便趁机入城自封为长官。就在这时，额明灭里和苫思丁听说有一队蒙古军取道不思忒（今阿富汗西北城市布斯特），两人便率军前去迎战，结果不敌退到也里城。额明灭里恼羞成怒，把恩人苫思丁囚禁在客出兰堡。

额明灭里和苫思丁都不在哥疾宁，城中无主大乱。城里人杀死子城守将，以祭奠哈儿浦思忒在天之灵，接着推举忒耳迷人剌齐木勒克为长官。

有不少胡鲁只人和突厥人从河中、呼罗珊逃亡过来，聚集在富楼沙平原，归属阿格剌黑麾下。哥疾宁新长官剌齐木勒克不放心一大群人聚集在一起，就图谋杀死阿格剌黑，结果失败被杀。剌齐木勒克的弟弟月木答忒木勒克代替哥哥镇守哥疾宁，不料可不里（今阿富汗首都喀布尔）长官又来攻打哥疾宁，围困哥疾宁子城四十日。札兰丁就在这个时候回到了哥疾宁。

札兰丁回来后，释放了自己的宰相苫思丁。可不里长官不但停止攻城，还和大将阿匝木灭里率部前来归附。待在也里的额明灭里收到消息后，率领所部康里人返回哥疾宁，札兰丁则娶了这位舅公的女儿。阿格剌黑也从富楼沙平原率部前来投靠，一时间，札兰丁收拢了六七万人。

听说札兰丁在哥疾宁卷土重来，正在进攻塔里寒的成吉思汗派失吉忽秃忽和帖客出克率军三万征讨哥疾宁。英勇善战的札兰丁知道后，整军前往八鲁湾迎战。札兰丁没有一味等待，得知帖客出克率领的蒙古军先遣队正在围攻瓦里安堡，他将辎重留在八鲁湾，率轻骑去袭击蒙古军。初试牛刀的札兰丁歼灭蒙古军一千多人。败退的帖客出克率部与主力会合，札兰丁则回到八鲁湾驻营。

八天后，屯军可不里的失吉忽秃忽率军赶到八鲁湾。

两军在八鲁湾相遇。札兰丁的兵力约为十万人，失吉忽秃忽的兵力为三万人。单论人数，蒙古军不占优势，但在战斗力上蒙古军自西征以来难逢对手。札兰丁和失吉忽秃忽两人，一个是摩诃末最能干的儿子，有盖世勇力，是名骁勇悍将；一个是成吉思汗的义子，经常担任文职，处理民事、刑罚、财赋诸事，打仗虽然并非失吉忽秃忽的强项，但在八鲁湾之战前，他还未逢败绩。

八鲁湾之战

札兰丁把大军分为三路：他亲自率领中军，额明灭里率领右翼军，阿格刺黑率领左翼军。八鲁湾并非一片平坦，而是有很多坑洞，这样的地形并不适合骑兵冲锋。札兰丁审时度势，让士兵下马，把缰绳系在腰间，与蒙古军近身步战，这样不但避开了地形劣势，还节省了马力。作战经验有所欠缺的失吉忽秃忽并没有注意到战场对己方骑兵不利，但他自知双方兵力悬殊，因而采用了猛烈进攻、速战速决的打法。蒙古军的凌厉攻势冲破了花刺子模军的右翼，札兰丁发现后迅速率中军救援右翼，重整阵势。在勇猛无畏的札兰丁的率领下，花刺子模军奋勇杀敌。两军反复冲杀，各有损伤。双方一直激战到傍晚也没有分出胜负，只得各自收军归营。

失吉忽秃忽清楚己方兵力不足的弱点。为了掩盖不足，也为了鼓舞士气，他命每名士兵用毡子制作一个假人放在马上。第二天开战前，花刺子模军发现蒙古军的人数一夜之间增加了一倍，他们以为是蒙古援军来了，心中惧怕，产生了怯战退缩的想法。札兰丁振臂高呼："我们比他们人多！摆开阵势，从两边包抄过去，把他们围起来歼灭！"

振作起来的花剌子模军，听从札兰丁的号令，向蒙古军冲去，并仍像前一日那样采用近身步战。失吉忽秃忽认为，敌军的左翼在前一天的战斗中表现得最为骁勇，只要击败它，其余敌人将不战自溃，于是率精锐猛攻花剌子模军的左翼。阿格剌黑丝毫不惧，命令麾下向冲锋的蒙古军射出密密麻麻的箭雨。蒙古军只能暂时退却。

这时，札兰丁与诸军约定的号角声响起。花剌子模军收到信号，翻身上马，围击蒙古军。在花剌子模军的冲击下，早就因地形问题变得疲困的蒙古战马纷纷扑倒，蒙古军大溃。失吉忽秃忽根本无法阻挡溃势，仓促之间只能疾呼别把大旗丢了。自从对上蒙古军以来，花剌子模军还从来没有如此畅快过，因而越发骁勇善战。失吉忽秃忽率领的蒙古军伤亡惨重，逃回去的不足十之二三。八鲁湾之战，成为蒙古西征以来最惨重的败仗。札兰丁也因此役一战成名，真正进入了成吉思汗的视线之中。

蒙古人对花剌子模人残忍，札兰丁对被俘虏的蒙古人自然也不仁慈。他命人把钉子刺入蒙古人的耳朵里，用残忍的手段处死了蒙古俘虏。

打赢胜仗之后，最高兴的事莫过于瓜分战利品。然而在瓜分战利品时，额明灭里和阿格剌黑因为争夺一匹阿拉伯骏马起了争执，双方互不相让。额明灭里自恃皇亲，举起鞭子就要去抽打阿格剌黑的头。

札兰丁本该出面制止舅公兼岳父的不当行为，但他偏向亲戚，别说主持公道，甚至连一句责备的话都没有。阿格剌黑不由得心生怨愤，在八鲁湾之战中，他的功劳比额明灭里大，如今却要被不如自己的人羞辱，这口气怎么忍得下。阿格剌黑连夜带着自己的队伍出走富楼沙平原，临走前还说服古儿部长阿匝木灭里叛离而去。札兰丁知道后大惊，赶紧追赶阿格剌黑，极力挽留。阿格剌黑不听，执意离去。

八鲁湾大胜，本该是札兰丁复国的好机会，他却在紧要关头因行事不公导致阿格剌黑率部出走，让好不容易聚集起来的复国队伍分崩离析，实力大减。

申河之战

申河（一作辛河，即印度河）之战再次展现了札兰丁的强悍实力，但个人再骁勇善战，也无法力挽狂澜。有勇无谋的札兰丁终究不能复兴花剌子模。

范延堡之战

元太祖十六年，遭遇八鲁湾惨败的失吉忽秃忽回到驻扎在塔里寒的成吉思汗身边报告情况。听到八鲁湾的情况，成吉思汗虽然痛心，却表现得十分克制，安慰道："失吉忽秃忽此前从来没打过败仗，也没有受过挫折，他这次失败了，必定能从中吸取教训，以后自然会谨慎起来。"

成吉思汗当然不知道札兰丁因为处事不公导致阿格剌黑出走，他通过八鲁湾之战看到了札兰丁的能力和此人带来的危机。成吉思汗认为，如果不尽快消灭札兰丁，恐怕他引燃的星星之火很快就会形成燎原之势。因此，成吉思汗下令全军出动，从塔里寒兼程东进，去哥疾宁追击札兰丁。蒙古军一路匆匆行军，连食物都来不及煮。途经古儿疾汪（又称"客儿都安堡"）时，由于守军反抗激烈，蒙古大军滞留了一个月来攻克这座城市。当地军民的英勇抵抗惹怒了成吉思汗，城破后他下令屠戮民众、毁灭城池。

蒙古军从古儿疾汪越过兴都库什山，来到范延堡（一作八米俺，今阿富汗巴密安）。该堡军民不愿意当亡国奴，奋起抵抗。在激烈的攻城战中，察合台的嫡长子抹土干被流矢误伤而死。愤怒的成吉思汗为了报复，下令不赦一人，不取一物。城破后，蒙古军把城中生灵杀了个精光，一个俘虏也没留下。成吉思汗还将这个地方改名为"卯危八里"，它在波斯语中的意思是"歹城"。

察合台本人并没有参与范延堡之战，直到范延堡被毁后，他才从别处回来。成吉思汗怕他伤心，不许人告诉他抹土干之死。就这样过了几天后，父子四人一起吃饭时，成吉思汗无故责骂三个儿子不听话。他虽然在骂儿子，却一直在悄悄观察察合台。察合台察觉有异，认为是汗父看他不顺眼，就跪下说："汗父之命，谁敢违背？我是死也不会违背的。"

成吉思汗反复质问他会不会说到做到，见他一再保证才说："你的儿子抹土干死了，我不许你伤心难过。"察合台只有这一个嫡子，听了成吉思汗的话心如刀绞，颤抖不已，但想到自己刚刚发下的誓言，他只能忍着不流泪。一直到吃完饭，他才躲出去找个角落痛哭一场。

察合台为丧子之痛难过时，想过他们发起的战争引起多少父子分离，拆散了多少夫妻，有多少父母因为儿子被杀、女儿被蹂躏而发狂吗？

蒙古大军来到八鲁湾战场后，成吉思汗询问失吉忽秃忽当时驻军在哪个位置，札兰丁又在哪个位置。失吉忽秃忽详细地指给成吉思汗看。成吉思汗责备了失吉忽秃忽，并在现场为诸子、众将进行复盘，指出己方的不当之处。难能可贵的是，成吉思汗作为战略大师，失败了并不怨天尤人，推卸责任，而是从中吸取教训，正面看待错误。

再说札兰丁，阿格剌黑的出走使他的实力大打折扣。听说成吉思汗追击过来，他便离开哥疾宁，准备渡过申河。成吉思汗大军来到哥疾宁时，札兰丁已经遁走半个月了，守城官不战而降。成吉思汗并没有停留，他在委派牙剌瓦赤为哥疾宁长官后，迅速率军追击。一直追到申河边，他才追上正准备渡河的札兰丁。

申河之战

花剌子模军负责殿后的是兀儿汗（一作斡儿汗），他发现蒙古军追来，便掉头和敌人的先头部队交战。然而只是抵挡了一会儿，兀儿汗的军队就败下阵来。成吉思汗通过侦察得知，札兰丁预备黎明时分渡河。他下令后队全速前进，全军摆出偃月阵，从四面八方将札兰丁围起来。他们围成弓身一样的半圆形，将札兰丁困在中间，而申河就像是弓弦。

天亮后，札兰丁发现自己被三面包围了：他的左右和后路都已被敌人切断！成吉思汗下令活捉札兰丁。蒙古军开始缩小包围圈，向花剌子模军发起进攻。札兰丁不愧是悍将，他毫不畏怯，挺身出战。额明灭里同样率领右翼军奋力拼杀，但这一次，蒙古军故意在这个方向留下一丝缝隙，额明灭里果然再次抛弃主子，带着残部杀出包围圈。然而杀出去之后，额明灭里遭遇了第二拨敌人，结果被蒙古军歼灭。蒙古军还切断了花剌子模左翼军与中军的联系，使札兰丁的中军只能做困兽之斗。

札兰丁像怒狮一样不停地战斗、厮杀，但双方实力过于悬殊，个人的力量再强悍也不足以力挽狂澜。随着蒙古军步步紧逼，札兰丁能够活动的范围越来越小，部下也只剩七百多人，丝毫没有杀出重围的希望。事实上，要不是成吉思汗下令生俘他，札兰丁早就被射成了"刺猬"。

虽然突围希望渺茫，但札兰丁还是换了一匹生力马，再次向蒙古军发起冲击。蒙古军并不硬抗，纷纷退却。札兰丁趁机掉转马头，脱掉铠甲，背着盾牌，手执大旗，从二十尺的高崖上跃马跳入申河。那匹马很快挣扎着向对岸游去，一人一马就这样渡过了申河。因为这匹马救过札兰丁的命，他后来再不骑它，一直当恩人一样妥善养护它。

札兰丁的举动让蒙古军大为震撼，成吉思汗也惊叹不已，不由得生出爱才之心。他指着远去的札兰丁对儿子们说："生子当如札兰丁，这样的人才既然能够死里逃生，以后一定会成就一番事业！"

花剌子模残军被蒙古军全部歼灭。札兰丁的妻子、女儿成了俘虏，诸子则被全部杀死。不过在《札兰丁传》的记载中，札兰丁退到申河时，为了避免家眷受辱，下令母亲、妻女沉河而死。

成吉思汗派札剌亦儿人八剌和朵儿边人朵儿伯多黑申率军渡过申河追击札兰丁。二人一路追赶，先攻破必牙寨，后围攻木勒坦（今巴基斯坦旁遮普省），始终没有发现札兰丁的踪迹。木勒坦周围没有石头可用，再加上当地气候酷热，蒙古军无法忍受，八剌二人便劫掠木勒坦、剌火儿、富楼沙、灭里蒲儿诸州一番后，重新渡过申河，经哥疾宁，追赶成吉思汗的大军去了。

札兰丁在印度很快聚集起了花剌子模旧部。蒙古军班师回国后，他便结束流亡生活，返回故土进行复国大业。但他没有团结一切可团结的力量，反而先和兄弟反目，后与近邻交战，不但消耗了自身力量，还沦落到众叛亲离的地步。直到元太宗元年（1229 年）九月，窝阔台派绰儿马罕追剿札兰丁时，札兰丁才想起联络周围诸国一起抗蒙，但这时候谁睬他呢？在蒙古人的追击下，札兰丁再次成为丧家犬逃亡天涯。元太宗三年（1231 年）八月，逃到阿迷德山中的札兰丁，和屈出律一样，被当地人杀死，结束了他崇高的复国梦。

结束西征

从元太祖十四年到元太祖十六年，不到三年时间，蒙古人就征服了中亚。他们像飓风一样，袭击了中亚的国家，在卷走财富的同时，还收割了无数的生命。他们经过的地方，不管是城镇还是村庄，大都化为废墟瓦砾。有些在后来得到重建，但有些直到现在都没有恢复昔日的繁华。

当成吉思汗沿着申河右岸回军时，时间已经来到元太祖十七年（1222 年）春。担心札兰丁以后重返哥疾宁，成吉思汗就命窝阔台去摧毁哥疾宁。窝阔台赶到哥疾宁后，以清点户口为借口，把居民都驱赶出城。除了工匠被送走外，其余人全部被杀。之后，他纵兵大掠一番，将哥疾宁城夷为平地。

由于天气酷热，成吉思汗不再行军，而是在八鲁湾的原野上驻扎下来。他命宴只吉台去也里城平定叛乱。也里城被攻陷后，蒙古军对全城进行了为期七天的杀掠与焚毁。同时，成吉思汗派兵去歼灭自相残杀的阿格剌黑和阿匝木灭里。就在八鲁湾行宫，成吉思汗接待了全真教的长春真人丘处机。

六月，成吉思汗开始在被蒙古军征服的地区设置达鲁花赤（督官）。八剌两人返回后，大军开始班师。行军到古纳温豁儿罕堡附近时，窝阔台从哥疾宁赶来归队。当年冬天，蒙古大军驻扎在申河附近的不牙客的威儿（一作不牙迦秃儿）。当地长官萨剌儿·阿合马望风而降，竭力为蒙古军提供粮草。

由于不适应气候，蒙古军中疫病流行，很多士兵都病倒了。一直到元太祖十八年（1223 年）春，疫情才停止。这个时候，成吉思汗又打算进军印度、吐蕃，于是他下令杀光俘虏和奴隶，加速行军。相传大军来到铁门关（《读史方舆纪要》认为，该铁门关在印度境内）时，遇到了一头绿色的角兽，它既像鹿，又像马，还能口吐人言。它对侍卫说："你的主子应该早点回去。"成吉思汗不明白什么意思，就询问耶律楚材，耶律楚材趁机劝谏他班师，说："这是瑞兽，名字叫角端，能说四方语言，好生恶杀。上天派它来给陛下送信。陛下是天之元子，天下人都是陛下的孩子，愿陛下秉承天心，以全民命。"

成吉思汗觉得自己是上天之子，自然要听话，再加上印度天气炎热，士兵们水土不服，索性放弃进军计划，原路返回富楼沙平原。大军越过范延堡后，在巴哈兰驻扎，以便度过炎热的夏天。到了秋天，成吉思汗的大军路过巴里黑，渡过阿姆河。经过不花剌时，察合台和窝阔台两人兴致大发，在附近游猎。离开不花剌后，成吉思汗选择在撒马耳干度过冬天，他遣使召见大儿子术赤，并让他带着自己的孩子驱赶猎物来见。

次年（1224年）春天，成吉思汗离开花剌子模。大军开动前，成吉思汗命摩诃末的母后秃儿罕哈敦和他的一众亲属与故国做最后的诀别。大军来到忽阐河河畔时，经常给汗父进献猎物的察合台和窝阔台才从不花剌归队。直到大军走到豁兰塔石（一作忽兰巴失），成吉思汗也没有等来大儿子。术赤说他生病了不能来，只能遵守父命，派人驱赶无数猎物来献给汗父。在这里，成吉思汗举行了庆祝大会，带领全军进行围猎游戏。

后来，有个从西域回来的忙兀人说看见术赤在打猎，没听说他生病了。成吉思汗大怒，命察合台、窝阔台带兵去抓术赤，但他随即得到术赤病死的消息。成吉思汗很伤心，自己竟然对儿子产生了猜忌。他将术赤的次子拔都立为其继承人，袭封术赤的汗位及封地。

当大军来到叶密立河附近时，十岁的忽必烈和八岁的旭烈兀前来迎接祖父。和祖父围猎时，忽必烈射中了一只兔子，旭烈兀获得了一只山羊。成吉思汗大悦，按旧俗亲自给两个孙子的大拇指抹上油。元太祖二十年（1225年）二月，成吉思汗返回蒙古本土。

长子西征

长子西征，是蒙古第二次西征。拔都、速不台带领远征军，从保加尔汗国边境一直打到亚得里亚海东岸，征服了保加尔人、钦察人、阿速人、罗斯人、波兰人、匈牙利人，还攻入了塞尔维亚、保加利亚、波西米亚、奥地利首都维也纳附近，为蒙古国扩大了不少版图。

征服保加尔、钦察

消灭金朝后，窝阔台便准备效法汗父，进行第二次远征。于是，在元太宗七年（1235 年），窝阔台在首都哈剌和林召开忽里勒台大会。在这次大会上，他处理了两件事：一是征服金朝后所获战利品的分配问题，二是安排新的远征任务。窝阔台派各宗王的长子去西征钦察、罗斯诸国，派皇子阔出、阔端以及东道诸王去南征南宋，派唐古、洪福源东征高丽。

三支远征军中，西征军的声势最为浩大。随军出征的有术赤的长子斡儿答、次子拔都、三子别儿哥、五子昔班等，察合台系的不里（察合台嫡子抹土干的庶次子）、拜答儿（察合台第六子），窝阔台的长子贵由、六子合丹，拖雷的长子蒙哥、八子拨绰，成吉思汗的幼子阔列坚。

西征军团的统帅是拔都，副帅则是成吉思汗所有爱将中最强悍的速不台。西征军的总兵力大约为十五万人。

元太宗八年（1236 年）春天，各系宗王出兵向西。秋天，西征大军来到不里阿耳境内，和术赤系诸王相会，随后攻破保加尔人的不里阿耳城（位于今伏尔加河与卡马河交汇处的南边），向钦察部落进军。

生活在伏尔加河下游的钦察人分为很多个部落，每个部落都有各自的国主。面对凶悍的敌人，有的钦察人选择抵抗，有的钦察人向西逃亡，还有的钦察人直接乞降。

有个叫玉里伯里氏（一作玉里伯牙吾氏）的钦察别部，源自东蒙古巴牙兀剔部，是跟随耶律大石西迁来到这里的，后与当地人融合。玉里伯里氏的国主叫忽鲁速蛮，他听说蒙古人来了，亲自前往蒙古大营乞降，并让他的儿子班都察率众迎降。作为最早归附的一批钦察人，在所有钦察人中，他们在元朝过得最好。班都察的儿子土土哈、孙子床兀儿、曾孙燕帖木儿都是元朝名将，没少带着钦察军团为蒙古人征战。

另一位钦察国主八赤蛮则和忽鲁速蛮相反，他不仅率领本部将抗蒙斗争进行到底，还联合阿速人首领合赤儿·兀古列一起抗蒙。八赤蛮埋伏在伏尔加河下游的丛林中，不时袭击蒙古军，让负责征服这块区域的蒙哥非常苦恼。

为了搜索八赤蛮，蒙哥下令造两百艘船，每艘船上搭载一百名全副武装的士兵。随着蒙古人在丛林中不断排查，他们终于发现了八赤蛮军遗留下的痕迹。从一个害病的老太太那里，他们得知了八赤蛮的隐藏地点。

元太宗九年（1237 年）的一个暴风雨天气里，蒙哥率军出现在八赤蛮所在的岛上。八赤蛮军被打了个措手不及，全员被灭，八赤蛮和合赤儿·兀古列未能幸免。

随着蒙古诸王划区域进行扫荡，伏尔加河沿岸、钦察东北部的各民族纷纷被蒙古人镇压降服。蒙古人进攻罗斯可能存在的左右翼威胁就此被清除干净。元太宗九年秋天，拔都在行军途中召开忽里勒台大会，决定进攻罗斯。当时的罗斯有大大小小五十多个公国，相互之间征伐不休。首先成为蒙古人攻伐目标的，是复国不久的也烈赞大公国（即梁赞大公国）。

征服北罗斯

元太宗九年冬，西征统帅拔都派使者去也烈赞大公国谕降，让大公尤里·伊戈列维奇将赋税的十分之一作为岁贡献给蒙古人。尤里·伊戈列维奇一边拒绝蒙古人，加强防御；一边向苏兹达尔—弗拉基米尔大公尤里·弗谢沃洛多维奇求援。

见也烈赞大公国不配合，速不台便从十一月二十九日开始亲自督战。蒙古人用重型投石机向城墙、城内发射沉重的石头炮弹和来自中原的飞火雷，飞火雷落到木质建筑物上引起了冲天大火。速不台让俘虏们顶着盾牌、推着破门槌撞击城门，城门被撞击得摇摇欲坠。尽管罗斯人在城头不住地往下泼洒煮沸的油脂和开水，也没能阻止蒙古军的行动。

蒙古军连续进攻了五天。十二月初三，破门槌击破城门。这个时候，投石机也快将一小段城墙打破了。蒙古军蜂拥而入，攻进城中。也烈赞城就此沦陷，大公尤里·伊戈列维奇被杀，城中军民遭到了残酷的屠杀。

蒙古军第一次西征时，哲别和速不台远征罗斯，爆发了迦勒迦河之战。苏兹达尔—弗拉基米尔大公尤里·弗谢沃洛多维奇并没有参加这场战役，对蒙古军并不了解，因此他对蒙古使者不以为意，也没有出兵援助也烈赞城。等也烈赞城被摧毁以后，他才清醒过来，迅速联络诺夫哥罗德大公国，联兵去支援也烈赞大公国的科洛姆纳城。驻守科洛姆纳的是也烈赞大公尤里·伊戈列维奇的兄弟罗曼。在科洛姆纳之战中，三个大公国没能战胜蒙古人，罗曼战死，也烈赞大公国最后的力量也被摧毁了。不过在这一战中，成吉思汗的幼子阔列坚中流矢而死。为了报复，蒙古军屠杀了科洛姆纳城内的民众。

元太宗十年（1238年）正月，蒙古军在向弗拉基米尔进军途中，经过当时还是次要城市的莫斯科。拔都听从速不台的建议，打算攻克这个交通便利的城市。速不台亲自督战，激战五天攻陷莫斯科。尤里·弗谢沃洛多维奇让长子弗谢沃洛德镇守弗拉基米尔城，他则前往昔迪河（一作西蒂河，伏尔加河上游）集结军队，并向弟弟基辅大公、侄儿诺夫哥罗德大公以及其他诸侯国求援。在他的计划中，儿子负责守城，自己联合其他公国的援军驻扎在昔迪河河岸，与弗拉基米尔城遥相呼应，共抗蒙古军。

然而，出乎尤里·弗谢沃洛多维奇意料的是，实力强大的基辅大公和诺夫哥罗德大公并没有派援军来。更糟糕的是，弗拉基米尔城从正月十六日到正月二十二日仅仅坚持了七天，就被拥有超强机动能力的蒙古军攻破。弗谢沃洛德战死，尤里·弗谢沃洛多维奇的王妃阿嘉莎带着眷属和一些贵族拒绝投降，被蒙古军烧死在大教堂里。

攻克弗拉基米尔之后，蒙古军于二月连续攻下罗斯脱洼、牙罗思老勒、哥罗德志、玉烈洼、帛烈思老勒、的米特鲁、特威儿、迦辛、弗罗克、戈思尼牙廷等城。三月初，拔都派博尔术的儿子猛将孛栾台为先锋，进逼昔迪河。在昔迪河，蒙古军和尤里·弗谢沃洛多维奇纠集的联军展开激战。随后，拔都和速不台赶到，和孛栾台一起歼灭了联军。弗拉基米尔大公国被蒙古军全部占领，尤里·弗谢沃洛多维奇战死。他的弟弟佩列亚斯拉夫大公斯威亚托斯拉夫·弗谢沃洛多维奇归降蒙古军，成为蒙古人的部下。

随后，蒙古军向诺夫哥罗德大公国进军。由于春雪融化，道路泥泞难行，战马很容易陷入沼泽里，蒙古军便在离城五十公里的地方放弃前进，转而南下。诺夫哥罗德大公国由此躲过了被蹂躏的命运。

南下途中，蒙古军攻略了斯摩棱斯克、科泽尔斯克、契尔尼果夫等地。在科泽尔斯克，蒙古军遇到了顽强的抵抗，围城近五十日、付出惨重伤亡也没能将其攻克，直到拔都增兵后才将该城攻陷。此时，伏尔加河流域的北罗斯地区除了诺夫哥罗德大公国之外，其余地方都被蒙古军占领。

征服南罗斯

西征军继续向南攻略钦察草原西部，征服太和岭北部。钦察部的忽滩与十五年前一样，又一次奋勇抵抗侵略者，但依然不敌。战败后，他率四千人溃走匈牙利。十一月，贵由和蒙哥率军进攻阿速国，围困都城蔑怯思城（位于今俄罗斯高加索山北）。阿速人顽强抵抗了三个月，直到元太宗十一年(1239年）正月，国主杭忽思才被迫投降。之后，蒙哥继续攻取打耳班（蒙古人称为"帖木儿—合合勒合"，意为"铁门、关口"，乃今阿塞拜疆里海沿岸港口城市捷尔本特）附近区域。

秋冬之际，拔都和速不台集合诸军进入南罗斯。北罗斯已经沦陷，外敌当前，南罗斯诸公侯国却仍然不团结。基辅大公雅罗斯拉夫·弗谢沃洛多维奇认为哥哥尤里·弗谢沃洛多维奇一家被灭，已无继承人，便在蒙古军撤退之后，跑到弗拉基米尔宣布继承其兄的领地。结果他前脚离开基辅，契尔尼果夫大公米海勒就趁机占据了基辅。

就在罗斯人内讧的时候，蒙古军先后攻陷佩列亚斯拉夫、契尔尼果夫，肃清了基辅城的左、右两翼。

这时候，也就是元太宗十二年（1240年），大蒙古国四大嫡系之间的不和越来越趋向白热化。窝阔台的长子贵由和察合台的孙子不里公开在宴席上辱骂西征统帅拔都，拖雷的长子蒙哥则支持拔都。这次公开决裂，对日后蒙古历史的发展产生了重要影响。拔都没有理会贵由和不里，而是将情况报给窝阔台汗。窝阔台大怒，遣使责骂贵由，并召贵由、蒙哥东归，不里则留给察合台处置。通过这件事，拔都在西征军中确立了无上的权威。蒙哥东归时，把阿速国主杭忽思的儿子阿塔赤带回了国。此后，阿速军团跟随蒙古军进攻南宋、镇戍中原，立下了许多汗马功劳，和钦察军团一样成为元朝重要的色目军队。

元太宗十二年冬，拔都开始向基辅城进军。基辅是基辅罗斯公国的首都，位于第聂伯河中游西岸，以第聂伯河为天然屏障。由于第聂伯河河道宽阔，渡河比较困难，十五年前哲别、速不台击败罗斯联军后，就是被第聂伯河阻挡了去路。基辅城作为基辅罗斯的国都，城池极其坚固，易守难攻。

拔都率大军来到第聂伯河面前。此时第聂伯河还未结冰，而蒙古军又缺乏渡船，拔都只好驻营在东岸，遥望基辅城。远远望去，城内建筑辉煌。拔都不想毁坏这个美丽的地方，就派使者前去谕降。基辅人拒绝投降，并杀死了使者。拔都很生气，征调各路人马围攻基辅。看着城外来势汹汹的蒙古军，占据基辅的契尔尼果夫大公米海勒心生畏惧，就带着家眷逃到波兰去了。伽里赤大公答尼勒命部将德米特尔守城后，也离开了基辅。

随着天气越来越冷，汹涌湍急的第聂伯河被咆哮的寒风变成冰河，蒙古军轻松地渡过天险，将基辅城团团围住。德米特尔动员全城军民反抗侵略者，并主动发起攻击，但每一次都被蒙古军击败，他只能选择坚守孤城。蒙古军使用各种攻城器械猛攻基辅城，投石机、火药筒、弓弩齐齐发威。守军虽奋勇反抗，但在蒙古军的攻势下，基辅的城墙还是在十一月二十二日被打出了缺口。城中军民不屈不挠地继续进行巷战，一直坚持到第二天。德米特尔在战斗中受伤，被蒙古人俘虏。拔都很欣赏德米特尔的勇敢，最后释放了他。

　　蒙古军摧毁基辅城后，又攻克了伽里赤大公国，伽里赤大公答尼勒逃到匈牙利。其他小公国或被征服，或主动归顺，罗斯的领土就这样被蒙古军全部占领。后来，拔都建立金帐汗国，罗斯诸王公纷纷宣誓效忠，成为金帐汗国的臣子。

征服波兰、匈牙利

　　征服罗斯之后，西征军团便完成了窝阔台汗制定的任务，但拔都不愿就此班师，而是想像第一次西征时哲别、速不台从呼罗珊转战到南罗斯一样，去开创任务之外的功勋。摆在他面前的有三个选择：向南进入多瑙河下游的里海，进攻拜占庭；向西越过喀尔巴阡山之西的匈牙利草原；向北进入波罗的海地区。

　　不管选哪个方向，都是对未知世界的探索。这对喜欢策马奔腾的蒙古人来说，并不是什么艰难的选择，拔都大手一挥，向西进军！蒙古军的目标是——波兰和匈牙利。

　　波兰在伽里赤大公国的西边，与匈牙利隔着喀尔巴阡山南北相邻。波兰国王波列斯拉夫四世徒有虚名，只掌控了都城克拉科夫和桑多梅日两个城市，他的叔伯兄弟控制着其他城市，各自为政。匈牙利被口袋形的喀尔巴阡山包围，地处多瑙河中游平原上，它的都城被多瑙河分为东、西两个部分，河东的叫佩斯，河西的叫布达，今天则合称"布达佩斯"。国王贝拉四世居住在佩斯。

　　经过详细侦察后，速不台很快为拔都制订了新的战略计划。蒙古军将兵分三路：右翼由拜答儿、兀良合台（速不台的儿子）率领三四万人，进攻波兰，牵制波兰使其不能策应匈牙利；左翼由合丹率领，向匈牙利东南进军，以防备欧洲国家进行增援；拔都和速不台率领中军主力，分成两个纵队，直趋佩斯。最后，三支队伍在佩斯会合。

蒙古人以匈牙利收留敌人钦察首领忽滩、伽里赤大公答尼勒，波兰收留契尔尼果夫大公米海勒为由出兵。

元太宗十三年（1241年）正月，拜答儿渡过维斯瓦河，攻破桑多梅日，直扑克拉科夫。波兰国王波列斯拉夫四世弃城逃往摩拉维亚。劫掠克拉科夫后，蒙古军纵火焚城，之后进入西里西亚。西里西亚大公亨利二世是波列斯拉夫四世的堂兄弟，他纠集起数万军队，号称"欧洲最精锐之师"。二月二十七日，蒙古军和德波联军在莱格尼察发生激战。蒙古军采用诱敌深入、设伏围歼、各个击破的战术，全歼了这支德波联军。

接着，拜答儿率军蹂躏了摩拉维亚，又长驱直入攻进波西米亚、奥地利的边境，但并没有攻克由波西米亚骁将雅罗斯老驻守的奥尔米茨城（今捷克的奥洛穆克）。五月十四日，拜答儿所部被雅罗斯老率军夜袭，伤亡惨重。三天后，拜答儿离开波兰，去匈牙利与拔都会师。

莱格尼察之战结束两天后的二月二十九日，拔都、速不台率领的主力军在赛约河（今蒂萨河）之战中击败了匈牙利国王贝拉四世领导的军队。

事实上，拔都在正月二十八日便突破匈牙利设在喀尔巴阡山的关卡，击败守将巴拉丁伯爵，进入匈牙利境内。匈牙利国王贝拉四世派人拿着涂满鲜血的宝剑，号召各地诸侯前来为国而战，聚集起了大约十二万军队，是蒙古军的两倍。

二月初，拔都率军来到佩斯城附近。他派昔班侦察敌情，得知敌众我寡后，他决定继续用诱敌深入、设伏围歼的战术对付匈牙利军。拔都不断派兵去骚扰佩斯。考洛乔大主教乌古兰沉不住气，他认为国王太胆小了，就违背号令擅自出战。拔都军佯败后撤，乌古兰率领他的重装骑兵雄赳赳气昂昂地追出去，一直追到蒙古军设在沼泽地的包围圈中。身陷沼泽的重装骑兵成了蒙古军的活靶子，全军被歼，只有乌古兰带着三名亲信逃回城中。

贝拉四世问乌古兰兵败的原因，他说蒙古军中有很多钦察人，一定是和城中的钦察人有所勾结。贝拉四世便把先前投奔他的抗蒙钦察首领忽滩下狱处死，并驱逐了跟随忽滩的钦察人。走投无路的钦察人在匈牙利制造了混乱。大战在即，贝拉四世竟出此昏着，不但使自己失去一支骁勇善战的部队，还引发了国内动乱。

这时候，合丹和速不台赶来与拔都会合。贝拉四世率领大军出城，在赛约河西岸扎营布阵，环车为营，并在上面挂满盾牌，将营地武装得像堡垒一样。他还派精锐镇守赛约河的渡口、桥梁，避免蒙古军渡河。见贝拉四世出城迎战，拔都拔营后退，一直退到赛约河东岸。

两军对峙了数日。拔都和速不台发现，匈牙利军虽人数众多，但戒备十分松懈，便决定主动出击。拔都率军正面佯攻匈牙利军，速不台则率军在下游结筏偷渡，迂回到匈牙利军后方，对匈牙利军进行合围。出战前，拔都像祖父成吉思汗一样，登上山顶向长生天祷告了一天一夜。

二月二十八日，拔都准备进行佯攻，但士兵报告说赛约河上游的水很浅，人马皆可涉水过去，拔都便改变计划，把佯攻改为真攻，强行渡河。贝拉四世急忙命大军进行拦截，一时间万箭齐发，箭矢如雨。正在渡河的蒙古军纷纷中箭落水，在匈牙利军的强势迎击下，蒙古军处于不利局面，屡次强渡都失败了。拔都的爱将巴哈秃阵亡，这让拔都心疼不已。眼看河口难以渡过，拔都只好撤退，派人通知速不台停止作战计划。

速不台已经结好木筏，就等着夜里偷渡，接到拔都的军令后他很不高兴，便让传令兵给拔都带话说："大王想退军就自己退军，我不杀到佩斯城是不会收兵的！"拔都只好屈从于老将军，继续执行原作战计划。

当天夜里，速不台率部悄悄渡过赛约河，绕到匈牙利军的后方。二月二十九日凌晨，速不台向匈牙利军发起了进攻。白天刚打了胜仗心生懈怠的匈牙利军被突如其来的变故弄蒙了，不明白蒙古军怎么跑到他们后头去了，仓皇之中阵形大乱。见匈牙利军营起火，拔都军知道这是速不台进攻的信号，急忙率军渡河，与速不台军形成夹攻之势。

贝拉四世的兄弟罗克曼公爵和乌古兰大主教组织了两次攻击，但都没有扭转战局，乌古兰大主教战死，罗克曼受伤。速不台故意放开一个缺口，匈牙利军见有路可逃，越发没有战意，纷纷夺路而逃。贝拉四世自觉无法力挽狂澜，也骑马逃遁，连国王的玉玺都弄丢了。蒙古军乘胜追击，攻克佩斯城。

合丹奉命追击一路逃亡的贝拉四世，所过之处硝烟四起，直到乃马真后称制元年（1242 年）三月，他才放弃追击，赶去与拔都会合。

拔都和速不台进入佩斯城后，对这座城市进行了洗劫和屠杀。无数难民涌向德意志和意大利境内，使整个西欧陷入对"上帝之鞭"的恐惧之中。

多亏了速不台，赛约河之战才最终获胜。虽然拔都因为爱将巴哈秃之死有点儿埋怨老将军，但作为一个优秀的元首，拔都认识到了自己的不足，坦然承认此战功劳最大的是速不台。

元太宗十三年十一月初八，窝阔台大汗驾崩，由他宠爱的木哥皇后监国。第二年（1242 年）春，木哥皇后去世，由六皇后乃马真监国。三月，拔都收到大汗驾崩的讣告和让西征军团撤军的命令。于是他班师东返，结束了长子西征。但是拔都并没有返回蒙古本土，而是留在伏尔加河下游建立金帐汗国，与蒙古本土的汗庭渐行渐远。

旭烈兀西征

旭烈兀西征，是蒙古最后一次西征。此次西征只完成了既定目标：消灭木剌夷，征服阿拔斯。旭烈兀的额外目标——攻下埃及、巴勒斯坦以及地中海东部沿岸地区，因蒙哥汗的猝死，最终无法实现。

蒙哥汗的世界攻略

元宪宗二年（1252 年），蒙哥汗在肃清反对派之后，开始实施他征服世界的计划：命三弟旭烈兀、怯的不花西征波斯，命二弟忽必烈、兀良合台南征大理国，命宗王也苫、阿母侃东征高丽。

此次西征，以诸王属民十抽二的方式征召部队；从汉地征发擅长使用火药武器的炮手，交由郭侃统领；专门召集汉人工匠，随军管理投石机、弓弩等攻城器械。在成吉思汗和窝阔台汗时代，西征并没有明确地以征服世界为目的，但参加过南征和西征的蒙哥汗，对征服世界已经有了足够的认知。他南征大理，是想斡腹进攻南宋；西征波斯，是为了征服中东甚至欧洲。若非如此，征讨木剌夷和阿拔斯王朝两股势力，何至于如此劳师动众？

旭烈兀此次奉命西征，表面上是为了消灭木剌夷，征服首都位于报达的阿拔斯王朝。蒙哥汗出兵的理由非常直白：木剌夷凶悍无道，我大蒙古可汗要替天行道。

木剌夷，在阿拉伯语中意为"迷途者"，他们专门训练刺客，进行暗杀活动，手段极其凶残，其基本信条是：为达目的，不择手段。木剌夷依靠有"鹰巢"之称的阿拉穆特堡起家，其建立、夺占的堡寨大多集中在厄尔布尔士山脉中，地势陡峭，易守难攻。其中较为知名者，除了阿拉穆特堡，还有吉儿都怯堡、麦门底司堡、阿斯兰堡、兰巴撒儿堡等。据说木剌夷拥有的山城足有三百五十个。

其实早在成吉思汗西征时，蒙古人就和木剌夷打过交道。元太祖十六年，拖雷征讨呼罗珊，路过木剌夷时劫掠了忽希思丹，木剌夷的国王加拉尔丁·哈桑遣使向拖雷纳款。同年，加拉尔丁暴亡，其九岁的儿子阿老丁·穆罕默德即位。阿老丁表现得很温顺，继续向蒙古军纳款。但等蒙古军一离开，木剌夷便重操旧业，劫掠来往商队，暗杀、恐吓政敌。蒙古人有了统治波斯的意向后，更是被木剌夷视为敌人，据说他们还派出杀手团去刺杀蒙古大汗。

蒙哥汗在西域的时候，可疾云城的大法官苫思丁身穿锁子甲去见他。蒙哥汗很奇怪，问明原因后，才知道他是害怕被木剌夷刺杀。这件事使蒙哥汗对木剌夷的印象非常深刻，因此当木剌夷妨碍到了蒙古人的利益时，它便成了需要被铲除的首要目标。

消灭木剌夷

元宪宗二年六月，乃蛮人怯的不花率领一万二千人先行出发。次年（1253年）二月，怯的不花渡过阿姆河，到达呼罗珊，向忽希思丹堡地区发起进攻，包围了吉儿都怯堡。

怯的不花命人在吉儿都怯堡周围挖掘壕沟，并在壕沟外边和营地后面修筑壁垒，让军队驻营在壁垒之间，同时命人切断吉儿都怯堡和外界的联系。怯的不花认为这样做万无一失，便留下不里围攻吉儿都怯堡，自己则继续去攻打附近的堡垒。但蒙古军并没有真正困死吉儿都怯堡，堡内发生了霍乱。当年十一月初十，吉儿都怯堡守军袭击蒙古军，不里战死，守军突破包围圈向教主阿老丁求援。阿老丁派木巴里咱丁·阿里·秃兰和疏札丁·哈散·阿思忒带人去支援吉儿都怯堡。援军每个人都携带着指甲花和食盐，当地人认为指甲花能够预防霍乱。随着援军加入，霍乱得到遏制，吉儿都怯堡又重新坚固起来。

面对坚不可摧的山城群，怯的不花没有合适的解决办法，只能一边试探性地进攻、侦察军情，一边等待旭烈兀大军的到来。

九月二十五日，旭烈兀率领西征军团主力从封地出发。同年，蒙哥汗向克什米尔派出由撒里那颜统领的一万军队，让他去攻打克什米尔和印度。旭烈兀的主力军团行军速度非常慢，几乎用了整整两年才从蒙古高原来到中亚地区。

在阿力麻里，旭烈兀受到了察合台汗国实际掌权人兀鲁忽乃哈敦（哈剌旭烈兀汗的妻子、木八剌沙汗的母亲）的热情款待。当他的二哥忽必烈于元宪宗三年（1253年）十二月十二日南征攻灭大理国时，旭烈兀才走到突厥斯坦、河中地区。在那里，他受到了当地长官马思忽惕的宴请，并在突厥斯坦驻扎度夏。

元宪宗五年（1255年）八月，旭烈兀抵达撒马耳干。他在那里宴乐四十天，直到十月才到渴石城。波斯长官阿儿浑带着呼罗珊的达官贵人盛情款待旭烈兀，于是旭烈兀又停留了一个月。其间，他分派使者宣谕各地："我奉可汗之命消灭木剌夷，率军从征者，事后必有重赏；游移不定、心怀二心者，将会和木剌夷一个下场！"

旭烈兀之所以行军缓慢，一方面是因为他有意对西域非拖雷系诸王进行示威与拉拢，另一方面则是为了向表面归顺蒙古、内里却打着小算盘的各方势力施压。事实证明，这样做很有成效。一路上，诸王不断给旭烈兀主力军补充粮饷和军队。旭烈兀的谕令一经宣示，波斯、格鲁吉亚、阿塞拜疆等地区的首领纷纷赶来觐见旭烈兀，以示归顺与效忠。

就在这一年的十二月初一，木剌夷发生政变，九岁即位、没有受过教育的残暴教主阿老丁酒醉后被自己的宠臣哈散用斧子砍下了脑袋。哈散是袩拶答而人，曾经是蒙古军的俘虏，他从报达逃脱后来到了木剌夷。因相貌英俊，他成了阿老丁的宠臣，还被赏赐了一个妻子。虽然哈散得到了很多利益，但阿老丁发狂时经常肆意折磨他、毒打他，还把他的牙齿全部打碎了。

不愿意继续遭受酷刑的哈散暗中投靠了阿老丁的长子鲁坤丁·忽儿沙。鲁坤丁同样饱受阿老丁的摧残，时常被自己的父亲打骂、折磨、恐吓。他经常说："要继续和父亲待在一起，我的性命难保。"大臣们也很惧怕阿老丁，对这个动辄杀人的暴君十分不满。于是，鲁坤丁指使哈散暗杀父亲，等哈散得手后，他又派亲信杀死哈散。

元宪宗五年十二月初三，旭烈兀终于渡过了阿姆河。面对步步逼近的蒙古军队，鲁坤丁采取和父亲截然相反的态度，派使者去向驻扎在哈马丹的蒙古将领牙撒兀儿请降。牙撒兀儿回复说："旭烈兀王子的车驾即将到来，你最好亲自前往，纳款请降以示诚意。"鲁坤丁派兄弟撒罕沙（一作沙歆沙）与牙撒兀儿同行，觐见旭烈兀。牙撒兀儿命儿子抹剌合带着撒罕沙去见旭烈兀。

元宪宗六年 (1256 年）五月十一日，牙撒兀儿率军进攻阿拉穆特堡。木刺夷守军集中在阿拉穆特堡上面的昔亚兰库，蒙古军于是从下往上攀登，对守军发起了猛烈的攻击。然而由于山头防守森严，蒙古军无功而返。

撒罕沙见到了旭烈兀。旭烈兀表现得很温和，派使者给鲁坤丁带去一道表示奖谕和恩抚的公文。旭烈兀在公文中一边对鲁坤丁纳款的投诚行为进行了肯定，表示看在他请降的分上赦免他的父亲阿老丁以前犯下的罪过；一边让鲁坤丁毁掉他的堡垒，亲自前来臣服，以示诚意。

鲁坤丁希望通过谈判避免蒙古军的攻击，最好能和平解决问题。接到旭烈兀的公文后，他立马宣布投降，还摧毁了几座无关紧要的城堡。不过阿拉穆特堡、麦门底司堡以及兰巴撒儿堡等重要堡垒则仅仅被拆除城门，毁掉了一些城垛和角楼。对于让他亲自去投诚的要求，鲁坤丁迟疑了，他当然不敢自投罗网，于是就派宰相苫思丁·基拉乞等人去觐见旭烈兀，请求再宽容一段时间。

此时的旭烈兀已经攻克了沙底司堡，面对鲁坤丁的请求，老到的旭烈兀并没有直接拒绝，而是派人通知他，让他亲自来秃马温城谒见，若有事不能来，可以宽限五天，但需要先将他的一个儿子送来。同时，蒙古军奉旭烈兀之命兵分三路，于八月十二日向鲁坤丁所在的麦门底司堡进军。鲁坤丁既舍不得儿子，又害怕蒙古军攻击，就听从大臣的建议，将七岁的庶弟冒充儿子送到旭烈兀那里。

旭烈兀识破了假子的身份，但他并没有揭露，而是以年龄太小为由将其遣返，同时告诫鲁坤丁：如果他迟迟不出来相见，可以派他的兄弟前来。十月初七，鲁坤丁派兄弟失栾沙替他去见旭烈兀。十月十一日，旭烈兀让鲁坤丁的另一个兄弟撒罕沙回去给他带信：如果他摧毁麦门底司堡，亲自出见，仁慈的蒙哥皇帝必会宽宏大量，对他礼遇有加；如果他不及时行动，那未来之事就只有老天知道了。十月十二日，旭烈兀从皮昔乞耳答剌出发，直扑麦门底司堡。

从开始谈判，双方的信使就往来不断。鲁坤丁被要求拿出诚意，他便通过废弃、摧毁部分山城，提供人质等方案，来观望旭烈兀的态度。但每次鲁坤丁让步之后，旭烈兀都会继续要求他再度让步。其间，蒙古军的进攻并没有停止。旭烈兀通过许诺、奖谕、告诫、威吓等手段软硬兼施，向鲁坤丁施压，直到阿拉穆特堡地区被蒙古军完全封锁，麦门底司堡也被逐渐包围。

很明显，鲁坤丁最初是希望得到蒙古的谅解，有一个和平的结局，后来则是采取拖延战术，希望冬天和大雪的到来能够逼退蒙古军。旭烈兀的目的从始至终都没有改变，那就是以最小的代价消灭臭名昭著的木刺夷。十月二十日，旭烈兀抵达麦门底司堡，数次遣使宣谕鲁坤丁：五日之内投降可以保证全堡人员的安全。守将假称鲁坤丁不在堡内，自己不能做主，继续拖延。

此时，不花帖木儿和阔阔亦勒该从兀思通答儿出发来与旭烈兀会合，其余宗王、将领也都来到了麦门底司堡山麓下。麦门底司堡依山而建，地势险峻，山高坡陡，地理位置十分优越，难以攻取。旭烈兀巡视一周后，准备立即进攻。多数人认为时值隆冬，大军粮草不足，不如先撤军等待来年春天再战，只有少数人支持旭烈兀。

蒙古军将投石机运到附近的山巅上，对着城堡展开攻击，以掩护蒙古军接近城堡。山城易守难攻，蒙古军攻打了两三天，依然没有进展。鲁坤丁遣使请求停战，说他明日出降，结果明日复明日，就是不见其出降。十月二十七日，蒙古军再次发起凶猛进攻。这一次，郭侃的汉军炮队成了进攻主力。射程二千五百步的弩炮接连不断地向城堡发射弩箭和火箭，守军四散奔逃。

鲁坤丁原本指望拖延到冬天，那时雨雪天气多，山道难行，作战不易。没想到这个冬天气候温和，天气晴朗，他一拖再拖，也没盼来雨雪降临。眼看坐困孤城，抵抗也坚持不了多久，鲁坤丁身边的大臣都劝他投降。他先送出唯一的儿子和另一个叫伊朗沙的兄弟，以及由当地名人、官吏、百姓代表组成的使节团去蒙古大营请降。第二天，十一月初一，鲁坤丁带着所有家人和大臣，献出全部财宝投降旭烈兀。

旭烈兀要利用鲁坤丁的首领权威，因此对他礼遇有加。他让鲁坤丁派人和蒙古使者去传谕其他城堡投降。最后四十多个城堡投降了，只有阿拉穆特堡和兰巴撒儿堡拒绝投降。旭烈兀在沙合剌克开了九天庆祝宴后，带着鲁坤丁去阿拉穆特堡喊话。守将穆合底木就是不降，旭烈兀留下诸王继续围攻，自己则带着鲁坤丁前往兰巴撒儿堡。结果这个时候，穆合底木给鲁坤丁送信说他愿意投降。旭烈兀让鲁坤丁带着赦免令返回阿拉穆特堡，带着蒙古军登上该堡，拆掉堡垒，摧毁建筑物。

木剌夷的一干城堡纷纷投降。以主城阿拉穆特堡投降为标志，这股让西方世界毛骨悚然的暗杀势力，在经历了近一百七十年的辉煌后，终于被铲除了。

蒙哥曾经下过敕令，要对木剌夷人赶尽杀绝，哪怕是摇篮中的婴儿。然而旭烈兀并没有杀害鲁坤丁，只是把他的家眷、亲属全部处死。元宪宗七年（1257 年）二月二十二日，旭烈兀派不只列护送鲁坤丁前往汗庭哈剌和林。准备南征的蒙哥汗拒绝接见，鲁坤丁失望地返回，结果在回程途中被护送的蒙古军杀死。这时，旭烈兀正准备向报达城进军。

征服阿拔斯王朝

阿拔斯王朝在中国史籍中被称为"黑衣大食"。唐天宝九载（750 年），阿拔斯王朝取代阿拉伯帝国第一个世袭制王朝倭马亚王朝，定都报达。旭烈兀西征时，统治阿拔斯王朝的是第三十七代哈里发谟思塔辛。此时的阿拔斯王朝已经没落，实际统治地区只有报达城及其周围。哈里发仅仅保留了宗教领袖地位，政治权力早已名存实亡。

谟思塔辛懦弱无能，缺少决断，当初大臣们就是看他暗弱、容易控制，才拥立他的。由于横征暴敛，此时的王朝内部极不稳定，再加上洪水泛滥、疫病横行，经济越发衰退。

元宪宗七年三月，旭烈兀从可疾云来到哈马丹，绰儿马罕的继任者拜住那颜从阿塞拜疆赶来觐见。旭烈兀呵斥他："自从你接替绰儿马罕的职位后，在波斯地区可有做出什么成绩？打败过哪支军队？征服过哪些敌人？"拜住那颜回复说，他力所能及的事情已经做完了，只有报达城没有解决掉，因为报达人民众多，军队、武器充足。

八月十二日，旭烈兀向报达城进军。他故技重演，派使者去向哈里发发出警告："攻打木剌夷的堡垒时，我曾派使者邀请你出兵帮忙，你答应了，但最后却没有兑现诺言。同心同德的表现应该是，在友军征讨敌人时给予帮助，你不但没有派出军队，还找借口推托。自成吉思汗时代以来，在长生天的眷顾下，所有君主都臣服在蒙古军队脚下。我曾劝告过你，现在也要劝你，不要和我们作对，不要用拳头迎战弓箭，这只能是不自量力、自讨苦吃。希望你能够毁掉城墙，填平壕沟，亲自前来见我。你不愿意亲自来也行，可以派宰相等重臣前来为你带话。只要你服从我们的命令，不和我们作对，我便既往不咎；如果你执意和我们作对，那就准备好军队，指定好战场，我们会来教育你。等到我进军报达城时，你的人民、士兵，不会有一人活下来。你的城市、国土将付之一炬！"

立国五百多年的阿拔斯王朝并没有被吓住，哈里发以老大哥的身份回复旭烈兀："你这个没有经验的年轻人大概不知道，从东方到西方，从帝王到乞丐，都是我的奴隶和军队。当我下令召集他们时，全世界都会发生骚乱。仁慈如我，不愿挑起人间的敌对和纠纷，不愿让军事胁迫臣民。如果你和我一样热爱和平，就让我们一起播种友谊的种子，踏上友谊之途！年轻人，你回呼罗珊吧！如果你决定要打仗，不要迟疑，尽管放马过来，我这里有能征惯战的百万步骑等着你们！"

蒙古使者出城时受到了羞辱，不但衣服被撕烂，还被报达城百姓吐了口水。从旭烈兀和哈里发之间的交涉来看，旭烈兀有横行世界的蒙古军团做后盾，不算吹牛，但对局势不了解的哈里发则纯粹是虚张声势。

听了蒙古使者的回复，旭烈兀对哈里发的使者宣布："长生天选择了成吉思汗和他的家族，把东方到西方的全部土地赐给我们。凡是俯首听命和我们一条心的，他的领地、财产、妻子、儿女、生命都能保全，凡是蓄意反对我们的，就不能享受这一切。"

哈里发的宰相明白自己国家的真实状况，就建议哈里发送礼求和，达成共赢的目的。没有主见的哈里发采纳了宰相的建议，准备了约三百公斤珍宝、一千头骆驼、一千匹阿拉伯马，以及武器、盔甲等礼物。但哈里发随即又听从宰相政敌的话，认为蒙古人不过是虚张声势，并不敢出兵，便决定不再送礼，还发出了比旭烈兀更加傲慢的宣言："阿拔斯家族无所畏惧！很多掌握军队的君主都服从我的命令。我将从所有国家中召集军队，上马迎击敌人。"同时，他还让使者给旭烈兀带话："年轻人，你去问问那些富有学识的人们，看看迄今为止，企图侵犯阿拔斯家族和'世界之城'报达的那些君主都是什么结局。他们都是不幸的！年轻人，你不要像他们一样，对阿拔斯家族抱有恶念，那样不会有任何好处！"旭烈兀对使者大手一挥，说："那你们好好准备吧，我旭烈兀来了！"

元宪宗七年十月，旭烈兀兵分三路，齐头并进。拜住那颜率领右翼军，从亦儿必勒（今伊拉克库尔德自治区首府埃尔比勒）向毛夕里（今伊拉克尼尼微省首府摩苏尔）推进，他们渡过底格里斯河，在报达城西面与不花帖木儿、孙札黑那颜等人会合。术赤的孙子不勒合（昔班之子）、秃塔儿（孙忽儿之子）率军跟随不花帖木儿。怯的不花、忽都孙和额里怯等率领左翼军，从罗耳斯坦推进到波斯湾海岸。旭烈兀率中军来到阿萨达巴忒，他派使者再次招降哈里发，哈里发仍然拒绝投降。

旭烈兀占领了开尔曼沙（今伊朗巴赫塔兰市），在那里进行杀掠。驻营在塔克怯斯剌附近期间，旭烈兀召见了右翼诸王以及拜住那颜诸将。拜住那颜将俘获的哈里发前锋将领爱伯带来，详细询问对方军情。

十一月十一日，旭烈兀行军到忽里汪（一作火勒汪）河河畔，在那里停留到十一月二十四日。在这十三天里，怯的不花占领了罗耳地区的许多城市。右翼军则在拜住那颜的带领下，渡过底格里斯河。当地居民纷纷逃到报达城避难。

十二月十一日，在巴忽巴、巴只思剌之间布阵的哈里发副掌印官艾伯格（一作木札希答丁·爱伯）和统将费秃丁（一作伊宾·苦儿忒）迎击蒙古右翼军孙札黑部。孙札黑见敌军有备而来，就撤退到都者里附近的巴失里牙，和拜住那颜会合。艾伯格和费秃丁紧追不放，和蒙古军展开激战，一直战到天黑也没分出胜负，只得各自收兵停战。到了半夜，蒙古军挖开哈里发军后方的大水塘，放水淹了哈里发军队的营地。十二月十二日，蒙古军趁着敌人被淹、军中大乱之际，发起进攻。哈里发军大败，一万二千多名士兵被杀，费秃丁阵亡，艾伯格率残军退入报达城。

拜住那颜、不花帖木儿、孙札黑的右翼军按计划驻扎在报达城西面；怯的不花的左翼军则从纳合昔牙赶过来，迂回到报达城南面。十二月十三日，旭烈兀来到报达城东面驻营。多如蚁蝗的蒙古军对报达城形成了合围之势，他们不但在河两岸筑起堡垒，还用砖砌成小丘，安置弩机、投石机、火油瓶等攻城武器。

十二月二十五日，蒙古军对报达城发起了总攻击。旭烈兀的中军从城东面攻打阿札木城楼，怯的不花的左翼军从南面攻合勒瓦思城门，术赤系诸王攻打苏克算端门，拜住那颜、孙札黑的右翼则从西面发起进攻。阿札木城楼最低，蒙古军一炮就打出个窟窿。哈里发这会儿也顾不上嘴硬了，急忙派宰相出去求和："你看，年轻人，我履行了诺言，把宰相派来见你了。"

旭烈兀笑眯眯地回复道："派宰相来见我，是我们在哈马丹谈的条件，而如今我在报达城下。大海已经翻滚起来，我怎么能满足于你们只派一个宰相来呢？"第二天，宰相、掌印官以及一大批显贵、大臣、居民代表再来请和，旭烈兀拒不接见。

报达城是阿拔斯王朝的经济、政治中心，位于底格里斯河中游。它跨越河两岸，分为东西区，城内建有子城，城墙高耸、坚实，防御力极强。在接下来连续六天的激战中，郭侃率领的汉军再次发挥了重要作用。报达城附近没有石头，蒙古军就从北边的扎鲁剌和者别里等地运来石头，还就地取材，砍伐棕榈树来代替石头。旭烈兀发起猛攻的同时，还写了六份公文，从六个方向射进城内，宣称会饶恕法官、学者、司教、阿里后裔以及不和蒙古军作战的人，引得城中更加混乱。

十二月二十七日，东面的阿札木城楼被完全摧毁。元宪宗八年（1258 年）正月初一，蒙古军登上城头，清理城头上的守军，占领了东城头。为了避免城中人乘船顺着底格里斯河逃走，郭侃建议旭烈兀在流经报达城河段的上游和下游分别建造浮桥，等待逃亡之人。浮桥用船连接，船上安放石炮。旭烈兀采纳了郭侃的建议，命不花帖木儿率军一万埋伏在桥边。

真被郭侃猜对了，哈里发想乘船逃跑，他派书记官带着船队去试探，结果被蒙古军截击，全军覆没，书记官仅以身免。得到汇报的哈里发绝望了，这城眼看就要守不住了，逃跑的路也被封死，无奈之下，哈里发只好选择投降。他派两个亲信带着礼物去向旭烈兀纳降，旭烈兀依然拒而不见。

哈里发以为使者的分量不够，就派二儿子阿不法思勒·奥都剌合蛮带着贵重的礼物去求见，结果还是被拒。哈里发再派长子和宰相、大臣去求见，仍然遭到旭烈兀拒绝。正月初六，绝望中的哈里发带着三个儿子，以及阿里后裔、教长、法官、贵人等三千人出降。旭烈兀假装亲切地问候了哈里发，让他传谕子民放下武器出城，以便蒙古军对他们进行统计。

哈里发按照要求，宣谕那些为保家卫国而奋战的臣民们放下武器出城。报达城的军民听从哈里发的旨令，成群结队地出城，结果被有计划地分配给蒙古军的千人队、百人队、十人队，被对方一一屠杀。正月初九，蒙古军入城，挨家挨户展开掠夺、屠杀。如此重复了七天，旭烈兀才下令停止杀戮。报达城的死亡人数达到了八十万。正月十一日，旭烈兀在哈里发的王宫中召见他本人，把他隐藏的所有财富都压榨出来之后，就处死了他们父子。拥有五百零三年漫长历史的阿拔斯王朝就此覆灭。

伊利汗国

处死哈里发之后，旭烈兀任命其宰相木爱亦答丁·伊宾·阿里合迷担任报达长官，处理战后工作。元宪宗八年二月初二，旭烈兀回到哈马丹，随后返回阿塞拜疆休整。

元宪宗九年（1259 年）七月，南征南宋的蒙哥汗死在钓鱼城，远在波斯的旭烈兀并不知道这个噩耗，于八月兵分三路攻打统治今埃及、叙利亚、也门的阿尤布王朝。十二月，旭烈兀攻陷阿勒波城，国王纳昔儿听说后放弃大马士革城逃向埃及。大马士革城法官到阿勒波城向旭烈兀投降，旭烈兀派怯的不花率军进驻大马士革外城，攻陷拒绝投降的内城，彻底占领大马士革。

元世祖中统元年（1260 年），当旭烈兀派遣使者去埃及马穆鲁克王朝谕降时，他接到了蒙哥汗驾崩的讣告。对汗位很有想法的旭烈兀，留下怯的不花以及不足两万的军队继续攻略，自己则率军返回蒙古草原。七月二十六日，怯的不花南下，和埃及马穆鲁克王朝的十二万军队在大马士革以南的阿音扎鲁特平原大战一场。怯的不花战死，蒙古铁骑不败的神话就此被打破，其势力也被逐出叙利亚。马穆鲁克王朝则赢得了民众的支持，在埃及和叙利亚建立起了稳固的势力。

火速东返的旭烈兀在大不里士接到忽必烈和阿里不哥各自即位的消息。明智的旭烈兀放弃了对汗位的争夺，留在波斯静观其变。他听说怯的不花战败的消息后非常痛心，想返回去为怯的不花复仇，但忽必烈和阿里不哥的内战纷争让他无法实现继续西征的愿望，只能暂时放弃复仇的想法，在西亚、中东构建起自己的王国——伊利汗国。

元世祖中统三年（1262 年），一直垂涎高加索以南的术赤系别儿哥汗不能容忍旭烈兀独霸波斯，亲率大军南下。旭烈兀并无畏惧，北上迎战。此时的旭烈兀，就算有为怯的不花战败、叙利亚被占领，去找马穆鲁克王朝报仇的想法，也是心有余而力不足。别儿哥汗的野心，将旭烈兀牵制在伊利汗国，使他再也没有机会南下复仇。就这样，蒙古人向西扩张的脚步才真正停止了。

　　和兄弟内耗的忽必烈，为了得到旭烈兀的支持，于至元元年（1264 年）派使者到波斯，册封旭烈兀为伊利汗。于是在大蒙古国的势力中，拖雷系五占其二，成了成吉思汗四嫡系中最大的得益者。

第五章

蒙宋战争

阳平关之战

阳平关（今陕西宁强县西北）战役是窝阔台汗南征入蜀后，遭遇的第一战。在此战中，戍守蜀地的主力军曹友闻部被蒙古军全灭。蜀中门户大开，蒙古军长驱直入，横扫蜀地。

南宋败盟开战端

元太宗六年（南宋端平元年，1234 年）正月，南宋联合蒙古灭掉金朝，双方以陈州、蔡州为界，各自分治，约定和平共处。虽然蒙古人有南侵的心思，但面对刚签订的蒙宋盟约，一时半会儿找不到出兵的借口。但他们并没有苦恼多久，不久宋人就将把柄递到了他们面前。

这个时候的南宋皇帝理宗赵昀，熬死了权臣宰相史弥远，终于得以亲政，正想有所作为；新上任的宰相郑清之，同样迫切希望建立不世功勋。这对君臣，一个志大才疏，一个不通军事，他们不顾朝野反对，采纳了赵范、赵葵兄弟的建议：趁着蒙古军主力北返，河南之地空虚，出兵收复丧失百年的昔日三京——西京洛阳、东京开封、南京归德，"刷会稽之耻，复齐襄之仇"。

六月十二日，南宋出兵，欲要收复三京。宋军于七月初五进入南京路，七月二十八日进入洛阳，随即遭到早有准备的蒙古军袭击。在经历了龙门中伏、洛东惨败后，损兵折将的宋军狼狈溃归。历时三个月的端平入洛，以宋军丧师三万为代价宣布告终。

丧师辱国的入洛之举，让沉浸在恢复旧日疆土美梦中的宋理宗瞬间清醒过来。为了缓和内部矛盾，安定民心，他不得不下罪己诏，对蒙古的态度也从主战变成防御。而蒙古人抓住机会，于十二月派使者王檝出使宋廷，指责南宋败盟，希望南宋按照金宋惯例，臣属蒙古，输送岁币。

好不容易摆脱金朝压制的南宋，怎么可能答应！不答应，那就只有打了。蒙古人拿出的理由是，南宋"开衅致兵""肇始祸端"。

元太宗七年（南宋端平二年，1235年），窝阔台汗在派人西征、东征的同时，派皇子阔端、阔出南征。南征军团分为两路南下：东路军由皇子阔出，诸王忽都秃、口温不花，国王塔思，汉军万户张柔、史天泽等率领，他们在唐州（今河南唐河县）又分成两路，一路进攻襄阳、樊城，一路进攻江、淮；西路军由皇子阔端、拖雷庶子木哥、都元帅塔海绀不等率领，从关中、河西进攻秦巩、巴蜀。

阔端是窝阔台汗的第二子，也是他最能干的儿子，但奇怪的是，阔端并不得父母爱重。父亲窝阔台汗最钟爱的是第三子阔出，并指定阔出为继承人，甚至在阔出死后又指定他年幼的长子失烈门为继承人。阔端五兄弟的生母乃马真皇后则偏心长子贵由，她在窝阔台汗死后废黜孙子失烈门，将长子贵由拱上汗位。此次南征，阔出为主帅，负责东路军，阔端则负责西路军。

金朝灭亡后，其残余势力聚集在秦州、巩州、兰州（今兰州市）、会州（今甘肃靖远县）一带，若坐视不理，他们很有可能倒向南宋一边。明白这个道理的蒙古人自然不会轻易放过他们。因长期被战争蹂躏，河洛与江淮的大片地区成了无人区，蒙古军若是在这些区域行军，将无法获得粮草补给。宋军收复三京失败，就有补给困难的原因。宋军得不到补给，同样从这里南下的蒙古军也得不到补给。因此，蒙古要对南宋用兵，最合适的出兵方向就是蜀地，选择这个方向不但可以消灭金朝残余势力，还能通过劫掠破坏南宋的重要财赋供应地，削弱宋人的力量。

沔州之战

元太宗七年八月，阔端率领西路军从凤州进攻河池（今甘肃徽县），南宋的阶州（今甘肃陇南市武都区）、西和州（今甘肃西和县西南）、成州（今甘肃成县）相继失陷。蒙古军到达距离沔州九十里的西池谷（今甘肃康县东南）时，沔州人争相逃难。有官员建议退守到大安军，沔州知州高稼坚决反对，他认为目前的形势是只能进不能退，将士们必须固守疆土，才能威胁敌人，让其有后顾之忧，不敢深入劫掠；如果不战而退，只会助长蒙古军的威风，让他们乘胜长驱直入，那样对蜀地大局极为不利。

宋金对峙期间，为了护卫蜀地，南宋将边防重心放在了武休关、仙人关、七方关上。为了固守三关，南宋还设置了四个州作为三关的外围防线，它们是阶州、成州、西和州、凤州。后来，南宋又从成州划分出天水军（今甘肃天水市西南）。这三关、四州对四川内郡来说，有很重要的战略意义。为了守护这些地区，南宋先后部署了四大戎司（即都统制司），分别是沔戎司、利戎司、兴元戎司、金戎司。蜀地边防兵马直接由四大戎司掌管，而四大戎司则接受四川安抚制置使调度。由于吴曦之叛以及金军破关，蜀地的边关防御系统基本被摧毁了，因此蒙古军南下后，四州迅速被攻破，成州、凤州南面的沔州被迫成了前线。

沔州知州高稼是邛州蒲江（今四川蒲江县）人，嘉定年间进士，他的嫡亲弟弟高定子和魏了翁都做过副相。高稼的父亲高孝璹本姓魏，被过继给舅舅高黄中为嗣子。由于高孝璹的亲弟弟魏士行无子，他便把五儿子魏了翁过继给了弟弟。

高稼文武双全，曾在宝庆年间出任沔州通判，很受时任四川制置使桂如渊的器重。阔端入蜀时，高稼是沔州知州、利州提点刑狱兼参议官。他在沔州召集流民，修筑城防，为应对蒙古军入侵积极备战。蒙古军逼近时，沔州吏民纷纷逃亡，参议杨约和常平司属官冯元章劝高稼退守大安军，以避蒙古军锋芒，高稼厉声说："我以监司身份戍守城郭，这是我的本分，怎么能弃城逃跑呢？"他还劝说四川制置使赵彦呐不能仓皇退守。宗室出身的赵彦呐慷慨激昂地表示，要和高稼一起守卫沔州，为国尽忠。

经过金军、蒙古军的多次攻略后，沔州既没有城郭可以护民，也没有钱财可以招募壮丁，难以实现固守。因此，戍守七方关的利戎司都统曹友闻就劝高稼转移到山寨上固守，蒙古军来时他也有能力率部援助。高稼反劝曹友闻说："七方关是要地，是不能放弃的地方，曹将军好好坚守，我是郡将，怎么能丢弃自己的城郭呢？如果真的守不住，不过一死而已。"

九月，蒙古军从白水关（今陕西略阳县北）进入六股株（今陕西略阳县东北），距离沔州仅仅六十里。没有城郭可以防御的高稼依山防守，亲自登高播鼓，布置疑兵迷惑蒙古军。这时，曾表示要和沔州共存亡的四川制置使赵彦呐却跑到了罝口（今陕西略阳县西北）。到了罝口后，赵彦呐派帐前总管和彦威率军返回沔州，召小将杨俊、何璘率军前去会合，另选精兵千人，命总管王宣前往接应。但蒙古军大举进攻沔州时，何璘却带头逃逸。沔州就这样失陷了。

部众爱戴高稼，不忍他送死，便簇拥着他突围。高稼宁死也不离开沔州，最终在蒙古军的包围下殉国。他的儿子高斯得听说父亲战死，就和逃回来的仆从一起潜回沔州找到他的遗体，带回家乡安葬。南宋朝廷追赠高稼为正议大夫、龙图阁直学士，谥号"忠"。高斯得升官后，为国尽忠的高稼被追封为太师。

激战青野原

听说沔州失陷，赵彦呐迅速离开罝口屯守青野原（今甘肃徽县嘉陵镇），企图阻截蒙古军，但很快被蒙古军团团围住。就在赵彦呐绝望之际，利戎司都统曹友闻亲自率军前来救援。

曹友闻是北宋开国元勋曹彬的十二世孙，少有大志，于元太祖二十一年（南宋宝庆二年，1226 年）考中进士，最初授绵竹尉，第二年被任命为天水军教授。当时天水城正被蒙古军围困，曹友闻单枪匹马深夜进城，和天水城守将张维组织军民抗击蒙古军。蒙古军退去后，时任四川制置使的郑损亲自书写"满身胆"旌旗表彰他。

元太宗二年（南宋绍定三年，1230 年）八月，蒙古军再次进犯天水，曹友闻散尽家财招募到五千忠义健儿。其实，这些健儿都是在金宋之间游荡的亡命之徒，大多曾是金将武仙或者汪世显麾下的士卒，个个骁勇凶悍。制置使李埴任命曹友闻统率这些健儿去戍守仙人关。曹友闻率所部一边行军，一边与蒙古军激战。他的前军统制屈信率部突击蒙古军，夺回了被蒙古军掠夺的四州百姓和牲畜。行军到秦镇后，曹友闻命左军统制杜午迎击蒙古军，他则率诸军登高据险伏击蒙古军。曹友闻不顾矢石，身先士卒，再一次击退蒙古军。之后，李埴调任他去戍守七方关。

第二年，蒙古军实施"借道宋境，斡腹灭金"计划，穿过大散关进入宋境。五月，拖雷破武休关，屠洋州、兴元，又攻破七方关，进攻沔州金牛镇（今陕西宁强县大安镇）、大安军。之后，蒙古军分兵从嘉陵江的木皮渡口迂回到南宋利州副都统何进部后方。何进战死，蒙古军长驱直入，过剑门关，连破城寨一百四十座。四川制置使桂如渊临阵逃脱，四川为之震动。临危不惧的曹友闻和弟弟曹友万（据《曹氏家谱》，《宋史》记载为曹万）各率部下，走近道过毡帽山到青嵩坝，和蒙古军激战于白水江（嘉陵江支流）中游，击退蒙古军。由于此功，曹友闻升任天水知军。

此后，蒙古军再次入侵凤州，攻略河池，兵临曹友闻家乡成州。曹友闻排兵布阵，又一次击败蒙古军。元太宗六年（南宋端平元年，1234 年），曹友闻派弟弟曹友万和忠义总管时当可分兵在碎石头、青嵩谷迎战蒙古军。蒙古军进犯西和州、阶州时，又是曹友闻引兵救援，击退蒙古军。通过曹友闻的战绩可以看出，曹将军丝毫不惧怕和蒙古军野战，可谓蜀将中"野战第一人"。正因为此，他被四川制置使赵彦呐任命为利戎司都统，驻守石门，控扼七方关。

眼下，四川制置使赵彦呐被围在蜀地咽喉青野原，忠勇有加的曹友闻怎么可能坐视不理？他迅速派弟弟曹友万领兵从冷水口渡过嘉陵江，来到六股株。曹友万数次击退蒙古军，连夜衔枚行军，从小路直扑青野原与赵彦呐会合。赵彦呐对曹友万的勇猛非常赞叹，就命他暂代指挥权，与蒙古军作战。曹友闻也率精兵悄悄来到青野原，趁着夜半拦截蒙古军，与曹友万形成夹击之势，蒙古军被迫退走。青野原之围被解后，曹友闻升职为武德大夫、左骁卫大将军，依旧兼任利戎司都统。

在青野原之战中，是曹友闻兄弟拯救了通往四川的咽喉要地，同时也拯救了赵彦呐，让他避免沦为俘虏。然而讽刺的是，一年后曹友闻兄弟血战阳平关时，拥兵三万的赵彦呐却因嫉妒曹氏兄弟而不去救援，反而率军远遁，致使曹氏兄弟力战殉国！

蒙古军当然不会因为一时失利而停下进军的脚步，他们兵分两路，一路直捣阶州、文州（今甘肃文县），一路再破沔州，直趋大安军。曹友闻派遣摧锋军统制王资、踏白军统制白再兴迅速奔赴鸡冠隘，左军统制王进占据阳平关，曹友闻自己则登上溪岭，手执五方旗，排兵布阵。

蒙古军以步骑数万人进攻阳平关，曹友闻命王进和游奕部将王刚迎战，他自己则亲率帐兵和背嵬军在阵前突击，左右驰射。蒙古军退却后，曹友闻对部下忠义总管陈庚、时当可说："敌人退军后必然会去攻打鸡冠隘，我们应该迅速去增援鸡冠隘。"

果然不出曹友闻所料，蒙古军从阳平关北走，直扑鸡冠隘。陈庚率骑兵五百突击蒙古军；时当可率步兵左右并进，包抄蒙古军两翼；王资和白再兴从鸡冠隘杀出来，围击蒙古军。这一战，蒙古军伤亡惨重，喋血十余里，只能败退。因为鸡冠隘之战的大胜，曹友闻被南宋朝廷特授为眉州防御使，同时依旧担任左骁卫大将军、利戎司都统、利州驻扎御前诸军统制兼沔州驻扎，兼管关外四州安抚，权知沔州，节制本府屯戍军马。弟弟曹友万也被授为同庆知府、四川制置司帐前总管，仍旧总管忠义军马，节制屯戍军马。

平定秦巩

身为西路蒙古军统帅的阔端并不气馁，在进行短暂的休整后，他把目光投向了割据秦巩的金朝残余势力汪世显部。随着蒙古军攻陷南宋的关外四州，汪世显部与南宋被隔离开来，陷入了蒙古军的包围圈中。阔端在南宋境内留下一支军队四处游掠，他则率主力于十月初四亲临巩昌（今甘肃陇西县）。汪世显自觉无力抵抗，遂带着十万人口投降了阔端。

出身秦巩豪族的汪世显是汪古人，金朝灭亡后，他杀死行省粘葛完展割据自立，曾经几次遣使向南宋四川制置使赵彦呐请求"内附"。赵彦呐上报给宰相郑清之，但南宋政府瞻前顾后不敢接受。虽然汪世显属于金朝残余势力，但他并没有给金朝陪葬的心理。汪世显本想投靠南宋获得庇护和支持，可宋人既猜忌他的异族身份，又忌惮他的势力，最终被婉拒。

阔端南下，本就有消灭金朝残余势力的目的，所以在将汪世显和南宋隔离开后，他就派同为汪古人的按竺迩前往巩昌谕降。面对族人的招降和阔端的大兵压境，识时务的汪世显迅速做出抉择，率部投降阔端。阔端很满意汪世显的态度，任命他继续担任旧职，并征调汪世显部随军南下。从这个时候起，汪氏祖孙就成了蒙古人手中的一把刀，为灭宋立下了不少功劳。

蒙古军主力虽然退走了，但偏师却留了下来。十一月二十七日，蒙古军偏师进逼文州。曹友闻听说后派全贵赶去救援，全贵战死。十二月二十日，蒙古军偏师北上攻陷阶州，知州董鹏飞全家殉国，蒙古军屠城。元太宗八年（南宋端平三年，1236 年）春，四川制置司调任曹友闻的部下忠义总管、天水人时当可知天水军，从大安军提兵戍守天水军。三月十九日，时当可率军赶往麦积山突袭蒙古军偏师营寨，斩首数千级。第二天，宋军撤退。蒙古军趁着时当可军跋涉疲惫之际，跟在后面发起突袭。时当可率军力战，直至全军覆灭。

时当可战死的同月，阔端命人发布檄文招降曹友闻。曹友闻把传话的人处死后，上报朝廷。与此同时，阔端派堂弟木哥率领一支军队从西和州南下，讨平诸蕃。四月，蒙古军在成州赤崃谷遇到西和州总管陈瑀率军巡屯，双方发生激战，陈瑀力战而死。

八月，阔端率领大军再次入川。他任命塔海为元帅，汪世显为先锋，集结蒙古、西夏、女真、色目、吐蕃、渤海等军队，对外号称五十万人。八月初三，蒙古军进入大散关，经土关隘（今陕西凤县东南）来到武休关，击败兴元戎司都统李显忠，进入兴元。

阔端的目的很明显：攻破兴元，征服大安军，之后沿着金牛道进入四川内郡。此时的蒙古军还没有攻城后占领城池的想法，只是想通过反复劫掠削弱南宋的军事、经济力量；宋军则是努力阻拦蒙古军，不让他们破关入侵内郡。四川制置使赵彦呐看出了蒙古军的意图，急忙调遣戍守仙人关的曹友闻部去大安军屯守，拦截蒙古军。

曹友闻认为，仙人关是进入四川的险要之地，有他重兵屯守一天，蒙古军就会如鲠在喉一天。大安军地势平坦，无险可守，适合蒙古军的骑兵作战，却对宋军不利。在没有防御的平地作战，怎么可能以寡胜多呢？深谙此中道理的曹友闻驰书赵彦呐，建议屯守险要的仙人关。

赵彦呐不以为然，一日之内派七名使者持令牌催曹友闻移屯大安军。面对此情此景，曹友闻产生了"蜀必亡"的不祥预感，他对诸将感叹道："武休关沦陷，我军已经失去先机，本想坚守仙人关，乘高据险，牵制威胁敌军，却又被长官掣肘，以此误蜀。蜀必不保！"

阳平关之战

九月初九，曹友闻被迫离开仙人关。十六日，他率部来到大安军。经过勘察，曹友闻决定在阳平关和蒙古军决战。定下计策后，曹友闻调兵遣将，命两个弟弟曹友万、曹友谅率兵一万登上鸡冠山，遍插旗帜表示坚守，他自己则率精兵一万趁夜渡过嘉陵江，去流溪（嘉陵江东、阳平关北）设伏。

按照曹友闻的计划，蒙古军抵达后，曹友万率部发起突击，务必在最短时间里挫败蒙古军前队的锐气，然后佯败退入鸡冠山固守。迂回到蒙古军背后的曹友闻则迅速出击，利用金牛道上只能一字行军的特点，把蒙古军切割成三部分，分别派兵牵制蒙古军中队和后队，之后以两声鼓和烽火为号，集中主力，与曹友万部内外夹击蒙古军前队。曹友闻又交代弟弟打开阳平关大门，营内不立旗帜，不升炊烟，以此来迷惑蒙古军。

九月二十日，侦察显示，蒙古军已来到阳平关附近的十八里。第二天，曹友闻亲自去教场挑选二十岁以上、四十岁以下的精兵健将七千人、两戎司兵七百人。当天半夜，他率军早早从大安军渡江，经过七篙堤，逆行三百多里，在流溪、黑水一带的谷道埋伏。二十二日，蒙古军前队依次来到阳平关外。他们发现关门大开却不见人影，就派哨兵查探，结果进去就被伏兵所杀。蒙古军前队遂在八都鲁和达海的率领下，发起进攻。曹友万和刘孝全率部迎战，一时间矢石如雨，双方从辰时（早上七点至早上九点）激战到未时（下午三点至下午五点）。曹友万身上多处受伤，却依旧英勇战斗。击退蒙古军后，曹友万令部下点燃烽火通知大哥，然后退守鸡冠山。蒙古军则围绕阳平关挖掘壕沟，以为防御。

二十七日，曹友闻得知蒙古军攻略大安军，于是命诸军整装出击。选锋军统制杨大全、游奕军统制冯大用率本部出东菜园，迎击蒙古军后队；敢勇军总管夏用和西和州知州、神劲军总管赵兴率部出水岭，迎击蒙古军中队；天水军知军、安边军总管吕嗣德（一作吕嗣宗）和部将陈庚率部出龙泉头，迎击蒙古军前队；曹友闻则亲率三千精兵疾驰鸡冠隘。出发前，曹友闻鼓励将士们："食君之禄，用民之财，大丈夫当死中求富贵，奋发立功，上报国家，下报蜀民。"

然而天公不作美，刚行军二十里，倾盆大雨就从天而降，将士们只能在雨中摸黑行军。吕嗣德认为，在风雨中行军人马容易疲惫，不如临时扎营等待天亮。曹友闻不同意：鸡冠山无粮、无水、无城，当初相约五日，如今已经逾期，如果鸡冠山被敌人攻破，就真的没有退路了，何况敌军知道我们有伏兵，机会转瞬即逝。

曹友闻率军冒着风雨疾驰到阳平关。他先派保捷军统领刘虎率敢死士五百衔枚杀进蒙古军大营，又安排骑兵三百埋伏在骑道旁。为躲避暴风雨，蒙古军纷纷待在毡帐中，猝不及防之下被杀伤众多。曹友万闻讯出兵夹击，与蒙古军进行殊死战斗。天地间充斥着风声、雨声、喊杀声，雨幕卷着鲜血流淌了二十里。宋军一向都以棉裘充当铠甲，而棉裘被雨淋湿后异常沉重，这对宋军来说极其不利，但英勇的宋军依旧奋力战斗。

二十八日黎明，两军转战到回回寨。感到战况不利的阔端准备突围撤退，就在这时，汪世显率部赶到。蒙古军士气大振，摆脱了宋军的牵制包围，并分成许多队轮番冲击宋军。自始至终没有等来四川制置使赵彦呐增援的宋军渐渐体力不支，从包围敌军的优势地位跌落到被敌军反包围的劣势之中。在风雨中摸黑行军，身着沉重的湿棉裘激战一夜，就是铁人也受不了，更何况血肉之躯。眼看取胜无望，诸将纷纷劝曹友闻突围："虽然我们不能取得此战的最终胜利，但也创下了杀敌过半的好成绩，将军应该突围出去，以图后举！只要有将军在，敌人绝对不敢入蜀！"

曹友闻率将士突围，所到之处，蒙古军纷纷溃退。然而一直鏖战到傍晚，宋军始终无法突围，曹友闻还被流矢射中，他心中明白，突围已经不可能成功了，就杀死战马以示血战到底。曹友闻最终战死关下，夏用等诸将亦全部战死。曹友万和刘孝全率残部五百多人于二十九日黎明转战到龙门，在那里全部壮烈牺牲。戍守七里堡的张宣也中箭而亡。

蒙古军不认为曹友闻战死了，在战场搜索了三天，几乎翻遍所有尸骨，才找到曹友闻所部"满身胆"的旗帜和曹友闻的尸首。对于这位悲壮的英雄，蒙古军也不禁产生了一丝敬重。汪世显素来佩服曹友闻，之前还曾赠送过名马给他。次年（1237年）汪世显班师北返路过阳平关战场时，想起战死的曹友闻，他不由得感叹道："蜀将军真男儿汉也！"之后，他用隆重的礼节祭奠了曹友闻。

据《徽郡志》记载，曹友闻的女儿听说父亲战死后，徒步号泣来到战场，痛哭着烧毁了父亲的尸首后自杀身亡。蒙古军不禁为忠烈的曹氏女动容，把他们父女的尸首和骨灰葬在一起。后来，当地人还建祠来祭祀曹氏父女。

南宋朝廷听说曹友闻殉国的噩耗后，追封他为龙图阁学士、大中大夫，谥号"毅节"，并赐庙褒忠，恩荫他的两个儿子为承务郎，女婿为迪功郎。曹友万被追封为武翼大夫，两个儿子受到恩荫，被封成忠郎。

阳平关之战，从曹友闻布局，到曹军全体战死，历时半个月，蜀地最英勇善战的一支军队就此覆亡。"三泉（阳平关）之下，白骨山积"，而蒙古军也为此付出了沉重的代价。曹友闻以书生之躯，舍生忘死，勇担国难，他的忠义之气、碧血丹心，将被后人铭记。

反观身为四川最高统帅的赵彦呐，同袍血战疆场时，他不进行增援，反而率军远遁，先退保剑门，又撤往江油（今四川平武县东南）、成都，最后溃走夔门（即瞿塘关）。上行下效，在赵彦呐的带领下，蜀地官员纷纷弃城逃亡。阔端军很快就连破利州（今四川广元市）、阆州、顺庆（今四川南充市）、潼川（今四川三台县），攻克成都，分兵四处劫掠。富庶的天府之国在蒙古军的铁蹄下，变得满目疮痍、残破不堪，人口十丧七八，府库积藏毁之一空，再不能为南宋经济输血了。

直到当年十一月，南征军团总帅阔出在江陵（今湖北荆州市）猝死军中，阔端才下令班师北返。留在汉地的蒙古军陷入了群龙无首、各自攻略的状态，使南宋得到了喘息的机会。

钓鱼城之战

元宪宗九年（南宋开庆元年，1259 年）七月，钓鱼城之战打得如火如荼，眼看蒙古军胜利在望，他们却突然停战北返。原来，他们的大汗蒙哥驾崩了。蒙哥之死，让激烈的钓鱼城攻防战戛然而止，不但让腐朽的南宋又一次成功续命，还让宋军守将名垂千古。这位浴血奋战、坚守孤城的将军就是王坚。

王坚和蒙哥汗

王坚是邓州人，元太祖十四年（南宋嘉定十二年，1219 年）加入孟宗政的忠顺军。因作战勇敢、有勇有谋，王坚逐渐成为孟宗政、孟珙父子手下的得力干将。元宪宗二年（南宋淳祐十二年，1252 年）正月，王坚因前一年收复兴元有功升任郡团练使。两年后，王坚因击败入侵合州（今重庆市合川区）、广安军（今四川广安市）的蒙古军，升任兴元都统兼合州知州。

自窝阔台南征、蒙宋战争全面爆发以来，巴蜀最先沦为战场，成了被蒙古军蹂躏最严重的地区。支撑起巴蜀战局的，是合州钓鱼城。

元太宗十二年（南宋嘉熙四年，1240 年）彭大雅任四川安抚制置副使时，命部将甘闰在合州钓鱼山筑城设寨，作为重庆的屏障。乃马真后称制二年（南宋淳祐三年，1243 年），四川制置使余玠采纳播州人冉琎、冉璞兄弟的建议，修建山城二十座，其中最险峻、最坚固的就是钓鱼城，守好钓鱼城便能实现保卫全四川的目的。此外，余玠还把合州治所和兴元戎司迁到了钓鱼城。

作为名将孟珙的旧部，王坚被任命为兴元都统兼合州知州后，进一步加强了钓鱼城的防御。他在钓鱼山天池周围开凿小池十三个、井九十二眼，泉水四季不枯，又率领军民春耕秋收，囤积粮草。他还在山的南北两面各修了一条"一字城"。一字城，俗称"横城墙"，分设有小东门、始关门两道险关，一直延伸到江面，用来拦截蒙古军攻城。此外，他在江边修建水师码头，布置数百艘战舰，加强山城警戒。在他的不懈努力下，钓鱼城被打造成了城坚、粮丰、水足的"铁城"，可谓一夫当关，万夫莫开。

蒙古新即位的大汗蒙哥，在巩固了自身的地位后，就开始为征伐四方做准备。他是一个有才干、有理想的人，想建立超越父祖的功绩，于是很快便发动了东征和西征，而他本人则亲自带队南征。

蒙古军兵分三路，蒙哥汗亲领右翼军，进攻巴蜀地区；东道诸王之首塔察儿率领左翼军，进攻荆襄地区；几年前灭了大理国、平定云南的兀良合台则率南征军，经广西北上。蒙哥汗的计划很明显：由他率主力夺取四川，之后顺江而下，与其他两路军会合，合围宋都临安（今杭州市），聚而歼之。

元宪宗八年（南宋宝祐六年，1258 年），蒙哥汗率兵四万，号称十万，一路收拢诸道士兵，声势浩大地南下。被蒙古军阵势吓到的人不少，蒙哥汗遇到的城寨不是一攻即克，就是守将乖乖投降，他基本没有打什么硬仗。这让蒙哥汗和诸多大将不免自信心倍增，认为宋人不堪一击。

十二月，蒙哥汗来到雅州（今四川雅安市），让南宋降将晋国宝前往合州钓鱼城招降王坚。蒙哥汗以为，王坚会和其他宋将一样，惧怕兵强马壮、实力雄厚的蒙古军，乖乖来降。

过新年的时候，蒙哥汗召开军事会议，商量下一步作战方案。他询问诸王与大臣："我们如今已深入宋境，炎热的夏天也快来了，大家认为下一步该怎么办？"

札剌亦儿人脱欢，是蒙哥汗亲信阿蓝答儿的弟弟，他不耐暑热，建议说："南方有瘴疠毒气，我们北方人不习惯南方的暑热。大汗，我觉得应该先回去避暑，占领的地方交给任命的官员治理就好。"阿鲁剌惕人八里赤反驳道："脱欢，你是怯战了吧！哪里有打仗中途回家避暑的？难道天太热，我们就不打了，等凉快再来？"

亲贵们大笑起来，但掌管膳事的宿卫术速忽里并没有笑，他建议应该学习成吉思汗的灵活战术：合州钓鱼城坚固，先不理会，直接绕过去打别的地方；只要把它周围的城池都攻克了，让它变得孤立无援，到时候不用攻打，它也守不住！

三个人提出了三种建议。脱欢提议北返，肯定不可取；八里赤建议积极进攻，颇为激进；只有术速忽里的建议最稳妥。但是，由于南下一路顺风顺水，诸将已经自满起来，认为区区一个钓鱼城顷刻之间就能拿下，术速忽里太迂腐了。

就在这个时候，年前被蒙哥汗派去招降王坚的降将晋国宝，劝说无果后在回程路上被王坚捉回去杀掉了。王坚的举动激怒了蒙哥汗。"匹夫不识抬举，朕要拿下钓鱼城，给你点颜色看看！"影响世界格局的两个人物——蒙哥汗和王坚，即将对上。

蒙古军初战不利

进攻钓鱼城之前，蒙哥汗先派弟弟木哥进攻渠州（今四川渠县）的礼义山城，曳刺秃鲁雄攻打巴州（今四川巴中市）的平梁山城，把钓鱼城与渠江流域诸城的联系切断。元宪宗九年（南宋开庆元年，1259 年）正月二十三日，蒙哥汗派南宋降将杨大渊进攻合州旧城，俘获人口八万多，将钓鱼城和合州旧城的联系切断。之后，他派纽磷进攻重庆下游，侵犯忠州（今重庆市忠县）、涪州（今重庆市涪陵区），阻止南宋救援钓鱼城。

很明显，蒙哥汗准备把钓鱼城变成孤城。南宋政府当然看出了他的意图，怎么可能让他如愿以偿。针对蒙哥汗的部署，南宋政府命四川制置使蒲择之以重兵攻打成都，想通过围魏救赵来牵制、分散蒙古军进攻钓鱼城的兵力。然而，宋军对成都的进攻并不成功，南宋朝廷只能眼睁睁地看着王坚被蒙古军团团围困。

坐困孤城的王坚并没有如蒙古军想象的那样惧怕他们。虽然川西、川北均已沦陷，余玠亲手打造的"四川八柱"防御体系也已全面崩溃，但王坚并没有畏敌怯战，他的底气源自拥有天险的钓鱼城。有着丰富抗金、抗蒙经验的王坚，也想让蒙古人看看宋人并不全是卑躬屈膝、望风投降之辈。

二月初二，蒙哥汗从钓鱼城东北渡过渠江鸡爪滩，在东南角的石子山扎营；汪德臣率军在城西南角扎营，负责夺取城外山寨；史天泽在城南封锁嘉陵江面。

二月初三，钓鱼之战正式拉开序幕。蒙古军通过对钓鱼城各门轮番猛攻来寻找钓鱼城的弱点。宋军在守将王坚和副将张珏的带领下，进行了英勇反击。

二月初五，汪德臣在史天泽的配合下，从城西迂回到城南江岸，水陆并进，猛攻水军码头，掠夺宋军战船数百艘，封锁江面。二月初七，驸马君不花攻克城南"一字城"。二月初九，汪德臣猛攻镇西门。王坚率领宋军英勇抵抗，蒙古军没有取得什么进展。整个二月，蒙古军除了占领南外城外，毫无进展。蒙哥汗不得不开始正视钓鱼城和王坚。

三月初，蒙古军对东新门、奇胜门、镇西门小堡发起强攻。王坚再次利用天险击退蒙古军。蒙古军意识到，由于钓鱼城地势险峻，他们的攻城器具不能发挥作用，"炮矢不可及也，梯冲不可接也"，就算冒险强攻，也只是给对方送战功。

为了打破僵局，蒙哥汗调来擅长山地攻坚战的董文蔚去攻击东新门。董文蔚带着云梯，顶着宋军的飞石，在东新门苦战良久。由于后援不及，董文蔚还是在钓鱼城军民的奋勇反击下无功而退。

从四月初三开始，天降大雨，一直下了二十天。面对滂沱大雨，蒙古军只能暂停攻城。战术灵活的蒙古军并没有因为下雨而懈怠，反而在大雨的掩护下，开始在最容易进攻的西北奇胜门一带悄悄挖掘地道。地道宽一米五，最低处不足一米，最高处则有一米五，由主通道、支道、竖井组成，剖面呈倒立的"凸"字形，这种形状比较节省工时和人力，也利于隐蔽。

四月二十二日，大雨停止，蒙哥汗督军猛攻护国门，但被宋军击退，败退回石子山。二十三日夜，汪德臣率军绕到西北处强攻外城，再次与守城宋军展开激战。这一次，他杀死了很多宋兵，但最后还是被坚韧不拔的宋军击退。

自从南征以来，蒙哥汗一路顺风顺水，基本没打过什么硬仗，没想到竟然在小小的钓鱼城前碰了壁，三个月都无法攻克。这对蒙哥汗来说，实在有些失面子。蒙古大军哪次出战不是所向披靡，怎么能在钓鱼城这一弹丸之地栽了跟头？必须把它踩在脚底！王坚的坚韧激发了蒙哥汗的血性，他战意昂然，对钓鱼城势在必得。

蒙古军的地道奇兵

再说王坚，他从始至终只有一个想法，那就是一战到底。面对鲜有败绩的蒙古军，王坚没有掉以轻心，他总是身先士卒，率军力战，击退了蒙古军一次又一次的进攻。在他的带领下，钓鱼城军民斗志昂扬、士气高涨。远在临安的宋理宗君臣时刻关注着钓鱼城，为了嘉奖百折不挠、抗击蒙古军的王坚，宋理宗颁诏夸赞他"婴城固守，百战弥坚，节义为蜀列城之冠"。

五月初一，王坚亲自带领死士，从暗道皇洞潜出，夜袭距离皇洞出口五里的石子山——蒙哥汗的驻营处。这大概是蒙哥汗和王坚距离最近的一次。王坚带领死士直扑蒙哥汗御帐，毫无防备的蒙古军被突如其来的夜袭搞得手忙脚乱，如果不是临洮府元帅赵阿哥潘率军及时救援，钓鱼城之战说不定会提前结束。

猛将赵阿哥潘击杀宋军百余人。王坚见失去斩杀蒙哥汗的机会，也不恋战，迅速领军撤退，蒙哥汗这才转危为安。次日，蒙哥汗接见赵阿哥潘，不但赏赐他黄金五十两，还给他赐名"拔都"。

为了增援钓鱼城，南宋朝廷让吕文德取代援蜀无功的蒲择之率军入蜀。吕文德率舟艇万艘溯江而上，结果被蒙古军纽璘部堵截，双方在涪州和重庆附近的铜锣峡展开厮杀。经过激烈的战斗，吕文德终于在六月初突破蒙古军的重重堵截，进入重庆，顺着嘉陵江而上。

蒙哥汗听说后，命史天泽率军前往堵截。两军在三槽山黑石峡交手。史天泽兵分两路，跨江顺流纵击，三战三胜，夺取宋军战舰百余艘。兵败的吕文德只好领兵退守重庆。吕文德的退却，意味着钓鱼城还要继续孤军奋战。王坚并没有忧惧，一如既往地指挥军民抗战。尽管没有外援，但钓鱼城的军民并没有害怕，更没有投降之意，大家众志成城，团结一心，抱着必死的信念坚守孤城。

从二月到五月，蒙古军对钓鱼城的攻势几乎毫无进展。宋军依靠天险坚守，让蒙古军的投石机和弓弩失去了作用。蒙古军想四面围困钓鱼城，却发现钓鱼城没有粮草之忧，根本困不死。蒙哥汗只好把希望寄托到地道奇兵上。

六月初五，汪德臣率领蒙古军从地道潜入，突然出现在西北外城内，袭击防守薄弱的马军寨。马军寨寨主带领所部拼死厮杀，直到全部战死。这是钓鱼城之战爆发以来，蒙古军取得的最大的一场胜利，他们终于站在了内城墙之外，距离胜利更近一步。

占领外城与内城之间的制高点马鞍山后，汪德臣并没有休整，而是立即率部直扑内城墙。蒙古军当时并不知道，他们挖掘的地道右边便是奇胜门一带的内城，王坚的指挥部就在那里。就在汪德臣部进攻西北内城的危急关头，王坚和张珏率军赶到，加入战斗。这是西北方向的最后一道防线，如果被蒙古军攻破，整个钓鱼城就会彻底沦陷。

蒙宋双方都明白，胜负在此一举。宋军在王坚的带领下，和登上城头的蒙古军展开殊死搏斗，他们前仆后继、寸步不让。天快亮时，双方皆已伤亡惨重，一直和蒙古军恶斗的王坚身负重伤。就在这时，下起了倾盆大雨，蒙古军攻城的云梯折断，后援不足，终于被宋军击退，退回马鞍山制高点。

战况总算有了新的进展，蒙哥汗非常高兴，迅速锁定了钓鱼城西北角。这里只剩下内城墙，是整座城防守最薄弱的地方，胜利似乎已经在向蒙古军招手了。

西北内城守卫战，给交战双方造成了惨重的伤亡。汪德臣认为，宋军的力量大约已经耗尽，这时候可以进行劝降，就算王坚不降，其他人就没有这个打算吗？这样一来，便可减少己方伤亡。打定主意的汪德臣独自来到内城下喊话："王坚，我是来救你们全城军民性命的，赶紧投降！"

汪德臣话没喊完，就被宋军投石机掷出的石弹击中受伤。蒙哥汗命人送他去缙云山养伤，还派使者慰问他，让丞相兀真亲自去赐送汤药，但这一切并没有挽救汪德臣的性命。六月二十一日，汪德臣伤重而死，年仅三十六岁。蒙哥汗收到汪德臣的死讯后扼腕叹息，感觉像是失去了自己的左右手。

蒙哥汗之死

王坚用行动对劝降做出了回应，城中并没有出现蒙古军期望的"识时务者"。疲惫不堪的蒙宋双方各自加强戒备。随着天气逐渐变得酷热，疫疾开始在蒙古军中扩散，士兵和马匹相继出现了水土不服的症状，连蒙哥汗都患上了赤痢。因此，战况虽然出现了转机，但蒙古军依旧制止不了军心涣散、士气低迷的情况。

畏兀儿人月举连赤海牙奉命治疗疫病，但他无法阻止疫病蔓延，蒙古军死了很多人，情况非常糟糕。蒙哥汗下令用酒来对付疫病。没想到疫病没控制住，士气反而因为饮酒更加低迷。种种不利，让蒙哥汗感到烦躁和恼火。

志向远大的蒙哥汗没想到在钓鱼城这个弹丸之地被阻拦半年之久，结果损兵折将，进退维谷。眼下，蒙古军已经占据西北外城制高点，并且知道钓鱼城的弱点就在西北角，蒙哥汗怎么肯放弃这个机会，他决定做最后的决战。

对于王坚和他的士兵来说，他们没有任何退路，不成功，便成仁，唯有坚守才有一线生机。伤势稍微好转的王坚也曾想过把蒙古军赶出西北外城，但并没有成功。他能做的便是团结军民，坚守内城。为了显示城中粮丰水足，顺便刺激下水土不服、疫病横行的蒙古军，王坚命人向城外扔了两条三十斤重的鲜鱼、一百多个面饼，里面夹带了一封信，信上说："你们就着面饼吃鲜鱼吧！再围十年，也攻不下钓鱼城！"

王坚的行为对蒙古军造成了很大的冲击：钓鱼城已经被围困了半年，怎么还不见缺吃缺喝？为了探知城内情况，蒙哥汗命人在马鞍山修筑望楼，窥探城内，想知道王坚是不是在强撑。双方僵持半年，蒙古军疲惫不堪，宋军也不是铁人，可以说都成了强弩之末。蒙哥汗决定在七月初再来一次猛攻，希望攻陷钓鱼城。

七月初九，蒙哥汗亲自来到望楼下指挥战事，下令向西北内城发起总攻。密密麻麻的蒙古军像蚂蚁一样攀爬云梯，宋军则在城上把滚石、横木不停往下扔。宋军一边攻击云梯上的蒙古军，一边和登上城头的蒙古军激烈地战斗。

城上城下，伤亡遍地。

王坚敏锐地发觉了望楼所起的作用，他迅速命人发炮射击望楼，打掉蒙古军的"眼睛"。谁也没有想到，王坚的这个命令直接决定了此战的胜负，改变了历史的走向。在望楼不远处观战的蒙哥汗被波及，身受重伤。蒙古军后方大乱，前方攻城军队同样发生骚乱。王坚趁势收复西北外城，并用镭石把地道堵死。

蒙哥汗伤情严重，即便胜利有望，蒙古军也不得不退军。七月二十一日，在前往缙云山寺庙养伤的途中，蒙哥汗驾崩，享年五十二岁。蒙古军扶灵北返。

带领钓鱼城军民赢得胜利的王坚加官晋爵，被宋理宗授予宁远军节度使一职，并被封为清水县开国伯，仍旧任左领军卫上将军、兴元府驻扎御前诸军都统制、合州知州，节制兵马。

钓鱼城攻防战之所以能打半年，是因为钓鱼城地形险要、粮草充足，这让机动灵活、凶猛剽悍的蒙古军没法发挥特长，也让蒙古军困死钓鱼城的战略目的破灭。尽管后来蒙古军打开了局面，但终究随着蒙哥汗的死功败垂成。

蒙哥汗的死亡，改变了欧亚大陆的格局与走向。南宋因此延续了二十年的寿命；西征的旭烈兀则停止了对埃及的进攻；而对蒙古来说，则给忽必烈提供了上台的机会。

常州之战

常州之战是宋元战争中最激烈的战役之一。常州的沦陷，导致临安的外围防御体系全面解体，使南宋真正进入灭亡倒计时。

降而复叛的常州城

元世祖中统元年（南宋景定元年，1260年），忽必烈在部分宗王的支持下，登上汗位。至元八年（南宋咸淳七年，1271年），忽必烈改国号为"大元"。

至元十一年（南宋咸淳十年，1274年），元朝对偏安一隅的南宋的总攻拉开了序幕。元军以八邻人伯颜为统帅，出兵南下。十二月，元军渡过长江，汉阳军（今湖北武汉市汉阳区）、鄂州（今湖北武汉市武昌区）、黄州（今湖北黄冈市）、蕲州（今湖北蕲春县）、江州（今江西九江市）相继降元。至元十二年（南宋德祐元年，1275年）三月，元军进入建康（今南京市），镇江（今江苏镇江市）、江阴（今江苏江阴市）、无锡（今江苏无锡市）、常州（今江苏常州市）、平江（今江苏苏州市）、广德（今安徽广德市）纷纷投降。

地处运河襟要的常州，北接吕城（今江苏丹阳市吕城镇），南与无锡、平江连成一线，是临安城的前沿堡垒、外围防线，战略地位极其重要。元军占领建康后，便分兵进攻常州。常州知州赵与鉴是宗室子弟，他还没见到元军的影子就弃城逃遁了。三月十五日，常州安抚戴之泰和通判王良臣投降元军，戴之泰被任命为常州总管，和进驻的少数元军一起镇守常州。

眼看敌人就要杀到大门口了，南宋朝廷不得不任命主战派张世杰为保康军承宣使，总督府军，希望他能够力挽狂澜。张世杰认为，要保住临安，必须重建临安的外围防线，把沦陷的几个重镇夺回来。于是，他命阎顺、李进收复广德，谢洪永收复平江，刘师勇收复常州。

常州的军民不愿意当亡国奴。刘师勇带领淮军悄悄来到常州时，因母亲去世在家丁忧的常州人陈炤和住在宜兴（今江苏宜兴市）的前参政姚希得之子姚訔，秘密组织起两万民兵，想要光复常州。有个居住在常州的名叫王通的淮人，成了陈炤、姚訔和刘师勇之间的联络人。通过他，陈炤、姚訔两人约定作为刘师勇的内应。五月初七，宋军设计杀光城内元军，俘虏戴之泰，成功收复常州。

南宋朝廷得知常州光复，便任命姚訔为常州知州。姚訔举荐陈炤为通判，共同守御常州。朝廷又派副都统王安节率军赴常州协助防御。王安节就是蒙哥汗南征时坚守钓鱼城的主帅王坚的儿子。晋陵人胡应炎自发组织三千壮丁，和官兵一起守卫常州。

再说元军统帅伯颜。正当他准备展开下一步作战行动时，四月二十四日，他接到了元世祖忽必烈要求暂缓进军的诏书。原来，忽必烈不堪忍受反叛他的宗室海都等人的侵扰，想用兵西域，打击叛王集团，因而想暂停灭宋的步伐。五月十三日，伯颜渡江北上，月底回到上都（今内蒙古正蓝旗东北），和正在上都避暑的忽必烈认真分析了当时的形势。伯颜认为，应该先平定南方，统一中原，然后再徐徐图谋西北。忽必烈被他说服了，决定先南后北。他升任伯颜为中书右丞相，继续南下平宋。

八月初五，伯颜离开上都南下。十二日，刘师勇和殿帅张彦收复常州北边的屏障吕城，由张彦驻守吕城。回到南方的伯颜得知常州被南宋收复后，命元帅唆都和常州降人王良臣率军前去攻打，同时派怀都、忽剌出、帖木儿等进攻吕城。

元军兵临城下，常州从官到民没有一个惧怕的。虽然常州是三吴重镇，但并非高城深池的军备防御重地，这里既无粮食储备，也无坚甲利兵。然而，就是这个被元军耻笑为"纸城"的小城，顽强抵抗了四个月，使元军进取临安的步伐被挡。九月，唆都围常州。姚訔登上城头巡视，只见城外元军旌旗翻卷、鼓声震天。刘师勇、王安节临危不惧，率军出城迎战。宋军首战告捷，击败了耀武扬威的唆都，常州军民士气大振。

第二天，唆都又在城下叫战，刘师勇和王安节再次出战。在宋军与元军厮杀的同时，刘师勇让人在元军的退路上设伏等待。元军被王安节击败撤退时，埋伏的宋军突然杀出，将败退的元军歼灭过半。唆都气得暴跳如雷，却对常州无可奈何，于是在常州四周大肆劫掠。

和驻守常州的姚訔、陈炤、刘师勇、王安节等人相比，驻守吕城的张彦就差多了。吕城被元军攻打，张彦突围而出，在逃往常州的途中被俘。贪生怕死的张彦将常州城的虚实一五一十地报告给了元军。知道常州并没有什么凭恃，元军的攻击越发猛烈起来。

五牧之战

吕城沦陷后，常州变得孤立无援。面对元军接连不断的进攻，姚訔一边向朝廷告急，一边组织城中军民齐心抗元。全城百姓莫不奋勇。莫谦之、万安两位僧人在国破家亡的危急关头，组织五百僧兵走上城头，高举"降魔"大旗，拿起武器，为捍卫家乡而战。常州被围后，天庆观的观主徐道明去见了郡守姚訔，询问他准备怎么应对。姚訔淡然说："城内没有粮食，城外没有援军，不过死守而已。"徐道明不再废话，回到天庆观召集弟子们说："姚公誓与常州共存亡，我们也应该出一分力。"将观里的事情处理妥当后，他就带着弟子们走上了城头。

就在常州全体军民联合守城时，至元十二年十月，南宋朝廷派张全率两千淮军驰援常州。平江的文天祥担心张全带的兵太少，就把他招募到的民兵赣军五千、广军三千，交由尹玉、麻世龙、朱华三人率领，让他们听从张全节制，救援常州。

伯颜听说宋军增援常州，立即命怀都和王良臣前往五牧拦截。五牧在常州东南大约四十里处，和西边的虞桥隔着运河相对而望，都是常州的南部屏障。十月二十六日，元军和南宋援军的先头部队在虞桥相遇。麻世龙率部和元军英勇激战，张全却带着淮军不发一箭，作壁上观，眼睁睁看着寡不敌众的麻世龙全军战死。

张全带着淮军退到了五牧。尹玉和朱华就在五牧山的东西两边，两人准备挖掘壕沟以备攻守，但张全阻止了他们的计划。十月二十七日，元军渡过运河追来，进攻朱华的广军。两军陷入激战，从早上战到中午也没有分出胜负。当天晚上，元军又绕到五牧山后，去袭击由尹玉指挥的赣军。尹玉率部死战，元军损失惨重。如果此时张全、朱华配合作战，这股元军很可能会被歼灭在五牧山，可惜张全退守到运河西岸，朱华也没有增援尹玉。

降将王良臣率领水军配合怀都进攻尹玉。寡不敌众的尹玉大败，赣军的四个指挥使曾全、胡遇、谢荣、曾玉纷纷率部溃逃。溃败的士兵，不少选择泗水逃命，也有的攀附张全的战船去求救，结果被张全下令斩去手指，落水溺死。

尹玉是宁都人，因捕盗有功升为赣州三砦巡检。他先是受文天祥招募北上勤王，后又追随文天祥来到平江，结果此次率部增援常州，却在五牧遭遇同袍见死不救。心中悲愤的尹玉收集残兵五百，继续与怀都军殊死作战。尹玉连杀数十人，元军被他的骁勇震撼，纷纷退后。怀都命弓弩手向尹玉和他的将士们放箭。赣军纷纷中箭倒地，战斗到力竭的尹玉也被密集的箭矢射得像刺猬一样。然而尹玉将军始终屹立不倒，对他心怀恐惧的元军将四杆大枪横架在他的脖颈上，对这位浑身上下插满箭矢的将军使劲暴击，他才轰然而倒。他的部下并没有因为将军之死停止战斗，也没有一人投降元军，他们一直厮杀到深夜，直至全部战死。

抛弃战友的张全和朱华率部逃离五牧。在平江的文天祥听说后，气得要处死贪生怕死、不顾同袍的张全，却被宰相陈宜中阻止。虽然宋军在五牧之战中惨败，没有完成救援常州的任务，但尹玉部的浴血奋战，也让元军付出了惨重的代价。文天祥想再调兵增援常州，却因道路被元军阻断不得不作罢。援军被阻，道路被绝，常州彻底沦为孤城。

常州保卫战

至元十二年十一月初九，伯颜率领元军兵分三路，南下攻取临安：以参政阿剌罕、万户奥鲁赤等率西路军从建康出发，向溧阳（今江苏溧阳市）、广德、独松关（今浙江安吉县南）一线进军；以参政董文炳、万户张弘范等率东路军，沿长江入海，向上海、海盐（今浙江海盐县）、澉浦（今浙江海盐县澉浦镇）一线进军，这一线很明显吸取了金兀术当年的教训，免得宋帝像赵构那样从海上逃走；伯颜本人亲率中路军从镇江出发，水陆并进直奔常州，他要亲自去看看常州这座"纸城"凭什么阻拦元军的脚步。

从伯颜的行动就能看出常州的重要性。常州、无锡、平江、嘉兴（今浙江嘉兴市）一线是临安城最重要的外围门户，这里城堡密布，道路纵横，还有运河沟通南北。元军如果不攻破这条战线，就算攻克临安，它也必然会成为让元军如鲠在喉、如芒在背的反元中心。所以，伯颜亲自指挥中路军来攻打这条战线，不惜一切代价也要拿下常州。

十一月初九，三路元军南下。十六日，伯颜亲临常州。此时常州已经断粮，但全城军民依旧在姚訔等人的带领下顽强地抵抗着。虽然明知道没用，但伯颜还是按照蒙古的行军惯例派人招降。常州诸将无人理睬。伯颜本来就从心理上厌恶降而复叛的常州，虽然他在平宋过程中尽可能减少杀戮，但面对久攻不下的常州，他再也无法维持往日温文儒雅的模样，露出了凶残的本性。

伯颜命降将王良臣在常州周围劫掠百姓，强迫他们运送土石堆筑高台，甚至直接把俘虏的百姓填进土堆活埋。高台很快便和城头齐平了。元军将襄阳炮架上高台，昼夜不停地向城中轰击，摧毁城内的防御工事；随后又将幸存的百姓杀死，残忍地将其架锅炼成油膏，充当人油炮，发射到城内散落在建筑物上。元军通过发炮、发射火箭，引燃人油，使常州陷入火海之中。

十一月十八日，伯颜在城南命人架上云梯和绳桥，开始强行攻城。不管姚訔、陈炤等人守城的意志有多么坚定，已经坚守了四个月、弹尽粮绝的常州军民根本无力阻挡兵多将广、奋勇争先的元军。很快，元军就占领了南城头，常州城被破。

即便城破，常州军民也没有放弃战斗，他们在姚訔、陈炤诸将的带领下，英勇地和元军进行巷战。姚訔、胡应炎力竭战死后，陈炤、王安节继续不屈不挠地和元军厮杀。陈炤的仆人说东北门可以突围，建议他从那里杀出去，但被陈炤拒绝。他奋战到中午，殉国而亡。挥舞双刀奋勇杀敌的王安节因受伤不幸被俘。元军很钦佩他的骁勇，就询问他的姓名。王安节高呼："我乃王坚之子王安节！"在钓鱼城让蒙古大汗蒙哥殒命的王坚，对蒙古人来说可谓如雷贯耳，伯颜很想招降王安节。虎父岂有犬子，王安节拒绝投降，不屈而死。刘师勇巷战无果后，率八骑突围出城，逃奔平江。后来，他返回临安，扈从二王逃往闽地。然而走到绍兴时，刘师勇因心情烦闷，疽发背而死。

万安、莫谦之带领的僧兵，在城破后无畏地和元军厮杀。蒙古人惧怕和僧兵作战，畏缩不前，伯颜就命投降的宋军带头杀向僧兵。孤立无援的僧兵们在两位长老的带领下奋勇杀敌，直到全部战死。道士徐道明同样率领弟子与蒙古军激战，直到只剩下他一人。他返回天庆观，焚香端坐，诵读《老子》。元军追击过来，逼迫他下跪。徐道明不理不睬，哪怕元军把刀架在他脖子上，他也依旧面不改色地朗声诵读《老子》，遂被元军杀害。

元军耗时四个月、出动二十多万人，才攻破常州城。面对如此结果，伯颜不由得感慨道："常州，纸城铁人！"常州军民的宁死不屈与顽强抵抗，不但让蒙古军损失惨重，还延迟了其进取临安的战略计划。伯颜非常生气，为了泄愤，他下令对常州实施屠城。常州变成了尸横遍野的人间地狱，只有躲在桥墩下的七人保全性命。

后来，战败的文天祥，在被押解北上的途中路过常州时，写诗悼念常州军民的壮烈行为。常州之战是临安城沦陷前最惨烈的一役。随着常州被破，临安城外围防线随之瓦解。元军长驱直入，直奔临安。

十二月初五，伯颜攻克无锡；十一日，降平江。三路元军迫近临安。至元十三年（南宋德祐二年、景炎元年，1276 年）正月十六日，元东路军董文炳与伯颜会师。十七日，西路军阿刺罕也与伯颜会师于皋亭山（今杭州市东北）。同一天，南宋的太皇太后谢道清封孙子赵昰为益王，任福州、福建安抚大使；封赵昺为广王，任泉州、东南宗正。当天夜里，二王由陆秀夫、杨镇、刘师勇等人护送，出嘉会门，从陆路经婺州（今浙江金华市）逃往温州（今浙江温州市）。

正月十八日，宋恭帝赵㬎、太皇太后谢道清，派临安知府贾余庆、保康军承宣使赵尹甫、和州防御使赵吉甫等人，拿着传国玉玺和降表，去皋亭山向元军统帅伯颜请降。

出逃的二王建立的流亡政府在逃亡中又坚持了三年。至元十六年（南宋祥兴二年，1279 年）二月，南宋流亡政府在崖山海战中战败，末帝赵昺被陆秀夫抱着跳海，赵宋朝廷彻底覆灭。至此，宋元战争结束。

第六章

黄金家族内战

阿里不哥之乱

阿里不哥之乱，是大蒙古国因争夺汗位爆发的第一场内战。这一战彻底撕破了往日兄友弟恭的假象，导致了大蒙古国的彻底分裂。

忽必烈的反应

元宪宗九年七月二十一日，大蒙古国的第四任大汗蒙哥在钓鱼城之战中意外殒命，而他生前并没有指定继承人。他死后，可以继承汗位的有两个群体——蒙哥汗的同母弟弟和儿子。他的三个嫡亲弟弟忽必烈、旭烈兀、阿里不哥，此时分别是四十五岁、四十三岁、四十一岁，三人正当壮年，比蒙哥汗的儿子们更具优势。于是，继承人之争就在诸弟中爆发，最终引发了黄金家族的内战。

蒙哥汗南征时，幼弟阿里不哥被他安排留守蒙古本土；次弟旭烈兀此时正率领西征军团向叙利亚进军；而先前被他猜忌的长弟忽必烈则被重新起用，返回南征军团。

三个弟弟中，实力最弱的忽必烈最早知道蒙哥的死讯。他从被俘的宋军前哨口中得到消息后，以传播谣言为借口杀掉俘虏，这样做一方面是为了避免南征军团军心涣散，一方面是为了拖延其他人收到消息的时间，为他夺位争取时间。

之后，忽必烈通过关系亲密的异母弟弟——跟随蒙哥汗南征的木哥（木哥的母亲是忽必烈的乳母）派来的密使，得到了蒙哥汗驾崩的确切消息。而此时，掌控南征军团北撤指挥权的正是木哥。

在和亲信幕僚商议后，忽必烈迅速做出了判断。

首先，他必须按照蒙哥汗的南征计划继续南下，如果他立即北返，功绩上有点儿拿不出手，被诸王推举的可能性很小。南下却有两重好处：第一，继承前任大汗未完成的遗志，能展现他的态度；第二，让自己的军团充当散落在中原各地的蒙古军团的后卫，能提高自身形象，展现自我牺牲精神。

其次，他派亲信廉希宪去见东道诸王之长塔察儿国王，给塔察儿带去一份特殊的礼物——忽必烈自己的膳食。古人喜欢用"解衣衣我，推食食我"来表示亲近和信任。廉希宪向塔察儿称赞忽必烈"圣德神功，天顺人归"，是大汗的最佳人选，力劝塔察儿拥戴忽必烈。塔察儿欣然同意。

忽必烈拉拢塔察儿，主要是为了避免他倒向阿里不哥。如果阿里不哥得到塔察儿的支持，他就会被哈剌和林的阿里不哥与东北的塔察儿两面夹攻。塔察儿之所以答应拥立忽必烈，一是因为对屡次训斥他的蒙哥汗有抵触心理，阿里不哥如果即位，必然会延续蒙哥汗的政治路线，这是他不愿意看到的；二是因为他想让忽必烈默许他有称霸辽东、染指高丽的权力。因此，双方一拍即合。

接着，忽必烈听从郝经的建议，派出一支军队去迎接蒙哥汗的灵柩，收走大汗的印玺，这样就可以名正言顺地派使者召集诸王回哈剌和林，为蒙哥汗举行葬礼，然后登上大汗宝座。但这个计划并没有成功，站在忽必烈这边的木哥突然病死军中，获得军团最高指挥权的成了蒙哥汗的儿子阿速带（又作阿速台、阿速夕）。他并没有按照忽必烈的预想行事，而是扶灵北返哈剌和林，把象征汗权的印玺交给了小叔叔阿里不哥。

忽必烈军团成功渡过长江兵围鄂州，这是蒙古军首次横渡长江。宋将吕文德连忙率军从重庆赶来救援。十一月，传来阿里不哥谋取汗位的消息。忽必烈让霸图鲁继续围攻鄂州，摆出一副兵临临安的架势，暗中则做好了北撤的准备。

被蒙古军吓破胆的南宋朝廷果然被忽必烈的假动作迷惑，吓得差点儿迁都，宰相贾似道立即派使者向蒙古军请和。忽必烈一边派人与宋使议和，一边迅速北返，十来日就到达了燕京。

大蒙古国首次两汗并立

按照蒙古旧制，前任大汗去世后，其指定的继承人要召开忽里勒台大会向众人宣谕，才可以继承汗位。如果前任大汗没有指定继承人，那么就需要通过召开忽里勒台大会来推选新任大汗。

蒙哥汗在没有指定继承人的情况下死了。按旧制，诸王亲贵在哈剌和林为他举行葬礼后，要在蒙哥汗的斡耳朵召开忽里勒台大会，共同推选新任大汗。

蒙哥汗的三个同母弟弟中，实力最雄厚的是旭烈兀，但他远在西域鞭长莫及。收到大哥的死讯后，旭烈兀便立即率军东返，想图谋汗位。然而在大不里士，他收到了忽必烈和阿里不哥各自登基的消息，随即放弃对汗位的想法，留在波斯建立自己的王国——伊利汗国。

在蒙古本土，阿里不哥的实力最强。虽然他没有什么军功，但他身为拖雷的嫡幼子，继承了父母的大部分产业，是兄弟中最富有的。再加上他受命掌管大兀鲁思（指蒙哥汗的斡耳朵），在蒙哥政府中支持率最高。

因此，蒙哥政府的文武高官，如孛鲁合、阿蓝答儿等人推举阿里不哥，理由有两点：一、忽必烈和旭烈兀两人出征在外，一时半会儿赶不回来；二、蒙哥汗把大兀鲁思托付给阿里不哥，就是默许阿里不哥有继承权。更何况，蒙哥汗的儿子阿速带皇子北返后把印玺交给阿里不哥，表明蒙哥汗的遗孀和诸子也支持阿里不哥。

以新汗自居的阿里不哥开始为登上汗位做准备。他一边向整个帝国发布为蒙哥汗举行葬礼的消息，召集诸王参加；一边为了增强自己的兵力，向各地征兵，并从蒙古军、汉军中抽调侍卫军扩充军队。他以脱里赤为断事官、燕都行省，令其按图籍号令诸道，准备控制汉地；安排浑都海驻守六盘山（今宁夏固原市境内）、甘肃；又安排刘太平、霍鲁海在关右地区储备粮食，图谋秦蜀。

忽必烈的妻子察必迅速派人给丈夫送信，让他北返。闰十一月二十日，忽必烈返回燕京，囚禁脱里赤，遣散他征集的士卒。接着，他采纳幕僚的建议，先发制人，召开忽里勒台大会，准备继承汗位。

第二年三月，在塔察儿国王等人的劝进下，忽必烈以自己是蒙哥汗同母弟弟中最年长者为由，在开平府登上大汗之位，率先确立名分。他以中统为年号，开平府为首都（后于中统四年加封上都）。四月，阿里不哥在首都哈剌和林为大哥办完葬礼后，召开忽里勒台大会，登上大汗之位。大蒙古国首次出现两位大汗并立的情况。

显然，作为蒙古人，忽必烈以中原文明的嫡长子继承制为由自立为汗，在蒙古亲贵中得不到广泛支持。为大哥举办葬礼并拥有大汗印玺的阿里不哥获得了众多贵族的支持。

其实早在蒙哥汗时代，蒙古亲贵就已经分化成三个集团：以忽必烈为首的漠南汉地亲汉派贵族和汉族地主阶级组成的革新派；以蒙哥汗政府为首的，由漠北本土贵族集团组成的守旧派；以金帐汗国为首的，在中亚、西亚、东欧诸地建立起稳固统治的分裂派，该派希望获取更大的自主权，不想出现控制力强的汗庭中央集权。

在究竟以蒙古旧俗还是中原汉法统治蒙古的问题上，以传统的游牧经济为基础的守旧派与分裂派拧成一股绳，共同对付以忽必烈为首的革新派。

因此，金帐汗国的别儿哥汗虽然没有参加在哈剌和林召开的忽里勒台大会，但还是明确表示支持阿里不哥，发行了印有阿里不哥名字的钱币。察合台汗国的实际掌权人兀鲁忽乃哈敦（阿里不哥大哈敦亦勒赤黑迷失的亲妹妹）同样支持阿里不哥。旭烈兀的嫡子出木哈儿（一作主木忽儿）代表父亲，站在阿里不哥一边。窝阔台汗国的诸王忽察、海都以及蒙哥汗的家属们都支持阿里不哥。

不过，子嗣众多的黄金家族并非铁板一块，窝阔台系诸王合丹、只必铁木儿，察合台的孙子、不里的儿子阿只吉兄弟，以塔察儿、移相哥为首的东道诸王站在了忽必烈这边。

巴昔乞之战

两汗并立之初，为了避免内战，兄弟俩相互派遣使臣，希望能够劝服对方臣服。当时的形势对忽必烈很不利：不仅漠北本土受阿里不哥控制，就连中亚、西亚的广大地区也听从他的号令；此外，他在陕西、甘肃、四川地区也有很大的势力。但阿里不哥也有他的短板，大蒙古国的首都哈剌和林的经济虽然在前四汗时代得到了发展，但基础仍旧很薄弱，需要中亚地区与漠南汉地输入物资。此时，汉地已经落到忽必烈手中。

忽必烈想要切断中亚对哈剌和林的供养，就得控制紧邻蒙古本土西部的察合台汗国。于是，他任命察合台的曾孙阿必失合——抹土干（察合台嫡长子）次子不里的第五子——返回察合台汗国，取代兀鲁忽乃哈敦母子。阿必失合与兄长纳邻合丹一同前往，但两人经过河西地区时，被浑都海抓获送到哈剌和林阿里不哥那里。

互派使者并没有起到作用，忽必烈与阿里不哥两人谁都不愿意退让。于是，战争就成为政治的另一种延续。黄金家族的首次内战即将拉开序幕。

中统元年七月，双方在巴昔乞爆发第一战。阿里不哥派出旭烈兀的儿子出木哈儿和斡儿答的儿子合剌察儿；忽必烈则亲自统兵北伐。忽必烈麾下除了有以塔察儿为首的东道诸王和五投下军，还有史天泽率领的汉军，而充任先锋的就是合撒儿的儿子移相哥和窝阔台汗的儿子合丹。

在这场战争中，由于帝国连年征伐，留守本土的兵力不多，阿里不哥的军队人数不足，被忽必烈军击溃。出木哈儿和合剌察儿率领残部逃走，阿里不哥也放弃哈剌和林，出逃到自己的封地吉利吉思、谦谦州地区。逃走之前，阿里不哥让阿速带皇子杀死阿必失合兄弟。忽必烈听说后大怒，将阿里不哥的亲信脱里赤杀了。经此一役，哈剌和林落到了忽必烈手中。

忽必烈派阿必失合夺取察合台汗国权力的行为启发了阿里不哥，他决定派亲信阿鲁忽回察合台汗国，去取代小姨子兀鲁忽乃哈敦。不但如此，阿里不哥还把属于汗庭的中亚河中地区和突厥斯坦委托给阿鲁忽管理，以便为他征集粮食军需。他还命令阿鲁忽沿阿姆河进行布防，防备旭烈兀和别儿哥。

阿鲁忽是察合台次子拜答尔的儿子、兀鲁忽乃哈敦的小叔子，他返回察合台汗国后成了新汗王。这让兀鲁忽乃哈敦很不服气，她去找姐夫阿里不哥理论，结果被囚禁起来。

耀碑谷之战

为了打通前往西域的道路，忽必烈必须争取到关陇地区与蜀地，但这片地区仍牢牢掌控在阿里不哥一方手中。跟随蒙哥汗南征的哈剌不花、浑都海就驻兵在六盘山，阿里不哥任命的陕西行省左丞相阿蓝答儿、参知政事刘太平实际掌控着陕西。成都的密里火者、川东的乞台不花都是蒙哥汗麾下的骁将，川西的纽磷则和浑都海关系亲密。如果他们相互配合，攻取燕京不是问题。

忽必烈设立十路宣抚司来控制华北的局势，特别任命廉希宪为京兆等路宣抚使，去"宣抚京兆、四川"。关陇诸军中，以浑都海实力最强。进驻京兆的廉希宪，一边派使者朵罗台去传谕浑都海，一边成功争取到世侯汪良臣、刘黑马等人的效忠。

廉希宪和副手商廷详细分析了浑都海的动向。商廷认为，拥兵六盘山的浑都海有三个选择：上策是联合精锐向东直捣京兆；中策是聚兵在六盘山固守，等待时机再行动；下策是重装北上，前往哈剌和林（当时还没有发生巴昔乞之战）。而以浑都海有勇无谋的性格，他只会选择下策。

果不其然，暴躁的浑都海杀死使者朵罗台后，不是趁机直捣京兆，会合刘太平、霍鲁海，巩固关中，而是约刘、霍二人与成都的密里火者、川东的乞台不花一起出兵北上。

廉希宪反应迅速：命万户刘黑马、京兆治中高鹏霄、华州尹史广抢先捕获刘太平、霍鲁海及其党羽。至于原来的将校诸官，廉希宪采取宽容政策，晓谕他们为忽必烈效力。这些官员死里逃生，无不听从廉希宪的号令。廉希宪又急命刘黑马率军南下，诛杀密里火者。与此同时，四川总帅汪惟正杀死乞台不花。阿里不哥一方的大好局势瞬间被破坏，浑都海陷入了孤立无援的境地。

趁你病要你命，廉希宪当机立断，甚至没来得及请示忽必烈，就命汪良臣率诸军去堵截浑都海。汪良臣以没有圣旨为由推拒。廉希宪解下自己佩戴的虎符银印给他，又拨出一万五千两白银作赏金。为了防止浑都海东进，廉希宪又征发戍卒和家丁，交给蒙将八春率领，他命令八春不许和浑都海军交战，只许通过虚张声势吓唬对方无法东进。果然，浑都海被八春这伙乌合之众成功唬住，他见东部严阵以待，就如廉希宪所料率军北上。

中统元年秋，阿蓝答儿率军从哈剌和林南下接应浑都海。他在西凉府与浑都海、哈剌不花会师，但哈剌不花和阿蓝答儿意见不合，独自引兵北去。浑都海与阿蓝答儿合兵向东，一路上大肆劫掠府库。河西地区的经济遭到严重破坏，老百姓纷纷躲到山谷之中。

浑都海军来势凶猛，驻守河西的阔端之子只必铁木儿被击退，向东溃退。忽必烈听说"诸将失利，河右大震"后，想放弃四川退守兴元。廉希宪力言不可，忽必烈才急忙调宗王合丹、合必赤、阿曷马以及老将按竺迩等率骑兵增援。援军与汪良臣、八春合兵后，兵分三路迎战浑都海和阿蓝答儿于姑臧（今甘肃武威市）。

汪良臣诸人在合丹的节制下，在姑臧击败浑都海部，之后又追击到龙首山（位于张掖市北），在山丹截住对方。最终，两军在耀碑谷（今甘肃山丹县境内）展开激战。

汪良臣利用陕甘地区的沙尘暴天气，命敢死队突击浑都海部左翼，与之短兵相接，紧接着绕出阵后，从右军杀出；八春从正面猛烈攻击浑都海部；而合丹率骑兵拦截对方退路。漫天沙尘中，两军从白天激战到傍晚。浑都海部最终大败，阿蓝答儿自杀，浑都海被杀。浑都海死后，其残部与之前北去的哈剌不花部会合，之后辗转向西，年底到达别失八里（今新疆吉木萨尔县北），占据畏兀儿之地的北部。

耀碑谷之战是忽必烈、阿里不哥内战中的首次大规模战争。此战之后，阿里不哥在关陕地区的势力被清除，再也没有能力向漠南伸手。由于廉希宪的出色判断，忽必烈在势力最薄弱的西北地区收获了意想不到的胜利。自此，西北的陕西、甘肃、宁夏并入元朝版图。

立下大功的廉希宪这一年刚刚三十岁，被忽必烈称赞为"真男子也"。忽必烈拜廉希宪为平章政事，赐给他宅邸。

昔木土脑儿之战

巴昔乞之战后，阿里不哥担心忽必烈对他紧追不放，就派使者告诉哥哥他要和解。他表示会待在封地，等别儿哥、旭烈兀、阿鲁忽三王进京聚会时，一起来见忽必烈。忽必烈对使者表示，会宽容对待弟弟。因此，他并没有追击阿里不哥，他将移相哥留在哈剌和林，自己则南下返回开平府。

与此同时，忽必烈还向旭烈兀、阿鲁忽派出使者，承认他们的地位，并划分各自的区域。忽必烈规定：埃及到阿姆河之间的土地和人民，由旭烈兀掌管；阿尔泰山以西到阿姆河之间的区域，由阿鲁忽掌管；阿尔泰山以东到东海之间的区域，则由忽必烈掌管。

忽必烈和其他汗国使者往来期间，阿里不哥不但恢复了兵力，还得到了妻族斡亦剌惕部的支持，很快便卷土重来。

中统二年（1261 年）十一月，阿里不哥再次出兵。接近边境时，他派使者告诉移相哥，自己是来参加聚会的。移相哥信以为真，对阿里不哥军毫无防备。

阿里不哥趁机突袭移相哥，重新回到哈剌和林。接着，他一鼓作气穿越草原南下，准备直逼开平府。忽必烈急忙调动军队迎战。塔察儿国王，宗王合丹、额勒只带之子旭烈兀（忽剌兀儿）带着军队首先出动；弘吉剌部的纳陈驸马（按陈驸马之子，娶铁木真孙女薛只干公主）、亦乞列思部的帖里垓驸马随后率所部跟进；忽必烈也亲自率领怯薛军和汉军北上。

双方在火札·孛勒答黑山旁边的昔木土脑儿（又称"析门台""石木谩都""失门秃"，今蒙古国尔加兰图东）展开大战。合丹斩杀了阿里不哥的先锋大将合丹火儿赤及三千士兵。塔察儿国王与合必赤等分兵奋击，大破阿里不哥军，杀死了很多斡亦剌惕人。阿里不哥溃败，向北逃走。忽必烈亲率大军向北追击五十余里，迫降其将阿脱等人。

之后忽必烈不再继续追击，他对诸王说："不要去追他们了，都是些不懂事的孩子，他们会明白过来，后悔自己的行为的。"忽必烈向世人展示了自己的兄长风范和宽容大度。

失烈延塔兀之战

昔木土脑儿之战结束十天后，充当后卫的阿速带皇子赶来与阿里不哥会合。听说忽必烈已经退军的两人，经过一番商议后，再次折返回来，在合兰真沙陀附近的失烈延塔兀与忽必烈的军队交战。

战事从午后开始打响。忽必烈军很快击溃阿里不哥的右翼，但无法挫败阿里不哥的左翼。两军一直战斗到夜晚降临，也没有分出胜负。到了深夜，双方不得不休战，各自收兵回到自己的斡耳朵。

适逢寒冬，不少士兵因为在遥远的路途上急速行军而死。忽必烈接到消息称，益都行省李璮心怀异志，于是立刻率军南返。阿里不哥则是因为后勤供应不上，不得不停止战斗，退回哈剌和林。

局势又回到了最初的拉锯状态。由于忽必烈已经切断了漠南汉地对哈剌和林的供给，物资严重不足的阿里不哥只能依靠中亚的河中地区。因此，他数次要求阿鲁忽支援武器和粮食，阿鲁忽却充耳不闻、置之不理。

此时的阿鲁忽早已经脱胎换骨，不再是昔日的跟班小弟，而是野心勃勃的察合台汗国的大汗。他利用阿里不哥的任命，迅速在中亚地区扩张自己的势力，不但控制了察合台汗国，还掌控了属于汗庭的粟特旧地和突厥斯坦等地，就连别失八里等地的官员也纷纷向他投诚。

阿鲁忽征调了大量牲畜、马匹、武器、粮食，但就是不给阿里不哥送去，而是自己侵吞了。面对阿里不哥不断派来的使者，他先是忽悠拖延，后来干脆直接拘捕杀掉他们，转而向忽必烈派出使者。阿里不哥听说使者被杀，愤怒地杀掉了阿鲁忽的使者，决定整军去打阿鲁忽。

阿里不哥前脚离开哈剌和林，忽必烈任命的尚书怯烈门、平章政事兼大都督赵璧后脚就跟随塔察儿国王进入哈剌和林。他们一到哈剌和林，就宣布免征哈剌和林当年的赋税，从而受到哈剌和林及周围各部落的拥戴。

赛里木湖之战

中统三年，阿里不哥命哈剌不花为先锋，向西进军叶密立。处于哈剌不花监视之下的贵由汗第三子——大名王禾忽，与阿鲁忽一样，有意投靠忽必烈。哈剌不花来到叶密立，禾忽就经霍博（今新疆和布克赛尔蒙古自治县）转移到了忽只儿。阿鲁忽也来到忽只儿，还杀死了阿里不哥任命的镇守官唆罗海。等哈剌不花撤军后，阿鲁忽返回了叶密立。

五月，阿里不哥来到西域。阿鲁忽、禾忽的军队不敌，向西溃败一千五百里，撤到孛劣撒里。阿里不哥紧追不放，与阿鲁忽、禾忽的军队在孛劣撒里展开激战。阿鲁忽、禾忽再次战败，退走换扎孙。一路上，尸横遍野，血流成河。

阿鲁忽、禾忽奔走不剌城（今新疆博乐市）。九月，哈剌不花率军追到。阿鲁忽、禾忽在不剌城西五里处奋力抵抗，两人击败哈剌不花，并杀死了他，还把他的头颅割下来送到忽必烈处报捷。

阿里不哥并没有气馁，中统四年，他让阿速带皇子率领精锐骑兵突破铁门（位于今新疆库尔勒市以北八公里霍拉山与库鲁克塔格山之间的峡谷），攻占察合台汗国的都城阿力麻里，并对那里进行了洗劫。猝不及防的阿鲁忽带着妻子从伊犁沐涟逃到忽炭和可失哈耳（今新疆疏勒县）地区。

胜利者阿里不哥来到阿力麻里。四月，他越过天山继续追击阿鲁忽，占领浑八升（今新疆阿克苏市南）等地。阿鲁忽被迫退到忽炭、可失哈耳一带。

此时，阿里不哥占据天山以北，阿鲁忽占据天山以南，忽必烈占据漠北。阿里不哥的阵营首先支撑不住。阿里不哥变得越来越暴虐，开始肆无忌惮地杀戮无辜军民，让大臣们感到寒心。很多大臣都说："阿里不哥竟然如此残酷地糟蹋成吉思汗征集起来的军队，这样下去谁还敢追随他？"

人要倒霉，喝凉水都塞牙缝。中统五年（同年改元"至元"）春天，阿力麻里发生饥荒。这时候，旭烈兀汗的儿子出木哈儿借口去撒马耳干治病，率先离开阿里不哥。

阿力麻里的饥荒越来越严重，然而阿里不哥丝毫不怜惜子民，饿死者不断增多，就连阿力麻里的长老们也多因为饥饿而死。被阿里不哥军士欺压的人们，纷纷乞求神灵庇护。某天，阿里不哥正在忘情地寻欢作乐，忽然一阵大风刮来，撕破了他的丝质朝会大帐，折断了营帐的支柱，很多人因此受伤。

这件事被所有的人认为是不祥之兆——阿里不哥不是上天认可的大汗，他在臣民面前建立的威信迅速土崩瓦解。驻牧在阿勒台沙碛前扎卜罕沐涟河（今扎布汗河）的蒙哥汗嫡子玉龙答失，派人去向阿里不哥索要父亲的印玺。阿里不哥将印玺交还给玉龙答失，玉龙答失转头便带着印玺投奔了忽必烈。

阿里不哥势力大衰后，忽必烈还没来攻打兄弟，避居在忽炭、可失哈耳一带的阿鲁忽却率领军队悄悄逼近阿力麻里。阿里不哥立马释放了之前被他囚禁起来的小姨子兀鲁忽乃哈敦，想让她与阿鲁忽争夺察合台汗国的汗权。但阿鲁忽并没有如他所愿，而是迎娶了嫂子兀鲁忽乃哈敦。为了讨好她，阿鲁忽还立她的儿子木八剌沙为继承人。阿鲁忽的一系列操作，进一步巩固了他在察合台汗国的统治。

原本拥有一把好牌的阿里不哥，不仅没有利用军事、地理上的优越条件，进一步扩大自己的优势，反而因为自己的愚蠢短视，造成了很大的失误。结果，观望中的中亚诸王纷纷抛弃他，没有人向势穷力竭的阿里不哥伸出援手。

孤立无援的阿里不哥政权解体，只能被迫向忽必烈投降。七月，他回到上都，觐见忽必烈。历时四年的黄金家族内乱就此画上句号，二汗相争的局面到此结束。

投降的阿里不哥，没有等来忽必烈召开忽里勒台大会对他进行审判，就在两年后死了。在漠北根基薄弱的忽必烈并不敢大肆株连，只是处死了追随阿里不哥的十余位高官。蒙哥汗诸子和阿里不哥诸子，依旧盘踞在漠北封地，他们是忽必烈的心腹大患，并在之后为忽必烈制造了很大的麻烦。

事实上，阿里不哥之乱结束后，最大的获利者并不是忽必烈，而是阿鲁忽，他不但得到了察合台汗国，还攫取了汗庭在中亚的直属地。

表面上的胜利者忽必烈，失去了大汗往日的地位和权力。大蒙古国名存实亡，黄金家族的骨肉血亲们彻底撕下遮羞布，迎来了谁的拳头硬谁就可以上位的时代。

昔里吉之乱

昔里吉之乱是蒙哥系和阿里不哥系对忽必烈不满的一次大爆发，其开始和结束都充满了戏剧性。这次动乱缓和了西北海都与元廷的局势，让战火从西北转到了漠北。

出镇西北的诸王军团

南宋投降一年后的至元十四年（1277 年），元军对赵宋流亡政府步步紧逼，逐步平定东南各地之际，西北传来了蒙哥第四子昔里吉等人劫持北平王那木罕，迅速占领哈剌和林的消息。与此同时，应昌（今内蒙古克什克腾旗西）的弘吉剌万户斡罗陈驸马（纳陈驸马之子，先尚太祖孙女完泽公主，后尚世祖之女囊加真公主）的弟弟只儿瓦台，劫持其兄举兵响应昔里吉，切断漠南与漠北之间的通道。

一时之间，昔里吉叛党的势力迅速蔓延到怯绿连河，甚至波及漠南。漠北元军陷入了叛军的包围之中。忽必烈明白，此次叛乱十分严重，他顾不得追剿赵宋残余势力，立即将大量南征军团北调。他安排灭宋名将八邻人伯颜统兵北上平叛，甚至动用镇守高丽的东征军团，只为快速平定叛乱，收复祖宗根基哈剌和林。

元军的大量北撤，削弱了其在东南的军事力量，这让赵宋流亡政府得到了喘息的工夫，多坚持了两年。

昔里吉是蒙哥汗的庶子，在阿里不哥之乱中，他和兄弟们都站在了阿里不哥一方。中统五年七月，阿里不哥被迫向忽必烈投降，昔里吉一同来归。至元五年（1268 年）六月，昔里吉被封为河平王。

虽然忽必烈打赢了内战，占领了哈剌和林及漠北地区，但他的政治势力在中原而不在漠北，漠北仍然受蒙哥系和阿里不哥系控制，那里的子民和牧地属于他们，忽必烈没有权力剥夺侄子们的继承权。

已经宣布定都燕京的忽必烈，当然不能坐视侄子们继续在封地扩张势力。为了加强对漠北的统治，忽必烈一边笼络侄子们，封赐他们王印，让他们回去分治其父的斡耳朵和领地、属民；一边派儿子北平王那木罕出镇漠北，去当漠北诸王之长。与此同时，他还在阿里不哥封地设立五部断事官，在那里屯田，设置军事屯戍，扩张汗庭的势力。

北平王那木罕出镇漠北，是为了防范和打击窝阔台汗国的海都汗，同时监督漠北诸王。至元五年，元军占领阿力麻里；至元八年，忽必烈命那木罕在阿力麻里开府建牙，并让漠北诸王各自率领本部跟随那木罕出镇阿力麻里。这些随镇诸王分别是：蒙哥汗庶子昔里吉，蒙哥汗嫡孙撒里蛮（玉龙答失之子），阿里不哥汗之子药木忽儿和灭里帖木儿，拖雷庶孙脱脱木儿（岁哥台之子），拖雷曾孙牙忽都（拨绰之孙，薛必杰儿之子），阔列坚之孙兀鲁带（忽察之子），铁木哥斡惕赤斤曾孙札剌忽，忽必烈庶子阔阔出。

这些宗王中，势力最大的是蒙哥汗系诸王与阿里不哥诸子。在忽必烈心中，虽然这些人当时和他不在一个阵营，但他们好歹都是拖雷后裔，比西道诸王来得更亲近。何况帝位之争已经结束，阿里不哥主动臣服，这些侄子们犯不着怨恨他。假使他和海都开战，侄子们想来会站在自己一方。

忽必烈低估了阿里不哥之乱给拖雷家族造成的创伤，没有看清蒙哥系和阿里不哥系子孙对他的不满。当然，这源于他强大的自信，他认为诸王不敢背叛自己。况且，他还在至元十二年（1275 年）给那木罕派去了帮手——行中书省枢密院事安童。

昔里吉之乱

至元十二年正是忽必烈筹划南征的关键时刻，他不愿西北有乱，因此派昔班出使窝阔台汗国，希望经常骚扰漠北的海都能够罢兵来朝。海都忙着侵吞察合台汗国，挥挥手同意罢兵，但来朝就免了。就这样，双方暂时处于和平状态。

让忽必烈没有想到的是，安童的赴任反而激化了西北的矛盾。安童来到西北后，那木罕为他接风洗尘，置办宴席。诸王纷纷向安童敬酒，安童来者不拒，唯独没有理睬脱脱木儿。这让身为庶支、地位不高的脱脱木儿心生怨恨，认为安童看不起他。

随后，安童发兵攻打大名王禾忽的封地叶密立，尽获其辎重而还。禾忽大怒之下愤而起兵叛乱，他占据河西走廊，切断了河西到西域的通道。就连忽炭和可失哈耳，也落到了禾忽手中。

除此之外，兼管粮饷的安童因分配军粮不公，引起了蒙哥系、阿里不哥系诸王的愤怒。安童的一系列行为，迅速激化了诸王之间潜在的矛盾。

脱脱木儿鼓动昔里吉、药木忽儿、灭里帖木儿、撒里蛮一起反叛忽必烈。几位宗王一拍即合，干脆又去鼓动另外几位。只有牙忽都拒绝参加，不过他虽然没有参与叛乱，但同样没有把昔里吉等人的阴谋告诉那木罕。

对于黄金家族来说，他们没有谋反的概念，因此牙忽都根本没有告密的意识，认为这只是兄弟之间起了冲突。

那木罕和安童对昔里吉等人的串联毫无察觉，于是由脱脱木儿牵头的叛乱很快便顺利展开了。以昔里吉为主的诸王夜袭了那木罕的大帐，活捉了那木罕、阔阔出兄弟以及安童。拒绝入伙的牙忽都被看管起来，他和亲信那台图谋南逃，结果失败。那台被杀，牙忽都的俘虏待遇被降到了最低，没少受到凌辱。

那木罕被这场巨变弄蒙了，统领诸王的首领转眼竟成了阶下囚，他本来是防御海都的，怎么就祸起萧墙了？这段经历，成了那木罕人生中最大的污点。而这次动乱，也让忽必烈苦心经营几年的西北防线顷刻崩溃。

昔里吉把那木罕兄弟送给金帐汗国大汗忙哥帖木儿，把安童送给窝阔台汗国大汗海都，还约海都一起出兵攻打忽必烈。海都接收了安童，并授予其官职，却婉言拒绝与昔里吉合作。骑虎难下的昔里吉拉大旗作虎皮，对外扬言说海都汗和忙哥帖木儿汗都响应他出兵。

担任回鹘十六处达鲁花赤总管的李元听说昔里吉叛乱，迅速带兵营救那木罕，结果被叛军冲散，流落到海都那里成了俘虏。直到至元二十年（1283年）冬天，李元才被放回。

率部打回漠北的昔里吉、药木忽儿、撒里蛮、脱脱木儿等人，首先攻取了谦谦州。至元十四年春，叛军直扑哈剌和林。由于那木罕重兵移镇阿力麻里，漠北防御不足，不但哈剌和林被昔里吉等人攻下，就连成吉思汗的大帐也被夺走。

消息传出，整个漠南为之震动。广宁王爪都（别勒古台之孙、也速不花之子）在封地起兵响应昔里吉；弘吉剌万户斡罗陈驸马的弟弟只儿瓦台，于四月劫持其兄，起兵响应昔里吉。

应昌之乱

只儿瓦台劫持兄长后，发兵围攻应昌。应昌距离上都只有两百余里，两城之间没有险隘可以据守。如果让只儿瓦台攻陷应昌，连成一线的叛军进可攻，退可守。如此一来，漠北元军将成为被包圆的"饺子"，忽必烈也将面临丢掉祖地的尴尬局面。

此时镇守应昌的囊加真公主不愧是天之骄女，她临危不乱，一边坚守应昌，一边派人向父亲告急。意识到这次叛乱严重性的忽必烈立即调派蒙汉诸军，他先命中卫亲军总管契丹人移剌元臣率所部飞驰应昌救援公主，又命中书右丞别吉里迷失、忙兀人博罗欢、札剌亦儿人脱欢、钦察人苦彻拔都儿、阿速人玉哇失、阿速人伯答儿等率军奔向应昌。与此同时，忽必烈将灭宋主帅八邻人伯颜，以及钦察人土土哈、昔都儿也调回来统军北伐，还动用了东征元帅高丽人洪俊奇。忽必烈制订的北伐战略是：先灭只儿瓦台，后攻昔里吉。

快速赶到应昌的移剌元臣和公主里应外合，击败了只儿瓦台。伯答儿率一千阿速军与只儿瓦台战于距离应昌两百里左右的押里（一作牙里伴朵）。只儿瓦台战败，挟持斡罗陈驸马退走。玉哇失和苦彻拔都儿追了上去，与之战于怀鲁哈都（一作怀剌合都），只儿瓦台再次败走。

脱脱木儿亲自率兵南下接应只儿瓦台，但走到半路就被钦察人土土哈截击败退。得不到支援的只儿瓦台凶残地杀死大哥斡罗陈驸马，逃到鱼儿泺（今内蒙古克什克腾旗境内的达里诺尔湖），结果在那里被移剌元臣擒杀。应昌之乱就此结束。之后，北伐军团开始对付昔里吉叛军集团。

响应昔里吉的爪都并没有翻出什么水花。听说伯颜率领北伐军团前来平叛，他被吓得不行，赶紧悔罪来降。东道诸王之长塔察儿国王建议直接杀了他，忽必烈念及堂弟爪都当年支持自己的情分，并没有处死对方，而是将其流放到海岛上。

伯颜、别吉里迷失等率军在土拉河击败脱脱木儿、药木忽儿部，叛王之一的兀鲁带率部向伯颜投降。把大本营设在哈剌和林的昔里吉，据鄂尔浑河迎战伯颜军。伯颜并不出击，而是等到叛军有所懈怠时，才突然出战。

就在昔里吉叛军仓皇迎战时，被挟持的牙忽都趁机响应伯颜军，对叛军发起了反击。内外夹击之下，叛军顿时大乱，昔里吉被迫退回哈剌和林坚守。在伯颜"断绝粮道"政策的逼迫下，缺乏补给的昔里吉等人不得不退走也儿的石河。北伐军一路追赶，一直追到阿尔泰山才返回。哈剌和林和成吉思汗大帐重新回到了忽必烈手上。

至元十五年（1278年），昔里吉等叛王集团在也儿的石河整军休整。药木忽儿兄弟的外家斡亦剌惕部此时仍然站在他们这边，毕竟蒙哥系和阿里不哥系在漠北地区根基深厚。

忽必烈担心蒙古军团因和叛军有亲戚关系，征讨时不够尽力，故意放跑对方，就将伯颜征召回朝，改命汉军都元帅刘国杰和左卫亲军都指挥使贾忙古鲟统率左、中、右三卫亲军共一万人，奔赴漠北战场。十月，刘国杰和贾忙古鲟在哈剌和林之南的亦脱山建立城堡，号称"宣威军"，准备前去征讨昔里吉叛军集团。

至元十六年（1279年），忽必烈任命别吉里迷失为同知枢密院事，协助刘国杰平叛。别吉里迷失率军开赴西北，击败斡亦剌惕部军团。

脱脱木儿率部从也儿的石河来到吉利吉思、谦谦州，他驱逐五部断事官刘好礼，占据谦谦州，再次侵入漠北。刘国杰没有正面迎敌，而是趁机攻打谦谦州，获得俘虏、牲畜万余。脱脱木儿部赶紧回师救援，结果不敌战败。死伤过半的脱脱木儿军仓皇渡过谦河逃走，渡河时不幸溺死过半。元气大伤的脱脱木儿向昔里吉求援，然而昔里吉并没有理会他。睚眦必报的脱脱木儿遂对昔里吉怨恨不已。

叛王之间的内讧

至元十七年（1280 年），昔里吉、撒里蛮、脱脱木儿等人纠集军队攻打漠北，结果再次被别吉里迷失和刘国杰击败。两人一路追击叛军，一直追到了唐五路（今唐努山）和阿尔泰山。别吉里迷失担心前面有埋伏，便停止了追击，但他没有知会刘国杰就率军返回。孤军殿后的刘国杰军粮不继，只能宰杀瘦马充饥，几经周折才最终返回哈剌和林。不知是不是因为此事，别吉里迷失被忽必烈召回京城，留下刘国杰镇守。第二年，别吉里迷失就因有罪伏诛。

其实别吉里迷失的担心是多余的，昔里吉叛军集团被打得四下溃散，实力大为削弱。而且，接连的失败激化了叛王之间的内部矛盾，他们开始起内讧了。

回到也儿的石河河畔的昔里吉得到了当地领主脱忽（窝阔台之孙、灭里之子）的支持。脱脱木儿见昔里吉势弱，依附窝阔台系宗王，不免对他产生轻视之心。再加上他怨恨刘国杰袭击自己时昔里吉不提供救援，就转头支持撒里蛮称汗，甚至还逼迫昔里吉以侄子为主。担心打不过脱脱木儿的昔里吉很识时务，当即表示同意。

昔里吉倒是屈服了，但药木忽儿却很是不服。他是阿里不哥的嫡子，嫡系同辈中还有不少兄弟，怎么轮得到下一代的撒里蛮称汗？脱脱木儿干脆率兵攻打药木忽儿，想打到他服为止。

脱脱木儿每次临阵都喜欢骑白马，他曾对人说："你们喜欢骑毛色斑驳的马，担心血污染了马的毛色，还容易被敌人注意。但我要说，沾染在马匹和勇士身上的鲜血，就像女人的装饰品一样，是男人的装饰品。"

这样一个骄傲自满的人，偏偏因为是庶支（其父岁哥台是拖雷庶子）不得不居于人下，这让他无法忍受。由于他平时对待手下过于酷虐，不知体恤士卒，再加上身份比不上药木忽儿，于是在攻打药木忽儿时，手下的士卒纷纷倒戈，投降药木忽儿。脱脱木儿就这样成了阶下囚，被药木忽儿送给昔里吉。昔里吉不但处死了脱脱木儿，还夺取了撒里蛮的军队，把侄子囚禁起来。

至元十八年（1281年）二月，忽必烈派太子真金在伯颜的陪同下巡视漠北。在漠北的半年多里，真金整饬边备，恢复叛乱后的漠北秩序，收复谦谦州地区，建立起直接受中央管控的军政机构——和林宣慰司。答木丁被任命为第一任和林宣慰使。

此时的昔里吉只能龟缩在也儿的石河一带。在元军的威压下，很多叛军离开昔里吉，逃归哈剌和林。昔里吉担心撒里蛮趁乱作怪，准备把侄子送到白帐汗国的火你赤汗（斡儿答之孙、撒儿塔利台之子）那里囚禁起来。然而，在押送途中，撒里蛮被他的部众抢了回去。

重获自由的撒里蛮集结军队，劫掠昔里吉的辎重，准备投降叔祖父忽必烈。撒里蛮的行为让昔里吉和药木忽儿很生气，便率军来攻打撒里蛮。没想到，两人的士兵纷纷倒戈，自己反而成了撒里蛮的俘虏。

这个时候，真金太子已经回京，并不知道西北叛军发生了什么变故。反倒是当俘虏的那木罕听说此事后，派宗王札剌忽回京报告。至元十九年（1282年）正月，札剌忽来到大都。从这件事可以看出，那木罕在金帐汗国还是有一定的自由的。直到至元二十一年（1284年），那木罕兄弟和安童才被为表示诚意的海都归还元朝。

带着两位叔叔南下的撒里蛮，路过东道诸王的领地铁木哥兀鲁思时，遭到了袭击。机灵的药木忽儿趁乱夺取撒里蛮的斡耳朵逃到火你赤汗的领地中去，他的弟弟灭里帖木儿则投奔了海都，只有倒霉的昔里吉没有跑掉，被侄子献给了忽必烈。昔里吉被忽必烈流放到了大青岛，于至元二十年死去。

撒里蛮和他的妻子受到了叔祖父忽必烈的热情款待。看在其父玉龙答失当年向阿里不哥索要印玺进献给自己的分上，以及他抓捕昔里吉的功劳，忽必烈赐予他土地和属民以示慷慨。

从至元十三年到至元十八年，历时六年的昔里吉之乱至此画上句号。再次恢复对漠北统治的忽必烈，并没有像蒙哥汗那样严酷地残杀宗王。究其原因，是他自知名分不正，不愿意在宗亲那里败坏自己的名声。当然，也有同为拖雷系血缘近亲的缘故，他不愿大肆杀戮，只是流放了昔里吉。再过几年，处置叛乱的东道诸王乃颜、哈丹时，忽必烈就没有这般仁慈了。

乃颜、哈丹之乱

乃颜、哈丹之乱是东道诸王对忽必烈政府不满的一次大爆发，波及整个东北地区以及属国高丽。这次动乱的直接后果是，东道诸王自此沦为受元廷控制的普通宗王。解决叛乱后的忽必烈直接掌控了辽东地区，同时还牢牢控制了高丽。

东道诸王与朝廷的矛盾

忽必烈当初能够顺利称汗，很大一部分原因是受到了东道诸王的帮助，特别是铁木哥兀鲁思的领主塔察儿国王，由于他率先向忽必烈劝进，观望的诸王才跟着选择臣服。在与阿里不哥的战争中，替忽必烈出力最多的同样是东道诸王和五投下军。因此，忽必烈对东道诸王十分优待，特别是作为东道诸王之首的铁木哥兀鲁思汗。忽必烈任命铁木哥兀鲁思的王傅官撒吉思为北京宣抚使，宣抚司被废止后，又让他继续担任北京宣慰使。对东道诸王在东北的扩张，忽必烈更是持默许态度。

随着忽必烈政权的日益稳固，他开始逐渐加强对东北地区的管理，让朝廷的势力慢慢向东北渗透。这自然侵害了东道诸王的利益，朝廷和东道诸王的矛盾日益尖锐起来。

从成吉思汗幼弟铁木哥斡惕赤斤时代开始，铁木哥兀鲁思就是东道诸王封地中民户最多者。它奉命留守漠北，节制辽东，逐渐控制了大兴安岭以东，包括嫩江流域、松花江流域部分地区，扩大了东道诸王的势力范围。从铁木哥斡惕赤斤、塔察儿（铁木哥斡惕赤斤之孙，父只不干早卒）、阿术鲁（塔察儿的堂兄弟），到乃颜（塔察儿之孙），铁木哥兀鲁思共经历了四位宗王，前后跨越五六十年。雄踞辽东的铁木哥斡惕赤斤一脉，对忽必烈早有轻视之心，他们屡次想染指高丽，乃颜叛乱时甚至还派人去高丽审问逃军。

至元二十二年（1285 年），忽必烈远征日本，把胶州（今山东胶州）、莱州（今山东莱州）、高丽、江南等处的漕船、海船、民船都征了个遍，还强行征用铁木哥兀鲁思和合赤温兀鲁思的女真鹰坊户、采金户等充当造船工。同时，忽必烈还严禁铁木哥兀鲁思控制的女真水达达部使用弓矢。忽必烈的这些措施引起了以乃颜为首的东道诸王的不安和愤慨，他们认为大汗侵犯了他们的权益，遂产生反抗之心。

北京宣慰使亦力撒合向朝廷奏报乃颜有异志，将来必反，"密请备之"。忽必烈认为，东道诸王众多，治理辽东的宣慰司分量不够，不足以威慑一方，便于至元二十三年（1286 年）二月，罢山北辽东道、开元等路宣慰司，设东京等处行中书省（治所在今沈阳市）。忽必烈任命阔阔你敦为左丞相，辽东道宣慰使塔出为右丞，同金枢密院事杨仁风、北京宣慰使亦力撒合为参知政事，共同管理东京行省。

三月，忽必烈将东京行省的治所迁到咸平（今辽宁开原市）。忽必烈限制东道诸王的心思昭然若揭，这加深了诸王的不满。为了安抚东道诸王，仅仅半年，忽必烈就匆匆撤销了东京行省，恢复北京、咸平等三道宣慰司。但他的行为并没有让东道诸王消除戒心，东道诸王和朝廷的矛盾也并没有得到解决，最终爆发了乃颜之乱。

野心勃勃的乃颜国王

至元二十年左右，乃颜继任铁木哥兀鲁思汗。和祖父塔察儿一样，乃颜也是年少嗣位。他野心勃勃，性格急躁轻率，对忽必烈侵犯其封国权益的行为很是不满。

至元二十四年（1287年）二月，又有人向大都密报乃颜有谋反的迹象。忽必烈特意命八邻人伯颜前往乃颜封地查探。伯颜出发时携带了大量的衣裳，到了乃颜封地后慷慨地赐予当地的驿站官吏。乃颜想在伯颜参加宴会时将他拘捕，然后举兵反叛。伯颜察觉到了他的阴谋，趁着酒酣之际脱身，让随从人员分成三路逃离。驿站的官吏们感念伯颜赠衣的恩惠，争抢着为伯颜更换良马，伯颜这才顺利逃回大都。

扣押伯颜的计划失败后，乃颜派人联络随同已经晋封为北安王的那木罕出镇漠北的胜剌哈儿、也不干，让他们设宴抓捕土土哈、朵儿朵怀。

漠北诸王之长北安王那木罕，几年前因昔里吉之乱做了俘虏，直到至元二十一年才被释放回来。之后，北安王那木罕被父亲忽必烈再次任命出镇漠北，驻跸在塔米儿河，继续防御海都。

随从那木罕出镇的有东道诸王胜剌哈儿、也不干，以及拖雷系宗王牙忽都。胜剌哈儿是合赤温系的第三任领主，他是合赤温的玄孙、按只歹的曾孙、察忽剌的孙子、忽剌出的儿子；也不干是阔列坚的曾孙、河间王兀鲁带的儿子。同时出镇的还有枢密副使、钦察卫亲军都指挥使土土哈，总管北方军务的朵儿朵怀。

乃颜和胜剌哈儿之间频繁的使者来往，引起了土土哈的注意。他捕获到一名间谍，掌握了乃颜勾结东道诸王的证据。胜剌哈儿邀请土土哈、朵儿朵怀参加宴会时，朵儿朵怀还想去看看他在玩什么把戏，土土哈连忙制止道："既然知道他包藏祸心，我们去了必然为他所擒，那时大军由谁统率？"朵儿朵怀这才作罢。

土土哈迅速将情况报告给大都。忽必烈收到消息后，下旨征召胜剌哈儿入朝。胜剌哈儿以为大汗不知道他要谋反的事，老老实实地进京了，结果被忽必烈擒住，流放南方。

意图被识破后，乃颜不再隐忍，于四月举兵反叛。响应他的有叔叔孛罗歹、胜剌哈儿的叔祖父哈丹（又称"合丹""纳邻合丹""合丹秃鲁干""哈丹秃鲁干"）、合撒儿兀鲁思的领主势都儿、势都儿的堂兄弟合儿火孙，以及阔列坚的曾孙也不干。势都儿是合撒儿系的第五任领主，他是合撒儿的孙子、移相哥的儿子，合儿火孙则是势都儿伯父也苦之子。

撒儿都鲁之战

此时距离平定漠北昔里吉之乱才过去六年，忽必烈正与西北的海都、都哇（又作笃哇、都瓦，八剌之子）在阿尔泰山一线对峙，不料东北却率先燃起烽烟。听说乃颜起兵，海都许诺出兵十万相助。乃颜的战略计划是：打通岭北，占领帝国根本——哈剌和林，然后和海都联手夹攻岭北，联兵南下。在他看来，面对东道诸王与西道诸王的联手，忽必烈一定不是对手。

在漠北的也不干率部东趋怯绿连河成吉思汗大帐，希望呼应乃颜部。那木罕很清楚叛军集团的意图，他火速派遣弟弟阔阔出、悍将土土哈，以及侄女婿兼侄孙女婿汪古部的高唐王阔里吉思驸马（先尚真金太子之女忽达迭迷失，后尚成宗铁穆耳之女爱牙失里）等人，疾驰七个昼夜，渡过土拉河拦截也不干部。双方在土拉河之东的孛怯岭交战。土拉河与孛怯岭都在哈剌和林东北，孛怯岭距离哈剌和林不到四百里，是乃颜与海都之间的交通要冲。土土哈等人在那里击败也不干，切断了乃颜与海都的联络通道。于是海都许诺的帮助，在元军的迅速反应下根本无法实现。东道诸王与西道诸王联合反元的希望就此落空。

四月十四日，忽必烈在大都得到乃颜叛乱的消息后，已经七十三岁的他决定御驾亲征。只用了二十多天，忽必烈就调集起了军队。五月十二日，他兵分两路，向东北出发：玉昔帖木儿（博尔术之孙、孛栾台之子）率领主力，征讨宗王哈丹；女真人李庭率领汉军，随驾征讨乃颜。

出兵的同时，忽必烈命伯颜镇守哈剌和林，防御海都；又传谕土土哈，让他收拢也不干的溃军，沿着怯绿连河会攻乃颜。行军途中，土土哈遭遇乃颜叛党也铁哥部。经过一场激烈的交战后，也铁哥部败走。土土哈俘获了大量牲畜，还俘虏了叛王哈儿鲁。

忽必烈命占星家预卜，他此次亲征是否能够战胜敌人。占星家回答说，敌人将由他自由处置。忽必烈率军疾驰二十余日，于六月初三到达乃颜封地撒儿都鲁（今内蒙古奈曼旗南）。在这里，他遇到了乃颜叛党黄海、塔不台、金家奴率领的六万人。

由于忽必烈率领的亲军在数量上处于劣势，他就乘坐象舆临阵，希望叛军看到大汗会主动投降。象舆由四头大象组成，忽必烈就坐在由四头大象负载的木楼中。站在小山上的四头象披着极厚的熟牛皮，牛皮上还覆盖着金丝织成的布，左右则围着许多弓弩手。大汗的日月锦旗在风中飘扬，猎猎作响。由各种乐器演奏的战歌响起，大汗威严尽显。

事实证明，忽必烈想得过于美好了。叛军并没有因为看到大汗乘舆就悔过自新，而是使用强弓劲弩，奋力攻击象舆。看着叛军箭如雨发，忽必烈不得不从象舆上下来，改为骑马。

李庭亲率阿速军与叛军作战，不料被流矢从胸口贯穿到腋下，但他并没有离开战场，而是草草包扎之后便继续战斗。忽必烈见战事不利，就命李庭收兵据营坚守，让弓箭手列阵营前，一旦叛军来攻，就百弩齐发击退他们。

忽必烈这么做是为了迷惑叛军，让叛军猜不透元军的意图。叛军果然中计，他们认为忽必烈身边肯定带了很多人马，因此不敢强行攻击，还准备连夜撤退。叛军的意图被李庭识破，受伤的李庭亲自率领十个壮士，趁着夜色持火炮袭击叛军营地。董士选则率步兵拦腰横截叛军，与叛军短兵相接。有意撤退的叛军被突如其来的袭击打蒙了，黑夜里分不清谁是谁，竟然自相残杀起来。王恽的《东征诗》记载曰："夜半机石发，万火随雷轰。少须短兵接，天地为震惊。"

叛军溃走后，元军穷追不舍，径直追杀了四十里。一路上，到处都是叛军的尸首，原野间弥漫着挥之不去的血腥味。

失剌斡耳朵之战

率军继续前进的忽必烈，来到了哈剌河（今哈拉哈河）。在这里，他留下一支军队镇守，自己则率军向乃颜的失剌斡耳朵（今内蒙古新巴尔虎左旗东）进军。

乃颜军号称十万人，以车环绕为营。忽必烈一方的步兵手持长矛，在火炮的掩护下发起了进攻。双方的弓弩手先一步发力，齐齐朝敌人射箭，霎时间，遮天蔽日的箭矢犹如倾盆大雨兜头射向对方。中箭坠马而死的骑兵不计其数，然而士兵们并不退却，依旧奋勇厮杀，喊杀声犹如震雷。

突然间，天下起了雨，双方不得不各自收兵，结阵对峙。因连续降雨，元军开始缺粮，诸将提议暂时退军，博罗欢反对道："正是两军对阵的关键时刻，怎么能退军呢！"

没过一会儿，乃颜叛将塔不带先退军了。博罗欢趁机率军追击，连续转战两日，即使身中三箭，也没有休战。最终，博罗欢大破叛军，斩杀叛军驸马忽伦。

随后，率领主力讨伐叛王哈丹的玉昔帖木儿在取得三战三捷的重大胜利后，与忽必烈会师。

年轻气盛的乃颜空有野心，却没有能力，即便在自己的斡耳朵作战，依然被元军击败。乃颜被迫丢弃辎重，向东退到大兴安岭西侧的不里古都伯塔哈山地（今哈拉哈河与努木尔根河交汇处的三角地带）。

玉昔帖木儿以玉哇失为前锋紧紧追赶乃颜军。在不里古都伯塔哈山，两军再次决战，乃颜又一次溃败，率残部逃到失烈门林（今西拉木伦河）附近。玉哇失身先士卒，先登力战，擒拿叛王乃颜。乃颜从起兵到被擒，连半年时间都不到。

就在乃颜疲于奔命时，合撒儿系领主势都儿出兵攻打咸平。宣慰使塔出协同皇子爱牙赤，出沈州（今沈阳市）讨伐势都儿，亦儿撒合亦出兵协助。势都儿见势不妙，赶紧投降了。

玉昔帖木儿率部折回哈剌河，扫荡呼伦贝尔草原上的哈丹、乃颜残部。元军从移米河逆流而上，北至海剌儿河，与叛军在扎剌马秃（今内蒙古呼伦贝尔市海拉尔区扎罗木得村）大战一场，杀其二将。接着，元军越过大兴安岭北端的蒙可山，擒拿叛将金家奴，将哈丹残部逼退至嫩江流域。直到九月，玉昔帖木儿才回师。忽必烈则早在八月初七就从哈剌河越过大兴安岭缓缓向东，经过辽东班师回朝。

针对此次叛乱，忽必烈只赐死了首恶乃颜国王，以及河间王也不干，他甚至优待乃颜，允其不流血而死，其余从犯则不予追究。不过，忽必烈取消了当初成吉思汗赐给东道诸弟、众兀鲁思领主原有印文中的"宝"（"宝"非人臣所宜用）字，改为普通宗王使用的"印"字。比如铁木哥兀鲁思汗所授印文中的"皇太弟宝"，合赤温兀鲁思汗的"皇侄贵宗之宝"等，都不再使用"宝"，而是换成了王印。从此，东道诸王沦为直属朝廷的宗王。

不但如此，忽必烈还趁着平定乃颜叛乱的机会，剥夺了叛王们拥有的属民，将他们分迁到江南各省。并且，他还不给众兀鲁思指定领主，而是把它们封给该兀鲁思原领主的众多后代。此外，忽必烈还下诏设立辽阳等处行尚书省，开始对东北地区进行直接管理。

哈丹之乱

逃到嫩江流域的哈丹并没有消停，而是继续和朝廷作对。元军前脚撤退，他后脚就联合合儿火孙以嫩江、黑龙江为根据地再次反叛。他们从辽东不断向西推进，扰乱漠北东境和辽东各地。

至元二十五年（1288年）四月，忽必烈命皇孙铁穆耳率玉昔帖木儿、土土哈、李庭、博罗欢等征讨哈丹。合儿火孙劫掠了生活在兀鲁回河流域的也只里（合赤温曾孙、按只歹之孙、察忽剌之子）的属民。铁穆耳连忙率土土哈等前来救援，他们在兀鲁回河岸边击溃叛军，并一路追击至大兴安岭。

玉昔帖木儿、李庭在贵烈河（洮儿河支流）、洮儿河之间的地区大败哈丹，哈丹再次遁走。玉昔帖木儿对外宣称："眼下已是隆冬时节，不便作战，待明年再来剿灭叛党。"实际上，他率军抄近道日夜行军，径直渡过黑龙江，直捣哈丹老巢，斩首无数。猝不及防的叛军溃走高丽。

至元二十六年（1289 年）二月，哈丹再次侵扰开元路（治所在今吉林农安县），被开元府治中兀颜牙兀格击败。六月，宗王乃蛮台（塔察儿之子、乃颜的叔叔）在洮儿河再次击败哈丹。当年冬天，忽必烈设立东路蒙古军上万户府，命伯帖木儿为怀远大将军、上万户，允他佩戴三珠虎符，统领钦察人、乃蛮人、捏古思人、那牙勤人等四千余户。

至元二十七年（1290 年），哈丹再次来犯辽东，袭击开元府，结果被彻里帖木儿击败。狼狈的哈丹窜入高丽。伯帖木儿和彻里帖木儿奉命征讨。

此时的高丽国已经向蒙古人臣服了。早在收到乃颜叛乱的消息时，身为元朝女婿的高丽忠烈王王昛（迎娶忽必烈之女齐国大长公主忽都鲁揭里迷失）为了表示忠诚，派将军柳庇出使元朝，请求出兵协助征讨叛军，还捕杀了乃颜派来审问逃军的使者——高丽人庾超。在等待使者返回的这段时间里，忠烈王开始为征调士兵做准备。他命百官献出战马，又任命忽都鲁揭里迷失公主的随从忽剌歹（一作印侯）为中军万户。至元二十四年六月初三，使者从元朝回来，称忽必烈批准高丽出兵相助。六月初四，忠烈王阅兵。初十，忠烈王准备亲征，公主为他在冰楼践行。十七日，两府为忠烈王践行。然而到了十九日，高丽军还没有出发。这时，传来了忽必烈攻拔乃颜大斡耳朵的消息。胜负已定，高丽人不用去打仗了！一时之间，王京（今朝鲜开城）的人欢声雷动，喜极罢市。

虽然乃颜之乱被平定了，但由于没有接到忽必烈让高丽罢兵的旨意，忠烈王不敢擅作主张，一直磨蹭到七月初一才带领五千人出发。七月初四，忠烈王接见了元东京总管高丽人康守衡和辽东宣慰使派来催促进军的使者。因乃颜同党势都儿攻打咸平，康守衡请求忠烈王先派一千精兵前去支援。忠烈王装聋作哑并没有响应，而是派人戍守东界，防备参与乃颜叛乱的女真人。

他还向忽必烈报告，自己已经率军出发了。

到了八月初九，高丽军队还没有走出国境，从元朝返回的使者就带来了乃颜被擒杀、忽必烈返回大都并罢诸路兵的消息。忠烈王协助元军征讨乃颜的行动至此结束。从决定出兵到征兵、践行再到开拔，虽然磨磨蹭蹭，一兵一卒都没有走出国境，面对东京的求援也置之不理，但忠烈王还是在忽必烈面前赢得了共赴国难的名声，备受岳父信任，甚至还被岳父诏入朝中庆贺。

让忠烈王想不到的是，叛王哈丹居然跑到了高丽。至元二十七年正月，被元军打得狼狈不堪的哈丹率部来到海阳（今朝鲜吉州）。五月，哈丹入境的消息传到王京。忠烈王吓得心胆俱裂，一边调兵准备御敌，一边向岳父忽必烈求救。以防万一，他还准备迁都江华岛躲避哈丹军。

面对乖女婿的乞师，忽必烈欣然同意，他本来就不会放过叛王哈丹，出兵不过是顺手帮女婿罢了。忽必烈授意驻守在咸平府的皇子爱牙赤截断叛军的后路，不要让他们进入高丽。

六月，元军和哈丹战于辽东禅春（今吉林蛟河市东三道河附近）。不过哈丹并没有被拦截住，他率军继续深入高丽。面对穷途末路的叛军，高丽只好坚壁清野、退保山城，避其锋芒。

彻里帖木儿和伯帖木儿前往高丽征讨哈丹。还没有过鸭绿江，彻里帖木儿就传讯忠烈王，要求他留在王京准备犒劳王师。至元二十八年（1291 年）正月，彻里帖木儿在鸭绿江江畔和哈丹之子老的大战一场，元军失利。获胜的哈丹号称十万大军，直驱王京。他兵分两路，一路从铁岭（今朝鲜咸镜道与江原道交界处的山岭）出发，一路从竹田出发。和州（今朝鲜永兴）、登州先后失陷，随后西京（今朝鲜平壤）失守，高丽北部多城失陷于哈丹。

谁也没想到在元朝境内被打得满地找牙的哈丹，进入高丽后竟然如有神助，一路所向披靡。此时的忠烈王已经听忽剌歹的话躲在江华岛，去元朝朝见忽必烈的高丽世子王源（即忠宣王王璋，公主所生）再次向外公请求增兵讨伐哈丹。忽必烈已经听说彻里帖木儿在鸭绿江打了败仗，就派宗王乃蛮台和薛彻干率军一万入援高丽。

元军出境平叛

迫于元军逼近，哈丹叛军开始向南移动。镇守铁岭的高丽万户郑守琪畏惧哈丹军，居然放弃险关逃归。饥馑的哈丹军不费吹灰之力便进入了铁岭，还获得了郑守琪留下的粮食。随即，哈丹军进入高州道，攻陷重镇杨根城。一路上，哈丹军战无不胜，攻无不克。

四月，乃蛮台与辽阳行省军先后抵达王京。收到消息的忠烈王赶去蓝岛相迎。薛彻干要求高丽为元军提供军粮，忠烈王很为难，但碍于元军是来帮他靖难的，最终他还是打开内库，对元军进行了支援。

几天后，在忠烈王宴请元军诸将的宴席上，乃蛮台大王对堂姐夫忠烈王说："国王可以亲自出战御贼！"忠烈王推辞说自己年老，力所不及。乃蛮台就讥讽他说："贼人已经登堂入室，你能因为年老多病就当没看见吗？"忠烈王只当没听见，继续装聋作哑。第二天，乃蛮台再次催促高丽出兵，忠烈王推辞不掉，才命中翼万户忽剌歹、左翼万户韩希愈、右翼万户金忻协同元军作战。

五月，听说哈丹军屯于燕岐县（今韩国忠清南道鸟致院），薛彻干率部兼程赶到，与高丽军在正丁山下击败哈丹军。

几日后，乃蛮台也率军赶到。元朝—高丽联军与整军重来的哈丹、老的父子再次激战。哈丹不敌，率两千精骑突围而去。哈丹军主力在燕岐之战中几近全灭，残余的哈丹军沿着铁岭向北遁去。伯帖木儿率百骑紧追不放，在一条大河前俘获了哈丹的妻子和儿女。之后，伯帖木儿并未停下脚步，而是继续追击哈丹。此时，哈丹只剩下八名骑兵，伯帖木儿也只剩下三名骑兵，并且其中两人还受了重伤。于是，骁勇善战的伯帖木儿决定单骑追赶哈丹的八骑，他一直追到天黑，才在一座大山前停了下来。哈丹消失在了茫茫深山中，不知所终。

之后，元军从高丽班师回国。剩下的事情，如追歼哈丹残军，恢复失地，就是高丽自己要做的了。直到这时，忠烈王才从江华岛回到王京。

失去踪迹的哈丹在至元二十九年（1292 年）曾在高丽出现过，此后就再未出现在史书中了。有人说，他被斩于鸭绿江边。从至元二十四年起兵到至元二十八年被剿灭，叛王哈丹转战东北嫩江流域、黑龙江流域、女真水达达地区、朝鲜半岛，坚持了五年之久。虽说乃颜、哈丹之乱是乃颜掀起的，但哈丹坚持的时间却比乃颜更久。

在彻底平定乃颜、哈丹之乱后，忽必烈就在乃颜的旧地阿巴剌忽设立肇州城，任命刘哈剌八都鲁任宣慰使。鉴于高丽在这次动乱中表现得颇为忠诚，忽必烈非常慷慨，不但撤销了设在高丽西京的东宁府，还把西京等六十余城赐还给乖女婿忠烈王王昛。另一边，因元军帮助高丽靖难，忠烈王为了显示自己的虔诚，彻底倒向元朝。

通过追剿哈丹叛军，忽必烈不但消除了隐患，还牢牢控制了高丽，可谓一举两得。

海都之乱

海都之乱是黄金家族持续时间最久的藩王叛乱，前后长达四十年。海都至死也没有实现他夺取哈剌和林、建立一个纯粹的蒙古世界的战略目的，但元朝却因为他彻底失去了掌控中亚的雄心壮志。

塔剌思忽里勒台大会

至元六年（1269 年），海都、八剌、别儿哥只儿分别代表窝阔台汗国、察合台汗国、金帐汗国在塔剌思河河畔召开忽里勒台大会。会议的议题主要有两个：一是划分各自在中亚的势力范围，二是统一战线反对拖雷系。

这是大蒙古国首次没有经过大汗批准，也没有大汗参加的忽里勒台大会。塔剌思忽里勒台大会，标志着黄金家族的彻底分裂。从此次大会开始，西道诸王与以忽必烈为代表的元朝从隶属关系转变成并立关系。这一刻，大汗在中亚的威望降到了最低。

海都是窝阔台汗第七子合失的儿子，他聪明、狡猾，却是窝阔台汗国最后一条好汉。蒙哥汗即位后，对窝阔台系和察合台系常常进行处罚与打压，甚至纵容术赤系在西域扩张势力，压缩窝阔台系、察合台系的生存空间。他还将窝阔台系诸王各自分封出去，海都就被分到了海押立。

蒙哥汗在位时期，是窝阔台系最萧条的低谷时期。海都目睹属于本支的汗位被夺，堂兄弟或被杀或被流放，内心充满了屈辱和不甘。对拖雷系的仇恨那时便已在海都心中种下，他蛰伏起来，等待时机。

忽必烈和阿里不哥爆发内战时，二十六岁的海都抓住机会，迅速扩张势力。他将海押立向西北延伸到乞湿勒巴失湖四周的一块条形草原地带发展成自己的势力范围，并且向天山以南的中亚河中地带扩张。

忽必烈和阿里不哥的内讧不但使大蒙古国彻底分裂，还壮大了察合台汗国，加速了窝阔台汗国的扩张，其直接后果让忽必烈头疼了几十年。

阿里不哥投降后，忽必烈准备召开忽里勒台大会宣示自己统治的合法性。金帐汗国的别儿哥和察合台汗国的阿鲁忽都表示会出席，唯有海都以马瘦为由拒绝参加。随着别儿哥、阿鲁忽的相继死去，忽必烈的忽里勒台大会到底没有开成。

阿鲁忽是阿里不哥指定的察合台汗，但他却背弃了阿里不哥。一心想要振兴察合台汗国的阿鲁忽，与金帐汗国的别儿哥在忽阐河中下游争雄。由于别儿哥还常常与旭烈兀发生冲突，他对东方的控制力逐渐减弱。于是，阿鲁忽趁机夺取了中亚。

海都则利用别儿哥和阿鲁忽相争的机会壮大自己，他向落入下风的别儿哥递出了橄榄枝。别儿哥让巫师为他占卜与海都结盟的吉凶。巫师回复说，与海都结盟是大吉之兆。别儿哥便放心地支援海都与阿鲁忽相争。

忽阐河以东到阿姆河以北地区原来受别失八里等处行尚书省控制，也就是说，那里是属于大汗的土地。阿里不哥暂时授权阿鲁忽在这里征集粮食、财富，但阿鲁忽觊觎这片土地，他干脆和阿里不哥翻脸，向忽必烈投诚。忽必烈为形势所迫，只能暂时承认阿鲁忽是那片土地的新主人。

这块土地就像一块诱人的肥肉，已经染指的别儿哥不愿意撒手，阿鲁忽更是以主人自居，海都则磨刀霍霍，准备加入争夺。阿里不哥投降后，势力大振的阿鲁忽击败了海都，但很不幸，长生天站在海都这一边。至元二年（1265 年），阿鲁忽去世，他的堂侄子木八剌沙在母亲兀鲁忽乃哈敦和贵族的拥立下复位。

忽必烈为了控制察合台汗国，牵制海都在中亚的扩张，指派木八剌沙的叔父八剌去做察合台汗国的新主人。八剌拉拢木八剌沙的反对者，夺取权力，成为新的察合台汗。海都则趁机夺取了察合台汗国的首都阿力麻里，以及整个忽阐河以东的肥美草原。八剌只能在拔汗那（今费尔干纳盆地）西部的斡思坚即位。

很快，八剌开始和海都在忽阐河中游展开激烈的争夺战。最终，海都落败。术赤系的金帐汗国大汗忙哥帖木儿连忙派叔叔别儿哥只儿前往增援海都。术赤系和窝阔台系联手击败了察合台系，八剌被迫向西退入阿姆河以北。抱着"我得不到，你们也别想得到"的想法，他准备大肆劫掠撒马耳干和不花剌。

争夺中亚本来就是为了经济利益，如果让八剌把阿姆河以北最重要的两个城市毁灭，大家不就白忙活了？海都提出讲和，共同瓜分阿姆河以北地区。和阿鲁忽一样，即位后的八剌不愿意充当忽必烈和元朝在中亚的代表，而是想成为振兴察合台汗国的英主，所以很容易便被海都说服背弃忽必烈。

就这样，三方势力在塔剌思召开忽里勒台大会，组成反忽必烈联盟。

海都的崛起之路

海都对拖雷系的不满早在蒙哥汗时代就已经有所表现。元宪宗六年（1256年），他扣押了蒙哥汗的使者石天麟，直到至元二十年（1283年）才将其放归。

到至元二年的时候，海都对元朝朝廷的不驯已经到了毫不掩饰的地步。忽必烈因要准备对宋作战，不愿意西北出事，就派铁连出使窝阔台汗国，想通过怀柔政策安抚海都。同时，他封皇子那木罕为北平王，出镇漠北。

至元五年，海都首次向漠北的祖地哈剌和林进军，公开与大汗忽必烈对抗。从阿力麻里出兵的海都，东出阿尔泰山，击败属于玉龙答失的八邻人，打到了哈剌和林。镇守漠北的诸王之长那木罕率军击退堂兄海都。海都向西溃退两千多里，一直逃亡到河中地区。那木罕率军西进，占领阿力麻里，元朝势力借机深入西北地区。至元八年（1271年），忽必烈直接让那木罕在阿力麻里开府建牙，还下令漠北诸王率部追随那木罕，加强对阿力麻里的控制。

败退的海都却趁着八剌被伊利汗阿八哈击败的时机，掌控了察合台汗国。八剌猝死后，海都连续任命了三位察合台汗，把察合台汗国变成窝阔台汗国的附庸。这样一来，海都成了中亚事实上的主人。对于这一发展，忽必烈无可奈何，他已经准备全力灭宋，分不出更多人力物力来对付海都，只能继续以怀柔为主。

至元十三年（1276年），昔里吉之乱爆发。昔里吉向海都递出橄榄枝，希望联手对抗忽必烈，却被海都婉言拒绝。在元朝忙着平定昔里吉之乱的这六年里，海都重新占领伊犁河谷，进攻天山南北，与元朝争夺忽炭。

为什么海都拒绝与昔里吉联手，放弃给忽必烈制造麻烦的机会呢？很大一部分原因是他要避免多线作战。阿鲁忽的儿子出伯、合班和八剌的儿子们对海都很不满，一直在反抗海都。而伊利汗阿八哈又趁机出兵攻打阿姆河以北地区，进驻不花剌郊外。这样的混战一直持续到至元二十年，出伯、合班兄弟被击败，不得不投奔忽必烈。四面树敌乃是兵家大忌，海都不但和察合台汗国反对他的势力、伊利汗国同时作战，还挟持察合台汗国附庸他的势力侵扰天山南北。他没有能力，也没精力去干预西北战事，所以只能拒绝昔里吉。

解决了内部问题后，海都于至元二十三年试探性地进犯阿尔泰山地区，结果被土土哈和朵儿朵怀击退。不甘心的他又和都哇一起，进犯别失八里，但被伯颜等人阻击。

至元二十四年四月，东道诸王之首乃颜发动叛乱。正与元军在阿尔泰山对峙的海都这次没有袖手旁观，扬言要出兵十万相助。

元朝的反应非常迅速。土土哈受那木罕之命，疾驰七个昼夜，在孛怯岭击败叛王也不干，粉碎了东道叛王攻克哈剌和林、打通岭北、与海都连成一线的战略计划。

由于东西交通被元军切断，海都爱莫能助，只能看着乃颜被亲征的忽必烈歼灭。至元二十五年，东道宗王哈丹再次发动叛乱。六月，海都派大将暗伯率军越过阿尔泰山，进犯业里干脑儿（今蒙古国乌布苏省吉尔吉斯湖及与之相连的艾拉格湖），遭到元军阿里带部的坚决抵抗。年底，海都再次出兵，但又一次被击败。击败海都的，是他的老对手——阿鲁忽的儿子出伯。投奔元朝的出伯兄弟，成了抵抗海都进犯的骨干。

忽必烈亲征海都

在昔里吉之乱期间逃亡到海都处避难的药木忽儿兄弟，提议大举发兵漠北。至元二十六年，海都联合药木忽儿兄弟攻占吉利吉思和漠北大片地区。忽必烈命右丞相伯颜知枢密院事，接管漠北。六月，伯颜还没有到漠北，海都便已兵临杭海岭。

驻守在阿尔泰山前线的甘麻拉（真金太子长子）率先遭遇了海都叛军。不敌海都军的甘麻拉溃退到杭海岭。在杭海岭，甘麻拉再次被海都击败，深陷重围。在钦察人土土哈的拼死相救下，甘麻拉从海都军的包围中突围而出，但在逃亡途中他被海都军追杀，辎重尽失。一路所向披靡的海都乘胜扑向蒙古根本之地——哈剌和林。

听说前线兵败如山倒，驻守在哈剌和林以西、塔米儿河河畔的那木罕急令放弃哈剌和林，并让镇守哈剌和林的宣慰使怯伯和刘哈剌八都鲁带着民众退出哈剌和林。怯伯二人向南撤退，结果刚走了六天就遇到了海都军。怯伯投降，刘哈剌八都鲁南逃。

这一次，海都的进军势头十分猛烈，漠北不免人心浮动。忽必烈下诏亲自率军北征，又紧急从辽东调集追讨叛王哈丹的军队赶赴漠北。被从辽阳调往漠北的上万户伯帖木儿走到怯绿连河时，遇到了响应海都叛乱的官员拜要和伯颜（不是八邻人伯颜），伯帖木儿下令将两人擒拿。

听说七十五岁的老叔忽必烈御驾亲征，五十五岁的海都迅速从哈剌和林撤退。元军虽然收复了哈剌和林，但杭海岭以西地区的控制权并没有被夺回来。元朝为了恢复对那片区域的控制，此后一直在杭海岭一带与海都军进行反复较量。

至元二十七年，药木忽儿进攻那木罕的驻地塔米儿河大帐。据守大帐的朵儿朵怀和宗王牙忽都合力抵抗。由于朵儿朵怀调度不当，元军未战先溃，牙忽都的老婆、孩子都被叛军掠走了。忽必烈大为震怒，召朵儿朵怀入朝。朵儿朵怀担心大汗找他算账，心一横干脆投降了药木忽儿。

至元二十八年秋，土土哈率领本部投入漠北西部战场，直达吉利吉思等地。次年，那木罕病死。忽必烈封孙子甘麻拉为晋王，接任那木罕，统领漠北诸王。

至元二十九年秋，海都和灭里帖木儿再次来犯元朝边境。镇守哈剌和林的八邻人伯颜亲自率军，在杭海岭西侧的阿撒忽秃岭（扎布汗河上游的阿萨赫土岭）与敌人交战。灭里帖木儿军败走。同时，土土哈率军袭击了海都在阿尔泰山的属地，掳走部众三千多户。

至元三十年（1293 年）春，土土哈、玉哇失奉命进入谦河流域，夺取吉利吉思。元军在冰雪中行军数日，终于收复吉利吉思，并屯兵镇守。海都不甘心到嘴的肥肉被叼走，亲自率军攻打元军，想重新占领吉利吉思，结果被土土哈击败，大将孛罗察也被俘虏。好在吉利吉思以西的八邻部、帖良古惕部居住的地区还在海都的控制中。

元军拥有雄厚的军事、经济力量作为支撑，这是海都所不能比的。土土哈继续向西，推进到也儿的石河，目标是夺取八邻部和帖良古惕部所在的区域。土土哈和海都军相继在亦必儿（一作亦马儿河，今鄂必河上游）、失必儿（今鄂必河中游）流域发生战斗，海都军连连失利。忽必烈又派甘麻拉的同母弟弟铁穆耳前往漠北镇守哈剌和林。正是凭借这一资历，以及伯颜、玉昔帖木儿的支持，铁穆耳才在后来的皇位之争中获胜。

从至元二十五年开始，海都和药木忽儿兄弟倾尽全力进攻漠北，但并没有实现占领哈剌和林的战略目的。虽然海都军一度从阿尔泰山进至杭海岭，但还是在至元三十年被元军逼退到阿尔泰山。对元军来说，他们虽然拥有中原汉地的物资支援，却仍然不具备歼灭海都的实力，毕竟战线太长了。老将伯颜非常明白当时的局势，因此他多数时间以防守为主，还时不时遣使到海都那里唠唠家常，联络感情。

伯颜这么做是为了稳住海都，麻痹他的思想，但别人并不这么想。朝中有反对派弹劾伯颜，说他虽长期镇守漠北，却与海都交好，不主动出击，只会被动防御，没有尺寸之功。老迈的忽必烈就让御史大夫玉昔帖木儿兼任知枢密院事，前往漠北替代伯颜。

七月，玉昔帖木儿快要到哈剌和林的时候，海都突然率军来犯。伯颜打算在自己卸任前将海都彻底解决掉，他准备采用诱敌深入之计，把海都诱入腹地，一鼓作气将其擒拿。因此，两军交战时，伯颜没有急于迎战，而是连续七天且战且退。

其他将领因连续败退窝了一肚子火，以为是伯颜怯敌，都吵吵着要迎战。已被解除职务的伯颜不能约束诸将，只好顺从他们改变战术。结果，元军虽然打败了海都军，但海都却再次逃出生天，退守阿尔泰山之西。伯颜诱敌深入的计划就这么功亏一篑了。

　　等皇孙铁穆耳来到漠北后，伯颜与他交接好事务，便立即南下了。此后，铁穆耳就和大哥晋王甘麻拉一起分管漠北东、西战区——哈剌和林、称海（今蒙古国科布多省东）。

　　至元三十一年（1294 年）正月二十二日，忽必烈崩于大都紫檀殿，享年八十岁。皇孙铁穆耳因为母亲太子妃阔阔真的偏心，提前获知祖父驾崩的消息，在四月初二和玉昔帖木儿率先回到大都，消息被延误的甘麻拉在这之后才抵达。兄弟俩经过了一番博弈，最后在母亲和重臣们的联手打压下，甘麻拉心灰意冷地向亲弟弟表示臣服，铁穆耳这才荣登大宝，是为元成宗。夺位失败的甘麻拉重新返回漠北，戍守漠北东部的哈剌和林战区。元成宗自然不放心大哥，他先任命叔叔阔阔出戍守漠北西部的称海战区，又派玉昔帖木儿重回哈剌和林，监视并协助甘麻拉主持军务。

药木忽儿回归

　　铁穆耳即位后，对西北防务做了严密部署：安排察合台曾孙阿只吉、出伯驻守哈剌火州（今新疆吐鲁番市高昌故城）、别失八里，堂弟阿难答（忙哥剌之子）驻守西夏地区，叔叔宁远王阔阔出驻守称海—阿尔泰山一线，大哥甘麻拉驻守哈剌和林。他在每个关隘都部署了兵力和哨探，还设立了传递军情的驿站，以便各大防区相互呼应。

　　再次在哈剌和林打了败仗的海都郁郁寡欢，看谁都不顺眼，甚至把依附他的药木忽儿打发到都哇手下。身为拖雷嫡系子孙的药木忽儿非常生气，他当初投靠海都就是想借力打回漠北，恢复原有势力，结果计划没有实现不说，自己还不得不寄人篱下，侍奉海都。他与其在海都这里被随意支配、任人作践，不如回归本宗，再坏能比现在坏？于是，元贞二年（1296 年）秋天，药木忽儿和昔里吉的儿子兀鲁思不花、叛将朵儿朵怀归降元朝。

　　朵儿朵怀和海都没有什么利益关系，只是因为作战不力怕被忽必烈处罚，才选择投降海都的。投降后的朵儿朵怀也没有和元朝打过仗，于是就和药木忽儿等人一起回归，带回属民一万二千人。土土哈对药木忽儿的回归十分谨慎，率军在阿尔泰山一线严阵以待，亲自接引药木忽儿。

药木忽儿的回归是元朝的重大胜利，标志着拖雷系从公开闹分裂走向团结一家亲。铁穆耳很高兴，派宗王阿只吉前往迎接。十月，在甘麻拉的亲自护送下，药木忽儿、兀鲁思不花入朝觐见大汗。铁穆耳为此举行宗亲大会，赦免了药木忽儿等人的罪过，还赠以岁赐，拨发给他们粮食。

药木忽儿被铁穆耳安排重新回到漠北统领部众，兀鲁思不花则因回归后纵容部下抢掠哈剌和林而被留在宫中不许回本部。后来，兀鲁思不花因参与"南坡之变"，协助铁失弒杀英宗硕德八剌，而被泰定帝流放到海岛上。原被判为死罪的朵儿朵怀因请求出征，被免除死罪，加入阔阔出的部队为国效力。

大德元年（1297年），趁着药木忽儿等人回归的有利形势，元军开始连续对海都主动出击，目的是要夺回依附海都的八邻部万户。海都和都哇连连失利，不得不停止对漠北的侵扰，边境局势一度缓和。受这种假象蒙蔽，守边诸王，如戍守漠北西部称海战区的阔阔出等，开始麻痹轻敌，结果因懈怠被都哇突袭。

大德二年（1298年），都哇和彻彻秃（察合台之孙、莫赤耶耶之子）袭击了阿尔泰山之东的火儿哈秃。前哨发现敌情时，阔阔出、钦察人床兀儿、乃蛮人囊加台等正在饮酒作乐；等前哨夜里赶回营地报讯时，这些指挥官们个个喝得烂醉如泥。

只有汪古部的高唐王阔里吉思率本部六千人出战迎敌。此时，元军左右翼处于不设防的状态，根本没人配合阔里吉思。这位骁勇善战的驸马在敌众我寡的情况下，三次击败都哇。但在第四次出击时，阔里吉思因战马受伤坠地，被都哇俘虏。都哇很欣赏他，几次劝降，还要把女儿嫁给他，但阔里吉思宁死不屈，最终遇害。

听到妹夫兼女婿被俘的消息，震怒的铁穆耳严厉斥责了阔阔出等人，并对漠北的指挥系统进行了调整，改派二哥的儿子海山代替阔阔出戍守称海战区。与此同时，他派使者去向都哇索要阔里吉思。但等使者赶到时，阔里吉思已经遇害了。

帖坚古山之战

十八岁的海山由月赤察儿、床兀儿辅佐，驻守称海战区。他的大伯晋王甘麻拉负责防御哈剌和林，伯侄两人呈掎角之势，统领漠北东、西两大战区。

安西王阿难答奉命率部北征，同时效力军中的诸王还有拨绰系的脱列帖木儿，察合台系的出伯，合赤温系的也只里、忽剌出，合撒儿系的八不沙，铁木哥斡惕赤斤系的脱脱，别勒古台系的翁吉剌歹，答里真系的也里悭等。除此之外，奉命北征的还有诸部驸马、各卫亲军等。元成宗铁穆耳这一次是要举全国之力平定海都、都哇之乱。

大德四年（1300 年）八月，海山率所部与海都军在阿尔泰山南的阔列别展开大战。在此战中，海都夜袭元军辎重，让元军陷入了后勤补给不足的困境。海山溃走杭海岭，幸亏晋王甘麻拉和宗王出伯及时救援，才把海都的大军拦截在称海战线之外。

海山因阔列别战事失利，被叔叔元成宗剥夺了称海战区的指挥权，称海战区被交给大伯晋王甘麻拉统领。但猜忌大哥的元成宗随后又迅速指派亲信重臣月赤察儿前往漠北，协助并牵制晋王。

海都也约都哇一起纠集四十多名宗王倾巢而出，准备进行大决战。大德五年（1301 年）八月初一，海都率军越过阿尔泰山向南，在帖坚古山（又作迭怯里古山，在今蒙古国巴彦乌列盖省境内）扎营，等待都哇前来会合。甘麻拉趁着海都军立足不稳之际，成功突袭了海都军。随后，床兀儿率军赶来，与甘麻拉并力攻打海都军。海都再次败北。

两日后，都哇应约前来与海都会合。海都整军完毕后，与元军在合剌合塔

（又作哈剌塔、哈剌阿答，在今蒙古国西南扎布汗河流域）进行激战。战况非常激烈，床兀儿飞马驰入阵中，"戈甲戞击，尘血飞溅"，杀敌不可胜数。

由于元军各自为战，名义上的漠北最高统帅甘麻拉无力弹压，以致元军号令不一，士兵们不知道该听哪条军令。加上没有固守的防御之地，虽然有骁兵勇将，亦乞列思部的阿失驸马还射中了都哇的膝盖，但元军还是被海都大军击败，一溃千里。海都抓住机会，乘胜追击，直扑哈剌和林。待在大后方的哈剌和林宣慰司官员听说败绩，吓得惊慌失措，不知道该怎么应对。身为漠北最高军事长官的晋王甘麻拉，只好效法叔父那木罕当年的做法，下令弃守哈剌和林。宣慰司官员遂焚烧仓库，带着金帛南逃。

元朝几乎动用了所有驻守漠北的精锐之师，倾全国之力欲要铲除海都，结果不但没有击败海都，反而被海都击溃。不过世事难料，正准备乘胜进军哈剌和林的海都突然生病了，这位六十七岁的战士为了夺回哈剌和林，历尽艰辛，但最后依然壮志未酬，不得不选择退军。走到泰寒泊的时候，海都病逝。

风水轮流转，海都当初欺凌察合台系诸王时，恐怕不会想到自己的儿孙有落到别人手里的一天。如果说海都是察合台汗国的天，那么他死后，都哇就成了窝阔台汗国的天。海都当年对待察合台系诸王的招数，都被都哇用到了自己的儿子身上。一饮一啄，莫非前定？

海都之死，成了元朝取得的最大胜利，帖坚古山之战、合剌合塔之战也被元朝渲染成了大胜。次年（1302年）正月，晋王甘麻拉病死，疑似因在前一年的作战中受伤未痊而亡。此后漠北诸王以安西王阿难答为首。

大德七年（1303年），都哇携窝阔台汗察八儿（海都之子）求和，向镇守哈剌和林的阿难答派出使者表示臣服。元成宗铁穆耳特意派宗王灭怯秃为使者前去洽谈。大德八年（1304年），都哇、察八儿正式向元廷臣服。持续四十年的西北藩王之乱终于平息，元成宗获得了西道诸王表面上的臣服。

两年后，都哇与元朝联手夹攻窝阔台汗国。察八儿无奈之下投奔元朝。海都创下的家业就这样被都哇吞并，窝阔台汗国从此被并入察合台汗国。

两都之战

由图帖睦尔之乱引发的两都之战，是元朝历史上破坏力最大的一次夺位战争。其杀伤力远超阿里不哥之乱，直接导致晋王一系全军覆没。同时，它还催生出了一代权臣，使元朝以更快的速度分崩离析。

燕帖木儿发动政变

致和元年（1328 年）七月初十，泰定帝也孙铁木儿崩于上都，享年三十六岁。八月初四，掌管大都枢密院符印的金书枢密院事燕帖木儿，联合留守的西安王阿剌忒纳失里悍然发动政变。他们抓捕了留守的高官平章政事乌伯都剌、伯颜察儿、中书左丞朵朵、参知政事王士熙、参议中书省事脱脱、吴秉道等人，迅速控制大都。

掌控局势后，燕帖木儿派前河南行省参知政事明里董阿和前宣政使答里麻失里，奔赴江陵迎接元武宗海山的次子怀王图帖睦尔。

泰定帝有皇太子，燕帖木儿何以发动政变迎立武宗海山之子呢？

泰定帝也孙铁木儿和武宗海山、仁宗爱育黎拔力八达是堂兄弟，都是真金太子的孙子。泰定帝的父亲是真金嫡长子晋王甘麻拉，武宗、仁宗的父亲是真金嫡次子答拉麻八剌，真金的嫡三子就是元成宗铁穆耳。

真金太子和他的二儿子答拉麻八剌早早亡故。忽必烈驾崩后，没有指定继承人，老三铁穆耳在母后和大臣们的支持下，越过嫡长兄甘麻拉即位，是为成宗。甘麻拉只能退回漠北蛰伏起来。

成宗没有儿子，他的皇后伯岳吾·卜鲁罕准备迎立忽必烈嫡三子忙哥剌的儿子——安西王阿难答即位。宰相哈剌哈孙反对帝系非真金一脉，就秘密通知距离大都最近的爱育黎拔力八达进京发动政变，废杀卜鲁罕皇后和阿难答。

就在政变成功的爱育黎拔力八达想要登上帝位时，他的亲大哥——镇守漠北的海山提兵南下。缺兵少将的爱育黎拔力八达只能乖乖把帝位让给哥哥。海山即位后，为了表彰弟弟发动政变之功，就立弟弟为太子，相约互传子孙。这就是"武仁授受"。

元武宗海山死后，帝位按照约定传给了弟弟仁宗爱育黎拔力八达。但仁宗不愿意遵守诺言，即位第五年就把大侄子和世瓎封为周王流放云南。和世瓎在南下途中逃亡到了察合台汗国。仁宗的儿子英宗硕德八剌即位后，又把和世瓎之弟图帖睦尔流放到琼州。

后来，英宗在"南坡之变"中被小舅子铁失弑杀。此时的元朝皇室嫡系中，势力最大的是晋王甘麻拉的儿子也孙铁木儿。因此，铁失就向晋王也孙铁木儿递出橄榄枝，拥立他做了皇帝。也孙铁木儿便这样登上了帝位。

泰定帝也孙铁木儿对堂哥武宗的两个儿子还是很不错的，即位第一年就把流放到琼州的小侄子图帖睦尔召了回来，封为怀王。他还为和世瓎聘娶王妃八不沙（寿宁公主之女），为图帖睦尔聘娶王妃卜答失里（鲁国公主之女）。

当然，泰定帝对侄子还是有所防范的，他即位第二年就让图帖睦尔移居建康，命殊祥院使也先捏掌其卫士，进行监控。同一年，册立嫡长子阿速吉八为皇太子，又封小儿子八的麻亦儿间卜为晋王。

泰定帝长期身处漠北，他的政府比堂兄武宗更加原始化。由于他宠信的大臣倒剌沙是个色目人，于是色目人在泰定帝的朝堂上掌握了话语权。武宗、仁宗旧臣相继被排挤出核心圈。留恋昔日荣耀的旧臣们，比如燕帖木儿，自然对泰定政府不满，希冀恢复往日的权势。

燕帖木儿是钦察人，他的父亲是床兀儿，祖父是土土哈。燕帖木儿一家世代掌管钦察卫，他更是自幼宿卫武宗海山。身为武宗亲信，燕帖木儿在泰定帝的朝堂上自然不受重用，胸怀大志的他只能默默等待翻身的机会。

致和元年春天，泰定帝去柳林狩猎，但因患病不得不提前终止活动。不过他并没有在意，毕竟他才三十六岁。之后按照惯例，他去了上都避暑。但是皇帝有疾的事情，还是引得人心浮动。敏锐的燕帖木儿和同党商议，一旦皇帝驾崩，就在大都和上都同时发动政变。

监视怀王图帖睦尔的也先捏，也因皇帝生病，建议倒剌沙给怀王挪挪地方。于是倒剌沙就把怀王迁居到了江陵。

泰定帝果然死在了上都。按照蒙古旧俗，先帝指定的继承人需要召开忽里勒台大会宣布即位，整个流程走下来怎么也要两三个月。有心人燕帖木儿抓住权力真空期，喊出"迎立武宗圣子"的口号，在大都发动政变。

大都与上都的战前准备

发动政变一事单靠燕帖木儿自己必定孤掌难鸣。他首先要拉拢的，是留守大都的西安王阿剌忒纳失里。阿剌忒纳失里是忽必烈的玄孙，西平王奥鲁赤的曾孙，镇西王铁木儿不花的孙子，云南王老的罕的儿子，其家族势力在云南。泰定帝即位后，把云南封给了自己的亲侄子，这自然引起了奥鲁赤一系的不满，因此阿剌忒纳失里与燕帖木儿一拍即合。

七月初十，泰定帝驾崩。八月初四凌晨，燕帖木儿在大都发动政变，同时派人去江陵迎接怀王图帖睦尔。燕帖木儿一边将大都重要机构的负责人全部换成自己人，一边联络同为武宗旧臣的河南行省平章政事蔑儿乞人伯颜，让他控制河南，准备扈从怀王。

燕帖木儿不单打仗厉害，政治也玩得很不错。他抢占舆论先机，宣称倒剌沙倒行逆施，疏远勋旧，变更祖宗法度；先帝驾崩后，不立新君，却自己掌控国政，为所欲为。接着，他又宣称武宗的两个儿子周王和世㻋、怀王图帖睦尔孝友仁义、天下归心，是正统所在，申明武宗系的合法性，引起武宗、仁宗旧臣的共鸣。他还让人假冒周王从北方派来的使者，声称周王已经和随扈诸王率军南下，不日就将到达大都。

同时，燕帖木儿迅速采取了一系列防御措施，用来防御上都方向。八月初五，他以西安王阿剌忒纳失里的名义发布了一系列号令：赏赐宿卫京城的军士们钱钞；调集卫兵防守居庸关和卢儿岭；派左卫率使秃鲁率部屯守白马甸，隆镇卫指挥使斡都蛮率部屯守泰和岭，中卫兵屯守迁民镇（今河北秦皇岛市山海关）。

从发号施令需要使用西安王的王印这一点来看，燕帖木儿本身的权威并不是很大。但在燕帖木儿的运作下，一条条命令被有条不紊地传达出去：安抚民众不要疑惧；向各地宗王、官员发布谕令，宣示正统所在；向辽阳征兵；派万户彻里帖木儿率兵屯守河中。

燕帖木儿发出的谕令很快就得到了回应，戍守山东的宣靖王买奴、宗王燕不花接受了大都的谕令，这表示他们站在大都一边。辽东宗王按浑察（彻里帖木儿之子）也接受了征召，来到大都。当然，不是所有人都接受大都的征召，陕西行台侍御史马札儿台（蔑儿乞人伯颜的弟弟，名臣脱脱的父亲）和行省平章政事探马赤就拒绝征召，还杀掉了燕帖木儿再次派去的使者。

与大都紧锣密鼓的准备相比，上都的反应显得特别迟钝。主政的倒剌沙没有做出任何有效应对，不知是轻视燕帖木儿，还是太子年幼、诸王众多，号令无法统一。总之在一个月内，上都没有任何政令发布，坐视大都占据舆论上风。

上都不但在舆论上毫无作为，而且在防御与警戒大都方面也没有做任何准备，更遑论对燕帖木儿的家人进行处置。八月十三日，大都政变九天后，燕帖木儿随驾上都的弟弟撒敦、儿子唐其势抛弃妻子，从上都安全逃回大都。

就在撒敦、唐其势叔侄逃回大都当天，明里董阿等人也到达了江陵。同一天，河南的蔑儿乞人伯颜杀害平章曲烈、右丞别铁木儿，捕杀忠于泰定政府的省臣，正式宣布迎立武宗之子即位。控制住河南行省后，蔑儿乞人伯颜募兵五千去江陵迎接怀王。

二十五岁的怀王图帖睦尔没有丝毫犹疑，于八月十四日北上。他派出使者去召戍守湖广的镇南王帖木儿不花（忽必烈之孙，脱欢之子），威顺王宽彻不花（脱欢之子），高昌王、湖广行省平章政事铁木儿补化，前来与他相见。三王接受了怀王的征召，离开前还把忠于泰定政府的湖广行省左丞马合谋抓捕起来带走。

河南行省参知政事脱别台企图趁夜袭击蔑儿乞人伯颜，却被伯颜反杀。伯颜把府库里的黄金、白银、钱钞都拿出来分发给官吏和士兵，用来收拢人心。

八月十五日，燕帖木儿派隆镇卫指挥使札剌亦儿人也速台儿（一作也速迭儿）率部屯守碑楼口（今山西应县境内）。八月十七日，他派弟弟撒敦屯守居庸关，儿子唐其势屯守古北口（今北京市密云区东北）。八月十八日，他派前万户孛罗率兵驻守潼关。

燕帖木儿采取行动防御大都周围时，上都依旧毫无动作。八月十九日，上都诸王满秃、阿马剌台、宗正札鲁忽赤、阔阔出等十八人图谋政变，声援大都，事泄后被正法。就在这间不容发的关键时刻，倒剌沙依然没有赶紧拥立合法继承人皇太子阿速吉八即位，号令天下讨伐逆贼，而是采取放任态度。

八月二十日，怀王到达汴梁与伯颜会合，之后立即北上。在赶路的时候，怀王就开始发布指令：任命前翰林学士承旨阿不海牙为河南行省平章政事，湖广行省平章政事铁木儿补化为湖广行省左丞相；拜燕帖木儿知枢密院事，亦列赤为御史大夫；征调平滦（今河北卢龙县）民众在迁民镇挖掘壕沟，防御辽东军。

与防御严密的大都相比，上都的防御仍旧跟筛子一样。八月二十二日，阿速卫指挥使脱脱木儿率部逃离上都，归附大都，被燕帖木儿安排防守古北口。从脱脱木儿叛逃事件可以看出，上都在防御工作与笼络人心方面做得有多差。经历了撒敦叔侄叛逃和满秃政变后，上都仍然没有吸取教训。

八月二十三日，行动迟缓的上都终于有所动作。左丞相倒剌沙、辽王脱脱、宗王孛罗帖木儿、太师朵带、知枢密院事铁木儿脱留守上都，其余诸王、大臣开始分道进攻大都。

两帝并立

八月二十五日，大都军与上都军在古北口以北的宜兴（今河北滦平县东北）首次交锋。上都军由宗王失剌、平章政事乃马台、太子詹事钦察率领，大都军由脱脱木儿率领。结果上都军惨败，钦察被斩杀于阵前，乃马台被擒送大都，失剌败走。

首战失利，对上都派的影响很大。八月二十七日，怀王进入大都皇宫时，上都的贵赤卫指挥使脱迭出率部叛投大都，被燕帖木儿调派屯守古北口。

八月二十九日，站在上都一边的梁王王禅、右丞相塔失铁木儿、太尉不花、御史大夫纽泽等，声势浩大地率兵到达榆林（今河北怀来县东南榆林堡）。大都的隆镇卫指挥使黑汉图谋归附上都，被燕帖木儿发觉。黑汉立即被处死，全家被抄。从黑汉被杀可以看出，燕帖木儿的掌控能力有多强，不是松懈的上都派可比的。

怀王赏赐给打赢宜兴之战的将领脱脱木儿等每人白银千两，封赏有功军士，还赏赐叛逃上都的归顺者钱钞，以此收拢人心、激励士气。

大都军与上都军的第二场交锋发生在居庸关。九月初一，亲自在居庸关督战的燕帖木儿派撒敦突袭正在列阵的上都军。王禅军败退，被撒敦一直追到怀来。同时，屯兵泰和岭的隆镇卫指挥使斡都蛮，在陀罗台驿袭击了上都派诸王灭里铁木儿、脱木赤，将他们擒送大都。

屡战屡胜的大都军士气十分旺盛，但燕帖木儿并没有掉以轻心，他一面征调五卫屯田兵赶赴京师，一面调发一万蕲州、黄州驻军和两万平阳、保定驻军，交由湖广行省参政郑昂霄、万户脱脱木儿率领。两人沿着黄河扎营，防御陕西方向。

上都派的湘宁王八剌失里、赵王马扎罕和宗王忽剌台等，以马邑（今山西朔州市东北）为据点，准备南下冀宁路（治所在今太原市）。九月初三，诸王八剌马、也先帖木儿率部进入管州（今山西静乐县），杀害官员，劫掠百姓。九月初八，上都军进攻碑楼口，被也速台儿率大都军击退。同一时间，上都平章秃满迭儿从辽东进入迁民镇。屯守居庸关的撒敦留元帅阿兀剌守关，自己则迅速带兵到蓟州（今天津市蓟州区）东沙流河迎战辽东军。就在当天，回到大都的燕帖木儿率领诸王、大臣恳请怀王登基。

武宗海山并没有嫡子，他的两个儿子都是庶出，身份并无差别。怀王先是推辞不受，表示自己身为弟弟，要等大哥周王从朔方回来才能即位。燕帖木儿提醒他，如今可是人心向背的时候，占据名分才是最重要的，一旦失去良机，将追悔莫及。怀王没有回应，只是赏赐给追随他的诸王金银布帛以示恩宠。

九月初九，燕帖木儿再次联合诸王、大臣劝进，请怀王早登大位以定人心。等九月初十皇帝御宝铸成之后，怀王不再推辞，开始为称帝做准备。

由于陕西方面一直拒绝接受诏命，燕帖木儿便针对陕西方向进行防御准备。他在汴梁设立行枢密院，以也速台儿知行枢密院事，令他率领兵马巡视太行山各处关隘；又以郑昂霄为副使，戍虎牢关（今河南荥阳市汜水镇西），扼潼关，防备陕西军。

虽然撒敦在东沙流河击败了由秃满迭儿率领的辽东军，但这并没有阻挡对方的攻势。九月十二日，脱脱木儿和秃满迭儿在蓟州两家店展开激战。

九月十三日，怀王图帖睦尔即位，是为元文宗。他改元"天历"，大赦天下，宣称等大哥周王到京后就让位。图帖睦尔对诸王、大臣进行了提拔与赏赐，特别是大功臣燕帖木儿，不但封他为太平王，还赐给他金五百两、银二千五百两、钞万锭。次日，图帖睦尔又加封燕帖木儿开府仪同三司、上柱国、录军国重事、中书右丞相、监修国史，照旧知枢密院事。

同时，文宗继续从舆论上分化、孤立上都派，他宣称英宗是被泰定帝阴谋弑杀的。文宗这样做有两个目的：一是为了拉拢仁宗、英宗旧臣；二是否定泰定帝的合法性，连泰定本人都不合法了，他立的太子当然也不合法。

听说文宗即位后，上都的倒剌沙才匆匆忙忙拥立太子阿速吉八即位，改元"天顺"。他并不明白，在抢占名分上，上都派早已失去先机。

居庸关战事

文宗登基后，燕帖木儿便率军东征，准备迎战辽东军。走到三河（今河北三河市）时，他收到了一个令人震惊的消息：梁王王禅趁着居庸关防御薄弱，于九月十六日破关而入；大都军溃败，王禅的游骑已经来到了大口（今北京市门头沟区天津关）。这是上都军最接近大都的一次。情势紧急，燕帖木儿连忙绕道回师，屯驻榆河（今北京市境内的温榆河）岸边。文宗则亲自出齐化门，巡视众将，激励军心。

燕帖木儿回去见文宗，劝他赶紧回宫，以免扰动民心。文宗听话地回了宫，把作战事宜全权托付给燕帖木儿。谨慎的燕帖木儿发觉阿速卫指挥使忽都不花、塔失帖木儿、同知指挥使太不花图谋归附上都，当即斩杀三人，征调左、右阿速卫军士及老幼前往京师。谁若不从，一律斩首，抄没家产。

时间紧迫，燕帖木儿来不及做更多部署，便与王禅战于榆河岸边。面对燕帖木儿，王禅一败涂地，被一路追击到红桥（今北京市昌平区西南）。

第二天，王禅和枢密副使阿剌帖木儿、指挥使忽都帖木儿（一作浑都帖木儿）会合后，卷土重来。阿剌帖木儿枪挑燕帖木儿，燕帖木儿侧身躲避，用刀格开刺来的枪，随即一刀砍在阿剌帖木儿的左臂上。忽都帖木儿则被大都派将领和尚砍伤左臂。上都军见两位骁将受伤，士气大减，败退到白浮林（今北京市昌平区东），与占据着红桥的大都军隔水对峙。

两天后，王禅再次纠集军队，与燕帖木儿战于白浮之野。燕帖木儿如有神助，周旋驰突，手刃七人于阵前。两军一直战到傍晚才各自收兵回营。

夜里，燕帖木儿派裨将孛罗伦赤、岳来吉等人率百骑袭击王禅营地。燕帖木儿还命人擂鼓呐喊，向上都军营射箭。上都军顿时大乱，他们自相践踏，互相攻击，一直到天亮才分清敌我，这时人马已经死伤无数。清晨，天降大雾，王禅等人弃甲逃遁昆山（今山东东平县西北）。

就在燕帖木儿与王禅在白浮之野交战时，辽东军已来到了蓟州檀子山。脱脱木儿前去迎战，却没能阻挡辽东军的攻势。不过，他抓住了上都派往辽东征兵的使者，把人带到大都处死。

九月二十四日，屡败屡战的王禅再次收拢军队，与大都军交战。燕帖木儿率领大都军，列阵于白浮之西。面对气势恢宏的大都军，王禅鼓足勇气叫

320

战，但燕帖木儿却避而不出。到了夜里，等上都军气馁时，他才命撒敦绕到敌军后面、八都儿从正面，对上都军发起夹击。王禅不敌，再次败走。大都军紧追不舍，追到昌平北时，天已大亮。在这一役中，上都军被斩首者数千人，降者万余人。居庸关战事至此结束。

激动的文宗，赐给燕帖木儿御衣、御酒，还体贴地让使者给燕帖木儿带话："丞相总是身先士卒，亲临阵前，如果有什么意外怎么办？以后让大将临阵，丞相负责督战吧。"燕帖木儿回答说："身为主帅，作战时肯定要冲在最前面，诸将若落后，便按军法处置。如果让诸将带头临阵，万一失利，后悔不及。"

通过文宗和燕帖木儿的对话，可以看出燕帖木儿性格谨慎，他明白局势于他不利，不能有半点儿闪失。

这时候，响应上都的陕西军兵分三路，开始陆续东进。其中，北路军由陕西行台御史大夫也先帖木儿统领，中路军由荆王也速也不干（阔端第五子曲烈鲁之孙）、靖安王阔不花统领，南路军由山南廉访使铁木哥统领。

九月二十五日，陕西中路军在荆王也速也不干和靖安王阔不花等人的率领下从潼关南水门入关。驻守潼关的万户孛罗弃关逃走。陕西中路军突入潼关后，纵兵四处抢掠，河南频频告急。

与此同时，上都派知枢密院事竹温台、阔阔出等人袭破古北口，抢掠石槽（今北京市顺义区西北）。

九月二十七日，燕帖木儿派撒敦绕道奔赴石槽，趁上都军不备发起突袭。随后，燕帖木儿率大军赶到。双方转战四十余里，最后在牛头山进行决战。上都军大败，驸马毓德王孛罗帖木儿、平章蒙古达实、雅失帖木儿、将作院使撒儿讨温等统统成了大都军的俘虏。投降的大都军士超过万人，其余人四处乱窜，被撒敦逐出古北口。

古北口之战

上都军在古北口遭遇败绩时，辽东军正在蓟州南与脱脱木儿激战，并于九月二十八日攻陷通州，威胁大都。燕帖木儿命也速台儿和彻里帖木儿率军三万屯守居庸关，用石块加固居庸关的防御工事，他本人则急忙率军还京组织防御。燕帖木儿一面从河南调拨五万蒙古军增援京师，一面招募丁壮防守直沽（今天津市狮子林桥西端）。此外，他还调拨临清万户府的运粮军三千五百人沿着御河进行防守，山东丁壮万人守御益都、般阳（今山东淄博市淄川区）诸路海港。这是谨慎的燕帖木儿为防御高丽采取的措施，以免高丽响应上都军。

燕帖木儿又命京城里长招募丁壮和百工，共招募到万人。他将这些人和士兵编在一起，让他们登上城墙防御敌人，每个人按月发放钱钞三锭、米三斗。他还下令加固冀宁路境内的关隘，挖掘壕沟，垒上石块，调集丁壮驻守。

在此危急时刻，九月二十九日，上都派宗王忽剌台率军进入紫荆关，大都守关将士不敌溃走。由御史大夫也先帖木儿率领的陕西北路军也从大庆关（位于今陕西大荔县东）渡河，擒杀河中府官员。万户彻里帖木儿弃城逃逸，河东为之震动。

面对危局，燕帖木儿临危不乱，在十月初一亲自率军迎战通州的辽东军。他趁秃满迭儿休整时发起突袭，打得秃满迭儿的辽东军连夜逃遁。与此同时，他派脱脱木儿率军四千，西援紫荆关；调江浙军万人，西御潼关。

紫荆关溃卒逃到保定后，大肆剽掠。同知保定路事阿里沙和武昌万户张景武（张柔曾孙，张弘范之孙）等人率领民众反击溃卒，打死了几百人。他们虽然是为了保卫家园，但其行为在大都看来，却有与大都为敌的嫌疑。因此，站在大都一边的宣徽使也先捏率军路过保定时，杀死了阿里沙和张景武兄弟五人，掠夺其家财作为惩戒。灭宋的张弘范大概想不到，自己的家族竟然因此而凋零没落。

十月初五，上都宗王忽剌台此时已经从紫荆关推进到涿州，其游骑正逼近大都南城。文宗不得不下令京城居民每户出壮丁一人，拿着武器随同士兵登城协守。与此同时，燕帖木儿在檀子山枣林与由秃满迭儿、阳翟王太平（爱牙赤之子）、朵罗台国王（木华黎后人）等人率领的辽东军展开激战。双方殊死力战，死者遍布原野。最终阳翟王太平被唐其势斩杀，辽东军溃败逃遁。

十月初六，脱脱木儿、章吉和也先捏会合后，在良乡（今北京市房山区良乡镇）南与上都忽剌台军交战。双方一路转战到卢沟桥。第二天，忽剌台听说燕帖木儿在枣林之战中击败前来增援的辽东军，吓得不战而逃，几天后在紫荆关被大都军擒拿，送到京师处死。

京中百姓见到从肃清门凯旋的燕帖木儿，纷纷向他行礼，感谢他的活命之恩。文宗不但专门在兴圣殿赐宴，犒劳功臣，还赏赐给燕帖木儿"太平王"黄金印、制书、玉盘、龙衣、宝珠、金腰带等。

就在大都君臣欢宴之时，秃满迭儿等人又率辽东军进入古北口。燕帖木儿派去的人在檀州南与辽东军大战一场，蒙古万户哈剌那怀投降，秃满迭儿溃走辽东。至此，辽东军退出战局。

从两都开始交战以来，上都一直把进攻重点放在古北口、居庸关和迁民镇一带，现在这三个方向的进攻全部失败了。短短一个半月内，身先士卒的燕帖木儿数次转战，凭借高超的军事才能，最终逆转了战场形势。

上都投降

在冀宁路的湘宁王八剌失里，早先不知道协同作战，等到上都军纷纷失利时，他才如梦初醒般攻破冀宁路。尽管如此，他并没有进攻大都的决心，他的军队纪律涣散，抢掠无度，根本不足成事。

燕帖木儿的叔叔不花帖木儿是东路蒙古军元帅，在他的煽动下，观望的东部诸王多数响应大都。齐王月鲁帖木儿、宗王别思帖木儿等，与不花帖木儿一起出兵，于十月十三日进围上都。上都的倒剌沙在无兵可派的情况下，不得不奉上皇帝玉玺投降。

拥有一把好牌的上都，就这样走向了败局。分道进攻没有错，但各自为战、互不配合，就很容易被各个击破。增援前线也没有错，但防御大后方同样重要。不顾后方空虚，将兵力集中在前线，结果就是被敌军直捣黄龙。中枢已毁，局部地区的胜利又有何用呢？

上都投降后不久，湘宁王八刺失里、梁王王禅等被擒送京师处死，晋王一系全军覆灭。

此时前线的陕西三路军一路势如破竹，他们哪里料到后方的上都总部居然投降了！

率领陕西北路军的也先帖木儿，十月二十六日进军到潞州时，听说上都已经投降，便也向大都军投降了。靖安王阔不花率领的陕西中路军，十月十九日破虎牢关，十一月初五进逼汴梁，引得河南震恐，直到文宗再三宣谕上都已经投降，这一路军队才选择撤退。南路偏师在铁木哥的率领下攻取武关（位于今陕西丹凤县东），进入邓州、襄阳。十一月十九日，见到荆王也速也不干派来的使者，铁木哥才相信上都已经投降。之后，铁木哥率军回到陕西，此时距离上都投降已经过去一个多月了。

如果上都在居庸关、古北口、迁民镇的战斗中能够互相配合，共同作战，加上陕西三路军的援助，东西通力合击，就算燕帖木儿百战百胜也分身乏术。然而，历史没有如果。

两都之战的结果是，答拉麻八刺的孙子打败了哥哥甘麻拉的孙子，此后一直到元朝灭亡，帝位都在答拉麻八刺一系手中。

虽然晋王系一败涂地，但战事并没有随着晋王系的覆灭而完全平息。上都宗王秃坚逃到云南，攻占中庆路（治所在今昆明市），自立为云南王，一直和元军战斗到至顺二年（1331年）十月。四川行省平章政事囊加台（一作南加台）拒绝接受大都的任命，自称"镇西王"，反对文宗。一直到天历二年（1329年），他才听从诏命罢兵归顺朝廷。

第七章

对外战争

九征高丽

蒙古—高丽战争从元太祖十三年（高丽高宗五年，1218 年）蒙古出兵讨伐契丹叛军开始，到至元十年（高丽元宗十四年，1273 年）攻陷耽罗城（今济州岛）结束，一共经历了五十五年。高丽人民为抵抗蒙古侵略者，进行了长期的、不屈不挠的抗争，使蒙古陷入战争泥潭数十年，并为此付出了惨重的代价。

江东城之战

元太祖十三年，正为在境内烧杀劫掠的契丹人感到头疼的高丽君臣，接到了大蒙古国和东夏国（又称"东真国"）联兵入境征讨契丹人的消息，不由得心生疑惧。

尽管如此，高丽政府还是迅速派出使者奉牛、酒出迎，又遣枢密使、吏部尚书、上将军、翰林学士承旨赵冲去配合蒙古、东夏联军，一起围剿契丹人。这是蒙古与高丽第一次正式合作。

其实早在七年前，蒙古和高丽就曾有过接触。在蒙古没有崛起前，亚洲最强大的国家是金朝。和蒙古一样，高丽也向金朝称臣纳贡，双方交聘来往密切。蒙金战争爆发后，高丽还向金朝派遣过使者。

元太祖六年（高丽熙宗七年，1211 年）五月，高丽派往金朝致谢的使者金良器将军在通州被蒙古军队杀害。自此以后，金朝、高丽两国的使者往来就因道路不通而受到影响。

辽东地区不但是女真人的发源地，也是金朝、高丽通好的门户。次年，金北边千户契丹人耶律留哥在辽东率领世居此地的契丹降民反金，并被属下推举为辽王。元太祖九年（1214年），辽东宣抚蒲鲜万奴奉金朝皇帝之命前去镇压耶律留哥，结果被耶律留哥击败。蒲鲜万奴担心皇帝怪罪，干脆举起反金的大旗，占据辽东建国"大真"，也就是东夏国。

耶律留哥向势头正盛的蒙古人投诚，但他的部下不乐意，劝他离开蒙古人。耶律留哥没答应，他的部下就拥立其弟耶律厮不叛蒙。元太祖十一年（1216年），耶律厮不在澄州（今辽宁海城市）称帝，但一个月后就被部下所杀。耶律厮不的丞相乞奴监国自立，结果被金军击败逃往高丽，后来被部下金山所杀。当年八月，金山和部将六哥等率众九万窜进高丽国，攻略安州、义州、龟州，进据江东城，并以此为据点到处劫掠，给高丽人造成了严重的困扰。

自从契丹人进入高丽境内，高丽政府就派遣金就砺、赵冲等人率大军前去围剿，然而他们和契丹人打了两年也没有将其消灭掉。高丽与契丹人交战期间，金朝向高丽索要粮食，相约一起夹攻契丹人。眼看金朝日落西山，高丽并没有回复。

元太祖十三年十二月，成吉思汗派哈真（一作哈只吉）、扎刺等将领率军一万，与率军两万的东夏国将领完颜子渊，以追击契丹叛军为由，提兵进入高丽国境，攻和州、猛州（今朝鲜孟州岭东）、顺州（今朝鲜可仓附近）、德州（今朝鲜德川）四城，并迅速来到江东城下。此时正值隆冬，天降大雪，蒙古、东夏联军的粮食补给成了问题。哈真派通事赵仲祥移牒高丽元帅赵冲，请求高丽军资助粮草，还说共同破贼后约为兄弟之国。赵冲派人护送一千石粮食到蒙古军大营。

江东城位于西京平壤东北、大同江左岸，是沟通成川和平壤的战略要地。此时，契丹叛军头领金山被部下统与古杀害，统与古则被喊舍所杀。元太祖十四年（高丽高宗六年，1219年）正月，蒙将哈真、扎刺，东夏将领完颜子渊，高丽将领赵冲、金就砺，东辽裨将都旦，集四方势力围困江东城。穷途末路的喊舍自缢而亡，五万多契丹人开门投降。

讨贼完毕后，就该结盟了。高丽人对凶悍的蒙古人心怀疑虑，认为蒙古人不会只是帮他们平贼而没有别的目的，因此对蒙古提出的约为兄弟之国的要求迟迟没有答复。哈真对此很不高兴。见蒙古将领有翻脸的倾向，高丽人赶紧答应。

结盟的时候，通事赵仲祥要求让高丽人先遥拜蒙古皇帝成吉思汗，再拜东夏皇帝蒲鲜万奴。这是要把高丽当成第三等国家看待，让其屈居东夏之下。高丽代表金就砺自然不同意，就以"天无二日、民无二王"为由拒绝，只拜了成吉思汗。蒙古和高丽就此成为兄弟之国（实际是高丽以蒙古为宗主国）。

从此以后，高丽就跟着蒙古讨生活，每年都要给蒙古纳贡，进献毛皮、绸缎、笔墨纸砚等。不但蒙古派遣使者向高丽索要贡品，就连东夏国也向高丽派遣使者索要贡品。就算成吉思汗率军西征，留守本土的铁木哥斡惕赤斤也年年派使者来高丽索要贡品，清单一次比一次惊人。国小民贫的高丽不仅要奉养国内的权贵，承受蒙古无休止的搜刮，还要忍受蒙古使者的骄横傲慢，渐渐不堪重负。怨恨和仇视蒙古人的情绪慢慢在高丽人民中扩散开来。

窝阔台一征高丽

元太祖十九年（高丽高宗十一年，1224 年）二月，铁木哥斡惕赤斤又派使者著古与去高丽索要贡品。这一年，总是跟着蒙古向高丽收取财富的东夏国背叛了蒙古，蒲鲜万奴移牒高丽："成吉思汗用兵西域，不知死活。铁木哥斡惕赤斤是个贪暴不仁的家伙，建议你国和蒙古断绝关系，我们两家结成联盟！"

蒲鲜万奴想让高丽认他当大哥，像侍奉蒙古人一样侍奉他，高丽怎么可能答应，两家关系宣告破裂。十一月，著古与再次奉铁木哥斡惕赤斤之命前往高丽。自从蒲鲜万奴背叛蒙古后，蒙古人就无法从他的辖境内进入高丽，著古与只好改从婆速路（治所在今辽宁丹东市振安区九连城）去高丽。次年正月，著古与在回国途中被盗贼所杀，蒙古、高丽联盟就此瓦解。

蒙古怀疑著古与是高丽人杀的，但高丽人辩解说不是他们杀的，而是东夏人冒充高丽人杀的。著古与到底被哪方势力所杀，世人已不得而知。总之，不管著古与是谁杀的，都已经成为蒙古人挑事的借口：如果高丽唯蒙古之命是从，著古与之死一笔勾销；如果高丽不听话，著古与之死不管是不是高丽人所为，都要被扣到高丽人头上，成为蒙古出兵高丽的借口。

蒙古人对杀使者的行为深恶痛绝，认为罪不可恕，花剌子模灭亡的导火索，就是蒙古使者被杀。著古与之死既然已经被蒙古人认定是高丽人所为，他们自然不会放过高丽，但蒙古大军此时还在西征，西征回来又赶着灭亡西夏，随后又经历了成吉思汗去世的巨变，因而一直到七年以后，蒙古人才腾出手来对高丽人展开报复。而在这七年里，高丽要不断面对东夏的侵扰，大伤脑筋的同时又无可奈何。

元太宗三年（高丽高宗十八年，1231 年）八月，窝阔台派撒里塔以杀害使者为由向高丽兴兵问罪。高丽人洪福源带着一千五百户向撒里塔投降，从这时候起，洪福源就成了高丽的心病。在洪福源的带领下，蒙古军在高丽境内一路势如破竹。

镇守咸新镇的赵叔昌（赵冲之子）和副将全俒担心蒙古军破城后屠城，便主动开门投降，避免了百姓被屠的命运。在铁州，判官李希绩坚决抵抗蒙古军，直到弹尽粮绝。不愿投降的李希绩把城中的妇女儿童聚在一起关到仓库里烧死，自己率部下自刎而死；牧使李元祯带着妻子，投身仓库大火而死。蒙古军破城后，对反抗他们的铁州军民进行了残忍的屠杀。

驻守静州的分道将军金庆孙亲自率领衙内死士十二人，开城门迎战蒙古军，击退蒙古军先遣队。蒙古军主力赶到后，静州百姓吓得纷纷逃亡。回城的金庆孙和十二死士发现不见一人，便弃城连续赶路七天七夜，投奔龟州。朔州守将金仲温自觉守不住，也弃城投奔龟州。渭州、泰州同样派兵赶去龟州会合，准备在龟州共抗蒙古军。

九月，蒙古军来到龟州城下。

龟州之战，是第一次蒙古—高丽战争中打得最激烈的一役。蒙古军将攻坚战的各种战术轮番使尽，也没能奈何龟州，被龟州守将朴犀和金庆孙联合粉碎。

蒙古军先是试探性地攻打南门，金庆孙率十二死士和诸城别抄出去迎战。出城前，金庆孙号令士兵死战不退。右别抄军胆怯，跪在地上不敢答应，只有金庆孙的十二死士厉声回应。金庆孙干脆命右别抄军回城，再次带领十二死士出城迎战。箭术高明的金庆孙对着蒙古军不断放箭，十二死士同样拼死力战、奋勇杀敌。激战中，金庆孙臂膀中箭，血流不止，但他仍坚持不退，不停地击鼓为死士助威。蒙古军先遣队与十二死士交战四五个回合，见占不到便宜便暂时退兵了。金庆孙这才整队回城，回城的时候，这位金将军吹着长笛，泰然自若，就像刚才不是在激战，而是出去春游一般。激动的朴犀亲自拜迎战友。

蒙古军把擒获的渭州副将朴文昌放进城中招降。朴犀二话不说，直接将投降敌人的朴文昌斩杀。蒙古军又派出三百精兵攻打北门，被朴犀击退。两次试探性的攻击之后，蒙古军开始正式攻城。他们一边用楼车、云梯发起强攻，一边将士兵藏在蒙着牛皮的木床里，企图运送到城墙根下挖掘地道。朴犀用滚烫的铁水泼洒楼车，点燃干茅草焚烧木床，破了蒙古人的计策。蒙古人并未放弃，改用十五辆大炮车攻城。朴犀毫不慌张，命人在城上用炮车飞石还击。一时间，城里城外炮石满天飞。石炮从坐在胡床上督战的金庆孙头顶飞过，将他身后的士卒当场砸死。左右请他把胡床移动到安全的地方，金庆孙神色不变地说："不能动，我动则军心动。"

蒙古人没辙了，就向城内发射人油炮。高丽军用水去灭火，结果人油遇水后火势反而越来越大。朴犀命人将泥土、水混合搅拌后去扑火，果然扑灭了。蒙古军见人油炮也没起到作用，又将装满薪草的车子点燃去攻打谯楼。

朴犀让人在楼上用水浇灌，火焰随即熄灭。

蒙古军围困龟州三旬，几乎将所有的攻城之术轮番用了个遍，结果都被随机应变的朴犀、金庆孙应对过去。一向所向披靡的蒙古军居然撼动不了小小的龟州城，这实在令人沮丧，于是蒙古军短暂地退兵休整。没多久，不甘心的蒙古军再次来攻，这一回他们使用了三十辆炮车。朴犀继续用炮车飞石还击。蒙古军被杀伤无数，只好再次撤退。

除了朴犀、金庆孙坚守的龟州没有被蒙古军攻克外，西京平壤以及崔椿命坚守的慈州同样让蒙古军碰了一鼻子灰。最后，蒙古军放弃这些城市，长驱直入转战黄州、凤州。这两个州的守将自知不敌，率部众迁徙到铁岛以求自保。十月，撒里塔派阿土为劝降使者前往西京，不想使者在途中被平州官吏囚禁。直到此时，以为是东夏人冒充蒙古军的高丽君臣才搞清楚蒙古军真的来了。

与此同时，东夏人也来趁火打劫，他们在和州抢掠了一番后便退走了。高丽君臣被搞得心力交瘁。十一月二十七日，撒里塔围攻拦截使者的平州，并在攻陷城池的次日进行了大屠杀。随后，蒙古军直逼王京开城。不管是平州之屠还是蒙古军逼近王京，都把高丽君臣吓坏了，他们根本不关心龟州、慈州和西京的将士们还在为国奋战，以权臣崔怡和国王高宗王皞（即王晫）为首的高丽政府赶紧派监察御史闵曦前往蒙古大营犒劳请和。撒里塔无动于衷。十二月，崔怡又派宗室淮安公王侹去乞降，撒里塔这才答应。

虽然接受了高丽的乞降，但撒里塔仍然派蒲桃、唐古诸将率军在王城四周剽掠，又命高丽通事池义深、学录姜遇昌带着淮安公王侹的令牒去龟州谕降。朴犀等人并不理睬。撒里塔再次派人去龟州宣谕，但坚守孤城的朴犀就是不降。蒙古人大怒，又造云梯去攻打龟州城。朴犀命人用一种特别锋利的大刀（大于浦）砍击云梯。云梯就这样被高丽人砍断，根本无法使用。面对铁城一样的龟州，蒙古人无计可施，一个老兵感叹说："自从成年后我便跟随大汗征战，大小攻坚战打了无数，从来没见过被打到如此地步还始终不肯投降的。这个城中的诸位将军他日必然都是出将入相的人物！"果如老兵所说，朴犀后来拜门下平章事，金庆孙任枢密副使。

元太宗四年（高丽高宗十九年，1232 年）正月，高丽国王下令，派后军知兵马事、右谏议大夫崔林寿和监察御史闵曦，带着蒙古人去龟州城外谕降："国王已经派淮安公王侹与蒙古军讲和了，你们也应罢战出降。"连续宣谕四次，朴犀等人都不予理睬，拒绝投降。

闵曦愤恨朴犀的态度，气得拔剑乱砍；崔林寿则警告朴犀等人不要违背王命。朴犀、金庆孙诸将这才无奈地开城投降。听说蒙古人准备杀死朴犀，崔怡赶紧派人通知朴犀躲起来。和武臣崔怡相比，高宗王暾表现得十分软弱，慈州守将崔椿命拒绝投降，王暾害怕被蒙古人责怪，准备派人斩杀崔椿命。颇具讽刺意味的是，崔椿命能够保全性命靠的居然是撒里塔，他爱惜人才，劝道："这是你家的忠臣，还是放了他吧！"

高丽再次臣服蒙古后，撒里塔在王京北部各州县设置了七十二个达鲁花赤，以便直接控制高丽，榨取财富。国王奉上黄金七十斤、白金一千三百斤、襦衣千领、马一百七十匹作为贡品，同时还馈赠撒里塔和诸将金银、獭皮等物，恭送蒙古大军班师回朝。

虽然蒙古军退走了，但其留下来的阴影让高丽人寝食难安，高宗王暾和崔怡觉得待在王京不安全，蒙古军随时都能长驱直入，下次他们再来怎么办？高丽君臣开始讨论以后该怎么办。爱国大臣纷纷主张通过加强城防来防御蒙古军；贪生怕死、畏敌怯战之辈则建议迁都避难。前一年蒙古军入侵时，尹鳞、朴文檥就将家属安置在江华岛上，他俩对崔怡说三面环海、易守难攻的江华岛可以躲避战乱。崔怡还专门派人去勘察情况，只不过所派之人在中途被蒙古军抓住了。

正当高丽君臣为到底迁不迁都犹豫时，跟着使者池义深前往蒙古的宋立章（一作宋得昌）逃回来说，撒里塔把池义深囚禁起来了，准备再次入侵高丽。高丽君臣惊恐不已，崔怡当机立断，任命门下省事金仲龟和知枢密院事金仁镜为王京留守，他则和国王带着百官于六月迁到江华岛。迁都时，他还命人把蒙古人设置的七十二个达鲁花赤统统杀掉。

躲到江华岛的权贵们可以避免遭受蒙古军的侵扰，留在岛外的老百姓们怎么办？崔怡传令百姓，让他们上山下海自行躲避。高丽国内一度十分混乱，各地军队、官员、百姓成群结队地逃进山城中固守不出。

听说高丽迁都，达鲁花赤被杀，窝阔台很是不满，斥责高丽听信谣言违背盟约，要求高丽交出散播谣言的宋立章。王瞮、崔怡多次答书自辩，称他们迁都和宋立章没关系，并且宋立章已经逃亡，他们交不出来。

面对高丽的不配合，窝阔台于当年九月再次派撒里塔入侵高丽。此时距两国停战结盟仅仅过去半年。

窝阔台接连三次东征高丽

元太宗四年九月，撒里塔带兵进入高丽。尽管高丽人民进行了英勇的抵抗，但蒙古军还是一路长驱直入。十二月，撒里塔带兵来到王京南部的处仁城，并对该城发起了猛攻。此时的处仁城聚集了很多难民和僧人，他们为保卫家国与蒙古军进行了激烈的战斗。在处仁城避难的白岘院僧人金允候（即金允佳），趁着蒙古军统帅撒里塔亲临战场的时机将其射杀。

最高统帅死了，蒙古军顿时失去战意，在别将帖哥（一作帖可）的率领下退军。窝阔台二征高丽就这样草草结束了。听说金允候射杀了蒙古军统帅，高宗很高兴，不但表彰他的功劳，还授他为上将军。然而金允候拒绝了上将军的职务，只接受了摄郎将这一职位。

高丽政府迅速修书给东夏国，请对方注意北撤蒙古军的动态。高丽想借此机会和东夏国结盟，共同对抗蒙古。可惜蒲鲜万奴没有看清楚局势，白白让机会从指缝中溜走。假如两国结盟，最少对东夏国的灭亡会起到延迟的作用。

蒙古军虽然撤走了，但归附他们的洪福源还盘踞在西京。高丽君臣对洪福源恨得咬牙切齿。此时的蒙古正在全力灭金，并且准备对东夏用兵，因此无暇理睬高丽。元太宗五年（高丽高宗二十年，1233 年）二月，窝阔台命皇子贵由、宗王按赤台率左翼军征讨东夏。九月，蒲鲜万奴被擒，东夏灭亡。

四月，窝阔台象征性地给高丽高宗王瞮下诏，历数他犯下的五条大罪，比如不来朝、流窜到江华岛、谋害使者著古与等，警告他早日悔过来朝。高宗王瞮和崔怡不作回应。十月，高丽军反攻西京，斩杀洪福源的同党毕贤甫，擒获洪福源的父亲洪大宣和弟弟洪百寿。高宗以叛国罪将洪大宣等人流放海岛，逐一收复北部州县。洪福源带着残部逃了出去，投奔蒙古主子。

此时东夏已经被蒙古消灭，高丽想起了昔日的宗主国金朝，便派大臣奉表出使金朝，希望能够重新联络起来对抗蒙古。但他不知道，金朝也已经进入了亡国倒计时。由于道路不通，使者最终也没有走到目的地。次年，金朝就在蒙宋联军的夹攻下灭亡了。

窝阔台很满意洪福源的忠诚，特意赐给他金符，让他在东京担任长官，管领归附的高丽军民。随着金朝和东夏的相继灭亡，蒙古军进攻高丽再无后顾之忧。很快，窝阔台就下令第三次征伐高丽。

元太宗七年（高丽高宗二十二年，1235 年）闰七月，窝阔台任命撒里塔的部将唐古为帅，与洪福源一起出征高丽。此次出征的目的和第二次一样，都是逼迫高丽政府迁出江华岛，归还旧都，国王入朝觐见。这次东征用了五年时间，但依旧没有达到目的。

闰七月十五日，唐古侵入高丽安边都护府。八月二十三日，唐古攻陷龙冈、咸从、三登等城。九月十六日，蒙古军引领东夏残部攻陷龙津镇，次日又陷镇溟城。李裕贞率军迎战，全军覆没。十月十二日，蒙古军破洞州城。

次年（1236 年）六月初五，蒙古军渡过义州江，屯乌勿、只川，又屯宁朔镇。初八，蒙古游骑屯嘉州；初十，屯安北府、云岩驿、嘉州、博州之间，又在宣州兄弟山之野分屯十七处；十一日，屯在慈州、朔州、龟州、郭州之间。十三日，蒙古军攻陷黄州、慈州；十五日，陷信州、安州。

在洪福源的协助下，唐古命蒙古军分兵四出，攻略诸州。尽管蒙古军无比凶猛，但高丽军民依然极其艰难地抵抗着侵略者。既然正面硬抗不行，那就打游击。砥平县人就和夜别抄趁夜袭杀蒙古军，斩获颇多。蒙古军开赴价州时，京别抄校尉希景和价州中郎将明俊等设伏袭击蒙古军，杀死不少人。蒙古军围困温水郡时，郡吏玄吕等人开门迎战，击退蒙古军先锋军，斩首二级，射杀二百多人，缴获蒙古军不少辎重。国王认为是温水郡的城隍神护城有功，为其加封神号，另封玄吕为郡户长。

九月初八，蒙古军兵临竹州城下。竹州防护别监宋文胄曾参加过第一次蒙古—高丽战争中的龟州之战，熟知蒙古军的攻城战术。在蒙古军用炮车、人油炮等方式攻城时，宋文胄用炮车还击、以土灭火进行应对。蒙古军无可奈何，大伤士气。各地抗蒙义士见状气势激昂，抚宁别抄医业举人全公烈伏击蒙古军小分队，杀死两人，夺取兵器马匹。正是高丽军民的顽强抵抗，最大限度地牵制了蒙古军，让他们不能集中力量进攻江华岛。即便如此，担惊受怕的高丽权贵还是在元太宗九年（高宗二十四年，1237 年）在江华岛上修筑外城，加强防御。

元太宗十年（高丽高宗二十五年，1238 年）五月，蒙古军南下东京，火烧黄龙寺塔。高丽人赵玄习、李元祐等率两千人投降蒙古军，东京沦陷。为了表彰降将，窝阔台赐赵、李二人银符，让他们受洪福源节制，继续招降高丽人。不久之后，就有李君式等人来降。面对蒙古军从北打到南，在整个高丽国土上长时间肆虐的事实，龟缩在江华岛上的高丽政府不得不再次请和。十二月，国王派将军金宝鼎、御史宋彦琦出使蒙古，请求允许他对天朝行"苞茅之贡"，千万别再"加兵革之威"。

窝阔台接受了高丽的请和。次年四月，唐古撤军，结束第三次东征。此后，蒙古一再催促高丽政府还都陆地，入朝觐见。五月，蒙古征召王瞮入朝，王瞮以母丧为由推辞。六月，高丽派礼宾卿卢演和礼宾少卿金谦代替国王奉表入朝。十月，窝阔台再次下旨征召王瞮于第二年入朝，王瞮派新安公王佺、金宝鼎、宋彦琦等四十八人入贡。王俣是高丽王族到达蒙古本土的第一人。

蒙古对高丽的态度并不满意，于元太宗十二年（高丽高宗二十七年，1240 年）第四次征讨高丽，攻陷昌州、朔州。高丽政府很快派出使者与蒙古人洽谈。由于蒙古人正忙着南征和西征，因此这次东征的规模并不大，高丽人服软后蒙古人就撤军了。元太宗十三年（高丽高宗二十八年，1241 年）秋，王曒派宗室王綧去哈剌和林充当质子，还哄骗蒙古人说那是他的儿子。十一月，窝阔台汗驾崩，蒙古陷入汗位之争中，西征、南征相继停止，无暇顾及高丽。高丽政府得到了喘息的机会。

此后一直到元定宗元年（高丽高宗三十三年，1246 年），不管蒙古怎么催促，王曒都拖延着不行动。遣使、上贡都好说，但是让他离开江华岛，去蒙古本土朝见大汗，无论如何他也不愿意。

贵由、蒙哥征高丽

就在定宗贵由即位的那一年，高丽停止了岁贡。当年冬天，身为蒙古新任大汗的贵由派阿母侃东征高丽。这已经是蒙古、高丽之间的第五次战争了。

蒙古出兵高丽的目的还是两点：还都陆地，国王来朝。元定宗二年（高丽高宗三十四年，1247 年）七月，阿母侃兵入盐州，攻打高丽北部诸城和西海道地区。吓坏了的高丽君臣派起居舍人金守精前往犒劳蒙古军。然而第二年三月贵由驾崩，新的汗位纷争再起，阿母侃不得不撤军回国，出兵高丽的目的依旧没有实现。

高丽政府为了防备蒙古军攻打江华岛，继修筑外城后，于海迷失后称制二年（高丽高宗三十七年，1250 年）八月，在都城周围修建中城。从高丽政府的举动看，国王和权臣崔氏根本没有回归旧都的打算。因为此事，蒙古还派使者质问高丽为何修筑江华岛中城。高丽辩解说，他们修筑中城是为了防备南宋贼船，并不是对蒙古有二心。

元宪宗元年（高丽高宗三十八年，1251 年）六月，成吉思汗的孙子蒙哥登上汗位。十月，蒙古派使者去高丽诏告新汗即位之事，再次重申了两个要求：拆毁江华岛新都，迁回陆地旧都；国王入朝哈剌和林。高丽国王命宰枢及文武四品以上官员商量对策。众臣商量的结果是：以国王年老有病为由拖延时间，被逼得急了，就派太子替父入朝。

第二年，蒙哥派多可去高丽，临行前交代他："你到了高丽以后，如果国王出岛在陆上迎接你，就算百姓没有迁出来，也可不做计较；如果国王仍旧没有还都陆地，你也别耽搁，赶紧回报，我直接出兵讨伐。"多可到了高丽后，发现国王还在江华岛，立即返回禀告蒙哥。十月，蒙哥派遣阿母侃、洪福源和宗王也苦第六次出兵高丽。

元宪宗三年（高丽高宗四十年，1253年）七月，也苦大王率军渡过鸭绿江。高丽政府赶紧让民众入山下海，躲避蒙古军。八月，蒙古军一路南下的同时，派人把蒙哥汗对高丽兴师问罪的诏书送到国王手中。国王派郎将崔东植致书也苦大王，扮可怜表示臣服蒙古绝无二心，同时装糊涂说不明白蒙古为何再次出兵。也苦大王回复崔东植说："我们大汗想知道你们国王是不是真的老病不能入朝。"

九月，高丽国王又派大将军高悦致书也苦大王，继续表忠心，同时恳求也苦大王怜悯，班师回朝。也苦利索地回复说："想让我大军班师，你们君臣就赶紧从岛上出来。"就在双方谈判的时候，蒙古军攻陷西海道山城，连克高、和二州，破东州山城，屠杀春州，攻陷襄州。也苦扬言："国王出岛投降，我就班师，不然只有一战。"

蒙古军经过的地方，死者不可胜数，郡县沦为废墟。不少城镇畏惧凶悍的蒙古军选择投降：杨根城防护别监尹椿率众出降；天龙山城黄骊县令郑臣旦、防护别监赵邦彦出降；也苦围攻忠州时，前少卿郑寿也带着儿子从京山府来降。大臣们惊慌失措，商议不如让太子王倎出降。高宗舍不得儿子，愤怒道："派太子就能没事？"十一月，高宗派永安伯王僖和仆射金宝鼎去见也苦大王。

这个时候，待在忠州的也苦大王生病了。卜者说，他久留高丽恐怕难以北返。也苦大王是成吉思汗弟弟合撒儿的儿子，也是蒙哥汗的堂叔，他不愿命丧小岛，就把军务交给阿母侃和洪福源处理，自己率领一千精骑火速回国。永安伯王僖和金宝鼎等人追到旧京保定门外，才追上也苦。两人奉上国书和礼物，恳求也苦大王退兵。也苦回复说："只要你们国王出岛迎接我国使者，便可考虑退兵。"说完，他派了蒙古大等十人去见国王。

高宗相信了也苦的话，亲自出江华岛，来到岸上升天馆迎接蒙古大。蒙古大讽刺国王说："自我大军入境以来，每日都有成千上万的百姓死亡，国王就这么爱惜自己而不顾万民的性命吗？你要是早点出迎，还会有那么多无辜之民丧命吗？"高宗无言以对，只能卑躬屈膝地宴请蒙古大。

蒙古使者离去后，高宗重新返回江华岛。这之后，也苦大王派人传来两条指令：第一，他会留兵一万驻守高丽，并设置达鲁花赤进行管理；第二，高丽赶紧拆毁江华岛都城。高宗当然不愿意，他辩解说拆毁江城后，恐有海贼前来掳掠。为了搪塞蒙古人，也为了避免陆地民众争相投降蒙古，不再拥护朝廷，他听从大臣崔璘的建议，派次子安庆公王淐去蒙古为质，换取蒙古退兵。十二月，王淐前往蒙古。

元宪宗四年（高丽高宗四十一年，1254 年）正月，阿母侃率军班师，结束第六次东征。

战事结束没几个月，蒙哥汗又派多可出使高丽，查看高丽政府到底有没有搬出江华岛。多可发现，以权臣崔沆（崔怡之子）为首的亲贵们并没有回到陆地。蒙古再兴大兵，以扎剌（《高丽史》称为"车罗大"）为征东统帅，于七月渡过鸭绿江，第七次东征高丽。

接到蒙古军再次入侵的军报，高宗当日便急忙返回江华岛。八月，蒙古军进入西北。安庆公王淐在蒙古使臣的陪同下回到江华岛，给高宗带话："车罗大的意思是，让高丽君臣和百姓出岛，依照蒙古习俗剃发，否则决不退兵。"高宗派御史朴仁基犒劳扎剌。

九月，扎剌进攻忠州山城。因风雨大作，城中人拼死抵抗，扎剌撤军绕路南下。十月十九日，扎剌攻打尚州山城。参与围城战的黄岭寺僧人，射杀了扎剌麾下的一名将领。蒙古军伤亡惨重，不得不退军。高宗又派参知政事崔璘去见扎剌，请求罢兵。扎剌还是那句话："崔沆奉国王出岛才有可能罢兵。"许多高丽百姓遭到杀戮，被掳走的男女达二十万六千八百余人。

没等高丽政府出岛臣服，次年正月，扎剌便接到蒙哥汗让他班师回朝的命令。据被掳走后逃回来的民众说，屯兵西北的蒙古军已经听命渡过鸭绿江回国。屯兵在旧京保定门外的扎剌，于二月开始北返。第七次东征就这样结束了。

三月，高丽政府传令：避入山城、海岛的百姓可以回乡了。然而很多百姓不幸饿死，老弱的尸首填满了路边的沟壑，有人甚至把孩子系在树上丢弃不管，境况极其凄惨。饥民们络绎不绝地逃奔京城，政府虽然进行了救济，但仍然饿死了很多人。

八月，还没有完全撤离的蒙古军再次蜂拥南下，在扎剌的统领下开始第八次东征。京城再次戒严。九月，扎剌带着大兵来到西京。十月，蒙古军越过大院岭到达忠州。此前充当质子的永宁公王绰也被挟持在军中，他给国王带话："只有国王出岛迎接使者，并让太子王倎入朝哈剌和林，蒙古军才会退兵。"

元宪宗六年（高丽高宗四十三年，1256 年）四月，扎剌带着王绰屯兵潭阳，洪福源屯兵海阳。高丽君臣聚在一起商量退兵之策，但没有一个人想出办法。国王嘴上说若能让蒙古军撤退他愿意牺牲太子为质，然而实际上却没有什么行动。

四处肆虐的蒙古军激发了高丽军民的仇恨，各地抗蒙运动相继爆发。义州三百别抄袭击了一千蒙古军。大府岛别抄趁夜来到仁州境内的苏来山下，袭击了百余蒙古军。忠州道巡检使韩就在牙州海岛袭击蒙古军，不幸被蒙古军反杀，蒙古军为此屠戮忠州。面对层出不穷的袭击事件，扎剌非常愤怒，质问高丽政府："既然你们想求和，为何还杀我军士兵？已经被杀的我军士兵就算了，被你们俘虏的赶紧给我送回来！"

面对蒙古军统帅的愤怒，唯唯诺诺的高丽政府宴请使者，赠送使者金银、布帛、酒器等，以讨取使者的欢心。九月，蒙哥派徐趾传令扎剌班师。扎剌收军北还，结束第八次东征。

元宪宗七年（高丽高宗四十四年，1257 年）闰四月，高丽权臣崔沆去世，他的庶子崔谊接过了父亲手中的权柄。五月，高宗派起居注金守刚和郎将秦世基出使蒙古。就在当月，准备南征宋朝的蒙哥派扎剌第九次东征高丽。

蒙古军很快渡过清川江，进入泰州，六月便进入开京（开城）、南京（咸兴）。高宗忙派遣将作监李凝去见扎剌，恳请对方退兵，接着又派侍御史金轼去犒劳扎剌。

扎剌向金轼宣布："第一，让你们的国王亲自前来，我才会罢兵。第二，派你们的王子入朝觐见，这样我们还是好朋友。"听了金轼带回来的话，大臣们纷纷请求国王派王子去请和。国王舍不得儿子，并没有同意。大臣们退一步，请国王派宗亲先去看看情况。于是国王派永安公王僖带着礼品去见扎剌。

王僖很快回来，告诉国王："车罗大说了，太子到的那一天，就是蒙古军退屯凤州的时候。"大臣们恳求国王派太子去蒙古，给老百姓留一条活路，这仗再打下去真的要亡国了。国王仍旧犹豫不定。大臣们让金轼再次去见扎剌，要求蒙古军先退兵，太子随后就去朝见蒙古皇帝。扎剌同意了，宣谕士兵禁止劫掠。连年打仗的高丽，内外萧条，田地荒芜，从上到下无计可施，犹如困兽。

出使蒙古的金守刚朝见了蒙哥汗，并乞求他罢兵。一心攻打南宋的蒙哥汗无暇他顾，便同意了罢兵。九月，徐守刚回到高丽，扎剌退屯盐州。

次年三月，蒙哥汗命洪茶丘（洪福源之子）随同扎剌督促高丽君臣出岛。就在当月，权臣崔谊被大司成柳璥和别将金仁俊诛杀，结束了高宗的傀儡生涯。高宗十分振奋，下令举国庆贺。

扎剌一边统兵南下，一边派使者去见高丽君臣，要求他们出岛。国王一边用自己老病不能远行搪塞，一边派永安公王僖和知中枢院事金宝鼎去见扎剌。蒙古使者余愁达很不客气，直接要求高丽太子王倎来见。高丽君臣担心余愁达对太子不利，继续使用拖字诀，说太子有病，等病好了就来相见。余愁达斥责高丽："就算你们国王不出来迎接我，太子总可以来见。使者往返四次，都不见你们太子，莫不是欺我？"

与此同时，扎剌派蒙古大等十五人去江华岛见国王，声称只要太子出岛，就可以退兵。即便如此，国王仍然声称太子有病，不宜出行。

随着蒙古大军在高丽集结屯驻，高宗不得不妥协。元宪宗九年（高丽高宗四十六年，1259年），高宗同意太子王倎入朝。三月，扎剌派使者温阳加大催促太子出岛入朝。在康安殿，高宗接见了温阳加大等人。温阳加大询问太子入朝的日期，高宗回复说五月入朝。温阳加大勃然大怒，说五月太晚。高宗不得不允诺，太子会于四月启程。

既然高丽方面已经答应太子入朝，蒙古军便暂时停止了军事活动。高丽政府命避乱的民众回乡耕种田地。四月，高宗病重之际，太子王倎在知政事李世材、枢密院副使金宝鼎等四十人的陪同下奉表前往蒙古。

五月，扎剌暴死，蒙古军改由余愁达和松吉大王统领。六月三十日，高丽高宗王瞮薨，武臣首领金仁俊准备拥立安庆公王淐。大臣们认为太子替父去蒙古，王位让他弟弟继承既不合情又不合理，便请求蒙古允许太子回国即位，他们暂时奉太子的儿子太孙王谌（一作王愖）权监国事。

王倎奉命朝见在四川督战的蒙哥汗，结果走到六盘山便听说蒙哥汗驾崩了，于是转道在汴梁觐见了蒙哥汗的母弟忽必烈王子。蒙古汗位之争时，王倎果断站队忽必烈，和忽必烈政府建立起了友好的关系，这才真正结束了蒙古、高丽之间的战争状态。

忽必烈征讨耽罗城

元世祖中统元年（高丽元宗元年，1260 年）二月，王倎奉忽必烈旨令回国即位。三月十五日，王倎回到江华岛。三月二十日，忽必烈在开平即位。四月，王倎在康安殿即位，改名王禃，是为元宗顺孝王。他派永安公王僖出使蒙古恭贺忽必烈即位。忽必烈命令蒙古军从高丽撤兵，要求高丽政府迁出江华岛复归旧都，允许高丽不按照蒙古习俗剃发易服。同时，他还下令归还掳走的高丽民众，鼓励元宗尽快恢复战后的农桑经济，并宣布对先前举兵抗蒙者不再追究。

忽必烈的怀柔政策改善了两国的关系。他对高丽元宗的器重，还提高了元宗在国内的地位。然而，以金仁俊为首的武臣们对亲蒙的元宗相当不满。由于武臣的阻挠，元宗与忽必烈达成的迁出江华岛的协议迟迟没有兑现。至元五年（高丽元宗九年，1268 年）元宗联合金仁俊的养子林衍诛杀金仁俊。林衍成为新的武臣，掌控国家大权。

元宗亲近元朝，一直想从江华岛迁回旧都，这同样引起了林衍的不满。至元六年（高丽元宗十年，1269 年）六月，林衍率三别抄废除元宗，另立其弟安庆公王淐为王。三别抄，即左别抄、右别抄和神义军。当初，权臣崔怡以抓捕盗贼为名，建立私兵夜别抄。后来，夜别抄随着人数增加，分成了左别抄和右别抄，它们与从蒙古逃归的俘虏组成的神义军，合称"三别抄"。三别抄是武臣的私军，也是武臣掌控朝政的资本。

八月，世子王谌前往蒙古，向忽必烈报告父亲元宗被废的事。元宗是忽必烈在高丽选定的代言人，忽必烈怎么能容忍别人把他换掉。他立即派使臣斡朵思不花、李谔去高丽询问详情。九月，忽必烈授世子王谌为特进、上柱国，派兵三千护送他回国靖难，又派抄不花前往高丽平叛。然而抄不花因病不能行军，忽必烈只好改派蒙哥都。

十月，忽必烈派中宪大夫、兵部侍郎黑的以及淄莱路总管府判官徐世雄，诏元宗、安庆公王淐和林衍来朝申辩。同时，他还派头辇哥国王率军压境，如果林衍不来朝，就进兵围剿。林衍无奈，只好让元宗复位。十一月，元宗复位。十二月，元宗前往蒙古。次年二月，在头辇哥的护送下，元宗返回高丽。这个时候林衍已经死了，由他的儿子林惟茂嗣位。侍郎洪文系联合尚书宋宗礼诛杀林惟茂家族，就此结束武臣政治。

五月，元宗迁出江华岛，彻底臣服蒙古。六月，林衍的党羽裴仲孙率三别抄发动叛乱，奉宗室承化侯王温（永宁公王綧长兄）为王，在珍岛建立伪政府，并以珍岛为据点侵扰四周。忽必烈以安抚使阿海率一千五百人协助高丽金方庆追击三别抄叛军，进展不利。至元八年（高丽元宗十二年，1271年）正月，忽必烈以忻都取代阿海，又命洪茶丘率高丽军配合忻都进攻珍岛。五月，忻都和史枢、洪茶丘大败三别抄叛军，斩杀王温和裴仲孙。裴仲孙党羽金通精率残部逃窜到耽罗，拒绝归降，四处侵扰周边郡县。至元十年二月，忻都、洪茶丘、金方庆围剿耽罗。四月，元军攻陷耽罗城，诛杀金通精，彻底平定三别抄之乱，并在耽罗设招讨司，屯兵驻守。

此后，元宗和他的高丽国只能依附元朝。为了进一步笼络并控制高丽王室，忽必烈还把女儿嫁给了世子王谌。不出两代，高丽王室的血统就渗入了蒙古血统。终元一代，高丽都臣服于元朝，接受他们的各种勒索敲诈，为其做牛做马。

三征安南

蒙古人三次征伐安南（今越南），都没有把安南打服，反而丧师辱国，每次都先胜后败，陷入安南人的游击战中。他们没有征服安南，反而成就了安南人反抗蒙古人的英名。

兀良合台征安南

在蒙古人为扩张而四处征战时，安南国完成了朝代更迭。元太祖二十年（1225 年），存在了二百一十六年的安南李朝（1009—1225 年）被陈朝取代。

元太祖十九年（1224 年），安南的李惠宗在权臣陈承、陈守度堂兄弟的逼迫下，禅位给八岁的小女儿李昭皇。第二年十二月，二陈又让九岁的傀儡小女皇禅位给她八岁的小丈夫陈日煚（又名陈光昺、陈昺、陈煚、陈炬、陈日照、陈光昺）。陈日煚原名陈蒲，是陈承的次子。李昭皇的亲姐姐李顺天，则嫁给了陈承的长子陈柳。李家仅剩的两位公主都嫁进了陈家。这两位公主的生母是陈承的妹妹、陈日煚的亲姑姑，国亡夫死后，她改嫁给了自己的堂兄弟陈守度。

陈日煚虽然是陈朝的开国之君，但年龄太小，国家大权掌握在父亲陈承和从叔陈守度手中。陈承去世后，陈日煚封大哥陈柳为显皇，让他和陈守度一起执政。然而不到两年，陈柳就被降为怀王。

陈日煚十九岁的时候，陈柳之妻、二十一岁的前公主李顺天怀孕三个月了。陈守度让陈日煚以没有生育为借口，废掉二十岁的前女皇、现皇后李昭皇，将她贬为昭圣公主，另立嫂子李顺天为皇后。二十六岁的陈柳怎么也咽不下这口气，愤而起兵造反，但很快就被从叔陈守度镇压。陈日煚从陈守度手下救回大哥，将其降封为安生王。

夺兄长之妻为皇后，冒取兄长之子为己子，陈日煚的荒唐事可谓前无古人后无来者。李顺天先生下陈柳的儿子靖国大王陈国康，又在两年后为陈日煚生下儿子陈日烜（又名陈晃、陈威晃）。陈日烜刚出生就被立为皇太子，也就是后来的陈圣宗。

就在陈朝皇室上演各种大戏时，蒙古人已经开始横扫欧亚。元宪宗三年（1253 年），蒙哥汗派弟弟忽必烈大王和名将兀良合台迂回南下进攻大理国，为斡腹南宋做准备。忽必烈在攻陷大理后便回到了北方，留兀良合台在云南地区征讨其他没有归附蒙古人的部族。兀良合台用了两年时间，平定大理国的五城、八府、四郡和三十七部。

元宪宗七年（1257 年）七月，兀良合台向安南陈朝派出招降使者。立国才三十二年的陈朝，没有给纵横四方的蒙古人面子，陈日煚直接把使者扔进了监狱。之后，兀良合台又派来两个使者，结果他们和第一个使者一样，也被丢进了监狱。

清楚不能善了的陈日煚积极备战，于九月安排左、右将军率水、步军御边，由兴道王陈国峻（陈柳之子）节制。十一月，陈日煚又令天下修缮器械。

听说安南人厉兵秣马、枕戈待旦，兀良合台离开云南，倍道兼行，率大军沿着红河流域于十月进入安南境内。他对进军做了周密的部署，安排蒙古军分为三路渡江：彻彻都从下流先行渡河，兀良合台其次，驸马怀都和阿术（兀良合台之子）最后。兀良合台特别交代彻彻都："渡江后，你部不要和敌军交战，只管等对方前来拦截，驸马怀都的部队会负责切断敌军的后路。你部趁机夺取敌军船只，如此一来，我军便可瓮中捉鳖。敌军就是想逃也没有船只，只能束手就擒。"

再说陈军的水兵、步兵还有象军，他们在陈日煚的亲自督战下，雄赳赳、气昂昂地迎战入侵敌人。十二月十二日，两军第一次短兵相接。蒙古军携横扫云南之余威，如排山倒海一般扑向陈军。身为前锋的彻彻都一看到陈军，就把兀良合台的交代抛在脑后，率部在安南陈军中东冲西突，杀得不亦乐乎。兀良合台的儿子阿术才十八岁，他英姿勃发，率领善射的神箭手专门去射陈军的大象。受惊的大象躁动起来，在陈军中胡乱踩踏。满心想杀敌卫国的陈军，被纵横驰骋的蒙古人骇住了，很快败下阵来。亲冒矢石督战的陈日煚被迫在黎辅陈（即黎秦）的护卫下乘船逃逸。

按照兀良合台的计划，蒙古军本可以包围陈军，却因为彻彻都违背军令，没有夺取陈军的船只而功亏一篑。虽然陈军被蒙古军击败，但熟悉地形的陈军还是驾船逃遁。彻彻都这才想起大帅的作战计划被他毁了。兀良合台怒斥彻彻都："身为先锋，竟然违背军令，你等着军法处置吧！"惊惧交加的彻彻都吓得自杀了。

陈日暭在黎辅陈的建议下退守扶鲁，第二天他下令破坏掉扶鲁桥，在南岸建立新的防线，希望能够遏制蒙古军。桥被破坏后，蒙古军无法过河，他们不知道江水深浅，便只能沿江对空射箭。箭坠入水中没有浮上来的地方是浅水区域，阿术遂带领骑兵渡江过去，再次向陈军发起猛烈攻击。

陈军再次溃走。陈日暭在蒙古军的箭雨中被黎辅陈保护着逃跑，他们沿着红河而下，退守天幕。蒙古军一鼓作气，攻进国都升龙（今越南首都河内）。陈日暭逃得很狼狈，连宝玺都来不及带走。掌印官仓促之间将宝玺藏在大明殿梁上，只带了内密印出逃，结果在逃亡途中内密印不慎丢失。军中各种文书、指令怎么能少得了印章？陈日暭只好让人用木头刻了印章临时使用，可见当时陈朝君臣的处境有多狼狈。

进入升龙后，兀良合台为了日后打算，很注意军纪，对百姓秋毫无犯。然而当他让人把先前派遣来的三个使者从监狱中接出来时，他发现备受折磨的三名使者解除身上的刑具后竟有一人当场死亡！怒火中烧的兀良合台遂下令屠城。

仓皇逃亡的陈日暭心中惶惶，乘着小船来到同母弟弟钦天大王陈日皎的船上问计。陈日皎气喘吁吁，话都说不出来，只能用手指沾水在船舷上写"入宋"两个字，建议哥哥逃到南宋去寻求支援。陈日暭问他，统领的星罡军何在？陈日皎苦笑着摇头，称不知道逃散到哪里去了。

心中凄凉的陈日暭又跑到统国太师陈守度船上，问他要不要投奔宋朝。陈守度比侄子经历的风浪更多，他很硬气地说："只要臣的脑袋没有掉到地上，陛下就不要担心。"七天后，陈日暭向兀良合台请求内附，还置酒犒劳蒙古军。

兀良合台南征大理，是为了配合蒙哥汗攻打宋朝，实施斡腹计划，如今攻下安南已是意外之喜。安南臣服与否都影响不了斡腹计划，再加上蒙古军的军粮快要耗尽，士兵也不太适应南方的湿热气候，兀良合台便没有在安南久留的想法，在升龙停驻九天后就准备撤军了。

陈军一看蒙古军要撤退，便利用自己本土作战的优势，对蒙古军全力发起反攻。十二月二十四日，陈日煚和太子陈日烜驾驶楼船，进军东步头（在红河东岸），大破蒙古军。蒙古军遁走归化寨，结果被寨主何俸率部袭击。兀良合台不愿意把生力军消耗在安南这样的偏僻小国上，以免影响接下来的灭宋战争，于是选择迅速退军，结束了第一次对安南的征讨。

退军前，兀良合台曾派两名使者去召见陈日煚。陈日煚返回升龙后，看到残破的国都非常生气，但他没敢弄死使者，只是把两名使者绑起来送出国境。

元宪宗八年（1258年）正月，"击退"蒙古军的陈日煚在正殿论功行赏。陈日煚不但封护驾有功的黎辅陈为御史大夫，还把前妻兼表妹、前朝末帝李昭皇赐给黎辅陈为妻。那位自发组织群众袭击蒙古军的何俸则被加封侯爵。

之后，陈日煚派黎辅陈和周博览出使蒙古，去拜见兀良合台表示臣服。两国的第一次战争让陈日煚看清楚了蒙古人的实力。只是兀良合台一介偏师，就差点儿让安南亡国！既然打不过，那就表示臣服吧。二月二十四日，四十岁的陈日煚禅位给十八岁的皇太子陈日烜，自己退居北宫当起了太上皇。

兀良合台正准备配合蒙哥汗攻宋，无暇顾及安南，就指示讷剌丁出使安南宣谕，让国王入朝以表诚心归顺。陈日煚玩起了太极，对讷剌丁说只要大汗降下圣旨，他立即派遣子弟入质。

出使蒙古的黎辅陈接受了蒙古制定的三年一贡的常例。自此，蒙古和安南进入了通好状态。

短暂的和平

安南陈朝向蒙古人表示臣服之后，双方和平共处了近三十年，然而由于蒙古人的贪婪，两国再次燃起了战火。

蒙古大汗蒙哥死后，他的同母弟弟忽必烈自立，并效法中原王朝建元"中统"。刚上位的忽必烈因忙于内战，对邻国采取和平政策，表现得很礼貌。中统元年十二月，忽必烈派孟甲、李文俊为南谕使，持诏出使安南，宽宏地允许安南人保留自己的衣冠、典礼、风俗，还严令边将不得擅兴兵甲，侵扰安南。

中统二年（1261 年）六月，孟甲、李文俊来到安南，受到热情款待。同年，陈日煚派通侍大夫陈奉公、员外郎诸卫寄班阮琛、员外郎阮演出使蒙古，再次请求按旧制每三年向蒙古进贡一次。忽必烈同意了安南的请求，册封陈日煚为安南国王。为此，陈日煚另派员外郎杨安养入朝致谢。

过了两年，结束内战的忽必烈不满足现状，开始向安南索要儒士、医卜等人才，还任命讷剌丁为达鲁花赤，允其佩戴虎符，往来于安南国中。忽必烈设置达鲁花赤，是想把安南纳入蒙古版图。安南当时没有意识到达鲁花赤的存在有什么影响，因此在至元三年（1266 年）十二月请求忽必烈免去索要儒士、医卜、工匠的条件，情愿接受讷剌丁出任本国达鲁花赤。

至元四年（1267 年）九月，忽必烈派遣皇子云南王忽哥赤出镇大理等处的同时，又诏谕安南完成六件事：其一，君长入朝；其二，子弟入质；其三，编民户口；其四，出兵役；其五，输纳税赋；其六，设置达鲁花赤。

这个时候，忽必烈吞并安南的野心已经不加掩饰了。陈氏父子怎么甘心安南从独立王国沦为附庸，自然不会按照忽必烈的要求去办。陈日煚拿出中统元年忽必烈颁布的诏书来拒绝新的诏谕，拒绝跪拜受诏，并找各种理由推辞国王亲朝、子弟入质等苛刻要求。

十一月，忽必烈又诏谕陈日煚，希望安南把境内的回鹘商人送过去，他想了解西域的情况。次年九月，忽必烈让忽笼海牙取代讷剌丁为安南达鲁花赤，命张庭珍作为副手进行辅助，并重申让安南遣送回鹘商人之事。

张庭珍强横地谴责安南国王没有下跪接受诏书的行为，陈日煚则继续用中统元年忽必烈宣谕安南的诏书进行应对。因为此事，中书省还移牒责备安南：天子之诏，人臣须得拜受。陈日煚自然不乐意，就于至元六年十一月上书，声称在安南的两个回鹘商人，叫伊温的那个早就死了，叫婆婆的那个最近刚死。他还把忽必烈索要的数头巨象换成了马匹进贡。

对于安南的不配合，忽必烈非常生气。至元七年（1270年）十一月，中书省移牒安南，批评国王受诏不拜，对待使者无礼，索要大象给的却是马匹，上贡的药物品质不好，还欺骗大汗说回鹘商人已经病死。陈日煚也不干了，回复说："你们既然把我封为一方屏藩，为何还派达鲁花赤来我国作威作福？"面对陈朝的回复，忽必烈的反应是派叶式捏出任安南达鲁花赤。

至元八年（1271年）十一月十五日，忽必烈改国号为"大元"，再次诏谕安南国王陈日煚入朝。陈日煚以自己生病没法赶路为由搪塞过去。此时的忽必烈正准备对南宋用兵，无暇搭理安南，两国只是口头上互相谴责。元朝把安南看作臣仆，谴责安南国王不行臣子礼节；安南认为自己和元朝地位平等，不是蒙古人的奴仆。至元十二年（1275年）正月，陈日煚正式上书元朝，请求罢免入驻本国的达鲁花赤。忽必烈的回复是："你安南归附我国已经超过十五年，国王却从来没有亲自入朝觐见。虽然安南每隔三年就向我国朝贡，但所贡之物都是些没有用的废品！本想让你们自个儿反省错误，没想到你们竟然认为自己一点儿错都没有！"他派合撒儿海牙出任安南达鲁花赤，勒令安南执行他颁布的六条规定。

次年二月，陈日煚命黎克复、黎文粹入元谢罪，再次乞求忽必烈罢免六条规定。此时，元军已经攻克南宋都城临安，小皇帝也已经出降。陈日煚派陶世光赶去龙州（今四川平武县、青川县），探查元军动向。至元十四年（1277年）四月初一，当了二十年太上皇的陈日煚崩于万寿宫。从此以后，圣宗陈日烜开始真正行使安南国王的权力。

陈日煚去世的消息传入元朝后，忽必烈于至元十五年（1278年）八月派礼部尚书柴椿、会同馆使哈剌脱因、工部郎中李克忠等人，持诏前往安南宣陈日烜入朝觐见。以前，元使去安南，只能从鄯阐（今昆明市）、黎化往来，路途曲折遥远。如今，江南已经被平定，元使可以从京城直达江陵。闰十一月，元使抵达邕州（今南宁市）永平寨，十二月到达安南，大大节省了时间。震惊的陈日烜先派御史中赞兼知审刑院事杜国计前往迎接，又派太尉率百官到富良江接待元朝使者。

十月二十二日，元朝使者柴椿等人还在路上，三十八岁的陈日烜就禅位给二十岁的皇太子陈日燇（又名陈吟）。十二月初二，陈日烜去使馆见柴椿等人。柴椿传达了忽必烈的旨意，口气非常强硬。他批评安南归附元朝二十多年，一直没有执行大元颁布的六条规定；又批评陈日烜在父亲死后没有向元朝请命就擅自即位，应亲自入朝请罪。

陈日烜放低姿态，两次宴请柴椿，又奉上礼物表达诚意，说自己长在深宫，不善骑乘，贸然北上恐水土不服，死在半道上。拒绝接受礼物的柴椿讽刺陈日烜："同样是长在深宫的宋朝皇帝连十岁都没有，他怎么就能走到京师？我是来宣召你进京的，不是来收土特产的！"一直到柴椿准备启程回国，陈日烜都没有北上的意思。他让范明宇、郑国瓒、杜国计为他奉表陈情，称自己体质虚弱，怕死在半道让大汗徒增悲伤，表示虽然自己没有入朝，但仍会终生对陛下保持忠诚。

至元十六年（1279 年）三月，柴椿抵达京师，报告安南的情况。枢密院认为，陈日烜拖延不入朝，实在不识抬举，应该大兵压境，遣官问罪。此时元朝刚刚消灭南宋流亡政府，正在消化新平定的江南，还要应对漠北、漠西的叛王们。因此，忽必烈暂时不想大动兵戈，就扣留安南使者郑国瓒，让柴椿去安南宣谕陈日烜："假使国王不能亲自入朝，那就用金子制作人像代替国王。金人的眼睛，一定要镶嵌珍珠。送上贤士、方技、子女、工匠各二人，以代表安南的子民。不然，你就修筑城池等着天兵降临吧！"

虽然双方关系日趋紧张，但陈日烜并不想和元朝撕破脸，就于至元十八年（1281 年）正月派从叔陈遗爱和黎目、黎苟入朝。这一年，忽必烈第一次东征日本。十月，元朝设立占城行省、安南宣慰司，以卜颜帖木儿为宣慰使。然而，陈日烜不允许宣慰使进入安南。忽必烈就以陈日烜没有向朝廷请命便自立为王作为借口，册立陈遗爱为安南国王，派柴椿率军千人护送陈遗爱回国接管安南。他这是想通过册立傀儡，达到吞并安南的目的。

至元十九年四月，陈遗爱回到安南，没过多久就被陈日烜诛杀。这个时候，安南只是杀死了陈遗爱，还没有和元军产生武力摩擦。接着，元朝用兵占城。谅江守臣梁蔚驰报说，元右丞相唆都率军五十万，声称要假道征讨占城，但恐怕实际上是来入侵安南的。

陈日烜亲临平滩，召集王侯百官召开会议，商量应对之策。十五岁的怀文侯陈国瓒因为年纪小，没有得到参加平滩会议的机会，内心非常委屈。不甘心缺席的陈国瓒，自发组织了一支由家奴和亲属组成的千人军队。在后来的抗元战争中，陈国瓒率部高举绣着"破强敌，报皇恩"六个金字的旗帜，多次身先士卒，屡立战功。

十一月，唆都真的率军征讨了占城国。陈日烜不敢掉以轻心，于次年七月，致书荆湖占城行省平章政事阿里海牙，请求归还之前被扣留的安南使者。忽必烈允许了，并让阿里海牙宣谕安南出兵、出粮，协助远征占城的元军。出使元朝的安南人黄于令、阮章等人路过湖广时，目睹了皇子脱欢、平章阿剌会合五十万大军的景象。

陈日烜再次致书阿里海牙诉苦婉拒，说安南自从归顺元朝以来，三十年间未动兵戈，士兵们都回家种田去了；何况安南小国寡民，缺吃少喝，又遇上水灾旱灾，百姓饥一顿饱一顿，早已自顾不暇，哪还有粮食资助元军。这封洋洋洒洒的书信写得情凄意切，内容概括起来只有一句话：要兵没有，要粮也没有。

应付元朝的同时，陈日烜还亲自率领王侯们训练水军、步军，紧张地进行备战。他以堂兄兴道王陈国峻为节制，统领天下诸军，又从各阶层中选择有将才的武官分统诸军。客观地说，安南自从归附蒙古人以来，便恪守职责按时进贡，对蒙古人一再忍让，但对胸怀四海的忽必烈来说，安南再怎么恭顺也不如将其纳入自己的版图。从派遣达鲁花赤，到颁布六条规定，乃至于借道、借兵、借粮，蒙古对安南是步步紧逼。泥人尚有三分火气，佛陀也有怒目之时，蒙古人的蛮横激起了安南人的愤怒。

忽必烈之所以用兵安南，除了满足他个人的征服欲望以及获得经济利益之外，还在于他要防止南宋遗民与安南联手抗元。南宋灭亡后，有不少遗民逃到了安南，并且在后来对抗元军的战斗中立下了功劳。

脱欢征安南

至元二十一年（1284 年），元朝和安南的关系越发紧张，已经到了剑拔弩张、一触即发的地步，但双方并没有真正撕破脸。安南依旧派遣使者入贡。三月，有人传言：安南将派两万士兵和五百船只去支援占城抗元。陈日烜连忙致书荆南占城行省自辩："占城叛逆，被大军讨伐，是占城不知天高地厚。我安南有自知之明，怎么会和占城同谋？这道理三尺小孩都懂，我国怎会不知？"

实际情况是，和占城对峙的唆都，由于一直等不到援军，便在三月初六从占城的乌州、里州北上安南，准备和南下远征安南的脱欢部会合，对安南来个南北夹击。

三月底，支援唆都的忽都虎率领远征军进入占城，占城国王投降，占城战役结束。这个时候，元军借道安南征讨占城的借口已经站不住脚了，但元军依旧用这个借口南下。

八月，面对严峻的形势，陈日烜一边让弟弟昭德王陈璨致书荆湖占城行省，表示自愿纳款归降；一边让堂兄兴道王陈国峻提兵边境，分守各个战略要道，准备迎战。为了鼓舞士气，陈国峻在东步头举行了阅兵仪式。此时，镇南王脱欢率领大军行至衡山县（今湖南衡山县）。到永州（今湖南永州市）后，脱欢就移牒安南，宣称要借道过境去占城，命陈日烜开道迎接大军。安南人不是傻子，占城都归降了，元军还借什么道？横行霸道的元军才不管借口是否牵强，径直过邕州，于十一月来到思明州（今广西宁明县）。脱欢再次下令催促陈日烜来见。陈日烜则派陈甫出使元朝，请求缓师。

十二月，陈甫回来说元军已经快到边境了。陈日烜再次召集王公大臣在延洪召开军事会议。大家异口同声地说要迎战元军。此时，元军已经抵达安南边境禄州（今越南凉山省禄平县）。陈日烜派善忠大夫阮德舆和朝请郎阮文翰送信给脱欢，表示："虽然没有见到大王，但我心里仍然感到荣幸，希望大王看在我忠诚的分上，对我国百姓多加怜恤。"他又致书荆湖占城行省平章政事阿里海牙，乞求大军过境时不要惊扰百姓，以免生灵涂炭。眼看大战在即，两国官方依旧没有彻底撕破脸，可见安南的外交手段相当不错。

脱欢听说陈国峻调兵遣将屯守邱温县、邱急岭后，便分兵三路：西路由万户李罗合答、招讨使齐深率领，从邱温县入境；东路由怯薛撒答儿、万户李邦宪率领，从邱急岭入境；脱欢自己则率大军押后。他又派总把阿里去安南，宣谕元军只是路过安南去打占城，不是来打安南的。总把阿里来到急保县就不能继续前进了，因为安南管军阮盝屯兵在七源州，其他地方也有兴道王陈国峻的兵马屯守。

东路元军在撒答儿、李邦宪、孙祐等人的率领下来到可离隘，结果在这里被陈军拦截。孙祐率军击败陈军，擒获管军奉御杜尾、杜祐，这才知道陈国峻已经领兵守住各个关卡。东路元军离开可离隘后，来到洞板隘，在这里他们再遇陈军，并又一次击败了对方。陈军将领秦岑中战死。听说陈国峻在内傍隘，元军随即来到变住村，让陈军收兵开路，拜迎镇南王脱欢，陈军不从。元军来到内傍隘后，又命人召见陈国峻，陈国峻自然不予理睬。

十二月二十六日，兵分六路的元军经过一番激战攻破内傍隘。陈国峻兵败逃走。元军一路追击，沿途不断攻破关隘，一直追到了万劫津（今越南海阳省至灵市境内）。陈国峻有兵船千余艘，就停泊在距离万劫十里处。元军沿江造船，从各队中挑选士兵组建水军。这支由乌马儿拔都率领的水军在之后的战争中多次击败陈军。

陈日烜连饭都顾不得吃，便仓促乘轻舟临幸海东。有个小兵给他端了一碗糙米饭，陈日烜十分感动，不但封此人做了一个小官，还赐予其爵位。狼狈逃跑的陈国峻并不气馁，调海东、云茶、巴点等路军民，择骁勇者充当先锋。

如此这般，陈军的士气才稍微振作起来。兴武王陈巘、明宪王陈蔚、兴让王陈国颗、兴智王陈岘等人，带着旁河、那岑、茶乡、安生、龙眼等地二十万士兵，纷纷赶来万劫，听从陈国峻节度，抗击元军。虽然陈军重新聚集起军队，从上到下万众一心、踊跃思战，但仍旧不是元军的对手，战况呈一边倒的趋势。陈国峻再次败走，陈日烜把给脱欢和行省的两封信遗弃在江边，同样仓皇逃走。

陈日烜在信中义正词严地指责说："以前大元皇帝说过，元军不会入侵安南。今大元发兵占城，却在借道安南时残害我朝百姓。这是大元皇子的过错，不是安南的过错。希望元军遵循大元皇帝的诏命，撤出安南。安南必定会献上贡品，并且会拿出许多以前没有进献过的物品！"

脱欢回信说："朝廷讨伐占城，多次发公文给安南，让你们开放道路、准备粮食，你们却故意违背诏命，让陈国峻带兵拦截大军，还射伤我军士兵。让安南生灵涂炭的是你们啊！你们立即退兵让路，我朝大军必然秋毫无犯。你国世子应出迎镇南王共商军事，不然大军将在安南开府，长期屯驻。"

陈国峻为了振奋人心，写下《谕诸裨将檄文》激励士气。这篇檄文不但激发了陈军将士的爱国之心，还点燃了他们对侵略者的熊熊怒火。檄文很快便传遍了全国。备受激励的陈军将士摩拳擦掌，要为保家卫国的大义而战。士兵们在自己的胳膊上刺上"杀鞑"二字，老百姓则纷纷武装起来，配合朝廷军队。陈日烜还颁布命令：遇到敌人就打，打不过就逃，绝对不允许投降。

至元二十二年（1285年）正月初六，元军乌马儿拔都部攻陷万劫、普赖山。十二日，元军连破嘉林、武宁、东岸。看到俘虏的陈军胳膊上都刺有"杀鞑"二字，乌马儿拔都大怒，杀了不少俘虏，这一行为加剧了安南人民对元军的仇恨。陈日烜想派人去乌马儿拔都军中探查虚实，却没有合适的人选。最后，祗候局首杜克终主动请缨去见乌马儿拔都。

乌马儿拔都蛮横地指责杜克终说："你们国王太过无礼，居然让士兵在胳膊上刺'杀鞑'二字，这是在欺辱我军士兵，是大罪！"

杜克终不卑不亢地回复说："家养的狗咬人，是出于对主人的忠诚，并不能说就是主人指使的。刺字的事，国王并不知道。我是国王身边的近臣，你看，我的胳膊上就没有刺字。"说着，他让乌马儿拔都看他的胳膊。

乌马儿拔都又斥责安南拒绝借道，做出螳臂当车的反抗行为。

杜克终不客气地说："狗急了还会跳墙，鸟急了也会啄人，更何况是人。不是被你们步步相逼，怎么会走到如此地步？"

乌马儿拔都站不住理，便开始威胁："我军借道，是去征讨占城。如果你们国王肯前来相见，我军必然秋毫无犯，保你们境内晏然。如果你们执迷不悟，我军则会在顷刻之间将你们的山川化为平地，君臣变成腐草。"

安南人一贯狡黠且有韧性，怎么会被蒙古人的恐吓之词吓到？陈日烜亲自率领十万大军、千余艘战船，在国都升龙以北的富良江北岸布防，协助兴道王陈国峻迎战元军。元军这边，镇南王脱欢和行省官亲自到东岸督战。

两军在排滩大战一场。陈军死伤众多，战船也被元军夺走二十多艘。退守涉泸江的陈日烜命人沿江布置兵船，设立木栅，但还是被以捆绑筏子做桥渡过富良江的元军再次击溃。陈日烜逃跑前，还派阮效锐带着礼物去向元军谢罪，请求元军班师。脱欢调兵渡江，列阵在升龙城下，诏谕陈日烜归降。

正月十四日，元军在脱欢的带领下进入升龙，安南的京城再次沦陷。陈日烜逃到天长府、长安府收聚残兵败将。二十一日，镇南王脱欢攻破天汉隘，仁宗陈日燇退守海市隘，随即又被元军击溃。此时，前一年三月从占城北上的唆都部，已经过布政州到达乂安州。陈日烜派弟弟昭文王陈日通、郑廷瓒迎战唆都，两人不敌战败。正月二十八日，陈国峻请上相太师昭明王陈光启（陈日烜同母弟弟）去救援乂安州。

眼看元军势如破竹、陈军兵败如山倒，一些安南贵族开始怯战畏敌。二月初一，靖国大王陈国康的庶子彰宪侯陈键迎战唆都于海口，同样被元军击败，但他并没有逃跑，而是带着僚属投降了唆都。唆都派人护送陈键回国，然而在途中，陈键被陈国峻的家奴阮地炉射杀。

　　万户李邦宪、刘世英从永平进入安南后，为了巩固对占领地区的统治，每三十里设一寨，每六十里设一驿。每个寨子和驿站之间屯兵三百，负责镇守和巡逻。脱欢还命刘世英设立堡垒，专门管理寨子和驿站事务。元军这样做，原指望以寨子和驿站为依托，起到防御乃至进攻的作用。然而随着战况的发展，寨子和驿站并没有起到步步蚕食安南的作用，反而因为元军将力量分散开来，给了全民皆兵的安南人骚扰侵袭的机会，有生力量被大量消耗掉。

　　二月初三，追赶陈日烜的镇南王脱欢在大黄江（今红河下游）再次击溃陈军。陈日烜被打得心生恐惧，一面派忠宪侯陈阳向元军乞和，一面命近侍陶坚把妹妹安姿公主送给脱欢，乞求脱欢罢兵。脱欢派艾千户传话陈日烜："既然你想乞和，为何不亲自来商量？"陈日烜怎么可能自投罗网，他选择继续逃亡。二月初六，唆都在清化境内的富津渡击败陈军。至此，唆都拿下义安州和清化，逼近长安府，与脱欢形成南北呼应之势。唆都从占城入境后，经历大小七战，取地二千多里，不负骁将之名。

　　在元军的夹攻之下，陈日烜不敢再待在天长府、长安府，于是选择继续逃跑。元右丞宽彻和万户忙古、孛罗合答儿从陆路，左丞李恒和乌马儿拔都从水陆，对陈日烜发起了追击。陈日烜且战且逃，最终狼狈地逃到了安邦海口，他丢弃舟楫甲仗，藏匿进山谷丛林之间。

　　由于陈军兵败如山倒，文义侯、武道侯、明智侯、彰怀侯，以及流亡至此的亡宋官员曾参政、苏少保之子苏宝章、陈尚书之子陈丁孙，相继率众投降。元军还俘获了一万艘陈军战舰，除了留下一些未损坏的舰船自用以外，他们将剩余的全部焚毁丢弃。

　　从至元二十一年十二月入境作战到现在，已经过去三个月了，元军的短板开始逐渐显现。首先，元军的粮食并不宽裕。唆都军从占城北上时，一路没有任何补给。无奈之下，脱欢只好让唆都去长安府补充粮草。其次，元军不熟悉当地地形，没有丛林作战经验。陈日烜藏匿到丛林中以后，元军就没辙了，只能被动地陷入持久的拉锯战中。这种情况明显对孤悬在外又得不到补给的元军十分不利。

脱欢从俘虏口中得知，安南二帝仅剩下四艘船，兴道王陈国峻和儿子只有三艘船，太师陈光启还有八十艘船，他们都向清化府方向逃逸了。峻都也给脱欢传信说，陈日烜、陈光启兄弟奔走清化。于是脱欢命乌马儿拔都率领一千三百人、战舰六十艘，去协助峻都袭击陈光启部；又安排唐兀（一作唐古带）沿海搜捕陈日烜，但并没有找到陈日烜的踪迹。保义王陈平仲被俘后绝食拒降，被脱欢处死。有宁死不屈的，自然也有望风归降的，陈日烜的另一个弟弟昭国王陈益稷率部投降。脱欢派明里、昔班护送投降的安南贵族彰宪侯、文义侯、明诚侯、义国侯入朝，结果半道遭到陈国峻袭击。彰宪侯、义国侯被杀。

三月初一，陈日烜、陈日燇父子舍舟登陆，陆行到水注，接着登舟出白藤江，越过大旁海，逃到清化。脱欢探查到消息后，让去长安府补充粮草的峻都重新打回清化府，但他并没有找到陈氏父子。

双方就这样陷入了僵局。虽然陈军屡战屡败，总是输给元军，但也让元军疲于奔命。连年征战的元军早已疲乏不堪，不免产生厌战情绪。再加上日渐炎热、瘴气渐盛，疫情开始在不适应这里气候的北方人中暴发。安南人不再和元军硬碰硬，而是藏匿进丛林中，打起了游击战。面对不熟悉的地理环境，蒙古骑兵没有施展的余地，死伤众多。更严重的是，由于安南人实施坚壁清野的策略，元军得不到补给。他们想速战速决却找不到敌人，想打持久战又缺乏补给，陷入了进退两难的境地。

脱欢召集诸将商议对策，众人认为不能在安南久留，应该班师北返。于是，元军放弃升龙，渡江北返，准备先退到思明州。陈日烜也在和群臣商量，他们判断元军常年在外征战，必然疲惫，己方只需以逸待劳便可。历史再次重演，和兀良合台征安南时的情形一样，陈军趁元军班师时打响了反击战。他们四处袭击撤退的元军，元军很快便陷入了安南人民的拼死反击中。

四月，陈日烜命怀文侯陈国瓒、将军阮蒯等率军去西结渡口迎战元军。

随后，两军在咸子关大战一场。咸子关之战，成了形势逆转的关键一役。元军归心似箭，毫无战意，而陈军却积极求战，准备一报血仇。就在两军激战之时，先前在将军赵忠的带领下流亡到安南投奔昭文王陈日燏的南宋残军，也加入了战局。宋军仍旧穿着宋人的服饰，元军见到后，十分惊惧，大呼有宋人帮助安南人。搞不清状况的元军随即溃败。咸子关大胜后，陈军军心大振，变被动为主动。脱欢军和唆都军却在此战后失去了联系。

五月初三，陈日烜父子在南部的长安府击败元军，斩首无数。唆都从清化奔赴长安府，准备还击陈氏父子。不久，陈日烜便得到报告：上相陈光启、怀文侯陈国瓒、陈聪、阮可腊、阮传等率领军民击败脱欢军，脱欢和阿剌等人奔走泸江。但唆都并不知道脱欢败北的消息，五月十七日，唆都和乌马儿拔都从海上攻打天幕江，准备继续北上升龙与脱欢会合。直到被陈军击败后，他才知道脱欢败退的消息。之前追着陈军打的元军，现在反过来被陈军追着打。元军一败再败，五月二十日，总管张显投降陈军。死伤甚重的唆都军不得不退走西结，结果被陈军围剿。唆都战死，五万元军被俘，只有乌马儿拔都趁夜逃遁清化江口，驾船逃脱。

在咸子关败北的脱欢军，随后被陈国峻和兴宁王的两万人马截击。刘世英率军殿后，与陈军力战，元军主力则退走如月江，但被少年英雄怀文侯陈国瓒拦截。元军继续退走册江，搭浮桥准备渡江，结果左丞唐兀等人的军队还没来得及渡江，就遭到埋伏在岸边丛林里的陈军的伏击。元军大乱，溺死者众多。李恒、唐兀等人护卫着脱欢拼死力战，最后离开安南，向思明州撤退。李恒殿后时左膝中了毒箭，返回思明州后不治而亡，年五十岁。率余部五万人护卫脱欢撤退的神将李瓘同样中毒箭而死。

第二次征讨安南之战就此结束。元军不但伤亡过半，还损失了李恒、唆都这样的悍将，比兀良合台偏师征安南的结果更糟糕。

六月初六，陈日烜和儿子陈日燇回到京师升龙。上相昭明王陈光启作诗一首："夺稍章阳渡，擒胡咸子关，太平须致力，万古旧江山。"劫后余生的安南君臣喜笑颜开，大元皇帝忽必烈可就不高兴了，他两次东征日本都以失败告终，正计划第三次东征，就传来了元军在安南战败的消息。他怎么也咽不下这口气，决定取消东征，集中精力再次南征安南。

三征安南

至元二十三年（1286年）正月，忽必烈召集省臣商议南伐安南之事。

为了此次南征，忽必烈设立安南行中书省，任命阿里海牙为左丞相，来阿八赤为右丞相，奥鲁赤为平章政事，乌马儿拔都、樊楫等为参知政事。这些人统统受镇南王脱欢节制。忽必烈从江淮、江西、湖广三行省征调蒙古军、汉军七万人，战舰五百艘，又征调云南兵六千人，海外四州黎兵一万五千人，并命令海道运粮万户张文虎等运粮十七万石。这一次，元朝总计出动水陆军十万人，准备等八月诸军在钦州（今广西钦州市）、廉州（今广西合浦县）会合后，再征安南。

至于出兵的借口，自然是替天行道，惩罚罪人。忽必烈宣谕天下，历数安南国王陈日烜的罪状，说他杀害叔父陈遗爱，不接纳元朝安排的达鲁花赤等等。忽必烈还封归顺元朝的陈益稷为安南国王，赐他符印，让他和大军一起南下，以便接管安南。由于连年征战，动辄百万之众，元朝的财政早已入不敷出，百姓疲惫不堪，士兵也多有死伤。湖广省臣丝哥上奏忽必烈，请求暂缓南征，让百姓休养生息，等来年准备妥当后再出兵也不迟。吏部尚书刘宣也向忽必烈陈述征讨安南的弊端。忽必烈下诏缓师，召阿里海牙入朝，但他并没有彻底打消南征的念头。

安南君臣知道元朝不会善罢甘休，他们已经和蒙古人打过两次仗，总结出不少抗元经验：敌进我退，坚壁清野，将反击时间拖延到天气炎热以后。因此，陈日烜并不畏惧，他命王侯宗室各自募兵，还命兴道王陈国峻总督诸王侯宗室。此外，他还调兵建造器械和战舰，操练士兵，积极备战。

至元二十四年（1287年），经过周密准备的元军，于六月水陆并进，开赴安南。鉴于此前的失败，元军特意加强水军力量，并专门组织了运输粮食的船队，以免像上次一样出现缺粮的情况。元军出动的同时，安南派中大夫阮文彦、通侍大夫黎仲谦入朝进贡。

十一月，脱欢从钦州、廉州来到思明州，并留下二千五百人交给万户贺祉、张玉统领，负责在思明州看守辎重。接着，他将陆军分为三路，约定各军在万劫会合：右丞程鹏飞、孛罗合答儿率一万人从西道进入永平，脱欢和奥鲁赤从东道进攻女儿关，来阿八赤率领一万人作为先锋。水路方面，樊楫和乌马儿拔都率舟师经玉山双门，进攻安邦海口。

程鹏飞和孛罗合答儿从永平经过老鼠关（又作支棱隘），攻克沙、茨、竹三关，连胜十七战。乌马儿拔都在安邦海口击败了由四百余艘战舰组成的安南水军，斩首四千余级，生擒百余人，夺得战舰百艘。东路军经过可离隘，攻破女儿关，于十一月二十七日来到万劫。由于粮船落在后面，脱欢便命乌马儿拔都先去四处掠劫粮食，又命程鹏飞和阿里率军两万屯守万劫，并在普赖山至灵山之间修建木栅，准备在这里建造基地储备粮食。十二月，脱欢来到茅罗港，陈国峻败走。脱欢破浮山寨，率诸军渡过富良江，进逼升龙。陈日烜父子兵败，弃城走奔唉南堡（又作敢南堡）。

同一时间，云南行省右丞爱鲁率领六千人，从罗罗进入安南，与拥兵四万、屯守木兀门的昭文王陈日遹展开大战。元军攻破关卡，擒拿陈军大将黎石、何英。爱鲁在安南征战近三个月，经历大小十八战后，终于来到升龙与脱欢会合。

脱欢命乌马儿拔都从海路迎接张文虎的粮船，他则留在云屯，迎战并击败了仁惠王陈庆余。接到粮船后，急功近利的乌马儿拔都不是跟着粮船一起走，而是把粮船扔在了后面。他以为海路已被他扫荡过，不会出什么问题。失利的陈庆余本来已经被陈日烜派人问罪，但他获知元军粮船就要到来，便让中使宽限几日，他准备收集残兵设伏元军粮船。果然没多久，张文虎的运粮船就到达了云屯。陈庆余连忙率军扑了上去。大惊失色的张文虎奋力反击，且战且走。走到绿水洋后，张文虎自觉取胜无望，粮船沉重不便突围，只好下令把粮食沉到海底，自己率领残部奔赴琼州。尽管元军将粮食沉海，陈庆余部还是获得了不少军粮、器械。因为劫粮的功劳，陈庆余战败的罪过被一笔勾销。陈日烜还故意派人去元军大营宣扬他们粮船被劫持之事，打击元军的士气。

来阿八赤建议，擒贼先擒王，只要捉住陈日烜，大势可定。至元二十五年（1288 年）正月，元军攻克唊南堡。陈日烜父子像之前一样，跑到海上躲藏起来。元军一直追到天长府海口，也没追上，只好退回升龙。

陈日烜屡次派使者前来诈降，想把时间拖到二三月以后。元军信以为真，等着陈日烜来降，结果左等右等始终等不到。此时元军已经开始缺粮。原本，除了张文虎被劫持的粮船外，元军还有两路粮船，但费拱辰的粮船前一年十一月走到惠州时被风吹到了琼州；徐庆的粮船则被吹到了占城，只得退回琼州。至此，元军失去了所有的补给。脱欢只好让奥鲁赤、来阿八赤分别去搜刮粮食。

听说安南在个沉、个黎、磨山、魏寨集兵，元军犹如饿虎扑食一般前往挨个击破，斩首万余级，但这不能改变元军的被动局面。

又听说陈日烜在竹洞、安邦海口，来阿八赤率军前去攻打。双方屡次交战，但陈军一败就藏匿丛林之中，来阿八赤无可奈何。面对这种情况，脱欢的心情极其糟糕，这次南征本就是他戴罪立功的机会，没想到又陷入了和上次一样的窘境。元军没有补给，安南人又坚壁清野，就算他们四处搜刮粮食，对大军来说也是杯水车薪。更让人焦虑的是，由于前两次战败，元军对安南陈军心生怯意。粮食短缺，士气低落，加上天气就要变得炎热起来，元军即将陷入和上次一样被陈军包围的险境。为了避免再次惨败，脱欢只能退军。

二月，脱欢率军返回万劫。来阿八赤率领前锋军夺取关系桥，破三江口，攻克堡寨三十二座，获得米粮十一万三千余石。乌马儿拔都从大滂口前往塔山，击败陈军千余艘战舰，最后到安邦海口，获得米粮四万余石。

这时候，陈日烜又派从兄兴宁王陈嵩前来纳降。夜里，陈军敢死队前来袭营。军中已经开始暴发疫病的元军被折腾得疲惫不堪。脱欢大怒，让万户解震焚毁安南都城。不过在左右将领的劝阻下，这一命令并没有执行。

脱欢传令元军兵分两路撤退：乌马儿拔都指挥水军，从白藤江先行撤退；他自己率军从陆地取道谅山班师。当时有水军将领建议，让水军弃舟从陆地一起撤退，但脱欢拒绝了这一提议。不过，他指派程鹏飞率领一支骑兵沿江行动，策应水军。根据上次撤退的经历，脱欢安排乌马儿拔都先从水路撤退，很难让人不怀疑他是要丢车保帅，抛出乌马儿拔都牵制陈军的注意力。然而让他没想到的是，乌马儿拔都部被歼灭得那么快。

侦察到元军行动的陈军，针对拦截计划进行了充分的准备。乌马儿拔都撤退路线上的白藤江，是一条由石泊河、价河及其他许多河流汇合而成的大江，江右岸紧贴着一条石灰石山脉，左岸则是郁郁葱葱的密林。宽约八十里的白藤江入海口，其潮水属于暗潮，每年的三月初七到十四日，潮汐的落差会达到最大。在这段时间内，潮涨时，江水最深为三米二，落潮时，江水最浅只有九十厘米。白藤江通常自夜半时分开始涨潮，午时开始退潮，江水往往会以每小时三十厘米的高度涨落。也就是说，每年的三月初七到十四日之间，白藤江的水位会因为退潮暴跌至九十厘米。

元军使用的战舰出自浙江沿海一带，是一种被当地俗称为"钓漕船"的刀鱼船。这种船长十五米，宽约三米，吃水九十厘米，满载排水量为八十七吨。按照元军船只九十厘米的吃水深度来看，就算是潮水涨到最高处，船底距离河床也只有二米三；潮水回落后，元军船只就只能搁浅了。

元军不知道白藤江潮涨潮落的规律，但陈军对此却是非常清楚。在这之前，安南和中原王朝爆发过两次白藤江战役。每一次安南人都是利用白藤江退潮的时机在江中布置木桩阵，借此击败南汉军和宋军。这一次，陈国峻同样要利用白藤江来全歼元朝水军。他命令部下在丛林中砍伐约两米长的木桩，将其削尖后趁着潮落钉进江中。同时，他还在竹洞设防，以免元军从那里撤退。

三月初八，陈国峻率军拦截乌马儿拔都率领的水军。两军还没交上手，陈军就假装溃败，把元军引到白藤江木桩阵处。对白藤江潮汐一点儿都不了解的元军并不知道陈军的阴谋，紧追不放，驾驶战舰鱼贯进入白藤江口。随着潮水开始下落，元军的战舰搁浅了。随后，陈国峻、阮蒯率领圣翊勇义军杀出，开始对不知所措的元军发起猛烈进攻。陈日烜、陈日燏父子亲自率军赶来，围剿乌马儿拔都水军。陈军顺着风势朝元军不断放箭，还采用火攻对元军展开单方面的屠杀。不明白战舰为何搁浅的元军在惊恐与慌乱中覆亡。很多元军溺死江中，还有很多人被杀，江水都被染成了红色。

第三次白藤江之战，因为陈国峻的因地制宜，元朝水师全军覆灭。身为统帅的乌马儿拔都和樊楫被陈军俘杀。

之后，陈日烜父子和陈国峻等人带领三十余万陈军，分兵屯守女儿关和邱急岭。陈军连亘百余里，拦截脱欢大军的归路。他们又是挖陷阱，又是放毒箭，又是搞袭击战，弄得元军一边迎战，一边撤退。有时候，元军一天之内会遭遇十几次袭击，精神上的高度警戒使他们疲惫不堪、心力交瘁。脱欢退到内傍关时，陈军蜂拥而至，大有将脱欢击毙于此地的阵势。在万户张均率精锐三千殿后，来阿八赤与张玉等诸将拼死护卫的情况下，脱欢才侥幸逃出关，从单已县急奔盉州，抄小路撤回广西思明州。来阿八赤和张玉中毒箭身亡；爱鲁染上瘴疠，撤回云南后死去。

脱欢二征安南，再次以惨败告终。忽必烈震怒异常，以再伐安南无功、丧师辱国的罪名，终身不许脱欢入朝觐见。直到忽必烈驾崩，脱欢也没有见过父亲。

三月二十七日，重返京师升龙的陈日烜派遣使者进献金人代替自己入朝谢罪，希望忽必烈看在自己递台阶的分上，别再出兵安南了。与此同时，他还把俘虏的元军归还。不过，被归还的元军都被安南人黥了面，额头上不是刺有"天子兵"字样，就是刺有"投南朝"字样。万分恼怒的忽必烈于十一月派刘庭直等人出使安南，宣谕陈日烜来朝，只要入朝就既往不咎，恢复旧封，如有迟疑，决不宽恕。

至元二十六年（1289年）三月，刘庭直等人抵达安南。陈日烜打定主意不入朝，他派中大夫陈克明去元朝入贡方物、上表谢罪，还说乌马儿拔都是不慎落水溺死，樊楫是病死，并不是被他们杀害的云云。次年五月二十五日，安南太上皇陈日烜病死，仁宗陈日燇派严仲维等人入元告哀，并请求册封，免得大元又说他不告自立。忽必烈先后命张立道、梁曾等出使安南，召陈日燇入朝，陈日燇都找理由搪塞了过去。

至元三十年（1293年），陈日燇又派陶子奇入朝请罪。忽必烈很生气，将陶子奇扣留在江陵。七月，忽必烈命刘国杰等调兵遣将；八月，分立湖广安南行省，准备再次出兵安南。同时，他还让他册封的安南国王陈益稷随军到长沙。

再征安南的准备工作还没做完，至元三十一年（1294年）正月二十二日，八十岁的忽必烈驾崩了。元朝又一次陷入了皇位之争，没工夫南征安南。四月，新即位的元成宗铁穆耳下诏罢征安南，遣送陶子奇回国。陈日燇很有眼色，遣使告哀，进献方物。双方就此停止战争，进入和平状态。

二征日本

两次元日战争的相继失利，打破了蒙古人不可战胜的神话，标志着忽必烈的武功开始走下坡路。

五次出使被拒

四面环海的日本，西面与高丽、元朝隔海相望。弹丸之地的日本，之所以能够进入忽必烈的视线，是因为高丽人赵彝。至元二年（1265年），赵彝上奏说日本自古就与中国有联系，可以派使者前去通好。

大蒙古国分裂以后，满怀雄心壮志的忽必烈西进无望，又不甘心无所作为，只好将目光投向亚洲东部和东南部，日本就这样进入了他的视线。忽必烈开始频频向日本派遣使者，希望日本能和高丽一样臣服于蒙古。

至元三年八月，忽必烈命兵部侍郎黑的、礼部侍郎殷弘为国信使、国信副使，带着国书出使日本。黑的等人借道高丽，在高丽枢密院副使宋君斐、礼部侍郎金赞等导诏使的陪同下出发。然而一行人到达高丽巨济岛的松边浦就没有继续前行了，而是掉头回国。据说是黑的看到汹涌的大海和狂暴的天气，吓得不敢渡海。而据《高丽史》记载，是高丽人担心元朝出兵日本，会给高丽带来沉重的负担，就用凶险的海路和恶劣的天气吓唬黑的。到底是黑的、殷弘怕命丧海域，还是高丽人的私心起了作用，抑或是黑的和高丽人合谋，真相已不得而知。总之，第一次出使日本不了了之。

忽必烈很不高兴，为此谴责高丽国王元宗王禃。至元四年六月，忽必烈再次派黑的等人去高丽，命元宗王禃必须如期引导蒙古使臣到达日本。王禃认为海道险阻，不能让元使再受无功而返之辱，便于当年九月派他的起居舍人潘阜等人持国书代替蒙古使臣赴日。潘阜在日本停留了六个月，其间日本人根本不理睬他，他只得无功而返。

至元五年九月，忽必烈第三次派黑的、殷弘持国书出使日本。这次黑的等人终于踏上了日本国土，来到对马岛。面对蒙古使者，日本人拒而不纳。不管蒙古人在大陆上有多威风，其凶名都没有在日本传开，自然也就震慑不住日本人。不甘心的黑的等人在回国路上掳走了两个日本人塔二郎和弥二郎。

忽必烈允许这两个日本人在大都走动长长见识。至元六年六月，忽必烈命高丽派使臣将这两个日本人送回去，并让他们带去一封以中书省名义写成的信。高丽使臣金有成护送塔二郎、弥二郎回国后，在日本滞留了很长一段时间，但仍然一无所获。

至元七年十二月，忽必烈命秘书监赵良弼第四次出使日本，还准备给他配卫兵三千。赵良弼拒绝了，只带上书状官二十四人出行。一行人由忽林池、王国昌、洪茶丘率兵护送到海上。次年九月十九日，在高丽通事别将徐称导的陪同下，赵良弼抵达日本博多湾西部今津港。

赵良弼等人的到来，引起了日本人的骚动，守护甚至准备围攻使节团。赵良弼连忙上岸申明来意，之后一行人就被今津守安置在板屋看管起来。第二天，大宰府长官少贰经资（又称"藤原经资"）安排军队在西山列阵后，才出面会见赵良弼。赵良弼先是指责日本人不礼貌，然后才说明自己的来意。少贰经资向他致歉并索要国书。赵良弼拒绝道："见到你们的国王后，我才会奉上国书。"过了几天，少贰经资再次来索要国书，他对赵良弼说："我国大宰府以东的区域，自古就没有使者前来。你说你是大朝使者，却不出示国书，何以显示你的诚意？"赵良弼不卑不亢地回道："隋文帝派遣裴清来，你们的王出城迎接。唐太宗、唐高宗派来的使者都见到了你们的王，为何他就不见我大元使臣呢？"

少贰经资无法反驳，就开始不讲理，几次三番强硬索要国书，甚至用武力进行威胁。赵良弼始终不肯屈服，只答应给他抄本。少贰经资吓唬赵良弼说，大将军已经率军十万来求国书。赵良弼丝毫不惧："在见到你们的国王之前，国书是不会给你们的，哪怕要了我的命。"少贰经资无奈，只能将抄本呈报幕府和朝廷。

国书的内容很直白："大元和日本作为邻居，应该友好往来。我大元屡次派使者前来修好，你们却不做任何反应。日本素来号称知礼之国，为何会做出如此欠考虑的事呢？此次特命少中大夫秘书监赵良弼为国信使，希望你们能派使者跟随他前来。亲仁善邻，国之美事。如果要闹到用兵的地步，那就不是大家乐意看到的了。"

当时，执掌日本大权的是二十岁的北条时宗。他十八岁出任第八代执权，正是年少气盛的年龄。他压制住政府中想要妥协的声音，以坚定的态度拒绝了元朝的要求。北条时宗派人把赵良弼遣送到对马岛，令其回国，又派遣级别低下的十二人组成代表团，交给弥四郎带队，让他以镇西守护所使团的名义跟着赵良弼出使元朝。

北条时宗为何拒绝通好大元呢？真相我们已经不得而知。他或许是受到了南宋禅宗的影响，亲宋反元；也或许是距离元朝太远，对元朝能否大规模远洋作战抱有怀疑；当然，也可能是因为北条时宗自大无知，不关注国外时事，因而不了解蒙古人的凶名。

返回高丽的赵良弼派书状官张铎带着十二名日本人前往大都。至元九年（1272 年）二月初一，一行人抵达大都。忽必烈拒绝接见日本使者，令其回国，又指示高丽元宗王禃致书日本。五月，王禃再次致书日本，让他们通好元朝。北条时宗一概无视。

至元十年三月，忽必烈派赵良弼等人第五次出使日本。他们一上岸就被大宰府派人拦下，被迫于六月回国。五次遣使，五次被拒绝，忽必烈愤怒了，决定给日本点颜色看看。之后，他开始下令修建船只、囤积粮饷，准备远征日本。

远征前，忽必烈还特意向两次出使日本的赵良弼咨询日本的情况。赵良弼说："日本民俗狠勇嗜杀，不知道父子之亲、上下之礼。日本国多山水，没有耕桑之益，征服这个蕞尔小国对我朝没有多少好处。何况舟师渡海，风涛莫测，远征纯属浪费人力、物力，臣认为不用理会他们。"然而难以容忍被日本人蔑视的忽必烈不听，决定用武力教育日本。

第一次东征日本

其实忽必烈早就打定主意，通好不成就以武力征服日本。至元七年，他下令在高丽实行屯田，储备粮食，为进取日本做准备。至元十一年（1274 年）三月，他派木速塔八、撒木合持诏前往高丽征兵五千六百人协助远征；又命屯戍高丽的凤州经略使忻都、高丽军民总管洪茶丘等率军，准备七月征伐日本。

　　然而七月十九日，高丽国王元宗王禃薨。忽必烈下诏，让女婿高丽世子王谌回国即位。于是，远征军出发的日期改到了十月。

　　十月初三，远征军在都元帅忻都、右副元帅洪茶丘、左副元帅刘复亨的率领下，从高丽合浦（今韩国镇海湾马山浦附近）出发，直扑日本九州的对马岛。

　　此次东征的军队有：蒙古军、汉军两万五千人，高丽军五千六百人，高丽艄公、水手六千七百人，总计三万七千三百人。元军出动了三百千料舟（运载东征军的主力战舰）、三百拔都鲁轻疾舟（航行时负责警戒联络，登陆时负责抢滩的小型快艇）、三百汲水小舟（储备淡水、粮草、军械等后勤物资的运输船），总计九百艘船只。

　　十月初五，元军突然出现在对马岛西岸的佐须浦。守护这里的代宗助国得到消息后，率领八十余骑赶到佐须浦。次日，代宗助国派通事前去询问情况，结果元军直接发起了进攻。仓促应战的代宗助国及其下属寡不敌众，被元军歼灭。对马岛被元军占领。

　　初战小胜后，信心满满的忻都更加骄傲，认为在战无不胜、攻无不克的蒙古人面前，敌军必将不战自溃，因而根本没有派遣侦察兵做战前侦察，把"知己知彼"忘得一干二净。

　　十月十四日，元军侵入壹岐岛。元军战舰抵达西海岸时，守护代宗景隆（即平经高、平内左卫门景隆）率领百余骑迎战元军。由于元军势大，壹岐岛于次日沦陷，代宗景隆自杀殉国。元军在岛上对平民进行了残酷的杀戮，并把抓获的妇女用绳索贯穿手心拴在船侧。

　　随即，元军逼近肥前沿海岛屿以及西北沿海一带。少贰经资收到两岛失陷的消息后，赶忙向镰仓幕府和京都朝廷汇报，并紧急部署防御。战报于十月十七日抵达幕府，十八日到达京都。

　　此时，部分元军已经在日本筑前今津登陆，少贰经资率领五百骑兵前去迎战。习惯单骑冲锋的日军初次遭遇元军的密集战术，根本不是对手，死伤惨重。元军主力部队则在博多湾沿岸的博多、赤坂等地登陆。日本九州的武士争先恐后地赶赴战场迎战元军，甚至连神社、佛寺的人员都赶来助阵。

元军将领站在高处，依靠鸣鼓指挥士兵。他们使用日军闻所未闻的新式武器——铁炮，歼敌无数。铁炮夸张的外观和巨大的声响震慑住了日军，也搅乱了日军的行动。身穿繁重铠甲、陷入重围的日军，被轻装上阵的元军围而击之。

日军使用的长弓也比不过元军的强化短弓，后者的射程是前者的三到四倍。更何况，元军将领也比日军将领拥有更多的沙场经验。面对拥有丰富集团作战经验的元朝—高丽联军，只擅长单骑和小规模战斗的日军陷入了被动局面。

十月二十日这天，两军从白天激战到傍晚，博多湾箱崎等地先后落入元军手中。元军对日军步步紧逼，副帅刘复亨从高坡骑马追击，被少贰景资（又称"武藤景资"，少贰经资之弟）射中。由于日军反抗激烈，元军的箭矢快要耗尽了，忻都便下令暂时停止追击，退回战舰。处于不利地位的日军也不得不暂时退到大宰府附近休整。

以忻都为首的元军主要将领召开军事会议，商量接下来的行动。忻都深知己方的箭矢就快耗尽了，而不管是军械还是物资都得不到补充。通过几天的连续战斗，他判定日军十分顽强，在不清楚日军的人数是不是比己方多的情况下，他建议退军。

高丽人金方庆比忻都清醒，他认为当前形势对元军有利，应该背水一战，继续深入，占领日军的土地，如此一来后勤就能得到补充。然而，之前有多自信现在就有多沮丧的忻都拒绝了他的建议。忻都认为疲劳作战的己方士兵没有能力继续入境作战，还是班师回朝的好。

将帅意见不合，会议到底没有讨论出结果。然而，就在当天晚上，他们遭遇了暴风雨的袭击。元军损失惨重，因碰触崖石，两百多艘战舰沉没，许多艘战舰受损；将士溺死者众多，就连高级将领金侁也落水溺亡。这下，元军不班师也不行了。为了避免日军趁机发起袭击，忻都当即下令撤军。

突如其来的暴风雨，让元军对日本的第一次东征以失败告终。损失惨重的元军只有一万三千五百人回到合浦，其余的都死在了异域他乡。蒙古人战无不胜的神话，在这场海战中被彻底粉碎了。

十月二十一日清晨，日本人发现，平静的海面上，密集的元军战舰已经不见了踪影。不过有一艘停泊在博多湾志贺岛的战舰没有跟上大部队一起撤退。舰上残留的元军都被日军生擒，斩首于大宰府水城前。

元军的撤退让惶惶不安的日本朝野陷入了狂欢之中。被他们称为"文永之役"的这场战事，因为一场突如其来的暴风雨，让日本躲过了一劫。于是，日本全国兴起了大规模的拜神活动，从天皇到执权，再到僧俗官民，都虔诚地感谢神灵庇护，乞求神灵让蒙古人不要再来。

《元史》并没有记载迫使元军撤退的那场风暴，日本年代相近的史料中也没有相关记载，只有《高丽史》记载东征军遭遇"大风雨"。因此有学者认为，此次战役元军撤退的原因不是遭遇风暴。日本气象学家荒川秀俊根据日本过往五十年的气象统计，发现西日本在农历十月没有出现过台风登陆的现象。他认为日本文永十一年十月二十日（1274年11月26日）不是台风登陆的季节。他判定，《高丽史》很可能是把日本弘安四年闰七月初一（1281年8月23日）发生的暴风雨与此混淆了。太田弘毅也根据《元史》的记载认为，元军是因为箭矢用尽才撤退的。

忻都等人回国后，确实没有把撤退的原因归于"大风雨"，而是以箭矢耗尽、没有支援作为撤退理由，向忽必烈做了汇报。忻都甚至成功让忽必烈相信，己方已通过军事力量逼迫日本屈服。忽必烈以为自己的目的已经达到，于是在至元十二年二月派礼部侍郎杜世忠、兵部侍郎何文著、计议官撒都鲁丁第六次出使日本。

元日双方的备战

至元十二年三月十七日，杜世忠一行到达高丽，在高丽使者徐赞等人的陪同下前往日本。使节团希望摆脱大宰府的限制，直接前往镰仓或者京都，因此他们绕过大宰府，于四月十五日抵达长门国室津（今日本山口县本浦町）。然而，他们的目的并没有实现，而是被长门守护送回了大宰府。

八月，杜世忠一行被押送到镰仓，这是元朝使者第一次到达镰仓，见到北条时宗。杜世忠等人向北条时宗传达了忽必烈的命令。正为最近的成功而感到骄傲的北条时宗大为光火，决定处死使节团。九月初四，幕府在镰仓西郊龙口刑场附近专门祭祀被行刑者亡灵的利生寺（现称龙口山常立寺）将杜世忠等人送上断头台。之后，北条时宗一面对元朝和高丽封锁使者被处死的消息，一面积极备战。

为了鼓舞士气，幕府对武士们进行了赏赐，让他们做好迎战准备。北条时宗下令九州诸国集中兵力，以博多为据点，以大宰府长官少贰经资为总司令官。他还要求各地把能够动用的武士、武器、船舶、水手、舵手等情况如实上报幕府。

为了加强西日本的防御，幕府在西起今津、东至箱崎的博多湾沿岸修筑了一条高约六尺、厚约一丈、长达十几公里的石制防御工事。该工事由九州诸国共同修建，每国负责一块区域，劳役和费用由该国的御家人和非御家人承担。工事朝海一面几近垂直，陆地一面则为缓坡，这样日本守军可以居高临下地朝海上的敌人射箭。这个费时五年修成，在第二次元日战争中发挥巨大作用的石制工事，被日本人称为"元寇防垒"。

幕府做了最坏的打算：假如元军强攻九州，致使九州陷落，就让东国军兵上京守护天皇和东宫，本院（后嵯峨太上天皇）和新院（龟山太上天皇）则迁向关东。

忽必烈虽然派遣杜世忠出使日本，但他并没有放弃再次入侵的打算。他开始物色能够利用的水战人才。至元十二年正月，忽必烈派耶律希亮询问南宋降将范文虎等人是否可以征伐日本，降将范文虎、夏贵、吕文焕等人皆允诺可以。十月，忽必烈派金光远为高丽庆尚道都指挥使，修造战舰。此后，他屡次命高丽人准备粮食，让他们承担制造战舰、兵器的差役，使高丽人民苦不堪言。

至元十六年二月，南宋流亡政府灭亡，元朝再无后顾之忧。南宋为蒙古人留下了许多遗产，有正面的，也有负面的，比如那些没有战斗就直接投降的、数量庞大的职业军人。为了新疆域的稳定，忽必烈必须得给这些军人提供新的工作。

优秀的、战斗力最强的士兵最先被从降军中挑选出来，他们或被补充进忽必烈的直属侍卫亲军中，或被送到漠北、西北去对抗那里的诸王势力。接下来，次一些的降兵被选出，成为各地流动的镇戍军，去镇压动乱或者起义。虽然经过了几次选拔，但南宋降军还剩下许多人。于是，忽必烈第二次远征日本时，这支新附军就被征用了。同时，忽必烈下令扬州、湖南、赣州、泉州制造战舰六百艘，积极做好各项准备。

杜世忠使节团被杀的消息始终没有传出。忽必烈为了打探杜世忠等人的消息，同时也希望了解日本的态度，就让范文虎以个人名义派人第七次出使日本。被选中的有周福、栾忠、陈光等人，同行的，还有一位僧侣。周福一行以南宋的名义，劝告日本归附元朝。很不幸，这个使节团的所有人又被斩于博多。

至元十六年八月，跟随杜世忠赴日的高丽艄公上左、引海、一冲等四人大难不死，颠沛流离四年辗转逃回高丽。高丽忠烈王赶紧派使者向元朝报告。至元十七年（1280年）二月，得知杜世忠一行被杀的忽必烈，被日本人的野蛮行为激怒了。蒙古人认为斩杀使者是对他们最大的侮辱，于是忽必烈决定像祖父成吉思汗惩罚花剌子模人一样，向日本派出远征军进行惩罚。

忽必烈迅速召开廷议，宣布出兵日本，出兵的理由是，日本杀害蒙古使者。第一次远征日本的统帅忻都和洪茶丘主动请缨出战。除了两人，忽必烈还特意召范文虎加入东征军。为了统一管理东征事务，忽必烈专门在高丽设置征东等处行中书省（即日本行省），以阿剌罕为右丞相，忻都、洪茶丘、范文虎为右丞，行中书省事。除此之外，忽必烈还封高丽忠烈王开府仪同三司，任命他为中书左丞，行中书省事。

远征军兵分两路。一路由忻都、洪茶丘、金方庆率领，从高丽合浦出发，拥有蒙古军、汉军一万五千人，高丽军一万人，高丽艄公、水手一万七千人，战舰九百艘，粮食十二万三千五百六十多石。一路由阿剌罕、范文虎、李庭、张禧等人率领，从庆元（今浙江宁波市）出海，拥有江南军十万人，海船（大部分是原南宋水军的战船）三千五百艘。江南军中，除了新附军以外，还有被招降的海盗，以及之前因避罪而归附南宋的蒙古人、色目人。两路军总计十四万二千人。

至元十八年正月，忽必烈任命阿剌罕为东征总帅，约定两路大军在高丽金州会合，如果不顺，就改在六月十五日前在日本壹岐岛会合。忽必烈命阿剌罕亲自坐镇江南军，他的这个举动说明，他对汉人范文虎并不十分信任。

当然，并不能以此认定忽必烈的目的是消耗牺牲江南军，让他们去送死。难道他希望征伐日本的计划失败吗？这当然是不可能的。从江南军携带很多农具这一情况来看，这十万大军更可能是被迁徙到新征服地的移民。因此，第二次东征的主战部队还是忻都等人统率的四万联军。

二月，大军开拔前，忽必烈特别交代诸将：不许远征军杀戮百姓。征服新领地，却把百姓杀尽，那么光有土地又有何用呢？那样做，对大元在日本的长久统治毫无用处。另外，他希望诸将同心协力，为国征战，不要发生不和睦的事情。

通过忽必烈的话可以看出，他的战略计划是：希望像平定江南那样征服日本，然后留下携带农具的江南军在那里屯田，从而长长久久地统治日本。然而忻都不能明白主子的意图，依旧像第一次东征那样对日本平民进行了无情的杀戮，不但违背了忽必烈的长远计划，还激起了日军的拼死抵抗。另外，东征军由多个民族组成，统帅们的民族、地位不一，将帅不和的可能性确实很大。后来的史实证明，忽必烈的两个担忧都变成了现实。

第二次东征日本

忻都率领的东路军，于二月二十日从大都出发，三月二十日在合浦和高丽军会合，五月初三从合浦前往巨济岛。东路军在巨济岛停留了半个月，等待江南军前来会合。但是，人数、辎重众多的江南军并没有在约定的时间内出现，东路军只好单独出发前往日本。

五月二十一日，东路军到达日本对马岛，攻破世界村大明浦。日军进行了顽强的抵抗，但因力量悬殊，多数人战死。元军搜寻藏匿在山中的岛民，对其进行了屠杀。袭击大明浦后，东路军于二十六日进军壹岐岛，打算按照计划在这里等待江南军前来会合。等了几天以后，自认为有征战博多经验的忻都，出于抢功心理，不愿继续等待江南军，擅自率军前往博多湾。

忻都并不知道，日军早就有所防御。日军基于"元寇防垒"进行了布防，总指挥为少贰经资，副指挥为大友赖泰。少贰经资、少贰景资兄弟八十四岁的老父亲少贰资能（又称"藤原资能"）积极参战。

六月初六，东路元军到达博多湾后，发现博多沿岸多了一条绵长的石制工事，并不像第一次那样容易登陆。经过侦察，元军发现博多附近的志贺岛、能古岛没有工事，防守比较薄弱，于是就赶去志贺岛，想从这里进攻博多。探查到元军的情况，善于海战的松浦党御家人趁夜率军袭击了元军。其他武士见其得手，争相效仿，都去偷袭元军。有了防备的元军怎么可能再让日本人偷袭成功，他们将大船环绕在船队外围，用石炮和箭矢正面还击日军，日军损失惨重。统帅少贰经资下令，没有命令不许再偷袭元军。

六月初七，元军登陆志贺岛，随即与日军爆发了激烈的战斗。元军希望从志贺岛实现突破，截断博多日军的后路。日军则拼死抵抗，负责拦截元军的是大友赖泰的儿子大友贞。激战中，洪茶丘险些被俘，幸亏王万户横击日军，斩首五十余级，洪茶丘才幸免于难。在接下来的两天中，两军持续交战，战斗激烈。由于阵地是狭长的滩头，元军不能发挥其团体作战的优势，而日军一人一骑的单兵模式却得到了很好的发挥，因此元军伤亡很大。

六月初九以后，安达盛宗率领的关东武士赶到，全力支援志贺岛上的日军。两军交战中，元军损失了千余人。时值炎夏，天气酷热，元军很难获得淡水和蔬菜，加上又是在他乡疲劳作战，军中疫病肆虐，病死者达到三千多人。由于日军防守严密，和日军持续苦战的东路元军始终无法登陆，双方就这样僵持到了六月十三日。之后，元军返回壹岐岛等待江南军。

在六月中旬到七月初的这段时间里，日军多次进攻壹岐岛，和元军激战。疲劳不堪的元军累战不利，而江南军又迟迟不见踪影。此时东路军的粮草只够支撑一个月，几位将帅针对继续战斗还是回师争论不休。忻都和洪茶丘认为，己方军粮不多，江南军又迟迟不到，建议回师。金方庆则认为，还有一个月的粮食，应坚持等到江南军，两军会合后一定能消灭日军。两方谁也说服不了谁，连续十多天都没有做出决定。

东路军争执时，江南军在哪里呢？

江南军先是在范文虎的带领下，等待总帅阿剌罕。阿剌罕到达庆元后，遇到了一艘被风吹来的日本船只。他让船工临摹日本地图，发现大宰府西边的平户岛很方便停泊军船，而且日军在那里的防御很薄弱。因此，阿剌罕于三月上书忽必烈，建议江南军先去占领平户岛，然后派人通知东路军在平户岛会合。忽必烈让他全权决定。

六月初的时候，阿剌罕派先遣队前往壹岐岛和东路军联络，告诉他们改在平户岛会师。然而江南军出发前，阿剌罕突然病死军中。还没出征就死了统帅，忽必烈只好任命阿塔海接替阿剌罕。由于人事变动，江南军的行动再次被延误了。

眼看离两军会合的日期越来越近，范文虎便不等新统帅阿塔海赶到，率军陆续出海。阿塔海到达庆元时，江南军已经全部出海。六月末七月初，江南军主力相继到达平户岛一带。结果前往壹岐岛通知东路军的先遣队跑错了地方，先去了对马岛，然后才赶到壹岐岛。兜兜转转，东路军终于和江南军在平户岛上会合了。

两路大军会合后，由于将帅之间意见不一，元军不但没有积极进攻，反而因主攻方向产生争执，在平户岛逗留了二十多天。十多万军队龟缩在战舰上，白白延误了最佳战机。七月二十七日，元军终于决定进攻博多湾。为了方便进攻博多湾，元军转移到了鹰岛。进驻鹰岛的前一天，元军遇到日军截击，双方发生激战，最后日军不敌退走。如果元军趁势进攻，未来战况也未可知，但元军并没有主动进攻，而是缩回了战舰上。为了防备日军偷袭，他们还把船只并在一起停泊。只有张禧所部没有并连停泊，而是让战舰在平户岛外保持两舰之间相隔五十步，而后下锚停泊，以躲避风涛袭击。

七月三十日到闰七月初一夜里，台风再次袭来。并连停泊的元军战舰遭到了毁灭性打击，它们相互击撞，瞬间解体。大多数元军将士溺水而亡。范文虎和李庭乘坐的大船倾覆，两人抱着浮木漂流海上，直到第二天被张禧所救。

其实台风来临之前并不是没有征兆："见山影浤波，疑暗在海口，不敢近。会青虬见水上，海水作硫黄气，怪异百出，军心震骇。"熟悉海洋气候的人能从一系列征兆中发现异常，但十几万元军没有一人具备这方面的知识，自然就没有采取任何防范措施，从而酿成惨剧。

元军第一次征日时便遭遇了暴风雨袭击，忻都几位将领竟然没有从中吸取一点儿教训，不在岛屿上建立据点，反而把战舰连成一片。忽必烈为自己的自大付出了代价，他太过轻敌，没有为征东行省选拔好的帅才。忻都在当时群星璀璨的蒙古名将中根本排不上号，他能力不足，无法随着战事发展灵活改变策略。

被台风袭击后，东路元军损失了三分之一的人手，江南军和高丽军则损失了一大半人。张禧对几位统帅建议："虽然士兵溺死过半，但能够活下来的都是勇士。现在应该重整旗鼓，利用船坏了没有退路的现状，来场破釜沉舟之战。"然而被惊涛骇浪吓破胆的忻都、范文虎诸将并没有项羽的勇气，他们纷纷商议班师回朝，还直说班师之罪由他们承担，不用张禧操心。

张禧无奈，只好把自己的船分给范文虎等人，班师回朝。当时，平户岛上还有四千名元军士兵，他们也没有战舰。范文虎等人对其不管不顾，张禧不忍心丢弃士兵，就将战马遗弃，空出运马的船只让这四千士兵归国。

即便如此，还是有大约五万士兵被遗弃了。闰七月初五，确认元军已经撤退的日军，从博多湾攻打鹰岛，围剿残留元军。张百户被剩余元军共同推为主帅，他带领众人进行了英勇的反击，直到初七被日军打败。日军将俘虏的高丽人、蒙古人、汉人全部处死，只留下新附军中的工匠和善于耕种者作为奴隶。

忻都、范文虎等人返回大都后，忻都故技重施，欺骗忽必烈说："我们原本准备进攻大宰府，结果不幸遭遇暴风雨。风雨过后商议再战时，万户厉德彪、招讨王国佐、水手总管陆文政等不听节制叛逃，致使战事不利。"忽必烈又一次信以为真。直到于阊、莫青、吴万五三人逃归，指证范文虎诸将弃军归国的真相，忽必烈才发现自己上当了。他非常愤怒，将征讨日本的大小将官统统罢职，又任命辅国大将军刘国杰为征东行省总丞，准备第三次征讨日本。刘国杰建议给范文虎诸将戴罪立功的机会，忽必烈这才恢复诸将官职。

强大的大元朝居然被只有弹丸之地的日本打败，这对忽必烈来说是莫大的耻辱。他非常想洗刷战败之耻，就下令让东北女真人和南方行省为他建造战舰船只，征调各地的漕船、民船，让高丽人为他提供粮食、供办军需，还把襄阳炮和炮匠发往征东行省，命人招募水兵、操练水师。然而，由于他多次兴兵，国内经济每况愈下，各族人民产生了厌战情绪。受害最大的江南人民甚至铤而走险，发动武装反抗。这位伟大的皇帝不得不屈服于现实的压力，在大臣们的相继劝谏下，放弃了对日本的战争。

忽必烈本来想通过战争扬威海外，不料反而因为战败降低了大元朝在周边的威信。

四征蒲甘王朝

为了开疆拓土、扬威海外，元朝向蒲甘王朝（缅甸）发起战争，元缅战争爆发。这场战争创造了两项奇迹，最后以蒲甘王朝分崩离析、臣服元朝而告终。

元朝、蒲甘王朝的明争暗斗

至元四年八月，忽必烈封皇子忽哥赤为云南王，赐其驼钮金镀银印。九月，他派忽哥赤出镇大理、鄯阐、茶罕章（今云南丽江市）、赤秃哥儿（今贵州西部）、金齿（今云南澜沧江到保山、腾冲一带）等地。虽然此时的云南已被纳入元朝版图，但是当地人民并不愿意服从朝廷的管制，对亲王出镇极其反感。

金齿、白衣、答奔等族和邻国蒲甘王朝有千丝万缕的关系，于是忽哥赤出镇后不久，就因为金齿等族的缘故，和蒲甘王朝发生了两次局部冲突。

蒲甘王朝，也就是今天的缅甸，在《后汉书》中称作"掸国"，在新旧《唐书》中称作"骠国"，在宋朝史书中则被称作"蒲甘"。该国地处云南西南边境，于公元九世纪中叶建立起蒲甘王朝。忽必烈成为大汗时，蒲甘王朝的国王是那罗梯诃波蒂。这位国王不但穷奢极欲，还喜欢大兴土木。他举全国之力，修建了宝塔弥伽罗塔，闹得民怨沸腾。有民谣盛传："宝塔建成，国化灰烬。"在暴君那罗梯诃波蒂的统治下，蒲甘王朝风雨飘摇，已经到了崩溃的边缘。

虽然蒲甘王朝已经摇摇欲坠，但生活在蒲甘与元朝交界区的少数民族仍有不少听从其支配。至元七年，身为大理等处宣慰都元帅的云南土官宝合丁设宴毒死云南王忽哥赤，并贿赂忽哥赤的王傅阔阔出以及王府大臣阿老瓦丁、亦速失等人，为他遮掩。从忽哥赤被杀这件事可以看出，元朝对云南的掌控并不牢固。

当然，并不是所有王府官都向地头蛇低头，府尉柴桢以及火你赤等人坚决不依附逆贼，王府文学张立道更是派人万里奔波，进京向忽必烈报告实情。至元八年（1271 年）二月，御史大夫博罗欢、吏部尚书别帖奉忽必烈之命到达云南，诛杀宝合丁、阔阔出、阿老瓦丁、亦速失等逆臣。

就在这一年，大理鄯阐等路宣慰司都元帅府派乞台脱因等人出使蒲甘王朝，诏谕其内附。乞台脱因并没有见到缅王，只是被大臣接待一番。蒲甘派价博为使，跟着乞台脱因出使元朝。云南的地方官把价博送到大都，向忽必烈报告。

乞台脱因能够顺利进入蒲甘，得益于金齿地区一个亲元派头领阿必的帮助，但阿必的行为引起了蒲甘王朝的不满。次年三月，缅王派军队数万侵入阿必的领地，把阿必掳走。

至元十年二月，胸怀四海的忽必烈派乞台脱因、勘马剌失里、刘源、卜云失等人为国信使，持国书出使蒲甘，要求缅王派子弟或者重臣入朝觐见。按照忽必烈的想法，天下诸国莫不畏惧蒙古人，但让他没想到的是，派到蒲甘的使臣因为入宫觐见缅王时不肯脱靴，被缅王下令杀死了。

闰六月，忽必烈因云南地域辽阔、部族众多、局势不稳，专门设立云南行省，以平章政事赛典赤出任行省，统领合剌章、鸭赤、赤科、金齿、茶罕章等族，与忽哥赤遇害后出镇云南的南平王脱忽鲁（即秃鲁，禾忽大王之子）一起治理云南。

至元十二年春，金齿地区的头目阿郭（一作阿禾）引荐在蒲甘王朝掌管五甸之地的亲戚阿提犯归顺元朝。阿郭就是此前因为亲元而被缅王掳走的阿必的儿子，父子两人在金齿地区扮演着元朝代言人的角色，没少为元朝招降原来臣属蒲甘王朝的民族，这就引起了蒲甘对阿郭的不满。

阿郭向元朝提供了三条进入蒲甘的道路，一条经天部马，一条经骠甸，一条经阿郭的领地。这三条路线都可以直达江头城（今缅甸八莫市），如果元朝有征服蒲甘的打算，他阿郭和阿提犯可以充当向导。因此，建宁路安抚使贺天爵上奏忽必烈，说缅王没有归附云南行省的意思，之前派去的使者一去不返，建议出兵征讨蒲甘。但当时忽必烈正忙着大举攻宋，暂时无暇顾及蒲甘，并没有采纳贺天爵的建议。

元缅首战

忽必烈没工夫搭理蒲甘，蒲甘却率先挑起战端，去找阿郭的麻烦。至元十四年三月，蒲甘在大将释多罗和五名裨将的率领下，出动士卒四五万、战象八百头，从江头城出发，沿着阿禾江（今大盈江），出兵云南行省镇西路的干额（今云南盈江县）、金齿，惩罚阿郭，还准备在腾越（今云南腾冲市）和永昌（今云南保山市）之间建立寨子。阿郭连忙向元朝求救。

当时，云南行省的千户忽都、大理路总管信苴日、大理路总把千户脱罗脱孩刚好奉平章政事赛典赤的命令，去讨伐永昌西面的腾越、蒲骠（今云南保山市西南）、阿昌（今云南澜沧江以西）、金齿等地未降的部族，驻兵在南甸（今云南武定县东）。接到阿郭的告急，忽都等人决定暂时停止征讨金齿地区未降部族，先去拦截缅军，救援阿郭。

忽都率二百八十骑，信苴日率二百三十三骑，脱罗脱孩率一百八十七骑，他们从南甸出发，行军一昼夜，于次日中午在干额和南甸之间的某处地方拦截到缅军。随后，双方在这依山傍水的狭长地带发生激战。

缅军以骑兵冲锋在前，骑着披甲象的象兵居中，步卒位于最后。披甲象的身体两侧分别挂着大竹筒，里面装着供乘象战士使用的数十支短枪。缅军有四五万之众，而元军只有七百骑兵。虽然敌众我寡，但忽都并不慌张，下令三队同时向缅军发起猛烈冲锋，用强弓硬弩射击缅军的骑兵和象阵。由于交战地是一片狭长的河滩，兵多将广的缅军根本无法施展开，最后被受惊乱窜的大象冲乱阵脚。在元军的攻击下，混乱的缅军根本无法组织冲锋，只能溃退。

信苴日趁势追杀了三里地，直到在砑门被沼泽所阻才率军返回，结果发现缅军企图从南岸绕到元军背后。信苴日连忙飞马通知忽都。忽都严阵以待，迎战河南岸的缅军。在元军的强弓硬弩下，缅军又一次溃走。元军追赶三十多里，连破十七个寨子，一直追击到傍晚时分，受伤的忽都才下令收兵。

第二天，元军骑兵继续追击溃败的缅军，一直追到干额才收军。溃逃的缅军半路遇到阿郭的截杀，逃出生天者寥寥无几。七百元军对战四五万缅军，在兵力相差如此之大的情况下，元军大获全胜，没有一个阵亡的，只有部分人受伤，这简直是世界战争史上的奇迹。然而，战后元军出现了唯一一名死者。一名士兵在摆弄被俘大象时，因不熟悉大象的习性，不慎被大象踩死。

第一次元缅战争，以四五万缅军在七百元军的冲击下溃败告终。如果交战地点不是在狭长的河滩地带，而是在开阔的平原地带，七百元军几乎不可能战胜数万缅军。此战之后，元朝巩固了对金齿地区的统治，而蒲甘王朝则丧失了对金齿地区一些部族的控制，国势也越发衰微。

纳速拉丁一征蒲甘王朝

西南地区有不少地方没有降服元朝，有的是久攻不下，有的是降而复叛，于是地方行省官就要担负起征讨平叛的职责。至元十六年六月，云南都元帅爱鲁和大理金齿等处宣慰使都元帅纳速拉丁（赛典赤长子）分别向西南出兵，目的是招降西南诸部归顺元朝。爱鲁负责贵州的亦奚不薛（即水西）地区，纳速拉丁则负责金齿、蒲骠、曲腊等地区。

纳速拉丁率三千八百四十余人一路势如破竹，打到了蒲甘王朝的江头城。他招降了三百余寨掸族部落，包括金齿、蒲骠地区的具木、朵要、蒙帖、木耳、木充、磨欲等村寨，曲腊地区的蒲折寨四千户，蒲甘境内的孟磨寨土官爱吕手下的一千户，磨奈寨土官里答、蒙匡寨土官八剌手下的两万户，蒙忙甸土官甫禄堡手下的一万户，木都寨土官弹秃手下的两百户，合计三万五千二百户，约有十万之众。

由于天气炎热，元军并没有深入蒲甘境内，纳速拉丁只是勘察了蒲甘的地理环境，就撤军回师。次年二月，纳速拉丁向忽必烈奏报："缅国地域形势都在臣心中，请增兵征讨。"然而，元朝此时正在征讨亦奚不薛和赤秃哥儿，并且还准备用兵日本，征缅的计划只能再次搁置。不过忽必烈还是对纳速拉丁前一年入缅作战的功劳进行了赏赐，赐予他银子五千三百二十两。

两年后，爱鲁平定亦奚不薛。忽必烈下诏，命思州（今贵州岑巩县）、播州（今贵州遵义市）、叙州（今四川宜宾市）、亦奚不薛发兵，准备征讨蒲甘。然而，这一次并未出师。一年后的至元二十年忽必烈再次下诏，命宗王相吾答尔、右丞太卜、参政也罕的斤率军征缅。出兵的理由有两点：一是缅王不归降大元，二是使者一去不复返。

相吾答尔二征蒲甘王朝

九月，元军兵分三路进军蒲甘王朝：相吾答尔从中庆发兵，于十月二十七日到达南甸；太卜从罗必甸（今云南梁河县）出兵；也罕的斤沿阿昔江（今槟榔江）到达镇西阿禾江，他造了两百艘船，一路顺流而下，直到江头城，截断缅军的水路，然后率军从骠甸与太仆会合。十一月十九日，三路元军共破江头城，击杀缅军万余人。相吾答尔命都元帅袁世安镇守此地，同时遣使持地图向忽必烈报捷。

攻克江头城后，相吾答尔再派黑的儿、杨林等人出使蒲甘，向缅王谕降。然而缅王仍旧没有答复，依附蒲甘的众多部落聚集在建都（今缅甸北部地区）、太公城（今缅甸抹谷附近）反抗元军。至元二十一年，相吾答尔派一名僧人前往蒲甘去晓谕祸福，建议对方不要螳臂当车，但僧人被部落杀害。于是相吾答尔不再啰唆，水陆并进攻克太公城，随后命都元帅合带、万户不都蛮等率领五千人镇守太公城。建都、金齿十二部纷纷向元军投降，进献珍珠、珊瑚等奇珍异宝。

收到太公城被攻破的消息后，缅王那罗梯诃波蒂弃都南逃，逃到庶子不速速古里（《缅甸史》称为"提诃都"）的封地昔里怯答剌（今缅甸卑谬）避难。认清现实的缅王派阿必立相（《缅甸史》称为"阿南达比西"）和忙直卜算（《缅甸史》称为"摩诃勃"）前往太公城纳款请和。孟乃甸白衣头目不愿意降元，阻塞道路不让阿必立相通过，一直到次年，阿必立相两人才在骠甸见到云南行省官员。

由于阿必立相两人不会写金叶书（以金箔做成的书表），缅王又派高僧信第达巴茂克出使元朝。忽必烈听说后，给了缅王悔过自新的机会，派镇西平缅宣抚司达鲁花赤、招讨使怯烈出使蒲甘，以示上国威德。

虽然双方有议和的举动，但元军并没有停止军事行动。至元二十三年二月，忽必烈设立缅中行省，专门处理征缅事务，它和云南行省各行其是，互不统属。四月，云南行省右丞爱鲁和亲王雪雪的斤出兵，从太公城南下蒲甘，获大象二十七头。此次用兵，目的是征讨降而复叛的部族。

此时，信第达巴茂克才到达太公城，准备北上；怯烈也准备从永昌出发，出使蒲甘。十月，元朝以招讨使张万为征缅副都元帅、云南王也先帖木儿（忽哥赤之子）为征缅招讨司达鲁花赤、千户张成为征缅招讨使，率军六千，从中庆出发，经过永昌、阿昔甸，到忙乃甸。

大概在年底的时候，信第达巴茂克终于抵达大都，觐见忽必烈，并请求皇帝不要派兵去蒲甘。忽必烈心情很好，下诏取消云南王对蒲甘的军事行动，并宣谕信第达巴茂克带信给缅王，让他入朝。然而没等信第达巴茂克返回蒲甘，蒲甘就发生了内乱。

李海剌孙三征蒲甘王朝

至元二十四年正月，缅王那罗梯诃波蒂被庶子不速速古里弑杀，缅王的三个嫡子以及云南王派过去的官员阿难答等人也都遇害了。二月，怯烈从忙乃甸登舟，进入太公城，将蒲甘内乱的消息传给云南行省。云南王也先帖木儿请求征讨蒲甘。消息传到大都时，忽必烈正准备平定东道诸王之乱，没工夫搭理蒲甘，于是驳回了云南征缅的上书。

见东北战事进展顺利，忽必烈决定再次征讨蒲甘。八月，他以李海剌孙为征缅行省参政，脱满答尔为都元帅，让他们率领新附军五千、探马赤军一千开赴蒲甘。接着，他又从四川、湖广行省征调五千军士，任命熟悉金齿道路的张成、前占城军总管刘全为招讨使，准许他们佩戴虎符一起从征。

云南王也先帖木儿率军从太公城南下，进攻蒲甘，结果遭到缅军的激烈反抗。元军死了七千余人，只能灰溜溜地撤军北还。此时的蒲甘已经四分五裂，弑父的不速速古里王子死于兄弟内战，各地贵族纷纷自立，蒲甘王朝已经名存实亡。

缅王那罗梯诃波蒂的另一个儿子的立普哇拿阿迪提牙（《缅甸史》称为"憍苴"）回到蒲甘，在木连城（今缅甸皎施）长官阿散哥也的支持下，成为傀儡缅王。

至元二十五年四月，忽必烈下令让缅中行省听从云南王也先帖木儿的节制，一同南下征缅。新缅王的立普哇拿阿迪提牙很快向元朝谢罪，请求纳款求和。云南王表示同意，让他三年一贡。蒲甘国内的其他割据头目也纷纷臣服元朝，接受羁縻，元缅战争再次终止。

从次年起，蒲甘开始遣使向元朝进贡方物。成宗元贞二年（1296 年），缅王的立普哇拿阿迪提牙还派儿子信合八的和撒邦巴奉表入贡。大德元年（1297 年）二月，信合八的再次奉表入朝。成宗铁穆耳很高兴，册封的立普哇拿阿迪提牙为缅王，赐银印；册封信合八的为缅国世子，赐虎符；赐给权臣阿散哥也虎符。之后，他还命教化为国信使，护送世子信合八的归国。

阿散哥也谋废立

名为缅王、实为傀儡的的立普哇拿阿迪提牙不甘心大权旁落，想借助元朝的册封，提高国王的权威，摆脱阿散哥也、阿剌者僧加蓝、僧哥速三兄弟的控制。阿散哥也怎么能容许缅王反抗！他于大德二年（1298 年）五月将缅王的立普哇拿阿迪提牙和世子信合八的囚禁在木连城，另立缅王十六岁的儿子邹聂为王。

同时，阿散哥也还以新王邹聂的名义向元朝报告废立的原因，给废王的立普哇拿阿迪提牙扣上了三条罪名：其一，劫掠得楞国（蒲甘南部分裂的孟人国家）朝贡元朝的使者；其二，违背元朝圣旨，勾结八百媳妇国（泰国历史上的兰纳王国）攻打甘当、散当、只麻剌、班罗四族百姓；其三，想杀害元朝皇帝任命的大官人阿散哥也。

从这三条罪名来看，阿散哥也是出于对大元朝尊严和权威的维护，才不得不废掉国王另立新君。这显然是阿散哥也糊弄元朝的把戏，大元朝廷会被他蒙蔽吗？

大德三年（1299 年）四月初十，被锁在猪圈里十一个月的废王的立普哇拿阿迪提牙被阿散哥也兄弟杀害。十多天后，世子信合八的、国师以及不肯依附阿散哥也兄弟的臣子、仆人，甚至包括元朝国信使教化和他的百余人使节团统统被害。废王的妻妾以及新王之母被阿散哥也兄弟占有。

八月，太公城总管细豆和江头站头目逮的剌必塞马加剌向云南行省报告了阿散哥也兄弟废立缅王一事。他们呈报的内容和阿散哥也说的完全相反，向朝廷还原了废立事件的真相：

世子信合八的求到元成宗的册封后，由国信使教化护送回国。缅王想狐假虎威，借国信使的势收回权力，重振王室权威。阿散哥也兄弟不服，起兵三万攻打蒲甘，指责缅王自从归附大元后，因向元朝进贡，给国家和人民造成了沉重的负担。最后，占据上风的阿散哥也囚禁了缅王，另立新王。

前缅王的立普哇拿阿迪提牙的另一个儿子窟麻剌哥撒八逃到云南行省，哭诉前王被废后的种种惨状，声称"王为皇帝奴，冤若如此"，乞求大元出兵，为其复仇。

云南行省左丞忙兀都鲁迷失遂向朝廷奏报缅王废立详情，义愤填膺地说："缅王归朝十一年，从来没有做过违逆之事。阿散哥也兄弟身为臣下，却污蔑、废杀国王，又私通新王的母亲，瓜分前王的妻妾。就算前王三罪属实，也应奏报朝廷处置，焉能让阿散哥也擅权行废立之事！的立普哇拿阿迪提牙是陛下亲封的国王，叛臣居然敢囚禁，简直不把朝廷放在眼里！如果不对他加以惩治，必然会酿成祸端。"元成宗认为忙兀都鲁迷失所言甚是，命中书省拿出解决方案。十二月，阿散哥也率兵犯边，攻打阿真谷（今缅甸曼德勒以北的辛古）和马来城（今缅甸抹谷南面），到距离太公城二十里处才退兵。

薛超兀儿四征蒲甘王朝

大德四年（1300 年）正月，元成宗召忙兀都鲁迷失和窟麻剌哥撒八入京。五月，前缅王的立普哇拿阿迪提牙的女婿——马来城土官纳速剌逃到云南行省，详细奏报了世子信合八的从元朝归国后与前国王被废杀的情况。纳速剌的叙述与窟麻剌哥撒八的奏报说法一致，再次证实阿散哥也欺骗元朝，元成宗决定出兵蒲甘主持公道。

五月十五日，元成宗召集群臣商议出兵事宜。忙兀都鲁迷失认为，出兵六千就能入缅平叛，但中书省的枢臣认为阿散哥也和八百媳妇国有勾结，出兵六千太少，最少得一万人。元成宗大手一挥，出兵一万二千人，交给忙兀都鲁迷失和薛超兀儿、刘德禄统率。此外，他还征调云南土官高阿康（又名高庆）随征，同时命亲王阔阔监军，以振兵威。六月，元成宗册立窟麻剌哥撒八为缅王，赐以银印。

七月，就在大元朝廷忙着调兵遣将，准备征讨蒲甘时，识时务的阿散哥也派弟弟者苏率领九十一人的使节团来元朝贡献方物。云南行省将使节团留在中庆，只让者苏等人入朝。八月，者苏来到大都，承认杀主的罪过，请求皇帝罢征蒲甘，给他们一个改过自新的机会。者苏的入朝，并没有改变元朝的出兵计划。

闰八月，云南平章政事薛超兀儿、忙兀都鲁迷失率军从中庆发兵，在永昌、腾冲会合。十月，元军进入蒲甘境内。十二月十五日，元军进攻木连城。阿散哥也三兄弟出城迎战，结果被元军击败，于是他们退入城中坚守不出。忙兀都鲁迷失和刘德禄屯驻在城东北面，薛超兀儿和高阿康屯驻在城西面，与阿散哥也形成对峙局面。

大德五年（1301年）正月，元军分兵攻破石山寨，召白衣催粮军两千人进攻木连城南面。阿散哥也兄弟进行了顽强的抵抗，正月十九日，他们向城下发矢石、檑木，杀死元军五百余人。阿散哥也是一个很会审时度势之人，他明白自己没有实力和元军硬碰硬，就想通过贿赂让元军撤退。

二月初二，阿散哥也让十多人在城上不间断地大声自辩道："我不是叛人，我是大皇帝的良民。前缅王的确做了错事，我才把他关押起来。他是自己喝药自杀的，不是我兄弟杀的。我们和蒙古人没有仇怨，如果允许我投降，我将永远接受大元朝廷的约束。"

与此同时，阿散哥也又派使者前往元军大营请降。忙兀都鲁迷失等人对使者说："必须要阿散哥也三兄弟亲自出降，以示诚意，才允许投降。如果一年不出降，大军就会在这里驻扎一年。"这无异于羊入虎口，阿散哥也怎么可能自寻死路。他让使者私下给元军将领送金银礼物，挨个贿赂几位统兵大将及其部下将官。

二月二十七日，万户章吉察儿率先提议："眼看天气越来越热，瘴气恐怕不可避免地会在军中肆虐，大军劳苦，不如班师。如果不这样做，我们或许会因为失去更多士兵而获罪。继续耗在这里，因为感染瘴气而死，还不如死在皇帝陛下面前！我们应该现在就班师回朝。"诸将开始讨论班师与否的问题。

第二天，章吉察儿在没打招呼的情况下，率部先行退走。二月二十九日，元军开始全体撤退。三月初五，元军主力在阿真谷追上章吉察儿部。忙兀都鲁迷失觉得阿散哥也兄弟没有出降，回去怕不好交差，就发布军令："大事未成，岂能现在班师！如果你们不愿意在这里长期屯守，可以留一半或者三千士兵对付叛贼。"

薛超兀儿、刘德禄、高阿康不愿承担撤军的责任，都表示愿和平章大人一起留下。这时，新王邹聂的母亲乘着大象追上元军，说木连城已经坚持不了多久了，如果大军多留五日，叛贼阿散哥也必定出降。然而章吉察儿执意要退军，他说患病士兵已先行撤离，他次日也要撤走，没什么可商量的。忙兀都鲁迷失想命人追赶先行撤退的军队，但他们已经走远追不上了。

忙兀都鲁迷失和薛超兀儿决定把责任推给云南诸将，上书朝廷称："叛军被围多日，眼看就要坚持不住出城投降，但参政高阿康、土官察罕不花、万户章吉察儿等人声称有很多军人患上疫病，不能久留，要班师回朝。叛贼阿散哥也曾给高阿康送酒食，高阿康全都收下了，臣怀疑其中藏有金银珠宝。大军北撤途中，高阿康拿出三千两银子说那是阿散哥也贿赂诸将的。薛超兀儿等人说：'这银子是你自己收的，我们并不知情，如果你想分给诸将，也不用和我们商量，你自己看着办吧。'"

八月初八，丞相完泽奉旨派遣河南平章政事二哥等人赶赴云南调查征缅军撤师的事情。二哥经过详细调查后得知，从监军的宗王阔阔，平章政事薛超兀儿、忙兀都鲁迷失，左丞刘德禄，参知政事高阿康，到麾下诸将官，都接受过阿散哥也的贿赂，共查出黄金八百余两、银二千二百余两。

这可以算是战争史上的又一个奇迹了，全体将官接受贿赂后班师回朝。元成宗气得七窍生烟，把受贿的高阿康、察罕不花等云南将官统统赐死。忙兀都鲁迷失在调查此事之前就已病死，于是由他的三个儿子代替父亲接受杖刑、夺官、抄没一半家产的惩罚。薛超兀儿、刘德禄罢官永不叙用，其他将校根据罪责轻重接受笞刑。

无论元朝因受贿事件产生多么大的震动，都与阿散哥也无关，他抓住机会，迅速派遣使者入贡，向大元皇帝表示臣服。元成宗没有那么多银子支撑他扬威海外，便顺势接受了阿散哥也的诚意，于两年后罢云南征缅分省，承认阿散哥也在蒲甘北部的统治权。此后，蒲甘被纳入元朝的藩篱体系。终元一朝，蒲甘都严格遵守朝贡制度，与元朝保持友好关系。

征讨占城

唆都远征占城是一场虎头蛇尾的战争。若不是有忽都虎替他扫尾，占城国王也不像安南国王那样有勇气，唆都恐怕无法勉强以胜利结束占城之役。

降而复叛的占城

元世祖忽必烈平宋之后，就把目光瞄向了海外，希望获得更多的利益，给大元捉襟见肘的财政输送新鲜血液。至元十五年，他在福州设立行省，任命孟古带、唆都、蒲守庚行中书省事，准备招抚南洋诸国。同年，福州行省开始向南洋派遣使者，希望诸国主动归降内附。

位于今越南南部的占城国，接到元朝使者的宣谕后，国王失里咱牙信合八剌麻哈迭瓦（即因陀罗跋摩六世，又称"保宝旦拏啰耶邛南䮾占把地罗耶""孛由补剌者吾"）表示愿意归降内附。次年六月，占城和马八儿（今印度东南部的科罗曼德海岸一带）诸国遣使进献珍物及象犀。

占城，是梵文"占婆补罗"的简称，汉朝曾在此设置象林县。东汉末年，一个名叫区连的人杀死象林县令，建立林邑国，脱离汉朝独立。唐朝时，它被时人称为"占婆"。占婆曾一度改国号为"环"，直到五代十国时期才以"占城"为号。

蒙古人兴起之前，占城一直受到北方安南的侵扰，但是由于蒙古人的介入，占城人延缓了亡国的进程。

虽然占城选择了内附进贡，但忽必烈并不满意，他想要国王入朝表示恭顺。十二月，他派遣兵部侍郎教化的、总管孟庆元、万户孙胜夫与唆都等出使占城，宣谕国王入朝。占城国王并没有这个打算，于是在至元十七年二月，再次遣使前往元朝贡献方物，并上表归降。六月初二，忽必烈又一次宣谕占城国王入朝。八月初九，国王遣使入朝，表示称臣上贡，但就是不愿意亲自来。于是忽必烈退让一步，于十一月二十九日派宣慰使教化的、孟庆元等持诏宣谕占城国王：国王不来可以，但必须派王室子弟或重臣入朝。

至元十八年七月和九月，占城两次派人前往元朝贡献方物。十月，忽必烈册封占城国王为占城郡王，加封荣禄大夫，赐虎符。接着，忽必烈设立占城行省，任命唆都为右丞，刘深为左丞，亦黑迷失为参政，准备把占城打造成向南洋诸国扩张的基地。十一月初七，忽必烈任命孟庆元、孙胜夫为广州宣慰使，负责出征调度，征集海船百艘、水手万人，准备第二年扬帆海外。此外，他还宣谕占城郡王为远征军准备军粮。

占城国内并不是所有人都愿意臣服元朝，国王之子补的（即阇耶僧伽跋摩三世，越南史籍称为"制旻"）就对元朝很是反感。就在元朝让占城为元军准备军粮的第二年，元朝派往暹国（今泰国宋加洛一带）的使者万户何子志、千户皇甫杰，派往马八儿国的宣慰使尤永贤、亚阑等人，在路过占城时，被补的统统扣留。忽必烈听说后很不高兴，决定讨伐胆敢扣留使者的占城。

唆都征占城

至元十九年六月初十，忽必烈下令征调淮、浙、福建、湖广军五千人，海船百艘，战船二百五十艘，以唆都为帅，出征占城。出兵之前，忽必烈宣谕唆都，要效仿曹彬，攻下占城后不要滥杀，只擒拿违逆命令的王子补的，宣示大元圣威。

十一月，唆都率军从广州航海来到占城港（今越南归仁港），沿海岸屯驻。虽然忽必烈说占城国王无罪，但国王显然要和儿子统一战线一致对外，他命占城军修建木城防御元军，架起一百多座三梢炮准备迎战。同时，国王下令在木城西边十里处修建行宫，他要亲自率重兵屯守在这里，准备随时救援前线。

唆都派镇抚李天祐、总把贾甫往返七次宣谕国王归降，国王都拒绝了。十二月，唆都又招真腊国（今柬埔寨）的使者速鲁蛮和李天祐等人一起，再次招降国王。占城国王硬气地回复道："我们已经修建起木城，准备好甲兵，等着迎战了。"

见占城国王态度坚决，唆都决定以武力进行碾压。至元二十年正月，唆都传令：正月十五日夜半发船进攻占城军。到了十五日夜里，他命琼州安抚使陈仲达、总管刘金、总把栗全率领一千六百人由水路进攻木城北面，总把张斌、百户赵达率领三百人进攻东面沙嘴，唆都自己则亲率三千人分三路进攻木城南面。

元军夜半出发，天明时到达岸边发起攻击。占城军出兵一万多人、战象数十头，在木城南门分成三队迎击元军。两军从清晨激战到午后，人数众多的占城军最终不敌溃败。之后，唆都和东、北两路军合击占城军。占城军中，有几千人被杀或溺亡，余众纷纷溃逃。

国王听说木城兵败，便丢弃行宫，烧毁仓廪，和大臣逃到山中藏匿。逃走之前，他还处死了元朝使者尤永贤和亚阑以泄愤。

唆都继续派兵追击国王。占城人凭借山林险阻袭击不熟悉地形的元军。在山林中寸步难行的元军只好退回来，建立木城屯守。正月十七日，唆都整兵开始进攻大州。国王听说后，于十九日派使者假装投降。二十日，元军到达大州东南，允许占城使者投降。第二天，元军进入大州。

占城国王又派博思兀鲁班去见唆都，表示归降，并称国主和王子补的随后就来降。唆都信了使者的话，让官军重新驻扎在城外，再次召见国王。然而国王始终没有来。正月二十三日，国王派自己的舅舅宝脱秃花率领三十多人，带着国王信物以及杂布二百匹、大银三锭、小银五十七锭、碎银一瓮，前来归降。

宝脱秃花向唆都献上金叶九节标枪，解释国王为何没亲自来降。他表示国王是想来的，但不幸生病了，只能让他带着礼物前来充当人质，以示诚意。接着，他表示王子补的会在三日后来降。唆都拒绝接受宝脱秃花的礼物。宝脱秃花狡猾地说，唆都不收礼物是瞧不起他。唆都没法拒绝，只好先收起来。

三天后，仍不见王子补的前来。没等唆都质问，宝脱秃花又让国王的四儿子利世麻八都八德剌和五儿子世利印德剌前来见唆都。宝脱秃花表示，以前有十万兵才敢和元军交战，如今兵败如山倒，无力与元军继续抗衡。土子补的因为受伤已经死了，国王脸颊中箭自觉无颜和唆都相见，于是派两个儿子前来，商量一下入朝觐见的事。

唆都见宝脱秃花一再拖延，怀疑两个王子不是真王子，就派千户林子全和总把栗全、李德坚以探视国王病情为由，跟着两个王子回去。占城人是诈降，怎么可能老老实实带着使者去见国王，两个王子半途便溜走了。林子全等人进入山林后，遇到了国王的人，对方称国王不愿意见使者。宝脱秃花表现得很愤慨，对林子全说："国王先是拖延不肯出降，现在又扬言想杀掉我，还请使者回去告诉唆都元帅，我必须回去让国王出来。如果他不来，我捆也要把他捆来。"林子全信以为真，就回营复命了，但他等来的消息不是宝脱秃花和国王出降，而是被扣留的大元使者何子志、皇甫杰等百余人惨遭国王杀害的消息。

被蒙骗的元军统帅

二月初八，宝脱秃花又来到元军大营，宣称他的祖父、伯父、叔父、哥哥才是真正的占城国王，如今的国王不仅杀害他的大哥篡夺王位，还斩掉了他双手的大拇指，他无时无刻不想报仇。最后，宝脱秃花表示他会擒拿国王父子献给元军。

唆都被宝脱秃花一出接着一出的大戏迷惑住了，赐给他大元衣冠，让他回去擒拿国王。五日后，占城的华人曾延前来报信：国王逃到大州西北的鸦候山，一边派宝脱秃花假装投降拖延时间，一边收集士兵积蓄力量，现已纠集了三千多名士兵；与此同时，国王还悄悄征集其他郡兵，因担心在占城生活的华人泄露消息，甚至准备屠杀掉所有华人。曾延等人察觉到国王的阴谋提前逃出来，赶来给元军报信。

二月十五日，宝脱秃花带着宰相报孙达儿和撮及大师等五人前来归降。

唆都让曾延等人出来和宝脱秃花对质。宝脱秃花不愧是优秀的外交人才，他面不改色，声称国王的军队已经溃散，根本不敢继续来战，并诘责曾延等人是奸细，不应该相信他们的话，应该把他们抓起来才对。他还拍着胸脯对唆都说："现在没有归附大元的州郡有十二个，请唆都行省、陈安抚使和我各派一人，一同去各个州郡宣谕，令其归顺。我愿意为行省带路，去擒拿国王父子。"

唆都看他信誓旦旦，就又相信了他的话，调兵一千屯守半山塔，并命令林子全、李德坚等人率军百人，和宝脱秃花一起赶往大州。林子全等人刚走到城西，宝脱秃花就乘坐大象遁入山林之中。

这时候，元军的谍者报告说：国王在鸦候山纠集了两万多士兵，还遣使向安南、真腊等国借兵，并派人去征调宾多龙（今越南中部的藩朗）、旧州（今越南广南省岘港市境内）等地的军队。唆都这才知道自己被宝脱秃花摆了一道，很是羞恼。二月十六日，他派万户张颙等人率军攻打占城国王。十九日，张颙率部逼近占城国王所在的木城。占城军在距离木城二十里处的地方挖掘壕沟，阻挡元军。元军奋击，击破占城军，转战到木城下。占城军利用地形，截断元军归路，准备把元军"包饺子"。元军殊死苦战，才突出重围返回占城港口大营。

唆都在占城港口修建木城，整合军队，聚集粮食，命总管刘金和千户刘涓、岳荣守御，与占城军对峙。

五月，元朝朝廷开始给远征占城的军队增兵，送粮，增补弓矢甲仗。九月，忽必烈下令将占城行省和荆湖行省合并。

至元二十一年二月，阿塔海率军一万五千人、船两百艘增兵占城。由于安南阻拦，阿塔海没有到达占城。一直待援的唆都因等候援军无果，于三月初六率军北上，进入安南境内，与远征安南的脱欢军会合，征讨安南。占城之役就这样稀里糊涂地结束了。

唆都前脚刚走，江淮省派遣增援占城的万户忽都虎、乌马儿拔都后脚便率军两万赶到。三月十五日，增援军队来到占城港。看到被焚烧的营地，他们才知道唆都军已经离开了占城。三月二十日，忽都虎命百户陈奎去召占城国王投降。占城国王见元军走了一拨又来一拨，觉得自己扛不住，就于二十七日派通事去元军大营投降。忽都虎让国王父子进献降表。国王派文劳邛、大巴南等人前来请降，称此前被唆都军劫掠，国库已空，来年一定准备好贡品，派嫡子入朝。

四月十二日，占城国王派孙子济目理勒蚤奉表投降。此时，元朝正调兵遣将用兵安南。七月，占城听说脱欢借道安南来伐占城。不管是真借道来打占城，还是假借道去打安南，占城国王都不愿意看到。于是，他迅速在八月派遣使者给元朝进贡特产和三头大象。十一月，占城国王派遣使臣奉表入朝贺圣诞节，献上礼币和大象。自此，终元一朝，占城朝贡不绝。

一征爪哇

远征爪哇是忽必烈朝最后一次对外用兵，为此耗费了许多人力、物力，最后却为他人做了嫁衣裳。这一次征伐，不仅没让大元朝扬威海外，反而使其大失颜面。

被黥面的大元使者

至元十五年三月，忽必烈在福州设立行省，任命蒙古带、唆都、蒲守庚行中书省事，用以招抚南洋诸国。忽必烈认为南洋诸国仰慕中原大国，可以通过往来于海上的商船去向他们宣传大元皇帝的宽阔胸襟，让他们前来朝见自己，自己绝对不会亏待他们。

至元十六年，唆都派治中赵玉出使爪哇，宣谕忽必烈的诏命。当时的爪哇由新柯沙里王国统治，国王为格尔达纳卡拉（一作克塔纳伽拉）。格尔达纳卡拉野心勃勃，新柯沙里王国在他的带领下势力急剧膨胀。元朝向格尔达纳卡拉派遣使者时，他正在爪哇岛大杀四方，势力甚至扩张到了苏门答腊岛、马来半岛、巽他岛、马都拉岛等地。整个东南亚地区的重要贸易中转港口几乎都落到了新柯沙里王国手中。

十二月，赵玉从爪哇返回元朝，史书中并没有记载格尔达纳卡拉的反应。至元十七年，元朝再次派遣使者前往爪哇，这一次爪哇回派使者与元朝通好。显然，格尔达纳卡拉将大元看成大宋的继承者，进行正常邦交。忽必烈当然不满意，他要的是对方称臣纳贡，国王入朝。

至元十八年，元朝再次派使者去宣谕爪哇国王入朝。格尔达纳卡拉干脆地拒绝了。之后，忽必烈又于至元十九年、至元二十三年分别派遣使者出使爪哇。格尔达纳卡拉回派使者，往来无间断。

至元二十六年，忽必烈派孟祺持诏出使爪哇。这个孟祺不是《元史·列传》中记载的字"德卿"的宿州符离人孟祺，此人大约在至元十八年就已去世了。和之前的使者相比，孟祺比较倒霉。不知是他态度傲慢得罪了爪哇国王，还是爪哇国王称霸南洋后自骄自满，他被爪哇国王抓住，施以黥面之刑。这种行为不仅羞辱了使者，还羞辱了元朝。不过，相比出使日本、蒲甘被杀的使者，孟祺好歹保住了性命。

使者被杀、被辱，对蒙古人来说是不能忍受的奇耻大辱。更何况，爪哇控制了南洋的重要贸易港口，直接威胁到元朝的海上利益。元朝和伊利汗国的来往多是取道海上，怎么会愿意看到海路被小小的爪哇控制？如果大元控制了爪哇，东南亚诸国岂不是成了元朝的囊中之物？已经七十五岁高龄的忽必烈决定远征爪哇。

经过三年的筹备，至元二十九年（1292年）二月，忽必烈任命史弼、高兴、亦黑迷失为福建行省平章，征调福建、江西、湖广三省两万士兵（实际发兵只有五千人）、千艘海舟，囤积一年粮食，准备远征爪哇。出兵理由是，使者孟祺被黥面，有伤国体。

忽必烈对此次远征非常有信心，还没出兵，就将赏赐功臣的数百个虎符、金符、银符准备好了，等着大军获胜回朝后颁发。九月，史弼、亦黑迷失从庆元赶赴泉州，高兴带着辎重随后从庆元登舟涉海。十一月，远征军在泉州集结完毕，计有士兵五千人、船五百艘。此次远征，史弼为主将，高兴、亦黑迷失为副将。十二月十四日，远征军从泉州后渚港出发。

史弼是个文武双全的悍将，他膂力绝人，能挽强弓，四百斤的石狮子在他手里如同玩具。此外，他还精通蒙语、擅长大字，平宋时屡立战功，多次参与平叛，既能上马打仗，又能下马管民，是个不可多得的全能型人才。高兴也是个能挽二石弓的杀虎悍将，在征宋和平叛中屡建奇功。亦黑迷失是畏兀儿人，多次出使海外，是难得的外交人才。

除了三将之外，远征军中还有参政孙某，都元帅那海、拜住、郑镇国、土虎登哥、万户脱欢、捏只不丁、甘州不花、甯居仁、申元、褚怀远、李忠、郑珪、高德诚、张受、王天祥、李明、张塔剌赤、鲜卑诚等人。从将帅阵容来看，忽必烈对爪哇志在必得。

爪哇内乱

至元二十九年十二月十四日，史弼、高兴等人率领远征军出海。他们经过七里洋（今海南岛东的七洲列岛）、万里石塘（今南沙群岛附近），又经过安南和占城地界，从混沌大洋（越南中部东面海洋），到东董、西董山（今萨巴德岛），再经过橄榄屿（今印度尼西亚的纳土纳群岛，也有说是淡美兰群岛或者越南的昆仑岛）、牛崎屿（或是闽南语"蜈蚣屿"的讹读，在今苏里曼丹岛西海岸，也有说是东西董附近的小卡特威克岛）、斗蜞屿（今刁曼岛）、假里马答（今卡里马塔群岛），于次年来到勾栏山（今格兰岛）、吉利门（今卡里摩爪哇群岛），最后经过熙陵（今印度尼西亚苏腊巴亚市西北梭罗河口，也有说在今印度尼西亚淡墨与拉森之间），来到杜并足（今爪哇岛北部的厨闽）。

元军驻扎在杜并足，在那里伐木建造小船，以便能进入爪哇的河道。远道而来的不速之客大元远征军就要兵临城下了，爪哇又是什么情况呢？

就在元军出发的时候，爪哇发生了内乱，新柯沙里国王格尔达纳卡拉被杀。新柯沙里王国竟然灭亡了，这是怎么回事呢？

新柯沙里王国是在杜马班（今印度尼西亚东爪哇省玛琅市）地区发展起来的，而杜马班原来属于葛郎国（即谏义里王国）。新柯沙里王国的创建者安禄，于元太祖十七年（1222 年）消灭葛郎国，取而代之。葛郎国的后人一直都在为复国而努力。新柯沙里末代国王格尔达纳卡拉原来很宠信一名叫阿利耶·维拉罗阇的普通卫士，后来国王对阿利耶·维拉罗阇产生了戒心，就让他出任马都拉总督，把他从身边放逐出去。阿利耶·维拉罗阇和葛郎国的王室后人哈只葛当（即查耶卡旺）是好朋友，两人一个因被放逐对国王心怀怨言，一个有心复辟，于是一拍即合。

至元二十九年，格尔达纳卡拉遣兵远征末罗游国（今印度尼西亚占碑省），哈只葛当趁国都空虚，发兵攻打杜马班。格尔达纳卡拉派女婿拉土罕必阇耶率领国都仅剩的兵力北上，拦截哈只葛当。哈只葛当早有准备，得知杜马班的兵力被带走后，袭击了杜马班。国王格尔达纳卡拉和宰相被杀，新柯沙里王国灭亡，葛郎国复辟。

前王女婿拉土罕必阇耶一直带兵和哈只葛当作战，屡战屡败，最后逃到位于爪哇岛东部的麻喏八歇（即满者伯夷）地区积蓄力量。

至元三十年正月十八日，元朝远征军抵达勾栏山。三位主帅商议一番，决定先派宣抚官杨梓、全忠祖等人率领五百人前往爪哇境内宣谕。二月初六，杨梓使节团先行出发。初七，远征军到达吉利门；十三日，远征军到杜并足。

穷途末路的拉土罕必阇耶见到大元使节团，喜出望外，派自己的宰相昔刺难答吒耶率五十多人跟着使者去元军大营，说要向元军献上当地的山川地图以及户口图籍，表示归降，希望元军能够帮他击败葛郎国。

被当枪使的元军

史弼和孙参政、都元帅那海、万户甯居仁等乘船自杜并足由戎牙路（今印度尼西亚东爪哇省苏腊巴亚市）港口出发，前往八节涧；高兴和亦黑迷失、都元帅郑镇国、万户脱欢等率马步军在杜并足登陆，赶赴八节涧；前锋万户申元遣副元帅土虎登哥以及万户褚怀远、李忠等乘锁风船，于三月初一赶到八节涧会师。八节涧上接杜马班王府，下通莆奔大海（今爪哇海东海），是爪哇的咽喉之地。

葛郎国大臣者希宁官率水军停泊在八节涧，拒不投降。元军在八节涧设偃月营，留下万户王天祥把守河津，派土虎登哥、李忠率水军，郑镇国、伦信等率马步军，水陆并进，攻打者希宁官所部。者希宁官没有交战，直接弃船逃跑。元军俘获了葛郎军的鬼头大船一百多艘。

史弼留下那海、甯居仁、郑珪、高德诚、张受等镇守八节涧海口，自己率领其余大军继续前行。这时，拉土罕必阇耶又遣使求救，说哈只葛当袭击了麻喏八歇。史弼命亦黑迷失、孙参政先行前往麻喏八歇，又命郑镇国从章沽（今爪哇岛东部布兰塔斯河下游，位于苏拉巴亚与惹班之间）赶去支援，让高兴率军直接前往麻喏八歇。高兴赶到麻喏八歇后，没有见到葛郎国士兵，就又返回了八节涧。

三月初七，葛郎军兵分三路攻打麻喏八歇。亦黑迷失急忙召高兴前往应对。亦黑迷失、孙参政、万户李明率军从西南迎战葛郎军，但并没有遇到敌人；高兴和脱欢从东南迎战，与葛郎军激战一场，杀敌数百人，葛郎军溃走山谷。西南路的葛郎军直到午时才赶到，高兴又率军与之激战到申时。葛郎军再次溃走，哈只葛当退回国都答哈（今印度尼西亚谏义里）。

元军统帅中，并不是所有人都被拉土罕必阇耶牵着鼻子走，高兴就比较清醒。他对拉土罕必阇耶心存疑虑，担心此人和哈只葛当联手对抗元军，就向史弼建议分兵三路进攻葛郎国都城答哈。拉土罕必阇耶率领本军跟在元军后边，约定三月十九日在答哈会师。

哈只葛当见国都被元军团团围住，纠集十余万大军亲自出战。元军以少胜多，三战三捷，击溃葛郎国大军。哈只葛当只好退城据守。元军宣谕哈只葛当投降，他也没多纠结，到晚上就开门投降了。葛郎国被灭，国王哈只葛当投降，只有他的两个儿子昔剌八的和昔剌丹不合逃到山谷之中。高兴亲自率军深入山谷，追捕两名王子。

眼看胜利在望，史弼决定稍事休整后就携带降臣归国。这时候，拉土罕必阇耶一脸诚恳地说，他要回麻喏八歇去取所藏珍宝献给元军，然后再随大军入朝。史弼和亦黑迷失商量后，认为拉土罕必阇耶是哈只葛当的手下败将，哈只葛当都被元军收拾了，拉土罕必阇耶还能翻出什么浪花？两人一时大意，轻信了拉土罕必阇耶的话，派万户捏只不丁、甘州不花率两百士兵跟着拉土罕必阇耶回麻喏八歇。

等捕获葛郎国王子昔剌丹不合的高兴回到答哈城时，才知道拉土罕必阇耶已经回国准备贡礼去了，这让高兴懊恼不已，却又无可奈何，只能祈祷拉土罕必阇耶是真的诚心归降。

野心勃勃的拉土罕必阇耶半途歼灭了护送他的元军，并迅速集结军队，袭击了疲惫的元军主力。

在答哈之战中元气大伤的元军，还没有来得及休整，就在毫无防备的情况下被麻喏八歇军袭击了。史弼怒火中烧，没想到玩了一辈子鹰，反被鹰啄瞎了眼睛。所幸他和高兴都是沙场老将，两人反应很快，迅速做出了回击。史弼亲自断后，且战且行，后退三百里，才登上大船。疲惫不堪的元军登舟后直接离开爪哇岛，急行六十八个昼夜返回泉州。

从侵入爪哇到撤军，历时两个多月。远征军出发时五千多人，回来时损失了三千多人，所掠之物，并不足以偿其所失。大失颜面的忽必烈很不高兴，追究败军责任。因轻信拉土罕必阇耶，轻易放他归国，主帅史弼杖十七，抄没三分之一家产；亦黑迷失同样被抄没三分之一家产，但没过多久就又还给了他。唯独高兴没有被问责，还以功多赏赐黄金五十两。成宗在位时，有大臣替史弼说话:"史弼以五千人渡海二十五万里之遥,远征我辈从来没去过的国家,还能俘虏国主并谕降邻近小国,可以说功大于过。应该怜惜这样的人才。"此后史弼被归还抄没的家财,并得到升职。

元军劳师伤财远征爪哇,却没有实现出兵的战略目的——扬威海外、控制南洋,反而被拉土罕必阇耶当枪使,替他消灭敌人,送他登上王位,为他的麻喏八歇王国兴起奠定基础。大元朝出兵出力,却将打下的锦绣江山让给拉土罕必阇耶,为他人做了嫁衣裳。忽必烈不甘心失败,至元三十一年时,已经八十岁的他还准备让刘国杰再次远征爪哇。

不过随着忽必烈去世,远征爪哇的计划被永久搁置了。成宗元贞元年(1295 年),建立麻喏八歇王国的拉土罕必阇耶向大元进贡方物,恢复两国邦交。一直到元末,两国都处于友好往来状态。

第八章

元末战争

徐州之战

元顺帝时期的开河变钞（开黄河新河道，大量发行纸钞），是红巾军起义的导火索。韩山童、刘福通等人利用白莲教发起的红巾军起义，得到了底层民众的热烈响应，成为元朝的掘墓人。

开河变钞

从忽必烈灭掉南宋，改国号"大元"，到元顺帝被逐出中原，近百年间，各地起义十分频繁。交织在一起的社会矛盾、阶级矛盾、民族矛盾，使过不下去的老百姓频起反抗。元顺帝即位后，因实行开河变钞，终于引发了席卷全国的大规模起义。

元顺帝妥欢帖木儿即位后，各种天灾接连不断，水灾、旱灾、瘟疫、地震相继出现。然而骄奢淫逸的贵族却不管这些，他们肆意盘剥，完全不顾老百姓的死活。广大劳动人民一直在生死线上苦苦挣扎。

至正四年（1344年）五月，大雨连续下了二十多天之后，白茅堤、金堤决堤，黄河改道，河南、山东、安徽、江苏沿河地区遭受了严重的水灾。不幸并未结束，之后发生的旱灾和瘟疫让黄河两岸的人们几乎无法存活，到处都是流民。

黄河改道后，河水进入会通河，蔓延到济南、河间，开始影响元朝的漕运和盐场。漕运和盐场是朝廷赖以生存的财政支柱，如果被破坏，大元朝廷的财政就要面临瘫痪的局面。工部郎中贾鲁提出治河方略，建议修河。

由于元朝皇帝对贵族官僚滥行赏赐，加上宫廷生活铺张浪费，国库早已入不敷出。为了摆脱财政危机，至正十年（1350年），左司都史武祺、吏部尚书偰哲笃先后上书建议变更钞法，印造至正交钞。皇帝和宰相脱脱批准了这一提案。十一月，元顺帝诏告天下，变更钞法，设置宝泉提举司，开始铸造至正通宝钱和至正交钞，让民间通用。由于朝廷滥发新钞，物价暴涨，新钞很快沦为废纸。老百姓们只好以物易物，然而朝廷却强迫民间使用新钞。

至正十一年（1351年）四月，元顺帝任命贾鲁为总治河防使，领河南、河北诸路军民，征发汴梁、大名等十三路共十五万民工，庐州（今合肥市）等十八翼军队两万人，治理黄河。四月二十二日，黄河治理工程正式开工，七月疏凿完工，八月引水故道，九月通行舟楫，十一月完工。河水恢复故道，南入淮水后，东流入海。元顺帝大赦天下，敕制《河平碑》。贾鲁因治河有功，拜荣禄大夫、集贤大学士，追封三代。

然而，正是在治河期间，黄河两岸爆发了严重的农民起义。黄河沿岸的百姓遭受了水灾、旱灾和瘟疫，长期挣扎在死亡线上，早已哭天喊地、怨声载道，眼下竟又被朝廷强征河工。伙食、工资惨遭不良官吏克扣的河工，不仅吃不饱，还要承担沉重的劳役，心中充满了怨恨和愤怒，只差一个宣泄口。有心人韩山童、刘福通察觉到了这一点。

韩山童是栾城人，出身白莲教世家，他的祖父韩学究因聚众烧香惑众被流放到广平路永年县（今河北邯郸市永年区）。韩山童继任白莲教教主后，宣扬天下将乱，打出了"弥勒下生，明王出世"的旗号。信众深信不疑，人人相传，拉拢了更多的穷苦百姓。慢慢地，白莲教拥有了一批有能力的骨干人员，如刘福通、杜遵道、罗文素、盛文郁、王显忠、韩咬儿等。

趁着大元朝廷开河变钞，激化社会矛盾，韩山童和刘福通抓住机会挺身而出，掀起了红巾军大起义。

他们效法陈涉、吴广，凿出只有一只眼的石人，在石人背上刻下"莫道石人一只眼，此物一出天下反"，将其埋在黄陵冈。同时，他们还派人散布民谣："石人一只眼，挑动黄河天下反。"于是当石人被河工挖出来后，人人惊异，奔走相告，消息没多久就传遍了大江南北。

红巾军大起义

至正十一年四月底，韩山童和刘福通聚众三千，杀黑牛、白马祭天誓师，发布檄文，准备起兵讨伐大元朝廷。

刘福通宣称韩山童是宋徽宗的八世孙，当为中国主，他则是南宋名将刘光世的后裔，是来辅佐韩山童的。因此，他打出了"虎贲三千，直抵幽燕之地；龙飞九五，重开大宋之天"的旗号，表示要推翻大元朝廷，恢复大宋江山。

然而机事不密，地方官收到风声，派兵镇压。韩山童被捕牺牲，其妻杨氏和儿子韩林儿逃到武安，刘福通等人则逃回颍州。五月初三，刘福通在颍州起兵，一举攻下颍州，正式拉开元末大起义的序幕。因头裹红巾，这些起义军被称为"红巾军"。由于义军多是白莲教教徒，常常烧香拜佛，他们又被称为"香军"。

刘福通起义的消息传回大都后，朝廷并没当回事，毕竟当时的大元到处都在爆发小股起义，虱多不愁。有人造反，派兵镇压就是了。朝廷很快派枢密院同知赫厮、秃赤率六千阿速军以及各路汉军前往镇压刘福通，又命河南行省徐左丞协同。

曾经精悍善射的阿速卫此时已经没落了，全军上下军纪涣散、毫无斗志，早已不复往日威风。赫厮和秃赤两人毫无作战才能，行军途中还不忘沉溺酒色。刚和刘福通部相遇，看到乌泱泱的义军，赫厮就吓得差点儿魂飞魄散，他扬鞭高呼："阿卜！阿卜！（快跑！快跑！）"还没开战，元军就溃败了。之后赫厮死在上蔡，徐左丞被赐死，朝廷改派平章巩卜班领侍卫汉军围剿刘福通。

刘福通一鼓作气，占据朱皋镇（今河南固始县北），攻破罗山（今河南罗山县）、真阳（今河南正阳县北）、确山（今河南确山县）等县，接着向舞阳（今河南舞阳县）、叶县等地进攻。义军所到之处，开仓放粮，吸收丁壮，势力迅速得到发展与壮大。刘福通的胜利引起了全国各地的积极响应。

八月，萧县"芝麻李"（本名李二）和老彭、赵君用等八人，攻陷徐州城，招募丁壮，十余万人响应。蕲州罗田人布贩徐寿辉、黄州麻城人铁工邹普胜也以红巾为号在蕲州发动起义。十二月，"布王三"（本名王权）、张椿等起兵攻陷邓州、南阳，号称"北琐红巾军"。次年正月，竹山孟海马攻陷襄阳、荆门，号称"南琐红巾军"。二月，郭子兴、孙德崖等起兵濠州（今安徽凤阳县）。从后至元四年（1338 年）起就组织教众反元的彭莹玉，起兵攻克江州。其他小股起义军，诸如湖北郧县田端子、陕西金花娘子、邹平马子昭等相继出现，一时之间风起云涌。

刘福通汝宁沙河之战

至正十一年九月，刘福通攻陷汝宁府（今河南汝南县），又克光州（今河南光山县）、息州（今河南息县），部队壮大至十万人。元朝朝廷命御史大夫也先帖木儿知枢密院事，与卫王宽彻哥（玉龙答失之孙）率军镇压刘福通。十月，朝廷又加派知枢密院事老章增援也先帖木儿。十二月，元军收复上蔡，韩咬儿被俘牺牲。

元朝朝廷认为老章出师无功，就另外派河南左丞相太不花取代老章。至正十二年（1352 年）三月，太不花收复南阳、汝宁、唐州、随州（今湖北随州市）等地，元军军心大振。

元将巩卜班率军数万屯驻在汝宁沙河岸，日夜沉溺酒色，长醉不醒。刘福通趁机率军夜袭巩卜班大营。元军大乱，死伤无数。天亮后，残余的士兵发现主将巩卜班已死，于是连退三百余里，屯守项城（今河南沈丘县）。

率领三十余万大军屯驻沙河的也先帖木儿，听说巩卜班被杀，吓破了胆。夜里，元军发生炸营，他非但不挺身而出震慑将士，反而带头逃跑。左右拦住马头，请他主持大局。也先帖木儿一边解开佩刀去砍随从，一边说："我的命就不是命？"主帅逃逸，三十多万大军于混乱中不战自溃。河南、河北供应的金银、布帛、粮草、器械尽数被遗弃，落入了刘福通手中。

也先帖木儿收集散兵溃将，一路逃到汴梁。镇守汴梁的文济王蛮子（镇南王脱欢第五子）在城头怒斥也先帖木儿："你身为大将，不战自溃，我定要向朝廷弹劾你！此城不欢迎你！"也先帖木儿只好灰溜溜地来到离城四十里的朱仙镇屯守。

之后，元朝朝廷让文济王蛮子取代也先帖木儿，将后者召回京师。也先帖木儿是宰相脱脱的亲弟弟，因此没有受到任何惩罚，依旧做着御史大夫。和也先帖木儿一起出征的卫王宽彻哥屯军亳州，于醉梦中被刘福通俘虏。

"芝麻李"徐州之战

就在刘福通大发横财、扩张势力时，元朝朝廷反而放松了对他的围剿，把主要力量集中在镇压刘福通两翼的徐州"芝麻李"、北琐红巾军首领"布王三"、南琐红巾军首领孟海马身上。

徐州控扼南北，自古以来便是军事重地，元朝朝廷必须将其控制在手中。至正十二年正月，朝廷任命逯鲁曾为淮东宣慰使，统领在两淮招募的盐丁，征讨徐州的"芝麻李"。逯鲁曾，字"善止"，河南修武人，天历年进士，先后任太常博士、监察御史，性格颇为刚直。此外，朝廷又命济宁兵马指挥使宝童统领右都卫军，从知枢密院事月阔察儿讨伐徐州。

此时的元顺帝终于意识到他的天下已经烽烟四起，他怒斥宰相脱脱："你成天说天下太平无事，如今满天下都是红巾军，你准备怎么办？"受到斥责的脱脱汗流浃背，请命亲自出师徐州。逯鲁曾认为官军不习水土，建议招募盐丁去讨贼。淮东的富豪王宣认为盐丁是野夫，不如招募敏捷勇悍的壮丁。于是，两人分头去招募盐丁和壮丁，前后各得三万人。他们身着黄衣服，头戴黄帽子，号称"黄军"，与其他诸军一起围困徐州。

九月，元军攻打徐州西门。"芝麻李"等率军出战，铁翎箭直射脱脱马前。脱脱毫不动容，他的镇定感染了元军，将士们个个奋勇激战。"芝麻李"不敌，退城坚守。徐州城坚不可摧，元军一时半会儿攻不下。元将也速（月阔察儿之子）向脱脱献计：以巨石为炮，昼夜不停地攻击，贼人总有疲惫的时候。

脱脱采用也速的计策，日夜炮轰徐州城。"芝麻李"果然不能坚持。趁着义军疲惫之际，元军奋力攻城，也速攻破南关外城。"芝麻李"见无力抵抗，就和赵君用、老彭率残部逃遁。攻进城的元军擒拿义军千户数十人，随后残忍地进行了屠城。

收到徐州平定的消息后，元顺帝大喜，派中书平章政事普化等来到军前。他封右丞相脱脱为太师，请他回京，并诏改徐州为武安州，立碑记述脱脱的功绩。脱脱命贾鲁、逯鲁曾等继续追剿余寇，自己返回京城。"芝麻李"在逃遁了一个月后，被元军捕杀，但也有人说他隐匿起来，出家为僧。赵君用和老彭则率残部逃到濠州郭子兴处。

"布王三"襄阳之战

北琐红巾军首领"布王三"比徐州"芝麻李"败亡得更早。"布王三"起兵后，很快占领唐州、嵩州（今河南嵩县）、汝州等地，他与南琐红巾军首领孟海马联手，转战南阳、襄阳及汉水流域。至正十二年二月，孟海马连克归州（今湖北秭归县西北）、峡州（今湖北宜昌市）、房州等，屯守峡州。四月，"布王三"进驻襄阳。

至正十一年，四川行省参知政事答失八都鲁与四川省平章政事咬住讨伐义军。平定江陵后，答失八都鲁自请攻打屯驻襄阳的"布王三"。答失八都鲁出自名将世家珊竹台氏，他的父亲襄加台是两都之战后反对文宗、自称"镇西王"的那位四川行省平章政事，曾祖则是开国名将纽璘。

当时的"布王三"聚众十万人，而答失八都鲁只有三千官兵。他采纳宋廷杰的计策，招募襄阳当地的官吏和豪族，获得两万丁壮。答失八都鲁将他们编成队伍，约束军纪，然后派去攻打"布王三"。行军到蛮河时，答失八都鲁被镇守要害之地的"布王三"所部阻挡，无法渡河。答失八都鲁让屈万户率一队人马绕到义军背后进行偷袭，他则从正面发起攻击。在元军的前后夹攻下，义军大败，向后退去。答失八都鲁率军追赶，一直追到襄阳城下。两军再次激战，元军大胜，擒获义军将领三十人，并将其腰斩于阵前，震慑义军。

北琐红巾军紧闭城门，坚守不出。与此同时，元朝朝廷又派陕西行省平章政事月鲁帖木儿、豫王阿剌忒纳失里（两都之战中支持文宗的西安王，后改封豫王）、知枢密院事老章等人前来围剿"布王三"和孟海马。

答失八都鲁观察形势后，将诸军内列八翼，包围襄阳；外置八营，屯军岘山、楚山，拦截外援；自己则率四千中军驻扎在可以俯瞰城内的虎头山。他重新任命襄阳辖下的南漳县尹和宜城县尹，抚慰民众，孤立襄阳。襄阳被围的时间一长，城内便开始人心浮动，以致出现了趁夜投诚的叛徒。他们从城上坐吊篮出城，将城中虚实统统报给答失八都鲁，并请求充当内应。答失八都鲁和叛徒约定好暗号，准备在五月初一的四更攻城。

至正十二年五月初一，通过叛徒悄悄从城上扔下的吊绳，元军近千人攀上城楼。为了防备义军逃遁，答失八都鲁还偷偷招募善水者，将义军停泊在城北的百余艘船全都凿坏。

天快亮的时候，潜进城中的元军士兵打开城门，城外等待的元军一拥而入。率军巷战的"布王三"且战且退，直到退上船才发现船坏了，有不少义军被活活溺死。"布王三"率领残军千余骑向西逃遁，结果被答失八都鲁的伏兵击溃杀害，北琐红巾军至此灭亡。

消灭"布王三"后，答失八都鲁等人继续进攻南琐红巾军首领孟海马。至正十三年（1353 年）九月，元军攻克均州、房州。武当山的寨子也被元军攻下数十个，孟海马部将杜某被擒获。十二月，元军进围峡州，攻破孟海马部下赵明远驻守的木驴寨。至正十四年（1354 年）正月，峡州沦陷，孟海马牺牲，南琐红巾军覆灭。

元末烽烟四起时，不少起义军借着赵宋的旗号反元，于是至正十二年五月，御史台建议让瀛国公（即宋恭帝）的儿子赵完普以及亲族徙居沙州，禁止与外人接触，免得成为义军手中的筹码。直到此时，元顺帝也没有将赵宋皇族斩尽杀绝。

高邮之战

元军在高邮之战中的大溃散，对元朝朝廷来说是一个致命打击。此后，朝廷再也没有大规模进攻义军的优势，只能依靠地主武装抗击义军。

天完政权受挫

至正十一年八月，蕲州罗田县的布贩子徐寿辉发动起义，响应北方红巾军首领刘福通。徐寿辉身材高大、相貌不凡，是南方白莲教的忠实信徒。虽然他带头发动了起义，但事实上他只是邹普胜师徒扶持的傀儡。

麻城铁工邹普胜是彭莹玉的弟子。彭莹玉，又名彭国玉、彭翼，人称"彭祖""彭和尚"。在元军中，他有一个特别的称号，叫"妖彭"。彭莹玉是袁州（今江西宜春市）南泉山慈化寺僧人，自幼被父母舍给彭姓僧人为徒。因为会治病，彭莹玉备受当地居民的拥戴。后来，他成了南方白莲教的教主，在教众心中威信很高。

早在后至元四年，彭莹玉便和弟子周子旺在袁州发动过起义。每名义军的背上都写着"佛"字，他们认为背上有"佛"，就能刀枪不入。由教众组成的义军对此深信不疑，他们推举周子旺为周王，起兵反抗大元。

然而，这次起义很快就被元朝地方官镇压。周子旺被处死，彭莹玉逃到淮西，在当地信众的庇护下蛰伏起来。彭莹玉暗中传播白莲教教义和反元思想，提出"弥勒佛下生，当为世主"的口号，身边很快又聚集起一部分骨干。这些骨干都是彭莹玉的弟子，被他赐予"普"字辈的名字，如邹普胜、邹普泰、丁普郎、欧普祥、项普略、陈普文、杨普雄、赵普胜、李普胜、况普天等。

这些普字辈弟子，后来成了南方红巾军的主要将领。

至正十一年，北方红巾军首领刘福通举起反元大旗，南方红巾军见状按捺不住准备起事。于是彭莹玉、邹普胜师徒选中徐寿辉作为头领，说他是弥勒佛下世，再次起兵反元。十月，攻克蕲水县（今湖北浠水县）的"弥勒佛"徐寿辉在此称帝，他以蕲水为都城、邹普胜为太师，建国"天完"，改元"治平"。

"天完"是什么含义呢？天，即"大"字加一横，完即是"元"字加宝盖，意思是要盖过大元的气运。在元顺帝时期的农民起义军中，天完是最早建立的政权。

起义初期，天完政权四处攻城略地。至正十二年（天完治平二年），丁普郎、徐明远攻陷汉阳府、兴国府（今湖北阳新县），邹普胜攻陷武昌路（治所在今武汉市武昌区），鲁法兴攻陷安陆府（今湖北钟祥市），徐寿辉本人领兵攻陷沔阳府（今湖北仙桃市西南）、江州、岳州（今湖南岳阳市），欧普祥攻陷袁州，项普略攻陷饶州（今江西鄱阳县）、徽州（今安徽歙县）、信州（今江西上饶市西北），陈普文攻陷吉安路（今江西吉安市），王善、康寿四、江二蛮等攻陷福安县（今福建福安市）、宁德县（今福建宁德市）。

前后推出周子旺、徐寿辉作为义军首领的南方白莲教教主彭莹玉，似乎对权力并不留恋。他先是跟着欧普祥军攻打袁州，随后跟着项普略军东去江西，攻略安徽，抵达浙江，之后折回苏南、安徽、江西。由于天完政权声势浩大，南方很多小股义军，不管是不是白莲教众，都纷纷挂靠天完政权，就连少数民族义军也配合天完军作战。

天完政权打着"摧富益贫"的口号，深受贫民的拥护，队伍和地盘迅速扩大，一度控制了湖北、湖南、江南、浙江、福建等地。元朝朝廷高度重视，赶紧调集重军围剿天完军。至正十三年（天完治平三年，1353 年），徽州被元军夺回，项普略被捕牺牲，彭莹玉不得不退回江西瑞州。十一月，彭莹玉被江西行省右丞火你赤率军围杀身亡。在元军的反扑下，天完军占领的很多城市，如江州、蕲州、武昌等得而复失，活动空间进一步萎缩。

十二月，江浙行省平章政事卜颜帖木儿、南台御史中丞蛮子海牙、四川行省参知政事哈临秃、四川行省左丞桑秃失里、西宁王牙罕沙、湖广左丞伯颜不花等合兵一处，围攻天完政权首都蕲水县。虽然义军浴血奋战，但蕲水还是陷落了。徐寿辉仅以身免，先后遁走黄梅山、沔阳湖。天完政权将相以下四百余人都成了俘虏。

这一年，从教主彭莹玉牺牲到首都陷落，南方红巾军遭受了起兵以来最大的挫折。元朝先灭"芝麻李"，后败徐寿辉，朝廷上下为之雀跃。接下来，他们把目标锁定在了自称"诚王"的张士诚身上。

反复不定的张士诚

元末的起义军中，除了信奉白莲教的红巾军以外，还有很多不信白莲教、不戴红巾的义军，其中最强大的一支就是泰州（今江苏泰州市）白驹场人张士诚拉起的队伍。

张士诚，小名"九四"，是个盐贩子。至正十三年正月，他和弟弟张士义、张士德、张士信以及李伯升等十八人，召集盐丁，杀死曾羞辱过他的弓兵丘义和那些经常欺凌他们的富户，起兵反元。

从张士诚的行为可以看出，并不是所有义军都是因为对朝廷不满才奋起反抗的，有些人只是为了趁乱捞取好处，这种人的反元立场并不坚定。张士诚起兵后，攻克了泰州。淮南江北行省官派兵征讨失败，就派高邮知府李齐前往招安。张士诚顺势投降，接受了行省授予他的职位，而他则需要接受朝廷的征调，镇压红巾军。

为了更好地控制张士诚部，行省官将赵琏从真州（今江苏仪征市）调到泰州。赵琏一到泰州，就催促张士诚准备兵船，赶去濠州、泗州（今江苏盱眙县西北）讨伐义军。张士诚不愿意充当炮灰，又窥测到赵琏对他并没有防备，就再次造反。赵琏收到消息后，亲自率兵与张士诚部进行巷战。赵琏兵败，被掠到义军船上。

赵琏忠正刚直，上船就质问张士诚："造反本该罪不可赦，但朝廷开恩宽恕你，还赐给你官职。朝廷没有对不起你，你为何降而复叛？你如此背信弃义，灭顶之灾就在眼前！我乃执政大臣，岂会向你屈服？"说罢，赵琏奋起反击，被张士诚部下杀害。张士诚率军抢掠官库和富豪财产，之后进入得胜湖，攻陷兴化县。

行省命左丞偰哲笃陪同宗王出镇高邮，让李齐出守高邮西北的甓社湖。五月二十九日，张士诚攻进高邮城，城中官员纷纷逃遁，唯有城外的李齐反而从甓社湖折返救援高邮城。

此时，张士诚已经掌控高邮，将兴化县、宝应县连成一片。元朝再次下诏，称可以赦免张士诚，让他投降。

张士诚为了拖延时间修缮高邮城的防御措施，假意称要他接受招降，必须知府李齐亲自前来才行。行省急于求成，强行派李齐奉诏前往。张士诚对着李齐大耍威风，命他下跪。李齐是元统元年进士第一，一生所学皆为报效国家，怎肯屈身事贼。他拒绝说："我的膝盖像铁一样硬，岂会为你弯曲？"张士诚大怒，逼迫李齐下跪。李齐宁死不屈，站起来就开骂。张士诚命人将李齐摁倒，捶碎他的膝盖，将他凌迟处死。

运河之滨的高邮，乃是交通要冲，它被张士诚占据后，南北交通阻塞，江南的财赋和粮食没法通过运河北上大都。元朝朝廷自然不会善罢甘休。

至正十四年正月，张士诚在高邮称"诚王"，建国号"大周"，改元"天祐"。之后，他继续在江浙地带攻城略地，扩充势力。元朝的财政收入十之六七都来自江浙，于是张士诚成了元朝必须消灭的头号敌人。

九月，宰相脱脱统兵百万出征高邮。他的亲信大多随行，大元朝廷的一半官员跟着他南下，就连西域诸王也发兵相助。元军旌旗遍布千里，"出师之盛，未有过之者"。此外，脱脱还派使者去召高丽军队相助。高丽恭愍王派左政丞柳濯、大护军崔莹等四十余人，率兵千人前来助战。柳濯又集结起在中原生活的二万三千名高丽人，充当脱脱的先锋军。威风凛凛率军南下的丞相脱脱，根本没想到自己的举动已经对皇帝构成了威胁。

随枢密院官驻守淮安的枢密院都事石普向脱脱献破贼之策："拥有大湖之险的高邮，多是低矮的沼泽地，骑兵无法前进。如果给我三万步兵，我保证能攻下高邮。一旦平定了高邮，濠州、泗州就很容易被攻破。我愿为先锋，以忠义号召天下讨贼。"脱脱很欣赏石普的勇气，就任命他担任山东义兵万户府事，招义兵万人随行。

脱脱信任的汝中柏却跳出来坏事，将石普的士兵减少至一半。起初，他同意石普便宜行事，但等石普动身出发后，他却又规定石普要听从淮南行省节制。

石普率军到达范水寨时，已是夕阳西下，他命士兵扎营做饭，稍事休整。半夜，石普率领他的先锋军袭击了宝应。宝应的义军惊溃败走，石普就这样轻松地收复了宝应。首战立功的石普引起了诸将的嫉妒，大家为了争功，水陆并进，连续攻拔十来个寨子，斩杀义军数百人。

快到高邮城时，石普分兵三路：一路去城东，准备水战；一路用来断后；他本人则亲自率领一路去攻打北门。迎战石普的张士诚所部义军见不能取胜，便退回城中。身先士卒的石普带头追击，放火焚烧城门。正当义军惶恐之时，元军其余部队竟然按兵不动，不肯帮助石普一起攻城。甚至还有嫉妒石普又要立功的将军，派一支部队抢到石普军前方，企图夺取先入城的功劳。不料义军拼死抵抗，抢在前面的元军怯敌畏战，仓皇后撤，石普拦都拦不住。

城中义军见状，乘胜出城反击。元军大多坠入水中，连石普军也受到连累被冲散。石普勉强阻止残兵溃走，与义军血战良久。为了激励和震慑士兵，他仗剑高呼："大丈夫当为国死，有敢不前进者，斩！"随即，他带头冲向义军，但仅有三十人追随他战斗。忠勇的石普力战到傍晚，也没有等来援军。他受了伤，从马背坠落，但他仍然坚持战斗，直到战死。追随他的三十人，也全部战死。

高邮之战

对丞相脱脱来讲，高邮义军在百万大军面前就是一只小蚂蚁，他会像攻克徐州"芝麻李"一样将其碾碎。他一边围困高邮城，一边分兵扫清高邮周围，连战连捷，就连刚打下滁州的朱元璋也受到了元军的威胁。

张士诚坐困孤城，急得像热锅上的蚂蚁，不知道该怎么办才好。他想投降，但又怕罪在不赦；若是不降，已经坚守一个半月的高邮城，眼看就要撑不住了。就在张士诚犹犹豫豫终于下定决心投降的关键时刻，突然从大都传来一纸诏书。皇帝在诏书中责备脱脱在江南用兵日久，劳师费财还没有尺寸功劳，于是削去他的官职，将他安置在淮安，改任河南行省左丞相太不花、中书平章政事月阔察儿、知枢密院事雪雪代领其兵。

元顺帝为何临阵换将呢？

主要还是因为党争。脱脱原本和奇皇后、顺帝身边的亲信哈麻算是盟友，他能够重新当上丞相，全靠奇皇后与哈麻出力。然而复相后的脱脱很信任汝中柏，汝中柏与哈麻不和，多次在脱脱面前攻讦哈麻。久而久之，脱脱就看哈麻不顺眼，将他降职。哈麻心中愤恨，就在奇皇后面前离间脱脱，说皇太子被册封后一直没有册宝，也没有行郊庙之礼，都是因为脱脱在阻挠。于是，奇皇后母子对脱脱日渐不满。

南征高邮时，脱脱留弟弟御史大夫也先帖木儿看家。哈麻看准时机，决定对脱脱兄弟动手。一日，也先帖木儿生病没去上班，哈麻趁机指使监察御史袁赛因不花连续三次弹劾也先帖木儿。先前不战自溃都没获罪的也先帖木儿，如今却是人在家中坐，祸从天上来。原来不是没人弹劾脱脱兄弟，但因有奇皇后与哈麻在元顺帝身边替他们美言，他们才没有出事，如今却没有人替脱脱兄弟讲好话了。随即，元朝朝廷便传出了罢免脱脱的旨意。脱脱先是被移居淮安，未几被迁徙到亦集乃路（治所在今内蒙古额济纳旗达来呼布镇黑水城遗址），随后又被流放到云南大理宣慰司镇西路（治所在今云南盈江县），最后被哈麻毒杀，也先帖木儿则被流放到四川碉门（今四川天全县）。

曾经显赫一时的蔑儿乞家族，就此衰败。

临阵易将的诏书于至正十四年十二月二十四日到达军中，参议龚伯遂看到后建议脱脱抗旨："将在外，君命有所不受。丞相暂时不要宣布诏书为好，一旦宣布，剿贼之事恐要落空。"深受儒家忠君思想影响的脱脱，不愿背上抗旨不遵的名声，拒绝了龚伯遂的建议。他选择接受朝廷对他的处置，交接而去。

行军打仗，最忌临阵换将。脱脱被罢免的消息传出后，百万元军一片哗然，瞬间溃散。这样的反转惊呆了张士诚，他反应过来后迅速出兵追击。元军无心作战，四散奔逃。

谁也猜不到高邮之战竟然会是这样的结局，但它明显成了元末农民起义的转折点。此战之前，元军气势汹汹，四处讨伐义军；此战之后，元军再也没有能力镇压义军，只能依靠那些崛起的地主武装与义军对抗。于是，不可避免地，大元进入了一个军阀割据的时代，正式迎来灭亡倒计时。

汴梁之战

韩宋政权是元末起义军中最为重要的一支。作为韩宋政权的灵魂人物，韩山童、刘福通振臂高呼，掀起了轰轰烈烈的元末起义浪潮。同时，正是刘福通转战千里，三路北伐，才消耗了元朝的主要军事力量，为大明的建立奠定了基础。

韩宋立国

高邮之战后，元末的起义战争进入了一个新阶段。从往日的失败中吸取教训、得到锻炼的起义军们重新进入了激昂奋进的反元状态。

至正十五年（1355 年）二月，将皖西北地区经营得不错的刘福通，在砀山夹河找到韩林儿，将其迎到亳州奉为皇帝，正式建立大宋政权，建元"龙凤"。为迎合"明王出世"的口号，韩林儿号"小明王"，宣示光明已经降临，元朝的黑暗势力就要被驱逐。

义军尊韩林儿之母杨氏为皇太后，以杜遵道、盛文郁为丞相，罗文素、刘福通为平章，刘福通之弟刘六知枢密院事，亳州为都城。他们还拆了鹿邑县太清宫，将材料拿去修建宫阙，设立中书省、枢密院、御史台和六部，铸造龙凤钱代替元钞。

韩宋政权建立后，杜遵道等高官大臣各自派子嗣侍奉在韩林儿左右。此时最得韩林儿宠信的不是刘福通，而是杜遵道。

杜遵道原是个书生，伯颜专权时，曾经上书朝廷，建议开武举，把天下有智谋、有勇力的人都收拢到朝廷。伯颜的弟弟马札儿台（脱脱之父）知枢密院事，很赏识杜遵道的言论，就提拔他为枢密院掾史。后来杜遵道发现那些高官并没有采纳他的建议，便弃官而去，之后他结识了韩山童、刘福通，参加了义军。

出身草莽、一朝骤贵的韩宋高层很快起了内讧。杜遵道自恃皇帝宠信，独断专行。作为韩宋政权的无冕之皇，刘福通很不痛快，就命甲士诛杀杜遵道，自己做了丞相。刘福通还招揽附近的郭子兴部，希望能为己所用。

郭子兴就是当初响应刘福通在濠州起兵的首领，朱元璋是他的部下兼干女婿。徐州"芝麻李"被脱脱歼灭后，赵君用、老彭投奔了郭子兴。但让人没想到的是，犹如丧家之犬的赵君用居然鸠占鹊巢、反客为主，凌驾于郭子兴之上。从后来赵君用袭杀毛贵的行为来看，此人横暴残忍，毫无同袍情义。

赵君用在濠州作威作福，朱元璋十分不满，但他人微言轻、势单力薄，也不能做什么，只能带着亲信出去单干，招揽丁壮。而跟着他的这些人，后来都成了他的骨干。赵君用挟持郭子兴，攻陷泗州、盱眙，势力大增。这个时候，赵君用就想杀掉郭子兴，吞掉他的地盘。朱元璋连忙派人去说服赵君用，把郭子兴接到了滁州。

刘福通派人招揽郭子兴时，郭子兴已经病死了。小明王韩林儿便任命郭子兴之子郭天叙为滁州都元帅，郭子兴的妻弟张天佑为右副元帅，郭子兴的干女婿朱元璋为左副元帅。这个时候，朱元璋基本上已经掌控了郭子兴部。由于郭子兴部名义上隶属韩宋政权，身为郭子兴部属的朱元璋就也成了韩宋政权的臣属。

刘福通与答失八都鲁之战

枪打出头鸟，义军一旦称王建号，就会吸引朝廷的注意。韩宋政权建立后，元朝朝廷加快了平叛的脚步，提拔镇压北琐红巾军和南琐红巾军的答失八都鲁为河南行省平章，取代太不花统率各路兵马。

七月，气势汹汹的答失八都鲁进攻许州长葛（今河南长葛市），被刘福通击败，将士奔溃。答失八都鲁和儿子孛罗帖木儿败走中牟，收集溃兵休整。刘福通乘胜从洧川（今河南尉氏县西南）渡河袭击中牟。答失八都鲁再次败走，孛罗帖木儿成了俘虏，元军辎重尽数被劫。

当时，太不花的部下刘哈刺不花屯军在汴梁南的彭子冈。答失八都鲁兵败长葛、溃走中牟时，刘哈刺不花接到军报，准备整兵去中牟救援。走到半道，他听说答失八都鲁在中牟被刘福通袭击，随即改变作战计划，埋伏在义军的归路上。打了胜仗回师的义军，没料到竟然有元军设伏，猝不及防之下被刘哈刺不花击败。义军丢弃辎重、俘虏，慌忙撤走。逃出生天的孛罗帖木儿与父亲会合后，屯驻在汴梁东南的青堌。

韩宋政权建立后，刘福通派赵明达攻取邓州、许州、嵩州、洛州。赵明达北渡孟津（今河南孟州市南、孟津县东北），到达怀庆路（治所在今河南沁阳市），引得河北震动。转战北上的元将察罕帖木儿（别名李察罕）率军拦截赵明达。赵明达不敌败走。击败荥阳反元的苗军后，察罕帖木儿屯兵中牟。刘福通亲率三十万大军直捣中牟。面对重兵压境，察罕帖木儿毫不畏惧，结阵以待。他给士兵做战前总动员，晓以生死利害，激励他们。受到察罕帖木儿的鼓舞，士兵们摩拳擦掌，跃跃欲试。

两军交战当天，狂风大作、飞沙走石。察罕帖木儿亲自率精锐，奋力进攻刘福通的中军。在察罕帖木儿的感染下，元军以一当百，竭力死战。义军不能支撑，丢弃旗帜、战鼓逃走。察罕帖木儿率军追杀十余里，斩首无数。此战过后，察罕帖木儿声名大振。

趁着刘福通兵败中牟的颓势，十二月，答失八都鲁再次调兵进攻韩宋政权。在太康击败刘福通后，答失八都鲁进围亳州。刘福通被迫带着韩林儿南奔安丰（今安徽寿县），韩宋政权的都城亳州就此沦陷。

至正十六年（韩宋龙凤二年，1356 年）三月，休整归来的刘福通率军反攻亳州，与答失八都鲁所率的元军从巳时一直战到酉时（下午五点至晚上七点）。最终，元军溃败，答失八都鲁也在战斗中不慎坠马。孛罗帖木儿赶紧将父亲扶上自己的马让他先逃，自己则持弓断后。为了震慑追兵，孛罗帖木儿连发数箭，箭箭毙命。义军被他的神勇吓到，竟然没人敢继续追击他。孛罗帖木儿步行逃遁，一直到三更才找到父亲。

不管孛罗帖木儿本人有多么神勇，他和他的父亲都在亳州之战中打了败仗。刘福通重新夺回宋都亳州。同一时间，朱元璋攻克集庆路（治所在今南京市），改集庆路为应天府。刘福通特意在应天府设江南等处行中书省，以朱元璋为平章。朱元璋开始以应天府为基地，步步为营，大杀四方。

河南、山东发生的水患和大疫，分散了元军对亳州的注意力。八月，刘福通派李武、崔德攻略陕西。李武、崔德深受刘福通信任，他们从武关攻克商州，随即挥师北上。然而他们并没有占领城池的意识，于是商州很快被奉元路判官王渊收复。九月，李武、崔德突然出现并袭击了潼关。参知政事述律杰战死，潼关落入义军手中。

元朝朝廷不能坐视潼关失陷，迅速调豫王阿剌忒纳失里和同知枢密院事定住率军夺回潼关。在元军的攻击下，李武、崔德不敌败走，潼关回到元军手中，由河南行省平章政事伯家奴率兵驻守。不久，李武、崔德再次夺取潼关，伯家奴兵败溃走。豫王收到消息后，出兵又一次夺回潼关。李武、崔德意识到有豫王在他们根本守不住潼关，于是决定东进攻克虢州和陕州，扼制崤山与函谷关。

知枢密院事答失八都鲁急命察罕帖木儿、李思齐西进围剿李武、崔德。察罕帖木儿趁夜攻下崤山，接着又去攻打陕州。由于陕州阻山带河，坚不可破，察罕帖木儿最后决定放弃陕州，转而攻打虢州。李武、崔德败走，渡河进入山西，拔平陆（今山西平陆县），掠安邑（今山西运城市东北），蹂躏晋南。在察罕帖木儿的围追堵截下，李武、崔德回军攻克阳津。然而，和察罕帖木儿僵持数月后，李武、崔德率领的义军最终坚持不住，四散溃走。察罕帖木儿围剿有功，加封中奉大夫、佥河北行枢密院事。

十月，赵君用联合"青军"首领张明鉴和已经叛元的"黄军"一起攻克淮安。刘福通设置淮安等处行中书省，以赵君用为平章。从这时候起，赵君用所部也开始隶属韩宋政权。赵君用部下最有名的大将毛贵即将崭露头角。

答失八都鲁父子忘不掉在长葛、中牟、亳州连续败给刘福通的奇耻大辱，十二月，他们趁着夜色率军袭击了太康城。城中义军奋力反击，从二更一直激战到巳时。太康城的四个城门相继被元军攻破，数万义军被斩首，将军张敏、孙汉等九人被俘，丞相王显忠和罗文素被杀。

太康之战的胜利总算洗刷了答失八都鲁父子的耻辱。元顺帝亲自在内殿设宴庆功，并追封答失八都鲁的父亲、祖父、曾祖为王，以答失八都鲁为河南行省左丞相，孛罗帖木儿为四川行省左丞。答失八都鲁仍兼知行枢密院事，驻守汴梁。

韩宋政权北伐

除了李武、崔德率军西进外，刘福通还派赵君用的老部下毛贵东进。毛贵首先从淮安出兵攻取海州，但海州被淮南行枢密院副使也速重新夺回。接着，毛贵乘海船从海上进入山东，于至正十七年（韩宋龙凤三年，1357年）

二月攻陷胶州，杀金枢密院事脱欢。之后，毛贵连战连捷，先是在三月初六攻取莱州，后向西破益都路、般阳路（治所在今山东淄博市淄川区），北陷滨州（今山东滨州市）、南克莒州（今山东莒县），仅仅两个月就攻陷了山东许多州县。

元朝朝廷被毛贵的进军速度吓坏了，紧急调遣知枢密院事孛兰溪（一作卜兰溪）、江淮行枢密院副使董抟霄去山东镇压毛贵，又让此前被撤职的湖广行省左丞相太不花官复原职，提调山东。

同一时间，韩宋政权的丞相盛文郁攻克曹州，与毛贵相呼应。在陕西的李武、崔德经过休整后，重新出兵，陷商州，破武关，直趋长安。行军灞上的李武、崔德，分兵劫掠同、华诸州，惹得三辅震动。陕西行台治书侍御史王思诚、豫王阿剌忒纳失里与省院官商议，准备邀请河南的察罕帖木儿提兵救援。然而，在没有圣旨的情况下，将领是不能越境用兵的。众人不能决断，还是王思诚自愿担责，出面写信给察罕帖木儿叙述唇亡齿寒的道理，邀他出兵。

察罕帖木儿得信后大喜，迅速提兵从陕州、虢州进入潼关救援陕西。察罕帖木儿再次击败李武、崔德所部义军，斩获众多。这一路义军只能放弃进攻奉元路（治所在今西安市）的计划，溃走南山（即终南山），进入兴元路。

见察罕帖木儿果然取胜，王思诚上书朝廷，请求让察罕帖木儿专守陕西，便宜行事。因此战之功，察罕帖木儿升任陕西行省左丞，李思齐则成为四川行省左丞，两人开始在陕西扩展自己的势力。

六月，鉴于毛贵在山东取得的辉煌战果，刘福通决定北伐。其中，率领东路军的毛贵作为主力，负责从山东进攻大都；"关先生"（本名关铎）、"破头潘"（本名潘诚）、冯长舅、沙刘二、王士诚率领中路军，绕道山西进入河北，协同东路军包围大都；李武、崔德率领西路军，继续攻略陕西诸地，另派白不信、大刀敖、李喜喜前往支援；刘福通本人则率中军，图谋收复北宋故都汴梁。韩宋政权的义军们高举"虎贲三千，直抵幽燕之地；龙飞九五，重开大宋之天"的大旗，展开了轰轰烈烈的北伐运动。

元朝并不缺乏有识之士。面对龙凤军的北伐，监察御史脱脱穆而建议，在太不花、答失八都鲁、阿鲁三处军马中挑选精锐，选拔一位能将统领，驻守河北，进可遏制河南叛军窥伺河北，退可进击山东叛军。朝廷欣然从之。

此时的山东半岛大半已被毛贵占领，东路义军的声势极其浩大。七月，镇守黄河的义兵万户田丰响应毛贵，背叛元朝，攻陷济宁路（治所在今山东济宁市）。然而田丰并没有得到济宁路，他被义兵万户孟本周率军击败，无奈转战济州（今山东巨野县）、濮州（今山东鄄城县北），济宁路落入了孟本周手中。

八月，刘福通率军攻陷大名，接着从曹州、濮州出发攻克卫辉，对汴梁形成包围之势。答失八都鲁奉命镇压刘福通。作为刘福通的手下败将，答失八都鲁自知不敌，就向朝廷请求援助。于是，朝廷派知枢密院事达理麻失理分兵雷泽、濮州，与他共讨刘福通。

元军与刘福通部大战一场，达理麻失理被杀，答失八都鲁败走石村。元朝朝廷认为答失八都鲁是想保存实力，因而不尽力剿匪，便斥责他"玩寇失机"，又屡次派使者催促他出战，这让元气大伤的答失八都鲁苦不堪言。刘福通听说后，抓住机会施展反间计，伪作答失八都鲁的求和书信，将其丢在路上，故意让元朝使者捡到。答失八都鲁听说后，又气又怕，忧愤而死。答失八都鲁死后，他的军队由儿子孛罗帖木儿统领。

闰九月，增援西路红巾军的白不信、大刀敖、李喜喜进入陕西，攻陷兴元、秦州、陇州，进破巩昌。之后，由李喜喜据守巩昌。十月，西路义军在白不信的带领下窥伺凤翔。察罕帖木儿把军队分成两路，一路飞驰入守凤翔城，一路由他率领负责待命。他派人去引诱西路义军围攻凤翔，义军果然上当，将凤翔团团围住。

察罕帖木儿亲自率领铁骑，昼夜疾驰两百里赶赴凤翔城外，将军队分成左、右两翼包抄义军。守在城中的军队见状破门而出，与察罕帖木儿一起对义军形成内外夹击之势。猝不及防的西路红巾军大溃，被元军斩首数万，伏尸百里，从此一蹶不振。

至正十八年（韩宋龙凤四年，1358 年）四月，察罕帖木儿、李思齐会同张良弼、定住等人围攻巩昌。李喜喜兵败，突围而出，和白不信南下四川，改称"青巾军"。"青巾军"后来被徐寿辉的部将明玉珍驱走，不得不投奔陈友谅。之前被察罕帖木儿打败的李武、崔德，于至正十九年（韩宋龙凤五年，1359 年）转战宁夏、灵州，次年五月投降李思齐。

东、西两路义军行动的同时，曹州红巾军组成的中路军在"关先生"等人的统领下，于至正十七年开始北伐。他们攻克陵川县（今山西陵川县）后，发兵进攻潞州。察罕帖木儿采纳潞州人李惟馨的建议，"东取冀、晋，固守上党"，派部将关保与虎林赤救援潞州，与上党县尹郭丛善所率义兵形成掎角之势。尽管察罕帖木儿做出了安排，但潞州还是被善谋略的"关先生"攻陷。

闰九月，中路义军攻克潞州，旋即北上进攻冀宁路。察罕帖木儿忙率重兵迎击。中路义军不想硬碰硬，于十月退入太行山。十一月，中路义军侵入壶关（今山西壶关县）。中路义军和西路义军一样，采用流动作战方式，只攻城不占地，因而一直没有稳固的大后方。他们既得不到物资供应，也得不到良好休整，只能在山西境内兜兜转转。

说回元朝悍将董抟霄。五月，董抟霄奉命去山东讨贼。之后，他夺回济南，因功升职为淮南行枢密院副使兼山东宣慰使都元帅。有人嫉妒他，就在总山东诸军、屯守东昌路（治所在今山东聊城市）的太尉纽的该那里对他进行抹黑。于是，纽的该让董抟霄跟随孛兰溪一起征讨益都。董抟霄回复说："我若离开济南，济南必然不保。"然而没人理睬他。董抟霄只好带兵屯驻南皮县（今河北南皮县）魏家庄。

功败垂成的毛贵

至正十八年正月，毛贵与知枢密院事孛兰溪在好石桥（今山东青州市西南）激战。孛兰溪战败，退走济南。二月，毛贵乘胜攻克济南。

和中、西路红巾军首领相比，东路红巾军首领毛贵是韩宋政权中少见的优秀人才。他不但在军事上有勇有谋，所向披靡，在政治上也很有作为，非常注意建设大后方根据地。他占领济南后，山东各地基本落入红巾军手中。韩宋政权在山东设立了益都等处行中书省，以毛贵为平章。

毛贵在济南设立宾兴院，选用山东旧官员，任命姬宗周等人为地方官吏，颁发铜印；又在莱州设立三百六十处屯田，每屯相距三十里，建造百余辆大车运送粮食。毛贵重视生产，轻徭薄赋，他的一系列措施让山东地区的经济得到了良好恢复，不仅很好地解决了前方将士的物资需求，还让后方的老百姓能够休养生息，从而获得他们的拥护和支持。

响应毛贵的义兵万户田丰此时重新攻陷济宁。屯驻东昌的纽的该听说田丰军逼近，就以东昌缺粮为由弃城退守柏乡（今河北柏乡县），东昌就此落入田丰手中。弃城退走的纽的该返回京城后，反而升职为左丞相。

接着，田丰攻陷南北漕运枢纽——东平路（治所在今山东东平县），截断大元朝廷的南北漕运。至此，山东基本被毛贵、田丰占领。

后方步入正轨后，毛贵开始引兵北上，直扑南皮县董抟霄部。元朝使者前脚颁布任命董抟霄为河南行省右丞的诏命，毛贵军后脚就杀了过来。董抟霄只能拔剑督兵迎战，但最终战败，和弟弟董昂霄一起被杀。毛贵继续挥师北上，攻陷清州、沧州，屯兵长芦镇。

三月，毛贵攻陷蓟州，进兵漷州（今天津市武清区）、枣林（今北京市通州区张家湾镇枣林庄村），杀枢密副使达国珍，进至柳林（今北京市通州区南），逼近大都。京师人心大骇，乱成一团。惊慌失措的元顺帝准备迁都以避毛贵锋芒，大臣有劝乘舆北巡的，有劝迁都关陕的，众说不一。但也有少数人坚决反对迁都，衍圣公孔克坚认为天子当与社稷宗庙共存亡，左丞相贺太平也坚决反对迁都。在这些人的劝谏下，元顺帝才没有行动，而是下诏征调地方军队入卫大都。

北上大都前，毛贵派部下续继祖率军进攻怀庆路，希望打通与中路军的通道，加强中路军的力量，从而配合他北伐。

"关先生"派出王士诚接应续继祖。三月，王士诚从绛州垣曲县袭击晋宁路（治所在今山西临汾市），杀总管杜赛因不花。察罕帖木儿派妹夫赛因赤答忽在冷水谷击败王士诚，夺回晋宁路。

为了配合毛贵围攻大都，"关先生""破头潘"兵分两路，一路出绛州，一路出沁州（今山西沁县）。他们破潞州、辽州（今山西左权县），陷冀宁，攻保定，希望能突破保定和居庸关南北两个关口。但中路军攻保定不克，就转头攻陷了完州（今河北顺平县）。不能东进的中路军没办法配合毛贵的计划，直接导致孤军深入的毛贵深陷重围。

此时朝廷征调的诸卫军已经入卫大都。察罕帖木儿率精锐奉命屯驻涿州。刘哈剌不花奉诏迎战毛贵，两军在柳林激战。毛贵的东路军长途奔袭，连续作战，已是疲惫之师，遂被刘哈剌不花击败。眼看元军增援不断，而己方却没有丝毫支援，毛贵不得不改变进攻大都的计划，退走济南。大都转危为安。

毛贵逼近大都是北方红巾军最辉煌的战绩，虽然最终功败垂成，但也在很大程度上灭了元朝朝廷的威风，大长起义军的志气。

随着东路军失利退守山东，中路军也不得不退出河北，然而他们南归的道路却被从涿州赶过来的察罕帖木儿堵截。察罕帖木儿采纳李惟馨的建议，分兵阻拦中路红巾军进入太行山：一军屯守泽州，阻塞碗子城；一军屯守上党，阻塞吾儿峪（今山西黎城县东北）；一军屯守并州，阻塞井陉口（今石家庄市鹿泉区东土门）。李惟馨的这条计策有效地破坏了红巾军攻略山西地区的计划，也切断了中路红巾军与其他红巾军的联系。中路军多次进攻元军，希望突破关隘，但都被元军击退。"关先生"等人不得南还，只好率主力向北挺进，从大同出塞外。

察罕帖木儿因平定河东有功，升为陕西行省右丞，兼陕西行台侍御史、同知河南行枢密院事，负责守御关陕、晋冀，镇抚汉阳、沔阳、荆州、襄阳，可便宜行事。察罕帖木儿意气风发，加紧练兵训农，以平定天下为己任。

元宋汴梁之战

至正十八年五月，就在东路军毛贵退守山东，中路军企图突破太行山关隘南下，西路军已经溃散时，刘福通率军攻克北宋故都汴梁，守将竹贞逃遁。对韩宋政权来说，攻陷汴梁具有极其深远的政治意义，因此刘福通很快把韩林儿迎接过来，正式迁都汴梁。之后，韩宋政权造宫阙，易正朔，论功行赏。刘福通被封为太保，毛贵、田丰被封为丞相，王士诚、杨诚、陈猱头、续继祖被封为平章，刘圭被封为知院，"关先生""破头潘"等人也获得了晋升，俨然一幅中兴盛世景象。

但实际上，看似方兴未艾的韩宋政权并没有表面那么光鲜。此时，西路军已溃散入蜀，中路军也被迫北进，只有东路军可以依仗。而元朝不会坐视韩宋政权在汴梁耀武扬威，已征调当时势力最大的察罕帖木儿和孛罗帖木儿前去围剿汴梁。

察罕帖木儿在逐走西路、中路红巾军后，基本肃清了陕西、山西两地，于是他留下李思齐驻守陕甘一带，自己进驻渑池。七月，他率军来到洛阳，逼近汴梁。刘福通命投降韩宋政权的原河南行省平章、现怀庆路守将周全，前往洛阳攻打察罕帖木儿军。周全在洛阳看到察罕帖木儿的军容后，畏惧退兵，被刘福通杀掉。

孛罗帖木儿在父亲答失八都鲁死后，就接管了父亲的军队，奉命四处征讨红巾军，围剿汴梁刘福通。十一月，孛罗帖木儿统领诸军围攻曹州，擒杀韩宋守将武宰相、仇知院，切断汴梁和山东毛贵的联系。汴梁的形势越发危险。

这时候，被迫北上的中路红巾军在"关先生"等人的率领下，于十二月攻破上都，将上都的宫殿全部焚毁。上都是大元朝廷的两都之一，它的沦陷对元朝来说是一个沉重打击。"关先生"等人在大都仅仅停留了七天，就攻陷了全宁路（治所在今内蒙古翁牛特旗），他们焚烧鲁王宫府，夺取了辽阳。

至正十九年冬，中路军渡过鸭绿江，进攻高丽，一路杀到西京平壤，直到次年四月才从高丽退出。至正二十一年（韩宋龙凤七年，1361年）十月，中路军再次进入高丽，攻进首都开京，恭愍王被迫逃往安东。在安佑、李芳实、李成桂等高丽将领的围攻下，至正二十二年（韩宋龙凤八年，1362年）正月，中路军被高丽军击败，"关先生"、沙刘二战死，"破头潘"退回辽阳，被元军击杀。中路军虽然没有完成配合进攻大都的战略计划，但它转战千里，攻陷元朝上都，暴打元朝附属国高丽，战绩不可谓不漂亮。

不过对汴梁的韩宋小朝廷来说，不管中路军后来的战绩有多剽悍，都没有多大用处。随着毛贵被自己人袭杀，韩宋小朝廷左支右绌，风雨飘摇。

至正十九年四月，毛贵的前上司——在淮安混不下去的淮安平章赵君用前来投奔毛贵。心胸狭窄、贪婪暴戾的赵君用为了争夺权力，袭杀了毛贵。两个月后，毛贵的部下续继祖从辽阳回来，反杀赵君用。从此，毛贵辛苦经营了三年的山东根据地陷入四分五裂、自相残杀的局面，最后被元军夺回。

汴梁因此再无外援。五月，察罕帖木儿移军虎牢关，分兵两路：南路出汴南，攻略归州、亳州、陈州、蔡州；北路出汴东，水陆并进，略曹州南，屯守黄陵渡（即黄陵冈）。他还征陕西兵，出函关，过虎牢；征山西兵，出太行山，过黄河，将汴梁城围得水泄不通。察罕帖木儿自己则率铁骑屯驻杏花营。

刘福通屡次派兵出战，但都被击败，只能据城坚守。为了引诱义军出战，察罕帖木儿在城南设置伏兵，命人去挑衅义军，引义军来追。等义军中计，伏兵便鼓噪而起，剿杀义军。他又让瘦弱的士卒充当诱饵，引义军出战，一旦义军出战，伏兵就立马出来进行围剿。如此几次，义军便不敢轻易出战了。从五月到八月，义军坚守汴梁城百余日，城中已无余粮。察罕帖木儿和闫思孝、李克彝、虎林赤、赛因赤答忽、脱因不花等将领商议，各自进攻一座城门。

晚上，元军开始猛攻汴梁，早已断粮的义军根本无法抵抗，元军很快登上城墙。刘福通领着数百骑兵，趁乱带着韩林儿从东门突围，走奔安丰。韩宋政权的后宫妃嫔、官员家眷，以及符玺印章、珍宝财物，统统落入了察罕帖木儿手中。

察罕帖木儿献捷大都。元顺帝大喜，将察罕帖木儿视为股肱之臣，拜他为河南行省平章政事，兼知河南行枢密院事、陕西行台御史中丞，便宜行事。至此，察罕帖木儿完全控制河南、河北、关中之地，还能号令荆州、襄阳以及江浙行省北部地区，成为元朝最大的军阀。

随着汴梁失陷，北方红巾军的形势急转直下。刘福通退守安丰，陷入了孤立无援的境地，名义上他还能节制诸军，但实际上已经没人把他当回事了。尽管如此，他还是在处境十分窘促的情况下，于至正二十二年九月将最后一支机动部队派去增援被扩廓帖木儿（又名王保保）围攻的田丰军。虽然此举无异于肉包子打狗，但也足见刘太保为人有多仗义。

至正二十三年（韩宋龙凤九年，1363年）二月，周王张士诚派部下吕珍进攻安丰，准备吃掉韩宋政权。韩宋小朝廷再次陷入坐困孤城的窘境，城内断粮到"人相食"的地步。韩林儿无法，只得向朱元璋求救。朱元璋亲率大军击败张士诚军，将韩林儿和刘福通安置到滁州。至正二十六年（韩宋龙凤十二年，1366年）十二月，朱元璋派廖永忠迎接韩林儿、刘福通到应天，结果船只在江中倾覆，韩林儿溺水而死。韩宋小朝廷就此灭亡，大明政权即将横空出世。

元末军阀混战

王朝末年多奇闻，元末也不例外。南方各路义军，不是积极抗击元朝，而是为了争夺地盘大打出手，互相兼并。元朝的各路官军，不是主动出击镇压义军，而是为了扩张自己的势力，在中原、关中地区进行大混战。最后，甚至连皇帝和皇太子都卷进了内战的旋涡，元朝也在混战中走向灭亡。

官兵和民兵

元朝末年，烽烟四起，朝廷竭力讨伐义军，义军却越剿越多。在义军面前，武备荒废、只知抢掠的官军屡战屡败。大元朝廷不得不开始倚重由地主阶级组成的义兵力量去镇压起义军。而义兵中，最知名的就是察罕帖木儿。

察罕帖木儿是颍州沈丘（今安徽临泉县）人，祖籍北庭，父祖曾随军南征，后定居颍州。察罕帖木儿汉姓李，人称"李察罕"。虽然有汉姓，但他不是汉人，而是乃蛮部蒙古人。他的妹妹嫁给了蒙古伯岳吾氏的赛因赤答忽，生下三子一女，其中长子就是鼎鼎有名的扩廓帖木儿。扩廓帖木儿的汉名叫王保保，因此经常被误认为是汉人，但其实他是正宗的蒙古人。察罕帖木儿和扩廓帖木儿这对舅甥是元末军阀大混战的主角之一。

察罕帖木儿是个很有雄心壮志的人。至正十一年，刘福通掀起红巾军大起义，杀富济贫，反抗元朝。第二年，不甘平庸的察罕帖木儿和信阳罗山人李思齐组织地主子弟数百人，袭击罗山，在红巾军的大后方打游击战。就这样，察罕帖木儿进入了元顺帝的视野，被封为中顺大夫、汝宁府达鲁花赤，李思齐也被封为汝宁知府。察罕帖木儿的妹夫赛因赤答忽，也就是扩廓帖木儿的父亲，追随大舅子为朝廷效力。他们积极招降纳叛，很快壮大势力，成为沈丘一带势力最大的地主武装。

和察罕帖木儿、扩廓帖木儿的义兵起家史相比，军阀混战中的另一对主角——答失八都鲁、孛罗帖木儿父子出身于正经的武官世家。

答失八都鲁出身蒙古珊竹台氏，他的五世祖孛罗带是跟着成吉思汗起家的，曾祖纽璘是元初名将，父亲囊加台则在两都之战中因不支持元文宗而被弃市。答失八都鲁世袭万户，镇守罗罗宣慰司。至正十一年，答失八都鲁被征调，跟随平章咬住讨伐南琐红巾军与北琐红巾军。北琐红巾军首领"布王三"

和南琐红巾军首领孟海马都是被答失八都鲁消灭的，可以说他是踩着红巾军的尸山血海步步高升的。至正十五年六月，答失八都鲁被拜为河南行省平章政事，义兵首领察罕帖木儿归他节制。

至正十五年对答失八都鲁来说，是个分水岭。在此之前，他顺风顺水，所向披靡；在此之后，他对上了韩宋政权的刘福通，不但屡战屡败，还失去了朝廷的信任。元顺帝怀疑他保存实力，"玩寇失机"。至正十七年十二月，在刘福通的离间计下，答失八都鲁忧愤而死。他的儿子孛罗帖木儿袭领其军，继续镇压韩宋政权。

反观被答失八都鲁派去关中镇压西路红巾军的察罕帖木儿，从至正十六年入陕作战以来，鲜有败绩，先后打垮西路红巾军，驱逐、逼迫中路红巾军北上塞外，踩着义军骸骨步步高升，俨然是元朝最耀眼的将星。特别是至正十九年八月，察罕帖木儿击败刘福通，收复汴梁，走上了人生巅峰，被元顺帝任命为河南行省平章政事，兼知河南行枢密院事、陕西行台御史中丞，完全掌控河南、河北、关中之地，成为元朝势力最大的军阀。

至正十九年二月，孛罗帖木儿奉命移屯代州，之后，他驻守大同，与北伐的中路红巾军交战，先后收复丰州、云内诸州。在孛罗帖木儿的阻截下，中路红巾军不得不转战辽东。此后，孛罗帖木儿又击败了杨诚、程思忠、王士诚诸路红巾军。元顺帝下诏让孛罗帖木儿总领蒙古军、汉军，便宜行事。

此时，以征伐天下为己任的察罕帖木儿磨刀霍霍，准备出兵山东，镇压红巾军。孛罗帖木儿却瞄上了察罕帖木儿手中的晋冀之地，想分一杯羹。察罕帖木儿当然不愿意："晋冀是我辛苦打下来的，又是征伐四方的储备粮库，怎么可能给你？"因此，两大军阀开始在山西地区展开激烈的争夺战。

两大军阀大乱斗

至正二十年（1360 年），察觉出孛罗帖木儿和察罕帖木儿之间的矛盾，元顺帝居中调停，命中书平章政事达实帖木儿、参知政事七十去晓谕双方罢兵，让两人不得相互越境。八月，元顺帝进一步为他们划分出势力范围，让孛罗帖木儿驻守石岭关（位于今山西忻县境内）以北，察罕帖木儿驻守石岭关以南。

孛罗帖木儿并不满足，于九月兵临冀宁，围城三天。察罕帖木儿急调参政阎奉先支援冀宁，逼得孛罗帖木儿不得不退到交城（今山西交城县）。正当双方以石岭关为界各守其地时，十月，元顺帝下诏让察罕帖木儿把冀宁交给孛罗帖木儿，并诏孛罗帖木儿去冀宁戍守。显然，这是帝王制衡之术在作祟。元顺帝不愿看到察罕帖木儿成为大元朝的曹孟德，便打算扶持孛罗帖木儿和他相争。

孛罗帖木儿随即派保保、殷兴祖、高脱因率兵去接收冀宁。察罕帖木儿非常恼火，派陈秉直、白锁住攻打孛罗帖木儿军，击败其部将脱列伯。同时，察罕帖木儿向朝廷申诉：“我用兵河南、山东，就指望晋冀提供物资，如此才能无后顾之忧地去镇压叛军，怎么能把冀宁划给孛罗帖木儿？”

察罕帖木儿一边渡河屯兵泽州、潞州，一边调延安军去攻打孛罗帖木儿的东胜州。他还派八不沙去支援延安军，但八不沙并不买他的账，说：“孛罗帖木儿奉旨来取冀宁，我怎么能违抗圣命呢？”察罕帖木儿大怒，杀掉了倒霉的八不沙。

两个已经接受调停的军阀，因为元顺帝的一纸诏令再次掀起战火。而想一出是一出的元顺帝，又在次年正月派参知政事七十去宣谕孛罗帖木儿罢兵还镇，同时派使者去让察罕帖木儿罢兵。两个军阀对皇帝率性而为的诏令不约而同地选择无视。孛罗帖木儿继续派兵劫掠冀宁地区，察罕帖木儿一边让人迎战，一边派兵屯驻霍州，攻击孛罗帖木儿。

四月，察罕帖木儿派养子兼外甥扩廓帖木儿押送贡粮进京。扩廓帖木儿特意和皇太子爱猷识理答腊结识，互为党援。五月，察罕帖木儿再次出兵攻打孛罗帖木儿。势力逊于察罕帖木儿的孛罗帖木儿只能被动防御。

很快，因为要讨伐山东的红巾军，察罕帖木儿停止了和孛罗帖木儿的内讧。六月，察罕帖木儿率军水陆并进，出兵山东。他率军渡孟津，逾覃怀（今河南武陟县以西、孟州市以东），收复冠州（今山东冠县）、东昌，直捣东平。田丰和王士诚被迫投降。之后，他围攻济南，攻陷除益都之外的山东全境。天大的捷报让元顺帝笑开了花，他任命察罕帖木儿为中书平章政事，兼知河南山东等处行枢密院事、陕西行台御史中丞。昔日的沈丘布衣察罕帖木儿，经过十年征战，踩着起义军的累累白骨，走上了人生巅峰。

乐极生悲，至正二十二年六月，投降的田丰、王士诚反正，刺杀察罕帖木儿后逃到益都。镇压农民起义军的刽子手，最后死在了义军手中。察罕帖木儿死后，他的部众共同推举扩廓帖木儿为总兵官，继续围困益都。

痛失股肱的元顺帝追封察罕帖木儿为颍川王，赐谥号"献武"，命扩廓帖木儿袭职中书平章政事，兼知河南山东等处行枢密院事、同知詹事院事，一应军马并听扩廓帖木儿节制。元顺帝还封察罕帖木儿的老父亲阿鲁温为汝阳王，后晋封他为梁王。

十一月，扩廓帖木儿攻陷益都。田丰、王士诚被杀，山东红巾军至此被全部镇压。

李思齐和张良弼两人原本都受察罕帖木儿节制，但他们的关系并不和睦。至正二十二年三月，张良弼受命改由孛罗帖木儿节制，于是他名正言顺地倒向了孛罗帖木儿。李思齐派兵攻打张良弼，不慎中伏，大败而归。此后，察罕帖木儿和孛罗帖木儿两派的混战，开始从山西蔓延到陕西。八月，孛罗帖木儿趁着扩廓帖木儿围攻益都，发兵占据延安，十月又占领真定路。鞭长莫及的扩廓帖木儿只能上书申诉，请求朝廷干预孛罗帖木儿和张良弼图谋晋宁的行为。

至正二十三年二月，结束山东战事的扩廓帖木儿留白锁住驻守益都，自己领兵驻扎在河南。虽然江南仍在义军手中，然而猜忌是帝王的天性，元顺帝不可能看着扩廓帖木儿继续坐大，就想在他的地盘上安插朝廷的人。三月，元顺帝命中书平章政事爱不花在冀宁设中书分省，企图由朝廷直接控制冀宁。

扩廓帖木儿却牢牢把持太原地区的军政权力，毫不理睬爱不花。元顺帝的企图就此落空。很明显，大元朝廷已经不能约束它的臣子了，拥兵自重的军阀也不再遵守朝廷的律法和指令。

于是，以孛罗帖木儿和扩廓帖木儿为首的两大军阀集团继续混战。四月，孛罗帖木儿攻打李思齐，扩廓帖木儿派貊高攻打张良弼。陕西行省右丞答失铁木儿不愿意让扩廓帖木儿占据陕西，就暗中倒向孛罗帖木儿。孛罗帖木儿派竹贞前往接管陕西，扩廓帖木儿就命貊高和李思齐合兵攻打竹贞。竹贞战败，归顺扩廓帖木儿。孛罗帖木儿不但没得到陕西，反倒折了一名部下，还要面对扩廓帖木儿的猛烈还击。势力逊于扩廓帖木儿的孛罗帖木儿就向朝廷上书，说扩廓帖木儿和他的义父察罕帖木儿一样，有不臣之心，请求皇帝处置。事实上，孛罗帖木儿和扩廓帖木儿是半斤八两，谁也不比谁忠诚。

这个时候，元顺帝父子、夫妻因为皇权之争，又一次把混战中的两大军阀牵扯进去。本来只是地方军阀之间的斗争，因掺和宫廷政斗，其破坏力像滚雪球一样，越滚越大。

皇帝和太子之间的芥蒂

元顺帝亲政后虽有佳丽无数，但一直对高丽贡女奇氏另眼相看。奇氏是一个狡黠的、野心勃勃的女子，她在后至元五年（1339 年）十一月二十四日诞育皇子爱猷识理答腊。为了把权臣伯颜的侄子脱脱拉到元顺帝阵营，奇氏就将皇子养在脱脱家里以示恩宠。后至元六年（1340 年）二月，在脱脱的运作下，权臣伯颜倒台。二十一岁就已经做了八年皇帝的元顺帝能够亲政，奇氏功不可没，于是被立为次皇后。

至正十三年六月初二，十五岁的爱猷识理答腊被立为皇太子。母以子贵，奇氏成为后宫第一人。元顺帝为人懒散，对朝政毫无兴趣，常年沉迷酒色。奇皇后青春不再，渐渐失宠。元顺帝还因为宠臣哈麻，对奇皇后、爱猷识理答腊产生了芥蒂。

至正十六年，将脱脱赶下台后取而代之的中书左丞相哈麻自觉成了宰臣就要爱惜名声，把他带头给元顺帝进献双修秘法之事抛诸脑后，想将陪同皇帝修炼的妹夫秃鲁帖木儿除去，免得天下人讥笑他以淫邪媚上。他又认为元顺帝沉溺酒色，太过昏庸，不如退位做太上皇，让聪明的皇太子爱猷识理答腊即位。

让哈麻没想到的是，他和父亲密谋之事，被亲妹妹听去。听到大哥和父亲准备把丈夫弄死，她赶紧回家告诉秃鲁帖木儿。

秃鲁帖木儿害怕皇太子上位拿他开刀，马上告诉了元顺帝，说哈麻嫌弃陛下年老，准备扶持皇太子上位。元顺帝大吃一惊："朕今年才三十七岁，头发没白，牙齿没掉，凭什么说朕老？"

元顺帝下旨罢免哈麻兄弟，先将其流放，后在途中命人将其杖杀。虽然此事当时没有牵扯到太子，但在元顺帝心中，太子已不值得信任。由于元顺帝懒政怠政，奇皇后母子的野心被激发。奇皇后想让儿子早日接班，就勾结右丞相搠思监、宣政院使脱欢、资正院使朴不花图谋逼迫元顺帝禅位。至正十九年，朴不花暗示左丞相贺太平，让他支持太子。贺太平并不表态。奇皇后不甘心，专门宴请贺太平。贺太平依旧不表态。太子怒了，决心把不支持他的贺太平逐出朝廷，就指使人攻讦贺太平。次年二月，贺太平罢相。虽然赶走了贺太平，但太子图谋内禅的计划还是得不到朝中大臣的支持，他和元顺帝之间的关系越来越紧张。于是急着当皇帝的太子就和军阀扩廓帖木儿搭上关系，互为援助。

至正二十三年，丞相搠思监按照太子的意思，构陷大狱，诬告元顺帝的宠臣老的沙、秃坚帖木儿、蛮子、按难达识理、沙加识理等图谋不轨。老的沙是元顺帝的母舅，他在元顺帝的暗示下，与秃坚帖木儿一起逃走。蛮子几人则被贬谪，并死于被贬之地。连舅舅都保不住，可见此时的元顺帝已经被太子架空了。

老的沙和秃坚帖木儿跑哪里去了？他们跑到了大同，藏匿在孛罗帖木儿军中。太子依仗扩廓帖木儿做外援，老的沙选择跑到孛罗帖木儿那里去也在情理之中。太子非常怨恨老的沙这个舅公，几次三番向孛罗帖木儿索取老的沙。孛罗帖木儿不给，遂和太子结仇。

至正二十四年（1364年）三月，太子声称孛罗帖木儿勾结老的沙谋反，逼迫元顺帝下诏，解除孛罗帖木儿的兵权，削其官爵，等道路畅通后，再把孛罗帖木儿安置到四川去。四月初一，太子又让元顺帝下诏让扩廓帖木儿讨伐孛罗帖木儿。

孛罗帖木儿怎么可能接受诏命，他明白这并不是元顺帝的本意，因此杀了使者，表示拒绝。四月初二，他派部将和秃坚帖木儿一起进京清君侧。四月初九，秃坚帖木儿攻进居庸关。初十，太子派知枢密院事也速、詹事孛兰溪迎战秃坚帖木儿于皇后店（今北京市昌平区西）。身为东宫官员，孛兰溪十分卖力，但也速却表现得很差劲，非但不给他帮忙，反而带头撤军，差点儿让孛兰溪做了俘虏。听说孛兰溪兵败东走，四月十一日，太子率侍卫出光熙门，跑到古北口避难。

四月十二日，秃坚帖木儿率大军屯驻清河。没有任何防御措施的大都城内人心惶惶，元顺帝赶紧派人去问秃坚帖木儿陈兵京城前是想干什么。使者往返四次，秃坚帖木儿都坚称要清君侧，只有交出搠思监和朴不花他才会退兵。元顺帝下诏安抚也没有用，于是在十四日下旨，将搠思监流放到岭北、朴不花流放到甘肃，以平众愤，还宣布恢复孛罗帖木儿的一切官职。

见元顺帝当众表态，四月十七日，秃坚帖木儿从健德门进入大都，在延春阁觐见皇帝，并哭着向皇帝请罪。元顺帝不敢苛责，设宴抚慰秃坚帖木儿，同时下诏加封孛罗帖木儿为太保、中书平章，兼知枢密院事，依旧守御大同。秃坚帖木儿则被封为中书平章政事。

次日，秃坚帖木儿带着搠思监和朴不花返回大同。这两人一到大同就被砍了脑袋。而逃出去避难的皇太子回宫后，对他爹的行为感到震怒，再次逼迫元顺帝下诏征调扩廓帖木儿去讨伐逆臣孛罗帖木儿。

孛罗帖木儿进京

五月初五，扩廓帖木儿屯兵冀宁，奉命征调诸道军讨伐孛罗帖木儿。他兵分三路，准备借此机会把孛罗帖木儿连根拔起：白锁住率领三万东路军，驻扎在龙虎台，负责防御京师；貊高、竹贞率领四万中道军，关保率领五万西道军，负责合击孛罗帖木儿的老巢——大同。

关保、貊高率军逼近大同时，孛罗帖木儿同样兵分两路：一路坚守大同；一路由他亲自率领，和秃坚帖木儿、老的沙一起直扑京师大都，扬言要进京除尽朝中奸佞。

面对来势汹汹的孛罗帖木儿军，京师为之震骇。皇太子亲自领兵去清河迎战，又派中书左丞相也速、詹事孛兰溪驻扎在昌平进行拦截。孛罗帖木儿的前锋军过居庸关，斩杀白锁住部将杨同佥，之后在昌平击溃也速、孛兰溪军，进入京郊。太子听说后，赶紧逃回京城。白锁住派人连夜扈从太子从顺承门出奔太原避难。

太子出逃的次日，孛罗帖木儿率领大军来到健德门。听说太子跑了，他准备派人去追，但在老的沙的竭力劝阻下最终作罢。孛罗帖木儿、秃坚帖木儿、老的沙三人进京后，在宣文阁觐见元顺帝。一看到皇帝，三人就哭成一团，喊冤的喊冤，诉苦的诉苦，元顺帝只得陪着他们哭。君臣表演一番后，在宴席中尽释前嫌，握手言欢。

随即，元顺帝任命孛罗帖木儿为太保、中书左丞相，舅舅老的沙为中书平章政事，秃坚帖木儿为御史大夫。就连孛罗帖木儿的部将们，也人人位列省台，总揽国柄。八月，元顺帝赐孛罗帖木儿开府仪同三司，加封他为中书右丞相、上柱国、录军国重事，让他监修国史，节制天下军马。同时，元顺帝下诏调解孛罗帖木儿和扩廓帖木儿的矛盾："孛罗帖木儿和扩廓帖木儿都是朕的股肱之臣，从今天开始，你们俩要摒弃宿怨，一起辅弼朕共创辉煌。"谁都知道元顺帝这话并没有什么用，两人的矛盾本来就很深了，在太子的推波助澜下，根本不可能调和。

新官上任三把火，作为新鲜出炉的权臣，孛罗帖木儿怎么也得搞出些新气象来。因此，他诛杀了元顺帝的宠臣秃鲁帖木儿、波迪哇儿袆等人，停止修建三宫不急着用的建筑，淘汰宦官，减省钱粮，禁止西番僧人进行佛事活动。他还装模作样地派使者去请太子回朝，但使者都被太子扣留在太原。

皇太子逃到太原后，想依靠扩廓帖木儿的力量，效法唐肃宗在灵武自立的故事，直接在太原称帝。但是，扩廓帖木儿和孛兰溪都表示反对。恨恨作罢的太子，对扩廓帖木儿心生嫌隙。至正二十五年（1365年）正月，李思齐被元顺帝封为许国公。二月，太子为了盖过他的父亲，同时为了拉拢李思齐、分化扩廓帖木儿的力量，加封李思齐为银青光禄大夫、邠国公、陕西等处行中书省平章政事、太子詹事兼知四川等处行枢密院事、招讨使。

三月，太子征调四省军队，声称孛罗帖木儿袭据京师，挟持皇帝，他受父命总督天下诸军，要去讨伐逆臣孛罗帖木儿。由于有第一军阀扩廓帖木儿的支持，各道诸王纷纷响应。京城的孛罗帖木儿听说太子的动作后，就把太子的母亲奇皇后幽禁在诸色人匠总管府。四月，关保、貊高等人攻克大同，掐断孛罗帖木儿的后路。失去根据地的孛罗帖木儿派也速出兵抵御扩廓帖木儿的部将竹贞、貊高。然而，审时度势的也速迅速倒戈，转头击败了孛罗帖木儿的骁将姚伯颜不花。

势力大为缩减的孛罗帖木儿不得不亲自领兵出战，不料屋漏偏逢连夜雨，才到通州他就遭遇连绵大雨不能进军，只好掉头回京。眼看大势已去，心情郁闷的孛罗帖木儿疑神疑鬼，杀死部下骁将保安，引得人心浮动。自觉无力翻盘的孛罗帖木儿索性破罐子破摔，不但释放太子的母亲奇皇后，还天天和老的沙寻欢作乐，酗酒杀人，搅和得朝内不得安宁，大臣们看到他就害怕。

元顺帝认为颓废不振的孛罗帖木儿靠不住，对他失去信任。后来，孛罗帖木儿胆大妄为到向皇帝索要他宠爱的妃嫔。元顺帝感到非常愤怒："孛罗帖木儿居然如此欺辱朕！"忍无可忍的元顺帝发密旨让威顺王宽彻不花之子和尚召集勇士上都马、金那海、伯颜达儿、帖古思不花、火儿忽达、洪宝宝等，密谋诛杀孛罗帖木儿。

七月，毫无防备的孛罗帖木儿和老的沙一起受平章政事失烈门的邀请入宫。走到延春阁的李树下时，树枝碰掉了孛罗帖木儿的冠帽。他觉得不吉利，准备出宫，结果被伯颜达儿、上都马等人乱刀砍死。伤了额头的老的沙却逃出了宫，他带着孛罗帖木儿的母亲、妻儿逃出大都，与秃坚帖木儿会合后逃遁，后来被益王浑都帖木儿擒杀。失去军方支持的元顺帝只能向儿子低头，派使者把孛罗帖木儿的首级送到冀宁，召太子回京主持大局。

九月，扩廓帖木儿扈从太子返回京城。为了表示对扩廓帖木儿的恩宠，元顺帝封他为太尉、中书左丞相、录军国重事、同监修国史、知枢密院事，兼太子詹事。大军进京后，奇皇后想让扩廓帖木儿直接用武力逼迫元顺帝内禅，结果被扩廓帖木儿拒绝。因为这件事，太子对他越发不满起来。

闰十月，元顺帝命原来受孛罗帖木儿节制的张良弼、俞宝、孔兴等听调于扩廓帖木儿，又封扩廓帖木儿为河南王，代替皇太子讨伐义军，诏命他总管关陕、晋冀、山东等地及以南地区的所有军务，诸王投下的总兵、统兵、领兵等官，凡军民一切机务、钱粮、名爵、黜陟、予夺，悉听其便宜行事。十二月，元顺帝册立次皇后奇氏为皇后，改奇氏为肃良合氏，诏告天下。虽然在帝党、太子党之争中，太子党大获全胜，但因此引发的混战并没有就此平息，局势反而变得越发混乱。

新旧军阀大混战

扩廓帖木儿虽然势力最大，还被封为河南王，但他并没有被京师的上层贵族们所接纳。贵族们因为他出身低微，对他十分轻视。扩廓帖木儿对做权臣也没有什么兴趣，他没有养父察罕帖木儿那样的雄心壮志，以平天下为己任，只想保存实力，所以不愿意像孛罗帖木儿一样待在京城。

至正二十六年二月，扩廓帖木儿回到河南，声称要为前一年正月二十九日病死在洛阳的亲生父亲赛因赤答忽守丧。他的行为引起了元顺帝的猜忌。

原本扩廓帖木儿和太子勾结，就引起了皇帝的不满，如今皇帝将调度天下兵马的权力给他，他非但不南下肃清江淮义军，为皇帝分忧，反而按兵不动。元顺帝自然猜疑扩廓帖木儿是不是心怀异志，所以才不顾国家存亡、天子安危，不接受南征的诏命。另一方面，由于扩廓帖木儿两次不支持太子逼迫皇帝内禅，太子对他非常愤恨，觉得扩廓帖木儿实在碍事，应该换掉他。

扩廓帖木儿当然不是真的为父守丧，他只是不愿意损耗自己的军队而已。因此，他听从两个谋士孙翥、赵恒的建议，征调李思齐、张良弼、孔兴、脱列伯四人各自率军南下充当前锋，他自己则北渡黄河，驻守怀庆路，没多久又移军到彰德路。他的计划就是，四军听命南下最好，不听命他就提兵西征，攘外必先安内嘛！

对拥兵自重的李思齐、张良弼、孔兴、脱列伯四将来说，受人节制哪有自己当家做主好，况且他们对扩廓帖木儿并不服气。张良弼一开始受察罕帖木儿节制，后来叛投孛罗帖木儿，如今要再次受扩廓帖木儿节制，他怎么甘心？因此，面对扩廓帖木儿的调令，张良弼率先抗命，拒绝接受扩廓帖木儿的征调。

和察罕帖木儿称兄道弟、一同起兵的李思齐，如今却要被迫接受扩廓帖木儿的节制，早已经羽翼丰满的他自然不服气。而自成一军的孔兴、脱列伯和扩廓帖木儿毫无香火情，自然不会真心听调。

扩廓帖木儿见张良弼抗命，就在三月派部下关保、虎林赤一起渡河去征讨张良弼，还约李思齐出兵夹攻。张良弼派子弟充当质子，联合李思齐共抗扩廓帖木儿。于是李思齐拒绝接见扩廓帖木儿的使者，转头与张良弼结盟，共同击退关保军。之后，由李思齐出面向朝廷请求调解。

元顺帝对扩廓帖木儿越发不满起来："让你南征，你却跑到彰德路，难道是想窥伺京师？"对皇帝来说，当然是平定江南义军最为重要，但对扩廓帖木儿来说，江南事小、关中事大，不搞定关中决不南下。为了消除元顺帝对自己的猜忌，扩廓帖木儿决定应付一下。十月，他派弟弟脱因帖木儿和貊高、完仲宜等驻兵济南，宣称要防守山东，阻挡反元义军进攻。

至正二十七年（1367 年）正月，李思齐、张良弼、脱列伯、孔兴在奉元会盟。几人推李思齐为盟主，相约共同对抗扩廓帖木儿。于是，元朝内部从一开始的两大军阀内斗，变成了一对四的混战。为了防备扩廓帖木儿来攻，李思齐派张良弼的部将郭谦等驻守在黄连寨。四月，扩廓帖木儿的部将关保、虎林赤、商嵩、竹贞等率兵攻陷黄连寨。郭谦逃遁。

两个阵营相互角逐，各有胜负。不过相较之下，李思齐一方明显势弱，于是他们只能向朝廷求援。元朝朝廷自然不能看着扩廓帖木儿吞并关中四大军阀。太子表示，奉命南征的扩廓帖木儿，非但不领兵南下，反而提兵西进，实在不将朝廷的命令放在眼里！元顺帝派使者去宣谕扩廓帖木儿，让他专心南征。扩廓帖木儿上奏说，等平定了关中，再南征也不迟。朝野上下一片哗然。

八月，元顺帝下诏任命皇太子总督天下兵马，一应军机政务、生杀予夺，事无轻重，全由太子定夺，"如出朕裁"。同时，他命扩廓帖木儿总领本部军马，自潼关以东，肃清江淮；李思齐总领本部军马，自凤翔以西，与侯伯颜达世进取蜀地；以少保秃鲁为陕西行中书省左丞相，驻扎本省，总督本部兵马及张良弼、孔兴、脱列伯各部军马，进取襄、樊；王信率本部固守山东。很明显，这道命令取消了扩廓帖木儿总督天下兵马的权限。元顺帝希望，接到诏书后，大家共济时艰。然而太子并没有出京南下，扩廓帖木儿、李思齐等人也不理睬皇帝的诏令，诏书成了废纸一张。

扩廓帖木儿不善驭下，哪怕是他的义父察罕帖木儿倚重的骁将，如关保、貂高等人，也对他有所不满。眼看扩廓帖木儿在皇帝那里没落到好，还在太子那里失宠，受命攻打李思齐的貂高就想投靠太子单干。他和部下杀死卫辉守将余仁辅，兵分两路准备夺取彰德路和怀庆路。当时，扩廓帖木儿已经移军洛阳，但他的很多心腹部将都在怀庆路。貂高军虽然攻陷彰德路，杀死守将范国英，却在怀庆路碰壁，只得重新返回彰德路。貂高上书朝廷，指认扩廓帖木儿不忠君、不爱民、杀官军等种种罪行，请求另外选拔忠义的重臣来总领大军。

元顺帝本来就对扩廓帖木儿不接受诏命很是恼火，看到貊高的上书，他大喜过望，顺水推舟，下令削掉扩廓帖木儿的兵权，并一同削去其太傅、中书左丞相等一系列头衔，只给他保留了河南王的爵位，让他食邑汝州，解甲归田。同时，元顺帝还对扩廓帖木儿的军队进行了拆分：白锁住、虎林赤掌扩廓帖木儿帐前诸军，中书平章政事、内史李克彝掌河南诸军，太保、中书右丞相也速掌山东诸军，少保、中书左丞相沙蓝答里掌山西诸军，貊高掌河北诸军，关保仍统领旧部。

元顺帝还设立大抚军院，让太子专掌军机，总制天下兵马。他又派大臣在山西、山东设中书分省，取代扩廓帖木儿的政治势力，加强朝廷对山西、山东地区的统治力度。

背叛扩廓帖木儿的貊高，被朝廷升为中书平章政事，赐号"忠义功臣"，受命讨伐扩廓帖木儿。十月，貊高连下盂州（今山西盂县）、忻州、潞州，但在攻打真定时受阻。同月，扩廓帖木儿麾下另一员骁将关保倒向朝廷，被封为许国公，受命在晋宁设中书分省。

不管朝廷发出何种指令，扩廓帖木儿都不予理睬。他退守泽州，继续拥兵自重。此时，朱元璋的军队已经进入山东，攻克济南、东平。见红巾军打来，元顺帝才慌慌张张地下诏：潼关以西，由李思齐防守；潼关以东，由扩廓帖木儿防守。两人各自罢兵还镇。接着，他下诏让秃鲁、李思齐等人共勤王事。可惜，李思齐等人没有一个奉命的。

至正二十八年（1368年）正月初四，朱元璋称帝，大明王朝横空出世。拎不清的元朝朝廷还在乱哄哄地内讧。扩廓帖木儿的部将李景昌奉汴梁向朝廷投诚，被封为国公。二月初一，元顺帝下诏削除扩廓帖木儿的爵位，说他不是察罕帖木儿的亲儿子，却依仗兵权任性跋扈；同时命李思齐、张良弼等人东进出关，关保、貊高等人西进，两路夹攻扩廓帖木儿。收到消息的扩廓帖木儿从泽州退守晋宁。

　　此时，明军已经兵临河南。李思齐、张良弼等人见状，竟然撤兵回去。朝中大臣纷纷上书，请求皇帝赦免扩廓帖木儿，让他率军勤王。明军统帅徐达为了减少伤亡，派部下蒋彦璋持书信去联络扩廓帖木儿，希望他能够按兵不动。扩廓帖木儿应允，派尚书蒋也先、参政温某为使者，带礼物去洛阳会见徐达。

　　进军泽州、潞州的关保，在与貊高会合后，奉命追剿扩廓帖木儿。元朝朝廷又命知枢密院事脱火赤、平章政事魏赛因不花进兵晋宁，力图一举消灭扩廓帖木儿。是年秋，攻打晋宁的貊高、关保，夜里被扩廓帖木儿偷袭，做了俘虏。风雨飘摇的元朝朝廷见风使舵，说貊高、关保挑拨离间、发动战争，可依军法处置。于是，扩廓帖木儿毫不客气地把两人杀掉。闰七月十九日，元顺帝罢大抚军院，诛杀在大抚军院中任职的官员给扩廓帖木儿出气。为了求得扩廓帖木儿的谅解，他还恢复了扩廓帖木儿河南王的爵位和太傅、中书左丞相的官职，让他和中书右丞相也速，少保、陕西行省左丞相秃鲁，太尉、平章政事李思齐等一起四路进军，迎战明军，收复失地。

　　扩廓帖木儿准备通过紫荆关口，出其不意地攻打明军。他的谋士赵恒、囊元辉劝他："朝廷开大抚军院，对丞相您步步紧逼，想要杀死您。您还勤什么王？我们应该驻军云中，坐观成败。"扩廓帖木儿听从了谋士的话，不但不出兵，反而从晋宁退到太原，根本没有南下的意思。

　　至正二十八年闰七月二十八日夜半，等不到勤王之师的元顺帝妥欢帖木儿只能带着老婆、孩子仓皇北奔，逃往茫茫草原。加速元朝廷崩溃的军阀混战，以元顺帝被逐出中原落下帷幕。

参考文献

史料

[1] 脱脱. 辽史 [M]. 北京: 中华书局, 2016.

[2] 脱脱. 宋史 [M]. 北京: 中华书局, 1985.

[3] 脱脱. 金史 [M]. 北京: 中华书局, 2016.

[4] 宋濂. 元史 [M]. 北京: 中华书局, 1976.

[5] 拉施特. 史集 [M]. 余大钧, 周建奇, 译. 北京: 商务印书馆, 1985.

[6] 佚名. 蒙古秘史 [M]. 余大钧, 译注. 石家庄: 河北人民出版社, 2001.

[7] 宇文懋昭. 大金国志校正 [M]. 北京: 中华书局, 1986.

[8] 佚名. 圣武亲征录 [M]. 贾敬颜, 校注. 北京: 中华书局, 2020.

[9] 刘一清. 钱塘遗事 [M]. 上海: 上海古籍出版社, 1985.

[10] 苏天爵. 元文类 [M]. 张金铣, 校点. 合肥: 安徽大学出版社, 2020.

[11] 苏天爵. 元朝名臣事略 [M]. 姚景安, 点校. 北京: 中华书局, 1996.

[12] 佚名. 宋季三朝政要笺证 [M]. 王瑞来, 笺证. 北京: 中华书局, 2010.

[13] 陈邦瞻. 宋史纪事本末 [M]. 北京: 中华书局, 2015.

[14] 顾祖禹. 读史方舆纪要 [M]. 贺次君, 施和金, 点校. 北京: 中华书局, 2019.

[15] 钱谦益. 国初群雄事略 [M]. 北京: 中华书局, 1982.

[16] 刘祁. 归潜志 [M]. 北京: 中华书局, 1983.

[17] 毕沅. 续资治通鉴 [M]. 北京: 中华书局, 1957.

[18] 李有棠. 金史纪事本末 [M]. 北京: 中华书局, 2015.

[19] 赵翼. 陔余丛考 [M]. 栾保群, 点校. 北京: 中华书局, 2019.

[20] 赵翼. 廿二史劄记校正 [M]. 王树民, 校正. 北京: 中华书局, 2016.

[21] 元好问. 遗山集 [M]. 长春: 吉林出版集团, 2005.

[22] 陆深. 明太祖平胡录 [M]. 北京: 北京古籍出版社, 2002.

[23] 志费尼. 世界征服者史 [M]. 何高济，译. 北京：商务印书馆，2004.

[24] 郑麟趾. 高丽史 [M]. 重庆：西南师范大学出版社，2014.

[25] 吴士连. 大越史记全书 [M]. 标点校勘本. 重庆：西南师范大学出版社，2016.

[26] 佚名. 昭忠录 [M]// 佚名，裘玉，张芹. 丛书集成初编：昭忠录 殉身录 备遗录. 上海：商务印书馆，1939.

[27] 王鹗. 汝南遗事 [M] // 佚名，王鹗. 丛书集成初编：大金吊伐录二 汝南遗事. 上海：商务印书馆，1939.

[28] 黎崱. 安南志略 // 黎崱，大汕. 安南志略 海外纪事 [M]. 武尚清，点校. 北京：中华书局，2000.

著作

[1] 台湾三军大学. 中国历代战争史 第 13 册：元 [M]. 北京：中信出版社，2013.

[2] 史卫民. 中国军事通史 第十四卷：元代军事史 [M]. 北京：军事科学出版社，1998.

[3] 陈世松，匡裕彻，朱清泽，等. 宋元战争史 [M]. 成都：四川省社会科学院出版社，1988.

[4] 韩儒林. 元朝史 [M]. 北京：人民出版社，1986.

[5] 陈得芝. 蒙元史研究丛稿 [M]. 北京：人民出版社，2005.

[6] 刘迎胜. 察合台汗国史研究 [M]. 上海：上海古籍出版社，2006.

[7] 多桑. 多桑蒙古史 [M]. 冯承钧，译. 北京：商务印书馆，2012.

[8] 杉山正明. 蒙古帝国的兴亡 [M]. 北京：社会科学文献出版社，2014.

[9] 傅海波，崔瑞德. 剑桥中国辽西夏金元史 [M]. 史卫民，马晓光，译. 陈高华，校订. 北京：中国社会科学出版社，2007.

[10] 任崇岳. 庚申外史笺证 [M]. 郑州：中州古籍出版社，1991.

[11] 柯劭忞. 新元史 [M]. 张京华，黄曙辉，点校. 上海：上海古籍出版社，2018.

[12] 王国维. 蒙鞑备录笺证 [M]// 王国维. 王国维遗书 第 13 册. 上海：上海古籍

444

书店，1983.

[1] 陈高华. 说蒙古灭金的三峰山战役 [J]. 文史哲，1981（03）.

[2] 贾敬颜. 从金朝的北征、界壕、榷场和宴赐看蒙古的兴起 [J]. 元史及北方民族史研究集刊，1985（9）.

[3] 宝音德力根. 成吉思汗建国前的金与蒙古诸部 [J]. 内蒙古社会科学（文史哲版），1990（4）.

[4] 刘迎胜. 从北平王到北安王——那木罕二三题 [J]. 元史及民族与边疆研究集刊，2009（1）.

[5] 石坚军. 蒙哥汗灭宋战略计划新探 [J]. 内蒙古大学学报（哲学社会科学版），2010，42（4）.

[6] 石坚军. 蒙金三峰山之战新探 [J]. 兰州学刊，2010（10）.

[7] 石坚军. 1227～1231 年蒙金关河争夺战初探 [J]. 内蒙古社会科学（汉文版），2010，31（1）.

[8] 石坚军. 元缅蒲甘之战时间考 [J]. 历史教学（高校版），2007（11）.

[9] 邱树森. 浑都海、阿蓝答儿之乱的前因后果 [J]. 宁夏社会科学，1990（5）.

[10] 杨建新. 论忽必烈称汗及蒙古统治集团内的斗争 [J]. 西北民族研究，1998（1）.

[11] 杨富学，张海娟. 蒙古豳王家族与元代亦集乃路之关系 [J]. 敦煌研究，2013（3）.

[12] 傲日格勒. 阿里不哥及其家族历史研究 [J]. 语文学刊，2012（3）.

[13] 冯鹤昌. 元代弘吉剌部只儿瓦台之乱新考 [J]. 内蒙古社会科学（汉文版），2016,37（05）.

[14] 毕奥南. 乃颜—哈丹事件与元丽关系 [J]. 内蒙古社会科学（文史哲版），1997（3）.

[15] 韩周敬. 1288 年元朝、安南战争中白藤江桩阵与下游河道考 [J]. 红河学院学报，2016，14（3）.

[16] 纽希强. 元朝两都之战研究 [D]. 兰州: 西北师范大学, 2010.

[17] 曹金成. 元朝两都之战与各地反文宗政权的叛乱 [D]. 呼和浩特: 内蒙古大学, 2014.

[18] 黄飞. 论元忽必烈朝对亚洲的战争 [D]. 兰州: 西北师范大学, 2011.

[19] 只诚. 元朝东征日本研究 [D]. 保定: 河北大学, 2014.

[20] 邓进荣. 元朝与爪哇交涉史相关问题研究 [D]. 呼和浩特: 内蒙古大学, 2013.

[21] 金宝丽. 蒙古灭金史事研究 [D]. 北京: 中央民族大学, 2011.

[22] 戴香. 略论蒙金战争及性质与作用 [D]. 济南: 山东大学, 2008.

[23] 杭宏英. 蒙哥登基汗位及窝阔台系后王之去向考 [C]. 纪念成吉思汗诞辰 850 周年学术研讨会论文集, 2012.

大事记

1162 年（金大定二年）

乞颜部与塔塔儿部交战，也速该俘虏铁木真斡怯。同年，也速该之妻诃额仑生下长子，取名铁木真。

1170 年（金大定十年）

九岁的铁木真和弘吉剌部的孛儿帖订婚。

也速该被塔塔儿人毒死。泰赤乌部带走了孛儿只斤部大部分属民。

1178 年（金大定十八年）

十七岁的铁木真和十八岁的孛儿帖结婚。

1179 年（金大定十九年）

蔑儿乞人抢走孛儿帖，铁木真求王罕、札木合协助救妻。

不兀剌川之战爆发，王罕、札木合联军击败蔑儿乞，救回孛儿帖。

铁木真在蔑儿乞营地捡到"四养子"之一的曲出。

约 1180 年（金大定二十年）

铁木真和札木合第三次结为安答。

1182 年（金大定二十二年）

铁木真离开札木合单独创业，在泰赤乌营地捡到"四养子"之一的阔阔出。

铁木真依附王罕，第一次称汗（也有学者认为铁木真于 1189 年首次称汗）。

1183 年（金大定二十三年）

札木合与铁木真爆发十三翼之战。铁木真战败，退到斡难河附近的哲列捏峡谷。

约 1186 年（金大定二十六年）

铁木真与主儿勤部失和。

1195 年（金明昌六年）

正月，合答斤部、山只昆部侵扰金朝庆州。

五月，移剌敏奉金朝左丞相夹谷清臣之命，在栲栳泺击败合答斤部、山只昆部。之后，塔塔儿部的斜出袭击了移剌敏先锋军。

十二月，金朝右丞相完颜襄在大盐泺击败弘吉剌部。

1196 年（金明昌七年、承安元年）

二月，完颜襄征调克烈部王罕、孛儿只斤部铁木真夹攻塔塔儿部。

夏，围击金东路军的塔塔儿人，先是在怯绿连河被完颜襄击败，溃走斡里札河，后被王罕、铁木真击败。金朝册封王罕为王，铁木真为"札兀惕忽里"。铁木真在塔塔儿营地捡到"四养子"之一的失吉忽秃忽。

秋，朵栾盘陀山之战爆发，铁木真消灭主儿勤部，捡到"四养子"之一的博尔忽。

1197 年（金承安二年）

莫那察之战爆发，铁木真重创蔑儿乞人。

1198 年（金承安三年）

最后一次北伐的金军，在移米河之战中重创合答斤部、山只昆部、弘吉剌部、婆速火部，这为铁木真的崛起创造了条件。

1199 年（金承安四年）

王罕、铁木真在乞湿勒巴失击败北乃蛮部的不亦鲁黑汗。返回途中，联军被南乃蛮军拦截，王罕弃铁木真而走，铁木真发现后自行撤退。

王罕的辎重被南乃蛮军洗劫一空，央求铁木真帮忙，铁木真虽然在忽剌阿山击败乃蛮人帮助王罕，但与王罕产生隔阂。

1200 年（金承安五年）

铁木真、王罕在萨里河原野会盟。王罕企图抓捕铁木真，未果。

王罕、铁木真联军先是在斡难河河畔击败泰赤乌部、蔑儿乞部联军，接着又在捕鱼儿海击溃合答斤诸部联军。

铁木真在答阑捏木儿格思击败塔塔儿人。

1201 年（金泰和元年）

泰赤乌部、蔑儿乞部等十一部拥立札木合为古儿汗，商量攻打王罕、铁木真。

王罕、铁木真在帖尼火鲁罕击败札木合联军。

1202 年（金泰和二年）

阔亦田之战爆发，王罕、铁木真再次击败札木合联军。

兀鲁回—失连真河之战爆发，铁木真全歼塔塔儿部。

1203 年（金泰和三年）

合兰真沙陀之战爆发，铁木真被王罕、札木合击败，退走班朱尼河。

折折运都山之战爆发，铁木真袭击王罕，歼灭克烈部。王罕逃到乃蛮边界被杀。

1204 年（金泰和四年）

四月，察乞儿马兀惕峡谷之战爆发，铁木真消灭乃蛮部。

夏末，札木合被俘，被允许不流血而死。

秋，合剌答勒忽札兀儿之战爆发，铁木真击败蔑儿乞人。

1205 年（金泰和五年，西夏天庆十二年）

三月，铁木真第一次入侵西夏，围攻力吉力寨。

四月，铁木真从西夏退军。

夏末，铁木真击杀北乃蛮的不亦鲁黑汗。

1206 年（元太祖元年，金泰和六年，西夏天庆十三年、应天元年）

铁木真统一蒙古高原，建立大蒙古国，被尊为"成吉思汗"。

正月，李安全发动宫廷政变，自立为帝，是为夏襄宗。

1207 年（元太祖二年，金泰和七年，西夏应天二年）

春，术赤出征森林部落，征服斡亦剌惕部，招抚吉利吉思部。森林诸部臣服于蒙古。

八月，成吉思汗第二次入侵西夏，进攻兀剌海城。

1208 年（元太祖三年，金泰和八年，西夏应天三年）

二月，成吉思汗从西夏退兵。

秋，成吉思汗在也儿的石河岸边击败蔑儿乞、乃蛮残部。

十一月，金章宗完颜璟驾崩，卫王完颜永济即位。

1209 年（元太祖四年，金大安元年，西夏应天四年）

春，金朝派汪古人马庆祥出使蒙古。成吉思汗出言羞辱金朝新帝，公开表示不奉金朝正朔，断绝朝贡。

三月，成吉思汗第三次入侵西夏，破兀剌海城，击败西夏太子李承祯。

五月，克夷门之战爆发。两个月后，成吉思汗击败西夏名将嵬名令公。

八月，蒙古军围困西夏中兴府，久攻不下。

九月，成吉思汗筑堤，引黄河水灌中兴城。西夏向金朝求援被拒，与金朝决裂。

十二月，夏襄宗李安全献女求和，西夏沦为蒙古附庸。

1210 年（元太祖五年，金大安二年，西夏皇建元年）

屈出律逃往西辽。畏兀儿亦都护归顺蒙古。哈剌鲁部的分支海押立杀死西辽少监臣，臣服蒙古。

1211 年（元太祖六年，金大安三年，西夏皇建二年、光定元年）

春，屈出律夺取西辽政权。畏兀儿亦都护、海押立哈剌鲁汗朝见成吉思汗。

二月，成吉思汗誓师伐金。

三月，蒙古军进入金朝境内。

四月，成吉思汗攻克大水泺，前往汪古部避暑。

五月至六月，成吉思汗在汪古部。金朝皇帝派人向成吉思汗求和，被绝。

七月，西夏宗室李遵顼废夏襄宗李安全自立，是为夏神宗。成吉思汗兵分两路伐金。

八月，蒙古与金朝爆发野狐岭之战。蒙古军大破金军，完颜承裕仅以身免。

十月，哲别攻克居庸关，逼近中都。蒙古军袭击金朝群牧监，获得几十万匹马。

十一月，术赤三兄弟攻克金朝西京，与纥石烈执中在定安交战，纥石烈执中败逃。

十二月，哲别、吾也而奔袭金朝东京，劫掠一番后乃还。

1212 年（元太祖七年，金崇庆元年，西夏光定二年）

春，耶律留哥臣服成吉思汗。

蒙古、契丹联军与金军在迪吉脑儿交战，金军战败。

秋，成吉思汗第二次兵围金朝西京，拖雷扫荡河北。

蒙金密谷口之战爆发，成吉思汗围点打援，击败金将奥屯襄。

1213 年（元太祖八年，金崇庆二年、至宁元年、贞祐元年，西夏光定三年）

七月，成吉思汗第三次伐金。

八月，蒙金镇州之战爆发，蒙古军击败完颜纲、术虎高琪。

八月二十五日，纥石烈执中发动政变，废金朝皇帝完颜永济。

约八月，蒙金紫荆关之战爆发，蒙古人击败金将奥屯襄。

约九月，第二次居庸关之战爆发，哲别、速不台破关而入。

九月初七，纥石烈执中拥立金宣宗完颜珣。

十月十五日，金将术虎高琪发动政变，诛杀纥石烈执中。

十一月，蒙古兵分三路，扫荡金朝中都外围。

1214 年（元太祖九年，金贞祐二年，南宋嘉定七年，西夏光定四年）

正月，成吉思汗派速不罕等人出使南宋，但被边将阻止。蒙宋首次接触未果。

三月，蒙古三路大军聚集在金朝中都城下。

四月，金宣宗献岐国公主求和，蒙古退军。

五月，金宣宗迁都南京。

六月，成吉思汗以金帝南迁为借口，再次发兵围攻中都。

七月，金太子完颜守忠奉命逃离中都。

九月，木华黎攻略辽西。

1215 年（元太祖十年，金贞祐三年，南宋嘉定八年，西夏光定五年）

正月，蒙金花道之战爆发，木华黎击败奥屯襄。

三月，蒙金霸州之战爆发，石抹明安击败增援中都的金军。

五月，蒙古军攻克中都。

本年，花剌子模国的三名商人辗转来到蒙古做生意。蒙古借此机会组建商队去花剌子模。

1216 年（元太祖十一年，金贞祐四年，南宋嘉定九年，西夏光定六年）

八月，耶律金山率领九万人流窜进高丽。

十月，三木合拔都越过潼关，逼近南京，被完颜仲元带领花帽军击退。

1217 年（元太祖十二年，金贞祐五年、兴定元年，南宋嘉定十年，西夏光定七年）

四月，金朝出兵攻打南宋襄阳，被宋将孟宗政击败。

八月，木华黎被封为太师国王，统兵攻金。

十二月，因夏神宗拒绝执行成吉思汗的命令，没让西夏军随军西征，蒙古军第四次侵入西夏，围攻中兴府。夏神宗逃到西凉府请降。

本年，"四养子"之一的博尔忽在镇压秃马惕部起义时中伏战死。

1218 年（元太祖十三年，金兴定二年，南宋嘉定十一年，西夏光定八年）

二月，金朝攻击南宋大散关、樊城，未果。

八月，蒙金太原之战爆发，金将乌古论德升战死。

十月，蒙金平阳之战爆发，金将李革、完颜从坦殉国。

十二月，成吉思汗派哈真、扎剌等率军一万，与率军两万的东夏国将领完颜子渊一起，以追击契丹叛军为由，进入高丽境内。

本年，朵儿伯多黑申镇压秃马惕部起义。花剌子模讹答剌城守将亦纳勒术杀蒙古商队。成吉思汗派使者去谴责花剌子模国王摩诃末，结果使者被杀。术赤征讨吉利吉思。虎牙思哈剌鲁部、斡思坚哈剌鲁部归降哲别。屈出律被哲别追上，被杀。成吉思汗派遣葛葛不罕出使南宋，未果。

1219 年（元太祖十四年，金兴定三年，南宋嘉定十二年，西夏光定九年）

正月，蒙古、东夏、高丽、东辽联军歼灭江东城的契丹叛军。高丽和蒙古结盟为兄弟之国。金军兵分三路攻宋，被击败。

春末，蟾河之战爆发，速不台消灭蔑儿乞残部。

六月，成吉思汗誓师西征。

八月，蒙古军越过阿尔泰山，在也儿的石河驻扎。

十一月，蒙古军抵达讹答剌城下，成吉思汗兵分四路进攻花剌子模。其中，察合台、窝阔台进攻讹答剌城；术赤攻打忽阐河下游地区；阿剌黑等三位千户率军进攻忽毡城；成吉思汗和拖雷进攻不花剌、撒马耳干。四路大军相约在撒马耳干会合。

1220 年（元太祖十五年，金兴定四年，南宋嘉定十三年，西夏光定十年）

正月，察合台、窝阔台攻克讹答剌城。

二月，金宣宗正式册封九支武装力量的首领。

三月，术赤攻克毡的、养吉干。阿剌黑等破忽毡城。成吉思汗破札儿努黑城、奴儿城、不花剌、撒里普勒、答不思、撒马耳干。

春末，摩诃末逃亡，哲别、速不台追击。摩诃末的母后及家眷被速不台部俘虏。

五月，南宋、西夏相约攻金。

秋，成吉思汗穿越铁门关，向讹耳迷进军，并命拖雷征讨呼罗珊。成吉思汗破讹耳迷, 拖雷破马鲁。

七月, 金朝的乌古孙仲端从南京出使蒙古。盘踞山东、接受金朝官职的严实归降木华黎。

八月, 恒山公武仙归降蒙古。

十二月, 摩诃末病死在位于里海的额别思宽群岛, 死前废王储斡思剌黑, 另立札兰丁。札兰丁回到玉龙杰赤。

1221 年(元太祖十六年, 金兴定五年, 南宋嘉定十四年, 西夏光定十一年)

正月, 因兄弟内讧, 札兰丁离开玉龙杰赤。术赤、察合台、窝阔台进攻玉龙杰赤。花剌子模前王储斡思剌黑在逃跑途中被蒙古军杀死。成吉思汗攻破巴里黑, 之后围攻塔里寒七个月不下。

四月, 拖雷攻克你沙不儿、也里城, 掠夺忽希思丹。

六月至七月, 拖雷与成吉思汗合兵攻克塔里寒。术赤、察合台内讧, 进攻玉龙杰赤七个月不克。成吉思汗命窝阔台担任统帅, 遂克。

夏末, 金朝使者乌古孙仲端来到西域, 向成吉思汗求和, 传达了金朝欲与蒙古约为兄弟之国的愿望。成吉思汗拒绝。成吉思汗在铁门关会见南宋使者苟梦玉, 并派葛合赤孙陪苟梦玉回国, 正式和南宋建交。

秋天, 札兰丁在八鲁湾击败失吉忽秃忽。成吉思汗亲征哥疾宁。范延堡之战爆发, 察合台嫡子抹土干中流矢而死。申河之战爆发, 札兰丁越过申河走奔印度。成吉思汗命八剌等人去印度追击札兰丁。

十月, 木华黎迫西夏随征伐金, 攻打绥德州。

十一月, 蒙古、西夏联军与金军在延安府爆发大战, 金将完颜合达据城坚守。

1222 年(元太祖十七年, 金兴定六年、元光元年, 南宋嘉定十五年, 西夏光定十二年)

春初, 成吉思汗沿申河右岸回师, 命窝阔台摧毁哥疾宁。

二月, 木华黎攻延安不克, 进入山西战区。

三月, 成吉思汗在八鲁湾行宫接见丘处机。成吉思汗在塔什干附近围猎, 不慎坠马。

六月，成吉思汗开始在征服地区设置达鲁花赤，并派八剌等人追击札兰丁。

秋，金宣宗再次派乌古孙仲端向蒙古求和。

九月，蒙古与金朝之间爆发第一次河中府之战，投降蒙古的石天应战死。金将侯小叔收复河中府。

十一月，木华黎进军凤翔。

冬，木华黎部将蒙古不花引兵出秦、陇，踏足南宋利州路。

1223 年（元太祖十八年，金元光二年，南宋嘉定十六年，西夏光定十三年、乾定元年）

正月，金将侯小叔战死。

春，木华黎攻凤翔不克，退守渭水南。

三月，成吉思汗准备进军印度。在铁门关，成吉思汗听从耶律楚材的建议原路返回。木华黎病死在山西闻喜。

四月，夏神宗囚禁太子李德任。

夏，成吉思汗在八鲁湾驻扎。八剌等人与他会合。

十二月，夏神宗被迫退位，禅位于次子献宗李德旺。金宣宗驾崩，太子完颜守绪即位，是为金哀宗。

冬，成吉思汗在不牙不古儿驻扎。

本年，南宋苟梦玉再见成吉思汗，商议联合灭金事宜。

1224 年（元太祖十九年，金正大元年，南宋嘉定十七年，西夏乾定二年）

春，成吉思汗离开花剌子模回国。

二月，夏献宗联络漠北诸部，企图牵制成吉思汗。

五月，成吉思汗第五次入侵西夏。

六月，金哀宗宣布对南宋停战。

闰八月，宋宁宗赵扩崩，侄子赵昀即位，是为宋理宗。

九月，蒙古、西夏爆发银州之战，银州监府塔海兵败被俘。

十月，西夏与金朝商量议和。

十一月，西夏献宗请降，成吉思汗退兵。

1225 年（元太祖二十年，金正大二年，南宋宝庆元年，西夏乾定三年）

正月，蒙古出使高丽的使者著古与在回国途中被盗贼所杀，蒙古、高丽联盟就此瓦解。

二月，成吉思汗返回大斡耳朵。降将武仙杀害长官史天倪叛蒙。

六月，蒙金真定之战爆发，金将武仙逃遁。

八月，西夏与金朝签订协议，约为兄弟之国。

秋，屈出律之子赤腊喝翔昆逃往西夏。蒙古第六次入侵西夏。成吉思汗在围猎中受伤。

1226 年（元太祖二十一年，金正大三年，南宋宝庆二年，西夏乾定四年、宝义元年）

二月，蒙古军攻打西夏黑水城，西夏将领阿沙敢不被擒杀。

春末，蒙古军围攻西夏沙州。沙州守将籍辣思义坚持月余，最终战死。

五月，蒙古军围攻西夏肃州。城破后，肃州遭到屠城，仅剩一〇六户。夏神宗崩。

六月，蒙古军围攻西夏宣化府。西夏三十六名将领被杀。

七月，蒙古军围攻西凉府。西凉府守将斡扎箦战败后投降。夏献宗惊惧而死，侄子夏末帝李睍即位。

八月，蒙古军穿越沙陀，进至黄河九渡，破应理等县。

九月，蒙古大将带孙围攻山东益都的李全。

十月，蒙古军攻打西夏夏州。

十一月，蒙古军围攻西平府。西夏废太子李德任战死。

十二月，蒙古军攻破西夏盐州，围中兴府。成吉思汗进攻积石州。孛鲁国王增援带孙，围益都府。

1227 年（元太祖二十二年，金正大四年，南宋宝庆三年，西夏宝义二年）

二月至三月，成吉思汗攻破金朝临洮府、洮州、河州、西宁州。

二月至七月，蒙古军进入南宋利州，纵横数月。

四月，蒙古军攻打金朝德顺州，金将爱申、马肩龙战死。益都的李全投降蒙古，山东遂平。

五月，成吉思汗派唐庆出使金朝。

六月，西夏末帝请降，西夏灭亡。

七月，成吉思汗崩，蒙古秘不发丧。夏末帝投降后被杀。

1228 年（拖雷监国元年，金正大五年，南宋绍定元年）

本年，蒙金爆发第一次大昌原之战。完颜陈和尚率四百忠孝军击败八千蒙古军。

1229 年（元太宗元年，金正大六年，南宋绍定二年）

八月，蒙金爆发潞州之战，金朝光复潞州。窝阔台汗即位。

九月，窝阔台派绰儿马罕西征，追剿花剌子模国王札兰丁。

1230 年（元太宗二年，金正大七年，南宋绍定三年）

正月，蒙金爆发第二次大昌原之战，蒙古军战败。

八月至十月，蒙金爆发卫州之战。大蒙古国将领史天泽攻武仙不克，败走。

十一月，蒙金爆发第一次倒回谷之战，蒙古军战败。

冬，蒙古军偏师进入宋境，抵达凤州后撤走。

1231 年（元太宗三年，金正大八年，南宋绍定四年）

春初，蒙金爆发第二次倒回谷之战，速不台战败。蒙古使臣速不罕来到南宋武休关，提出借道和借粮二十万斛的要求。

二月，蒙金爆发凤翔府之战，拖雷克凤翔府。

三月，蒙古军穿过大散关进入宋境。

五月，拖雷攻克南宋蜀口三关，重提斡腹计划。

八月，撒里塔以高丽杀害使者为由一征高丽。

九月，蒙古军兵分三路伐金。

十月至十二月，蒙古军围攻河中府。金将草火讹可战死，板子讹可突围后被金哀宗杖杀。

十月十七日，速不罕前往沔州与南宋军都统张宣谈判借道、借粮事宜，结果被张宣的部下冯泽诱杀。

十二月初一，移剌蒲阿、完颜合达率军在邓州会合，拦截拖雷部。

十二月十七日，拖雷部开始在均州、光化军一带渡过汉水。

十二月二十三日，蒙古军、金军战于禹山，拖雷进攻不利退军。

十二月二十五日，蒙古军来到南宋饶风关。金朝派提控刘天山出使南宋相约抗蒙，被拒绝。

十二月二十九日，蒙古军在枣林袭击金军。

十二月三十日，天降大雾，金军反杀蒙古军，退保邓州。

本年，花剌子模国王札兰丁被库尔德人杀死。

1232 年（元太宗四年，金正大九年、开兴元年、天兴元年，南宋绍定五年）

正月初一，拖雷绕过邓州北上。

正月初二，移剌蒲阿、完颜合达从邓州出发，追赶拖雷。

正月初五，窝阔台汗渡过黄河。

正月十二日，蒙古军反复袭扰驻扎在沙河边的金军，金军疲惫不堪。

正月十三日，金军屯驻钧州黄榆店。窝阔台来到郑州。

正月十五日，蒙古军、金军战于三峰山，拖雷被围。

正月十六日，天降大雪，蒙古军突围反攻，金军溃败。

正月二十日，金朝潼关守将李平献关投降蒙古。

正月，高丽乞降，撒里塔在王京北部州县设置七十二达鲁花赤。一征高丽结束。

二月初一，蒙古军、金军战于杨驿店，金将庆山奴不降而死。

二月初七，蒙古军、金军战于铁岭山，金将徒单兀典败死。

二月十四日至五月，蒙古军围攻归德府。撒吉思卜华、特穆尔岱久攻不克，退兵。

三月，窝阔台汗、拖雷北返。速不台围攻金朝南京。

三月十九日至四月初六，蒙古军围攻南京。

四月至六月，蒙金议和，蒙古军退兵。南京大疫，死亡人口超过百万。

六月，高丽迁都江华岛。

七月初五，金朝的飞虎军杀死蒙古使者唐庆，和议破裂。

九月，撒里塔二征高丽。拖雷薨。

十二月二十五日，金哀宗逃离南京。

十二月，撒里塔在处仁城被僧人金允候射杀。二征高丽结束。

本年，蒙古派王楫出使南宋，商议联合灭金事宜。南宋派邹伸之出使蒙古，同意联兵灭金。

1233 年（元太宗五年，金天兴二年，南宋绍定六年）

正月十四日，金哀宗败走归德府。

三月，发生归德政变。蒲察官奴控制金哀宗。

四月，南宋将领孟珙击败武仙，进入金朝境内。

五月初五晚上，归德府之战爆发。蒲察官奴率领四百五十人，击败万余蒙古大军。撒吉思卜华、董俊战死，张柔、史天泽败逃。

六月初七，金哀宗诛杀蒲察官奴。

六月十九日，金哀宗动身前往蔡州。

六月二十七日，金哀宗到达蔡州。

八月，王楫出使南宋，蒙古、南宋达成联合灭金协议。金哀宗派完颜阿虎带出使南宋乞和，被拒。

九月初九，塔察儿率蒙古军围攻蔡州。

十一月，南宋将领孟珙、江海率军来到蔡州城外，与蒙古军会合。

十二月二十五日，金哀宗企图从蔡州突围，未果。

1234 年（元太宗六年，金天兴三年，南宋端平元年）

正月初九，金哀宗禅位金末帝完颜承麟。

正月初十，蒙古、南宋联军攻破蔡州。金哀宗自缢，金末帝战死，金朝灭亡。蒙古、南宋约定以陈州、蔡州为界。

六月十二日，南宋出兵，准备收复昔日三京。

七月初五，宋军进入南京路。

七月二十八日，宋军进入洛阳。

八月初一，蒙古军在龙门击败宋军。

八月初二，蒙古军在洛东击败宋军，宋军溃退。

十二月，王楫出使南宋，指责南宋败盟。

1235 年（元太宗七年，南宋端平二年）

春天，窝阔台召开忽里勒台大会，确定西征、南征、东征计划：长子们西征钦察、罗斯，阔出、阔端南征南宋，唐古东征高丽。

闰七月，蒙古军在唐古、洪福源的带领下三征高丽。

八月，南征军团中的西路军在阔端的带领下，从凤州进攻南宋河池。南宋关外诸州失陷。

九月，蒙古军进攻南宋沔州，沔州知州高稼战死。宋将曹友闻在青野原击退蒙古军。阔出从唐邓进入荆襄。

十月，阔端平定秦巩，汪世显投降。

1236 年（元太宗八年，南宋端平三年）

春，西征军团出发。

二月，南宋襄阳守军发生内讧，李伯渊投降蒙古。

秋，西征军团抵达不里阿耳境内，与拔都等诸王会合，攻破不里阿耳城。

八月，阔端再次进入四川。

九月，蒙古军进攻南宋阳平关。宋将曹友闻全军覆灭。

十月，南宋四川州府十破七八。

十一月，南征军团统帅阔出猝死江陵。阔端下令班师北返。

冬，西征军团进攻钦察人。钦察别部玉里伯里氏的首领忽鲁速蛮投降蒙古，他的孙子就是后来的元朝名将土土哈。另一支钦察部的首领八赤蛮则联合阿速人对抗蒙古人。

1237 年（元太宗九年，南宋嘉熙元年）

春，蒙哥部歼灭钦察人八赤蛮。

秋，西征军团召开忽里勒台大会，计划进攻罗斯。

十月，蒙古宗王口温不花攻克南宋光州。南宋将领孟珙、杜杲分别在黄州、安丰击败蒙古军。

十一月，塔海绀不侵扰四川。西征军团进攻属于北罗斯的也烈赞大公国。

十二月，西征军团攻陷科洛姆纳，宗王阔列坚中流矢而死。

1238 年（元太宗十年，南宋嘉熙二年）

正月，西征军团攻陷莫斯科。

正月二十二日，西征军团攻陷弗拉基米尔城。

二月，王楫出使临安。

三月，拔都在昔迪河边击败苏兹达尔—弗拉基米尔大公尤里·弗谢沃洛多维奇。

春末，西征军团攻略斯摩棱斯克、科泽尔斯克、契尔尼果夫等地，征服北罗斯。

九月，察罕进围庐州，被宋将杜杲击败。

十月，塔海绀不劫掠川西。

十一月，贵由、蒙哥攻打阿速国。

十二月，高丽遣使乞降。

1239 年（元太宗十一年，南宋嘉熙三年）

正月，阿速国主杭忽思归降蒙古。蒙哥继续攻取打耳班附近。

四月，唐古撤军，结束第三次东征高丽之战。

夏，南宋收复襄、樊。

秋，西征军团进入南罗斯，先后攻陷佩列亚斯拉夫、契尔尼果夫。

秋末，塔海绀不进攻南宋东川地区，宋将孟珙屯守峡州、归州，扼蒙古军东进之路。

1240 年（元太宗十二年，南宋嘉熙四年）

正月，张柔攻打南宋寿春。

五月，王楫出使南宋，无果，忧郁卒。

夏，拔都和贵由、不里发生纠纷。窝阔台责骂贵由，召贵由、蒙哥东归。

冬，西征军团攻陷基辅，攻克伽里赤大公国，征服南罗斯。

本年，蒙古军第四次东征高丽。高丽乞降，蒙古人撤军。

1241 年（元太宗十三年，南宋淳祐元年）

正月，塔海绀不入侵南宋四川。西征军团兵分两路：拜答儿、兀良合台进攻波兰，拔都、速不台等进攻匈牙利。拜答儿攻克波兰首都克拉科夫。

正月二十八日，拔都进入匈牙利。

二月，拔都来到匈牙利都城佩斯城外，击败考洛乔大主教乌古兰。

二月二十七日，拜答儿在莱格尼察击败西里西亚大公亨利二世组织的德波联军。

二月二十八日，拔都改佯攻为真攻，进攻匈牙利军，但强渡赛约河失败。速不台结筏夜渡赛约河，迂回到匈牙利军后方。

二月二十九日，速不台、拔都在赛约河岸边夹攻匈牙利军，击败国王贝拉四世，攻克佩斯。贝拉四世出逃，合丹率军追击。

三月到四月，拜答儿进攻波西米亚、奥地利边境。

五月十四日，拜答儿在奥尔米茨袭击战中被雅罗斯老击败。解围后，拜答儿离开波兰，去了匈牙利。

十一月初八，窝阔台汗驾崩，木哥皇后监国。

1242 年（乃马真后称制元年，南宋淳祐二年）

春，木哥皇后去世。在察合台的支持下，窝阔台六皇后乃马真监国。

三月，合丹放弃追击贝拉四世，与拔都会合。拔都收到大汗驾崩的讣告和撤军的命令，开始东返，结束长子西征。

六月，南宋命余玠负责四川防务。

七月，张柔侵宋。

1243 年（乃马真后称制二年，南宋淳祐三年）

春，余玠在重庆设立帅府。播州安抚使杨文提醒余玠：蒙古图谋云南大理，是为了实施斡腹计划。

三月，蒙古将领按竺迩进入蜀地。

1244 年（乃马真后称制三年，南宋淳祐四年）

五月，蒙古军和宋军在寿春爆发大战，察罕战败。

秋，蒙古军取道吐蕃，进攻大理国，九禾之战爆发。大理国大将高禾战死，蒙古军还师。

1245 年（乃马真称制四年，南宋淳祐五年）

四月，蒙古军入侵四川巴州。

五月，南宋朝廷组建水军。

七月，察罕和张柔进攻南宋淮西。

十一月，蒙古军入侵四川。

1246 年（乃马真称制五年、元定宗元年，南宋淳祐六年）

春，蒙古军兵分四路，侵入四川。

七月，贵由汗即位。他颁布了西征、南征、东征计划，分别派亲信大臣宴只吉带西征、察罕南征南宋、阿母侃东征高丽。

1247 年（元定宗二年，南宋淳祐七年）

春，张柔进攻南宋泗州。

七月，阿母侃东征高丽。

八月，宴只吉带西征，目标里海南岸的木刺夷和小亚细亚。

本年，察罕、张柔、史权等率军南侵南宋。

1248 年（元定宗三年，南宋淳祐八年）

春，贵由汗前往叶密立养病，实际是去征讨拔都。拖雷遗孀唆鲁禾帖尼向拔都传递消息。拔都行军到距离海押立七日路程的阿拉塔黑山，准备迎战。

三月，贵由汗在距离别失八里七日路程的横相乙儿驾崩，其征服世界的计划全部停止。

1251 年（海迷失后称制三年、元宪宗元年，南宋淳祐十一年）

六月，蒙哥汗即位。

七月，忽必烈受命掌管漠南事务，开府金莲川。

1252 年（元宪宗二年，南宋淳祐十二年）

春，海迷失后因暗中反对蒙哥，被投水溺死。蒙哥汗着手征服世界，派旭烈兀、怯的不花西征波斯，忽必烈、兀良合台南征大理国，也苦大王、阿母侃等东征高丽。

六月，怯的不花率领西征军团先锋军一万二千人，先行出发。

八月，忽必烈到达临洮。

十月，也苦大王、阿母侃、洪福源第六次东征高丽。

本年，汪德臣等大掠成都。

1253 年（元宪宗三年，南宋宝祐元年）

二月，怯的不花渡过阿姆河，到达呼罗珊，进攻木剌夷，围困吉儿都怯堡。

七月，也苦大王率军渡过鸭绿江。

九月，忽必烈、兀良合台率南征军团远征大理国。

九月二十五日，旭烈兀率西征军团主力出发。

十一月，高丽乞降。忽必烈到达金沙江边。

十一月初十，由于发生霍乱，木剌夷的吉儿都怯堡守军袭击蒙古军突围。不里战死。

十二月，忽必烈攻克大理城。旭烈兀到达河中。

1254 年（元宪宗四年，南宋宝祐二年）

正月，阿母侃撤军，结束第六次东征高丽之战。

春，忽必烈留下兀良合台继续征服大理国内未附诸部，自己班师。

五月，蒙古军突袭南宋四川。

六月，蒙古军攻打南宋合州，被王坚击退。

七月，蒙古军在扎剌的率领下，第七次东征高丽。兀良合台俘虏大理国王段兴智，大理国灭亡。

八月，高丽乞降。

1255 年（元宪宗五年，南宋宝祐三年）

二月，扎剌奉蒙哥汗之命，结束第七次东征高丽之战，开始向北班师。

八月，蒙古军在扎剌的率领下，第八次东征高丽。旭烈兀来到撒马耳干。

九月，张柔与史天泽筹划联兵攻击南宋。兀良合台从云南攻打南宋四川。

十月，旭烈兀来到渴石城。

十二月初一，木剌夷国王阿老丁被宠臣哈散刺杀，幕后主使——国王的长子鲁坤丁即位。

十二月初三，旭烈兀渡过阿姆河。木剌夷国王鲁坤丁遣使请降。旭烈兀召鲁坤丁出降。

1256 年（元宪宗六年，南宋宝祐四年）

正月，兀良合台撤军回到云南。

六月，蒙哥汗以南宋违约为由，决定攻宋。

九月，蒙哥汗诏扎剌班师，结束第八次东征高丽之战。

八月十二日，西征军团向木剌夷麦门底司堡进军。鲁坤丁遣假子为质。

十月十二日，旭烈兀亲往麦门底司堡。

十月二十日，旭烈兀抵达麦门底司堡，宣谕鲁坤丁五日内出降。

十月二十七日，西征军团强攻麦门底司堡。

十一月初一，木剌夷国王鲁坤丁出堡投降。旭烈兀令其传令其他城堡投降。至此，臭名昭著的木剌夷被铲除。

本年，拔都去世，年四十八岁。

1257 年（元宪宗七年，南宋宝祐五年）

春，蒙哥汗下令攻打南宋。

五月，蒙古军在扎剌的率领下，第九次东征高丽。

六月，高丽乞降。

七月，纽璘率蒙古军攻略南宋东川。

八月，旭烈兀向阿拔斯王朝都城报达进军。

九月，蒙哥汗亲自南征。塔察儿进攻襄、樊无果退兵。

十月，兀良合台入侵安南。旭烈兀兵分三路，进围报达城。

十二月，安南之战爆发，蒙古军攻陷升龙。蒙古军在升龙停留九日后，退军。

十二月二十五日，西征军团对报达发起总攻。

1258 年（元宪宗八年，南宋宝祐六年）

正月初一，西征军团攻克报达东城头。

正月初六，哈里发出降，阿拔斯王朝灭亡。

正月初九，蒙古军屠杀报达城，七日后乃止。

正月十一日，旭烈兀在逼迫哈里发献出所有财宝后将其处死。

正月，安南陈太宗遣使归附蒙古。

二月，蒙哥汗兵分三路南征：他亲自率主力入蜀；忽必烈围鄂州；兀良合台从云南北上，前往鄂州会师。

二月初二，旭烈兀返回哈马丹。

四月，蒙哥汗率主力军入蜀。

五月，南宋四川制置使蒲择之迎击蒙古军，战败。成都诸城投降蒙古。

八月，兀良合台从云南进入广西，但不久就因病返回云南。

冬，蒙哥汗一路所向披靡，来到合州钓鱼城前。忽必烈从开平南下。

1259 年（元宪宗九年，南宋开庆元年）

正月，蒙哥汗围困合州。

二月至四月，蒙古军攻打合州钓鱼城，不克。

466

四月，高丽世子王倎亲朝，蒙古停止侵扰高丽。忽必烈到达邢州。

五月初一，王坚夜袭蒙哥汗。

五月，蒙古将领扎剌暴死高丽，改由余愁达和松吉大王统军。

六月，南宋吕文德救援钓鱼城，被史天泽击退。

六月初五，蒙古军潜入地道袭击钓鱼城，不克，士气大减。

六月三十日，高丽高宗王瞮薨。

七月初九，蒙哥汗强攻钓鱼城，不幸被炮风扫中。

七月二十一日，蒙哥汗驾崩。蒙古军班师北返。

秋初，高丽世子王倎站队忽必烈。

八月，西征军团兵分三路，攻打统治今埃及、叙利亚、也门的阿尤布王朝。

秋末，忽必烈听说蒙哥汗死讯，挥师渡江围攻鄂州。

十一月，兀良合台从广西攻打潭州。

闰十一月，忽必烈听说阿里不哥想夺位，与贾似道议和，撤离鄂州北返。

十二月，西征军团攻陷叙利亚阿勒波城，国王纳昔儿放弃大马士革逃往埃及。

1260 年（元世祖中统元年，南宋景定元年）

二月，高丽世子王倎奉忽必烈之命回国即位，是为元宗。兀良合台从潭州北上，与忽必烈偏师在鄂州会合后北返。贾似道派兵袭击，谎报大捷。

三月二十日，忽必烈称汗。

春末，旭烈兀派遣使者去埃及马穆鲁克王朝谕降时，接到蒙哥汗驾崩的讣告，他留下怯的不花处理叙利亚诸事，自己率主力东返。忽必烈命令蒙古军从高丽撤回，结束第九次东征高丽之战。

四月，阿里不哥在哈剌和林称汗，大蒙古国首次出现两汗并立的局面。

七月，忽必烈、阿里不哥先后在巴昔乞、耀碑谷交战。

七月二十六日，怯的不花和马穆鲁克王朝的军队在大马士革以南的阿音扎鲁特平原激战。怯的不花战死，蒙古势力被逐出叙利亚。第三次西征至此结束。

十二月，忽必烈命孟甲、李文俊出使安南，允许安南保留自己的衣冠、典礼、风俗。

1261 年（元世祖中统二年，南宋景定二年）

六月，安南遣使元朝请求按旧制三年一贡。忽必烈册封陈太宗陈日煚为安南国王。刘整以泸州十五郡三十万户归降蒙古。

七月，南宋蜀帅俞兴攻打刘整，战败。

十月，南宋四川宣抚使吕文德攻打刘整，收复泸州外堡。

十一月，忽必烈与阿里不哥战于昔木土脑儿、失烈延塔兀。

1262 年（元世祖中统三年，南宋景定三年）

正月，刘整退到潼川，吕文德收复泸州。

二月，李璮叛乱，投降南宋，结果被蒙古军击败，只能退到济南。

五月，南宋将领夏贵趁李璮之乱，攻占亳、宿诸州。

七月，蒙古军攻破济南，平李璮之乱。

十一月，术赤系的别儿哥汗垂涎波斯，和旭烈兀发生冲突。

1263 年（元世祖中统四年，南宋景定四年）

春，汪良臣率军攻打重庆。

五月，南宋派军攻打刘整，战败。

本年，忽必烈命讷剌丁出任安南达鲁花赤，往来安南国中。阿里不哥与察合台汗阿鲁忽在赛里木湖爆发大战。

1264 年（元世祖中统五年、至元元年，南宋景定五年）

七月，阿里不哥投降忽必烈。

十月，宋理宗崩，侄子赵禥即位，是为宋度宗。

本年，忽必烈派使者册封旭烈兀为伊利汗。伊利汗国正式建立。

1265 年（元世祖至元二年，南宋咸淳元年）

正月二十一日，旭烈兀去世。

二月，蒙古军攻打钓鱼城。

九月，南宋将领夏贵进攻潼川，战败。

1266 年（元世祖至元三年，南宋咸淳二年）

八月，忽必烈命黑的、殷弘第一次出使日本，未至。

十二月，安南请求蒙古免去提供儒士、医卜、工匠的条件。

1267 年（元世祖至元四年，南宋咸淳三年）

四月，赛典赤劫掠重庆，被宋将张珏阻挡。

六月，忽必烈第二次派黑的等人出使日本。高丽元宗派起居舍人潘阜替黑的赴日。

八月，阿术攻略南宋。

九月，忽必烈下诏让安南遵从六条规定。安南拒绝了其中五条，只同意入驻达鲁花赤一条。

十一月，刘整入朝，献灭南宋计策。

本年，忽必烈派儿子北平王那木罕出镇漠北。

1268 年（元世祖至元五年，南宋咸淳四年）

七月，阿术、刘整围攻襄阳，切断了南宋援军从南北两面赴援的道路。

九月，忽必烈第三次派黑的、殷弘出使日本，日本拒而不纳。黑的掳走日本人塔二郎、弥二郎。

本年，海都从阿力麻里攻打哈刺和林，兵败后逃往河中。阿力麻里被那木罕占领。

1269 年（元世祖至元六年，南宋咸淳五年）

三月，阿术围樊城。

六月，忽必烈命高丽将塔二郎、弥二郎送回日本。

七月，南宋将领夏贵救援襄阳，被阻击。

本年，海都、八刺、别儿哥只儿在塔刺思河河畔召开忽里勒台大会，划分中亚势力。

1270 年（元世祖至元七年，南宋咸淳六年）

正月，南宋将领李庭芝救援襄阳，败还。

二月，吕文焕企图突围出襄阳，失败。

五月，高丽元宗迁出江华岛，彻底臣服蒙古。

九月，南宋将领范文虎救援襄阳，被阻击。

十一月，中书省移牒安南，批评国王受诏不拜等行为。

十二月，忽必烈命赵良弼第四次出使日本。

1271 年（元世祖至元八年，南宋咸淳七年）

五月，赛典赤等率军攻打嘉定、重庆等地，牵制四川宋军。

九月十九日，赵良弼到达日本博多湾今津港。

秋末，大理鄯善等路宣慰司都元帅府派乞台脱因等人出使蒲甘王朝，但使者没有见到缅王。

十一月十五日，忽必烈改国号为"大元"。

本年，那木罕在阿力麻里建牙，并调兵参加攻宋战争，征调西域炮匠阿老瓦丁、亦思马到大都造襄阳炮。日本的北条时宗派十二人代表团出使元朝。

1272 年（元世祖至元九年，南宋咸淳八年）

二月，忽必烈拒绝接见日本使团。

三月，缅王出兵入侵金齿，掳走阿必。元军攻破樊城外廓。

五月，李庭芝派张贵、张顺突破元军封锁，救援襄阳。张贵入城，张顺战死。

十一月，元朝朝廷送襄阳炮到樊城配合攻城。

1273 年（元世祖至元十年，南宋咸淳九年）

正月，五路元军攻破樊城，守将牛富等人力战殉国。

二月，忽必烈再次派乞台脱因等人出使蒲甘王朝，使节团被缅王那罗梯诃波蒂处死。襄阳守将吕文焕为保全城百姓性命，投降元朝。

三月，忽必烈派赵良弼第五次出使日本。

六月，赵良弼由高丽再至日本大宰府，要求面见天皇。大宰府守护所再次拒绝。

忽必烈决定远征日本。

七月，宋将张珏袭击元军战船。

1274 年（元世祖至元十一年，南宋咸淳十年）

正月，忽必烈召集诸将共商灭宋方略，最后决定以伯颜为帅。

三月，忽必烈命忻都、洪茶丘、刘复亨远征日本。

六月，忽必烈颁诏南征。

七月，宋度宗崩，其子赵㬎即位，是为宋恭帝。伯颜率军南下。

九月，南征军在襄阳会合。

十月初三，元军从高丽合浦出发，一征日本。

十月二十日夜，元朝远征军遭遇台风，被迫从日本撤军。

十二月，南征军团渡过长江。汉阳军、鄂州归降元朝。贾似道督军抗元。宋朝朝廷诏各地军队入京勤王。

1275 年（元世祖至元十二年，南宋德祐元年）

正月，安南请求罢免达鲁花赤。忽必烈不予理睬，勒令安南执行六条规定。

春，阿必的儿子阿郭，替元朝招降了原来臣属蒲甘的部族。南宋蕲州、黄州、江州等地归降元朝。

二月，忽必烈派杜世忠、何文著等人第六次出使日本。贾似道进入芜湖，约和伯颜，伯颜让他面议。

二月二十一日，丁家洲之战爆发，贾似道大败，宋军主力丧失殆尽。

三月，元军占领南宋建康。镇江、江阴、无锡、常州、平江、广德等地归降元朝。张世杰北上抗元。

四月十五日，杜世忠、何文著抵达日本长门国室津。

四月二十四日，忽必烈命伯颜暂缓攻打南宋。

五月初七，常州姚訔、陈炤反正。

五月十三日，伯颜渡江北上。月底，他在上都见到忽必烈，说服对方先南后北。

六月，扬子桥之战爆发，宋军败北。

七月，焦山之战爆发，宋军败北。

八月初五，伯颜南下。

九月，伯颜命唆都围困常州，结果攻城不利。湾头堡之战爆发，宋军败北。

九月初四，忽必烈派往日本的杜世忠、何文著等人被北条时宗处死。

十月，南宋朝廷派张全等人增援常州。伯颜命怀都等人拦截南宋援军。

十月二十六日至二十七日，元军与南宋军在虞桥交战，宋军败北。怀都在五牧之战中击败宋军。尹玉战死，张全逃遁。

十一月初九，伯颜兵分三路，南下攻取临安：阿剌罕等人率西路军进取溧阳—独松关一线，董文炳等人率东路军进取上海—澉浦一线，伯颜率中路军进取常州—平江一线。

十一月十六日，伯颜亲临常州。

十一月十八日，元军围攻常州城。城破后，伯颜进行了屠城。

十二月，宋朝朝廷派陆秀夫乞和，被拒绝。

1276 年（元世祖至元十三年，南宋德祐二年、景炎元年）

正月十七日，三路南征军在皋亭山会师。南宋的益王、广王和陈宜中、张世杰、陆秀夫等大臣南逃。

正月十八日，南宋朝廷拿着传国玉玺和降表投降元朝。

二月，安南再次乞求元朝罢免六条规定。南宋将领夏贵以淮西诸城投降元朝。

三月，伯颜进入临安。宋恭帝赵㬎和皇太后全氏被带往北方。

五月，陈宜中、陆秀夫等人奉益王赵昰为帝，是为宋端宗。宋恭帝赵㬎到达大都后，被忽必烈封为瀛国公。

七月，扬州、泰州投降元朝，李庭芝、姜才不屈而死。文天祥开府南剑州，号召四方抗元。

八月，元将李恒击败张世杰。

九月，元军兵分三路，追击南宋残余势力。

十一月，元军进入福建。

十二月，南宋残余势力退到惠州。

冬，昔里吉等人劫持北平王那木罕叛乱，并把那木罕送给海都。

1277 年（元世祖至元十四年，南宋景炎二年）

春，昔里吉占领哈剌和林。

二月，元军占领广州。

三月，蒲甘出动四五万人，在释多罗的率领下攻打金齿地区的头目阿郭。阿郭向元朝求救。云南行省千户忽都等人率七百骑拦截缅军，救援阿郭，以少胜多击败缅军。元军占领广西。

四月初一，安南太上皇陈太宗崩。

四月，只儿瓦台劫持兄长弘吉剌万户斡罗陈驸马响应昔里吉。忽必烈调伯颜北上讨伐昔里吉，夺回哈剌和林。

五月，文天祥进入江西，在兴国开帅府。

八月，元将李恒击败文天祥。

九月，南宋广南路降元。

十月，忽必烈召伯颜回大都。

十一月，忽必烈下诏称南宋为"亡宋"，改临安为"杭州"。

十二月，南宋流亡政府来到七洲洋。

1278 年（元世祖至元十五年，南宋景炎三年、祥兴元年）

正月，元军围重庆，张珏兵败被俘。

四月，宋端宗病卒。陆秀夫拥立其弟赵昺为末帝。

六月，南宋流亡政府来到崖山，连舟固守。

八月，柴椿等人首次经江陵—邕州—安南路线出使安南，宣召陈圣宗陈日烜入朝。安南人大惊。

十月二十二日，陈日烜禅位给儿子陈仁宗陈日燇，自己当了太上皇。

十一月，张弘范走海路南下。

闰十一月，李恒占领广州。

十二月，张弘正俘虏文天祥。

本年，忽必烈向南洋各国派遣使者宣谕其内附。占城国王失里咱牙信合八剌麻哈迭瓦表示愿意内附。

1279 年（元世祖至元十六年，南宋祥兴二年）

正月，南宋钓鱼城守将王立降元。

二月，崖山海战爆发。宋末帝赵昺跳海，南宋灭亡。

夏，范文虎以自己的名义派周福、栾忠等人第七次出使日本，结果使者被斩杀于博多。

六月，大理金齿等处宣慰使都元帅纳速拉丁一征蒲甘，招降三百余寨，共三万五千二百户。

八月，跟随杜世忠赴日的高丽艄公上左等人逃回高丽，元朝这才知道杜世忠使节团被杀之事。

十二月，忽必烈派遣教化的、孟庆元等人出使占城，宣谕国王入朝。

1280 年（至元十七年）

二月，高丽忠烈王报告杜世忠被日本杀害一事。忽必烈在廷议中宣布：二征日本。

本年，昔里吉叛王集团发生内讧。

1281 年（至元十八年）

正月，忽必烈任命阿剌罕为东征总帅。蒙古军兵分两路，东征日本：一路由忻都、洪茶丘、金方庆率领，一路由阿剌罕、范文虎、李庭、张禧等人率领。

五月二十一日，忻都军到达日本对马岛。

六月，阿剌罕卒于军中。忽必烈任命阿塔海接替他，指挥该路东征军。

七月，范文虎率军到达日本平户岛一带，与忻都军在此会合。

七月三十日夜里，元朝远征军再次遭遇台风袭击。二征日本失败。

十月，忽必烈册封占城国王为占城郡王，设立占城行省、安南宣慰司。安南太上皇陈日烜拒绝宣慰使入境。忽必烈册立陈遗爱为安南国王，命柴椿护送其回国即位。

1282 年（至元十九年）

四月，陈遗爱回国，被陈日烜诛杀。陈日烜召开平滩会议。

夏，占城王子补的扣留元朝出使暹国和马八儿国的使者。

六月初十，忽必烈以唆都为帅，出兵占城。

十一月，唆都抵达占城港。

1283 年（至元二十年）

正月十五日，占城之战爆发。占城军溃败，占城国王逃往山中。

正月二十三日，占城国王派舅舅宝脱秃花向元军诈降。

二月十九日，元军攻打占城国王，鸦候山木城之战爆发。元军被占城军截断归路，苦战得脱。

七月，忽必烈宣谕安南出兵、出粮，协助远征占城。

九月，宗王相吾答尔、右丞太卜等人率军二征蒲甘。

十一月十九日，相吾答尔攻破蒲甘江头城。

1284 年（至元二十一年）

春，缅王那罗梯诃波蒂弃都南逃。

三月，海都把扣押的那木罕、阔阔出、安童等人归还元朝。

三月初六，唆都从占城北上进入安南，去和远征安南的脱欢部会合，打算南北夹攻安南陈朝。

三月十五日，忽都虎、乌马儿拔都抵达占城。

三月二十七日，占城国王投降。

八月，镇南王脱欢率大军以征讨占城为由假道安南。

十二月，脱欢进入安南境内，连破数关。

1285 年（至元二十二年）

正月，元军击败陈圣宗陈日烜、兴道王陈国峻。十四日，元军攻陷升龙，陈日烜逃逸。唆都从占城北上，抵达乂安州。

四月，因缺粮和气温升高，安南形势逆转。咸子关之战后，元军开始败退。

五月，唆都战死。脱欢败退广西思明州。李恒中毒箭不治身亡。二征安南失败。

秋，缅王派高僧信第达巴茂克出使元朝乞降。

1286 年（至元二十三年）

春，忽必烈设安南行中书省，召集省臣商议征讨安南事宜。

二月，忽必烈设缅中行省。

六月，湖南省臣丝哥、吏部尚书刘宣请求缓征安南。

十月，忽必烈命云南王也先帖木儿出征蒲甘。

十二月，蒲甘高僧信第达巴茂克抵达大都。忽必烈取消云南王征蒲甘行动。

1287 年（至元二十四年）

正月，缅王那罗梯诃波蒂被庶子不速速古里弑杀。

二月，怯烈出使蒲甘，抵达太公城。

四月，东道宗王乃颜叛乱，忽必烈率军亲征。

六月，脱欢奉命再征安南。

八月，忽必烈命李海剌孙等人三征蒲甘。此时，蒲甘王朝已名存实亡。缅王那罗梯诃波蒂之子的立普哇拿阿迪提牙被木连城长官阿散哥也兄弟立为傀儡王。

十一月，脱欢进入安南。

十二月，脱欢攻破安南京城升龙，陈日烜父子弃城逃逸。安南云屯副将陈庆余劫持元军张文虎的粮船。

1288 年（至元二十五年）

正月，陈日烜父子逃往海上。

二月，脱欢准备班师。

三月初八，陈国峻在白藤江之战中全歼乌马儿拔都军。

三月，陈国峻在内傍关拦截脱欢。来阿八赤、张玉护卫脱欢，力战出关，但两人不幸中毒箭而死。脱欢二征安南以失败告终，终身不得入觐。陈日烜遣使元朝，

476

进献金人谢罪，归还元军俘虏。

四月，忽必烈下令缅中行省由云南王也先帖木儿节制，一同征蒲甘。缅王乞降。

夏，皇孙铁穆耳征讨哈丹叛军。

六月，海都进犯业里干脑儿，被击退。

十一月，忽必烈派刘庭直出使安南，诏陈日烜入朝。

1289 年（至元二十六年）

春，孟祺出使爪哇，被黥面。海都攻占吉利吉思和漠北大片地区。

四月，陈日烜派陈克明入朝谢罪。

六月，海都在杭海岭之战中击败甘麻拉。那木罕下令放弃哈剌和林。

七月，七十五岁的忽必烈要亲自北征。海都从哈剌和林撤退。

1290 年（至元二十七年）

正月，宗王哈丹逃往高丽。

五月二十五日，陈圣宗陈日烜病死。陈仁宗陈日燇遣使告哀，请求册封。忽必烈派张立道宣陈日燇入朝。

夏，药木忽儿进攻那木罕大帐。

1291 年（至元二十八年）

四月，元军入高丽平叛。

秋，海都再次逼近和林，被伯颜击走。

1292 年（至元二十九年）

二月，忽必烈命史弼、高兴、亦黑迷失等准备远征爪哇。

九月，忽必烈派梁曾出使安南，诏陈日燇入朝。

秋，那木罕病死。忽必烈封嫡长孙甘麻拉为晋王，命他继续统领漠北诸王。海都来犯，伯颜率军迎战于阿撒忽秃岭。

十二月十四日，史弼等人率军五千从泉州出发，远征爪哇。

1293 年（至元三十年）

二月十三日，史弼率远征军来到爪哇杜并足。

春，被葛郎国打败的新柯沙里国王的女婿拉土罕必阇耶派宰相向元军乞降，求元军攻打葛郎国。

三月，被安南国王陈日燇派往元朝请罪的陶子奇被扣留在江陵。

三月十九日，元军击败葛郎国部队，葛郎国王哈只葛当投降。

四月，拉土罕必阇耶袭击了疲惫的元军。兵败的史弼等人且战且退，离开爪哇。

六月，皇孙铁穆耳出镇漠北。

七月，海都进犯哈剌和林，被伯颜击败。忽必烈命刘国杰调兵遣将，准备再征安南。铁穆耳到漠北为伯颜践行。

八月，忽必烈分立湖广安南行省。

1294 年（至元三十一年）

正月二十二日，忽必烈驾崩，年八十岁。

四月，皇孙铁穆耳返回大都即位，是为元成宗。他罢征安南，遣送陶子奇回国。陈日燇遣使进献方物，此后，元朝、安南两国进入和平状态。

十二月，伯颜薨。

1296 年（元贞二年）

秋，药木忽儿和昔里吉之子兀鲁思不花归顺元朝。

1297 年（元贞三年、大德元年）

二月，缅王的立普哇拿阿迪提牙之子信合八的入朝。元成宗册封他为缅国世子，册封的立普哇拿阿迪提牙为缅国国王，赐蒲甘权臣阿散哥也虎符，并派教化作为国信使，护送世子信合八的归国。

春末，元朝主动出击海都。

1298 年（大德二年）

478

五月，缅王想借助元朝势力提高国王的权威，结果被阿散哥也兄弟囚禁。阿散哥也兄弟另立新王邹聂。

夏，都哇袭击阿尔泰山之东的火儿哈秃，高唐王阔里吉思驸马被俘杀。元成宗派侄子海山出镇漠北，替代阔阔出。

1299 年（大德三年）
四月初十，缅王的立普哇拿阿迪提牙和世子信合八的被阿散哥也杀害。

八月，的立普哇拿阿迪提牙之子窟麻剌哥撒八逃到云南行省，求元朝出兵复仇。

1300 年（大德四年）
五月十五日，元成宗命忙兀都鲁迷失、薛超兀儿等人第四次远征蒲甘。

八月，海山与海都在阔列别大战一场。海山不敌，溃走杭海岭。

十二月，元军进攻蒲甘木连城，阿散哥也兵败，坚守不出。

1301 年（大德五年）
二月，阿散哥也贿赂元军所有将帅。元军遂以天热容易染上疫病为借口班师。阿散哥也遣使入贡表示臣服。

八月初一，海都驻营帖坚古山。甘麻拉向他的驻地发起袭击，获胜。

八月初三，海都、都哇会合后，与元军战于合剌合塔。元军一溃千里，和林宣慰司官员吓得弃守哈剌和林南逃。

八月初八，元成宗派人调查征缅军撤兵的原因。

八月，六十七岁的海都突然生病，不得不退军，结果在泰寒泊病死。

1302 年（大德六年）
正月，晋王甘麻拉病死，嫡子也孙铁木儿袭爵。

1303 年（大德七年）
春，都哇携察八儿求和。

十一月，成宗派使者去见都哇。

1304 年（大德八年）
九月，都哇、察八儿正式臣服元朝，结束西北藩王之乱。

1328 年（泰定五年、致和元年、天历元年、天顺元年）
七月初十，三十六岁的泰定帝也孙铁木儿崩于上都。

八月初四，燕帖木儿和留守大都的西安王阿剌忒纳失里发动政变，并派人去江陵迎接武宗之子怀王图帖睦尔。

八月十四日，怀王从江陵北上。

八月二十三日，上都开始派兵分道进攻大都。

八月二十五日，宜兴之战爆发。

八月二十七日，怀王进入大都。

九月初一，居庸关之战、陀罗台之战爆发。

九月十二日，蓟州两家店之战爆发。

九月十三日，怀王即位，是为元文宗，改元“天历”。

九月，倒剌沙拥立太子阿速吉八即位，改元“天顺”。

九月十六日，梁王王禅破居庸关，逼近大都，与燕帖木儿战于榆河。

九月十八日，朱元璋出生。

十月十三日，不花帖木儿和齐王月鲁帖木儿围上都，上都投降，天顺帝不知所终。

1338 年（后至元四年）
六月，彭莹玉、周子旺在袁州起义，但被朝廷镇压。周子旺被处死，彭莹玉逃往淮西。

1344 年（至正四年）
春，淮河两岸暴发瘟疫，朱元璋入皇觉寺为僧。

五月，大雨连绵，黄河决堤。

1348 年（至正八年）

春，方国珍聚众千人谋反，他们击败元军后，要求朝廷下诏招安。

1349 年（至正九年）

本年，贾鲁提出治河方案。

1350 年（至正十年）

四月至十月，左司都史武祺、吏部尚书偰哲笃先后上书变更钞法，印造至正交钞。

十一月，元顺帝诏告天下变更钞法。

1351 年（至正十一年）

四月，贾鲁奉命治理黄河。月底，韩山童、刘福通祭天起义。然而机事不密，韩山童被捕杀，刘福通逃回颍州。

五月初三，刘福通在颍州起兵，其军队被称为"红巾军"。

五月二十四日，元朝朝廷派赫厮、秃赤率阿速军镇压刘福通，结果元军未战先溃。

八月，"芝麻李"、老彭、赵君用攻陷徐州。徐寿辉、邹普胜在蕲州发动起义。

九月，刘福通攻陷汝宁府，部众增至十万人。元朝朝廷命也先帖木儿、卫王宽彻哥率军镇压刘福通。

十月，元顺帝加派老章增援也先帖木儿。徐寿辉攻克蕲水，以此为都，建立天完政权，改元"治平"。

十一月，贾鲁治河工程完工，黄河河水恢复故道。

十二月，北琐红巾军首领"布王三"、张椿在邓州、南阳起兵。元朝朝廷收复上蔡。红巾军骨干韩咬儿牺牲。

1352 年（至正十二年）

正月，南琐红巾军首领孟海马攻陷襄阳。元朝朝廷命逯鲁曾镇压"芝麻李"。脱脱亲自出师徐州。

二月，郭子兴、孙德崖起兵濠州。孟海马屯守峡州。

三月，太不花收复南阳等地。刘福通袭击巩卜班大营。也先帖木儿因军中发生炸营，惊惧之下弃城逃走。

闰三月，朱元璋投奔郭子兴。彭莹玉起兵攻克江州。

四月，"布王三"进驻襄阳。答失八都鲁围攻襄阳。

五月初一，答失八都鲁攻破襄阳。"布王三"牺牲，北琐红巾军灭亡。

五月，御史台建议把瀛国公的儿子赵完普以及亲族徙居沙州。

九月，徐州之战爆发。脱脱攻克徐州后，进行了屠城。"芝麻李"被捕杀，赵君用和老彭投奔郭子兴。

本年，察罕帖木儿、李思齐组织地主子弟反击起义军，被元朝朝廷授职。

1353 年（至正十三年）

正月，张士诚兄弟起兵泰州。高邮知府李齐招安张士诚，张士诚降元。不久，不愿意充当炮灰的张士诚杀赵琏复叛。

五月二十九日，张士诚攻占高邮。

九月，答失八都鲁攻打南琐红巾军首领孟海马。

十一月，彭莹玉被江西行省右丞火你赤率军围攻，不幸牺牲。

十二月，元朝朝廷攻陷天完都城蕲水。徐寿辉遁走沔阳湖。

1354 年（至正十四年）

正月，答失八都鲁攻克峡州。孟海马牺牲，南琐红巾军灭亡。张士诚称"诚王"，建国号"大周"，改元"天祐"。

九月，脱脱挥师百万出征高邮。

十二月二十四日，元顺帝阵前换将，罢黜脱脱，元军不战自溃。张士诚趁机反击。

1355 年（至正十五年，韩宋龙凤元年）

二月，刘福通拥立韩林儿称帝亳州，建立大宋，改元"龙凤"。韩宋政权招揽四方，郭子兴、朱元璋听从其节制。

七月，答失八都鲁进攻许州长葛，被刘福通击败，将士奔溃。在中牟，答失八都

鲁再次被刘福通击败，儿子孛罗帖木儿被俘。刘哈剌不花伏击刘福通部，救回孛
罗帖木儿。刘福通挥师围攻中牟，被察罕帖木儿击败。

十二月，答失八都鲁先是在太康击败刘福通，接着攻克亳州。刘福通、韩林儿奔
走安丰。

1356 年（至正十六年，韩宋龙凤二年）

二月，哈麻企图逼迫元顺帝禅位，拥立太子爱猷识理答腊即位，事情败露后被流
放、杖杀。元顺帝父子开始争权。

三月，刘福通反攻亳州，击败答失八都鲁。朱元璋攻克集庆路。刘福通以朱元璋
为江南等处行中书省平章。

八月，刘福通派李武、崔德攻略陕西。

九月，李武、崔德攻破潼关。元朝朝廷调豫王阿剌忒纳失里抢夺潼关，几经反复。
李武、崔德东进虢州、陕州。答失八都鲁调察罕帖木儿、李思齐围剿李武、崔德。

十月，赵君用联合"青军"将领张明鉴攻克淮安。刘福通任命赵君用为淮安等处
行中书省平章。

十二月，答失八都鲁夜袭太康，俘杀韩宋丞相王显忠。

1357 年（至正十七年，韩宋龙凤三年）

二月，奉刘福通之命东伐的毛贵，攻克胶州。

三月至四月，毛贵攻陷山东许多州县。元朝朝廷调孛兰溪、董抟霄前往山东镇压。
陕西的李武、崔德攻破关中，三辅震动。陕西邀请察罕帖木儿入陕作战，击败李武、
崔德。

六月，刘福通分兵三路北伐。其中，毛贵负责东路，"关先生"等人负责中路，
李武、崔德负责西路。刘福通率中央军图谋汴梁。

七月，元义兵下万户田丰响应毛贵反元，攻陷济宁路。

八月，刘福通攻陷大名。答失八都鲁奉命前往镇压，败北。

九月，"关先生"等人率中路军进攻潞州。

闰九月，白不信、李喜喜等人攻陷兴元，增援李武、崔德。

十月，察罕帖木儿在凤翔击败西路红巾军。

十二月，答失八都鲁忧愤而死，其子孛罗帖木儿接替他领兵。

1358 年（至正十八年，韩宋龙凤四年）

正月，毛贵与孛兰溪激战于好石桥，孛兰溪败走济南。

二月，毛贵攻克济南，经营山东。

三月，毛贵北伐，进至枣林，逼近大都。"关先生"等人兵分两路北上，配合毛贵行动，但被元军阻截。刘哈剌不花在柳林击败毛贵，毛贵退走济南。

四月，察罕帖木儿、李思齐击败李喜喜部。

五月，刘福通攻克汴梁，迁都汴梁。

七月，察罕帖木儿来到洛阳，逼近汴梁。

十一月，孛罗帖木儿围攻曹州，切断汴梁和山东的联系。

十二月，"关先生"等人破上都，陷全宁，夺取辽阳。

1359 年（至正十九年，韩宋龙凤五年）

春，李武、崔德转战宁夏。

四月，赵君用投奔毛贵，袭杀毛贵。

五月至八月，察罕帖木儿围困汴梁。

六月，续继祖从辽阳回师，杀赵君用为毛贵复仇。

八月，察罕帖木儿攻克汴梁，刘福通突围走奔安丰。

冬，"关先生"等人渡过鸭绿江进攻高丽，杀到西京平壤。

本年，孛罗帖木儿图谋察罕帖木儿的晋冀之地，两人开始产生不和。

1360 年（至正二十年，韩宋龙凤六年）

二月，太子赶走不支持他的宰相贺太平，元顺帝父子关系越发紧张。

四月，"关先生"等人从高丽退出。

五月，李武、崔德投降李思齐。

九月，孛罗帖木儿围攻察罕帖木儿的冀宁。

484

十月，元朝朝廷命察罕帖木儿把冀宁交给孛罗帖木儿。察罕帖木儿不听，击败孛罗帖木儿军。

1361 年（至正二十一年，韩宋龙凤七年）

正月，元顺帝调停两大军阀，但两边没人听他的，继续互相攻击。

四月，察罕帖木儿养子扩廓帖木儿进京纳贡，结交太子。

五月，察罕帖木儿再次发兵攻打孛罗帖木儿。

六月，察罕帖木儿出兵山东镇压义军，田丰、王士诚投降。山东除益都外全部被平定。

十月，"关先生"等人再次进入高丽，攻进首都开京，高丽恭愍王被迫逃往安东。

1362 年（至正二十二年，韩宋龙凤八年）

正月，"关先生"等人被高丽军击败，"关先生"、沙刘二战死。"破头潘"退回辽阳，被元军所杀。

三月，察罕帖木儿部将张良弼被元朝朝廷授命听从孛罗帖木儿节制。李思齐派兵攻打张良弼，败北。

六月，田丰、王士诚反正，刺杀察罕帖木儿。扩廓帖木儿统兵攻打田丰。

八月，孛罗帖木儿趁扩廓帖木儿在山东，攻占延安。

九月，刘福通派兵救援田丰。

十一月，扩廓帖木儿攻克益都，杀田丰、王士诚。山东红巾军被镇压。

1363 年（至正二十三年，韩宋龙凤九年）

二月，张士诚进攻安丰，韩林儿向朱元璋求救。朱元璋击败张士诚，将韩林儿、刘福通安置在滁州。

三月，元朝朝廷猜忌扩廓帖木儿，想在冀宁设中书分省。扩廓帖木儿不予理睬。

四月，孛罗帖木儿攻打李思齐，扩廓帖木儿派貊高攻打张良弼。

本年，丞相搠思监构陷元顺帝宠臣老的沙等人，老的沙藏匿于孛罗帖木儿军中。

1364 年（至正二十四年，韩宋龙凤十年）

三月，太子称孛罗帖木儿和老的沙谋反，逼元顺帝解除孛罗帖木儿的兵权。

四月，太子逼元顺帝下诏，命扩廓帖木儿讨伐孛罗帖木儿。孛罗帖木儿派部下秃坚帖木儿入京清君侧。

四月初九，秃坚帖木儿破居庸关。

四月初十，太子命孛兰溪迎战秃坚帖木儿于皇后店，败北。

四月十一日，太子出走古北口避难。

四月十二日，元顺帝下诏恢复孛罗帖木儿一切职务。

四月十七日，秃坚帖木儿入京觐见元顺帝。

四月十八日，秃坚帖木儿带着搠思监等人返回大同。太子回宫逼元顺帝调扩廓帖木儿讨伐孛罗帖木儿。

五月初五，扩廓帖木儿兵分三路，讨伐孛罗帖木儿。

七月，孛罗帖木儿兵分两路入京清君侧。太子亲自迎战，但其军队在昌平被击败。逃回京城的太子，在扩廓帖木儿部将白锁住的护送下前往太原避难。孛罗帖木儿入京，成为权臣。

本年，元顺帝下诏调停孛罗帖木儿和扩廓帖木儿之间的矛盾。太子想效法唐肃宗自立，扩廓帖木儿不支持，太子暗恨。

1365 年（至正二十五年，韩宋龙凤十一年）

二月，太子拉拢李思齐，分化扩廓帖木儿的势力。

三月，太子征调四省军队讨伐孛罗帖木儿。

四月，关保、貊高攻克孛罗帖木儿的根据地大同。

七月，元顺帝派人刺杀孛罗帖木儿，召太子回京主持大局。

九月，太子返回京城。奇皇后想让扩廓帖木儿逼元顺帝内禅，扩廓帖木儿拒绝。太子母子对扩廓帖木儿更加不满。

闰十月，元顺帝让扩廓帖木儿代替太子讨伐义军，扩廓帖木儿不出兵。

1366 年（至正二十六年，韩宋龙凤十二年）

486

二月，扩廓帖木儿回到河南，声称要为生父守孝。扩廓帖木儿征调李思齐、张良弼、孔兴、脱列伯四人率军南下，四将因此对他产生不满。

三月，张良弼反对扩廓帖木儿，扩廓帖木儿派关保、虎林赤前往征讨。李思齐和张良弼结盟，击败关保。

十二月，朱元璋派廖永忠接韩林儿、刘福通到应天。两人经过瓜州时，船只倾覆，溺水而死，韩宋龙凤朝廷覆灭。

1367 年（至正二十七年）

正月，李思齐等四将结为联盟，共抗扩廓帖木儿。

四月，扩廓帖木儿派关保等人率兵攻打李思齐联盟。元朝朝廷偏帮李思齐，压制扩廓帖木儿。

八月，元顺帝下诏以太子节制诸军，征讨义军。然而，太子没有出京，扩廓帖木儿、李思齐也不理睬皇帝的诏令。貊高背叛扩廓帖木儿投靠太子，攻讦扩廓帖木儿。元顺帝罢免扩廓帖木儿。

十月初九，元顺帝恢复扩廓帖木儿一切职务。

十月二十三日，关保投靠元朝朝廷。扩廓帖木儿接受朝廷复职诏令，却不听号令退军屯守泽州。

十一月，朱元璋北伐，进入山东。元顺帝下诏划分军阀势力，让他们罢兵勤王。

1368 年（至正二十八年，明洪武元年）

正月初四，朱元璋称帝，建立大明，改元"洪武"。

二月初一，元顺帝再次罢免扩廓帖木儿，诏李思齐等人讨伐他。

二月十五日，扩廓帖木儿自泽州退守晋宁。

二月，大明军兵临河南。

三月，大明军入潼关。

五月初四，明军统帅徐达派蒋彦璋联络扩廓帖木儿，希望他按兵不动。

五月十五日，扩廓帖木儿派尚书蒋也先、参政温某带礼物去洛阳拜见徐达。

五月十六日，徐达送蒋也先去应天，让温某回太原。

七月，貊高、关保攻打平阳。

闰七月初一，扩廓帖木儿击杀貊高、关保。

闰七月十九日，元顺帝再次恢复扩廓帖木儿一切职务。

闰七月二十六日，扩廓帖木儿从晋宁退到太原，坐视明军北伐。

闰七月二十七日，元顺帝诏淮王帖木儿不花监国。

闰七月二十八日夜，元顺帝开健德门仓皇北逃，结束了元朝在中原的统治。

后记

自去年春夏之交完稿以来，《你一定爱读的中国战争史：元朝》历经一年，终于迎来了出版，回首整个过程，不胜感慨。

在写作的过程中，我遇到了许多难题。

首先是纪年。元朝虽然国祚不足百年，但蒙古人从崛起到被驱逐出中原，在欧亚大陆上发动了许多场战争。因而，在选择史料上，除了元史本身，我还参考了西夏史、金史、宋史、明史、中亚史、欧洲史。这就导致史料来源不一，纪年方式不一。最后，我选择以元朝的纪年方式为基准，对全书进行统一，并将西征部分的公元纪年一律改为年号纪年。

然后是地名。地名的难处主要来自两个方面。一是古今地名的对应。事实上，每个地名我都努力核实过，但受限于资料，一些古地名实在难以考证。在不确定其具体位置的情况下，我只能不进行任何注解，以免造成更大的谬误。二是中外地名问题。在蒙古西征中，蒙古军不仅攻打了匈牙利、波兰，甚至还踏上了非洲的土地。由于这一部分历史欧洲人留下了较为丰富的记载，所以我在讲述时更多地参考了西方史料。为了方便读者阅读和理解，也为了实现命名方式的统一，这一段内容我采用了西方史料的命名方式。

如此种种，给各位读者带来的不便，还请谅解。

本书能够顺利出版，我心中长怀感激。我很感谢指文图书、民主与建设出版社，是它们给了这本书出版的机会。同样，我也很感谢季扎、陈峰韬、鹿鹿等朋友对我的帮助，以及家人们对我的支持。我还要感谢编辑朱章凤老师，我们在一些细节上几经讨论，这让我记忆犹新，深受触动。最后，我要把这本书献给我心中的英雄——我的父亲牛遂钦，祝可爱又帅气的老头儿健康、快乐！

2022 年 4 月 6 日